走火

萨拉热窝事件与通往第一次世界大战的曲折道路

MISFIRE

The Sarajevo Assassination and the Winding Road to World War I

Paul Miller-Melamed

[美] 保罗·米勒-梅拉梅德——著

杨楠——译

上海人民出版社

再次献给我的父母，一如始终

但是，这样的“过去”越贴近我们，故事的往昔性质不是反倒会更深沉、更圆满、更富于童话色彩吗？除此而外还得说一说，我们这个故事依其内在特性而言，与童话尚有这样那样别的共通之处。*

——托马斯·曼：《魔山》（1924年）

* 引自杨武能译本。——译者注

目 录

致　谢

签下为2014年萨拉热窝暗杀事件100周年写一本书的合同时，我以为这会是一个很简单的项目。毕竟，我已经在写关于弗朗茨·斐迪南大公政治谋杀案的纪念与表现的东西了。记忆研究已然是理论性的折磨，更何况，关于塞尔维亚人和奥地利人如何构建他们的过去，我所说的确实让他们很敏感。从这些事情中脱身，去写一部关于这一著名事件的简短叙事史，似乎可喜可贺。再者，关于萨拉热窝暗杀事件的书早已汗牛充栋，我完全难以想象还有什么艰苦的档案工作是非做不可的。因此，我一直拖到原稿截稿日的一年前才开始写。这是我犯下的第一个错误。

第二个错误是，我想当然地以为人们已经充分理解了这个非凡的壮举。我对这起政治谋杀案的过去——而不是千变万化的现在——挖掘得越深，就越发意识到，对于杀害哈布斯堡家族继承人阴谋的起源和动机，人们并没有达成共识。事实上，唯有一点是作者普遍同意的：这是一个惊天动地的大事件，由一个极端隐秘的阴谋社团中的狂热塞尔维亚民族主义者组织，该社团的名字很不吉利，叫作“统一或死亡”（俗称“黑手会”，不过这个名字的凶恶程度也不遑多让）。简而言之，这个阴谋必定是引人入胜的——毕竟，众所周知，它“引发”了第一次世界大战。于是我犯下了第三个错误，尽管我为此少睡了很多觉，但我不再后悔了：我一开始就起草了一份导言，让读者留意这次暗杀事件通常是如何描述的，甚至向读者保证，接下来的内容仅仅是这起政治谋杀案的简史，嵌入了对第一次世界大战起源更粗略的叙述——这是一种职业违规行为，因为历史学家通常受到的教导是导言要最后再写。换句话说，我的学术工作正在渗透到我的简单任务中。

谢天谢地，牛津大学出版社，特别是我的策划编辑苏珊·费伯（Susan Ferber），并没有放弃我，去追求对大公政治谋杀案更传统的诠释，即便那样的诠释可能更合时宜。我非常希望这本书能够不负他们的期待，即便不符合他们对不久前的100周年纪念的初衷。

同样，我也很感谢那些在2014年前后专门对萨拉热窝暗杀事件以及广义上的第一次世界大战起源做了开创性工作的学者。自100周年纪念以来，至少有三本关于这起政治谋杀案的优秀文集问世，我在几乎每一个章节都发现了有用的东西。同样要感谢关于巴尔干战争的新书、弗朗茨·斐迪南的新传记，以及关于七月危机的一大波作品，至于克里斯托弗·克拉克（Christopher Clark）和玛格丽特·麦克米伦（Margaret MacMillan）对大战起源旁征博引的综述，就更不用说了。最重要的是约翰·扎梅蒂卡（John Zametica）在《愚蠢与恶意》（*Folly and Malice*，2017）中的研究和洞见，对我的书大有裨益。半个多世纪过去了，这部专著首次超越了弗拉迪米尔·德迪耶尔（Vladimir Dedijer）对"通往萨拉热窝之路"的经典叙述。

因为这本书的项目与我正在进行的、关于我们如何对政治谋杀进行加工处理的工作合并了，所以我非常高兴可以最终（正式地）感谢各个出资机构，毫不夸张地说，我受了它们的恩惠。这些机构包括富布赖特项目（Fulbright Program）、国家人文基金会（National Endowment for the Humanities）、威尔逊中心（Wilson Center）、美国哲学会（American Philosophical Society）和欧盟的玛丽·居里学者人才基金（Marie Skłodowska-Curie Actions），排名不分先后。当然，如果没有麦克丹尼尔学院（McDaniel College）的管理人员和同事们的大力支持，我也不可能利用这些丰厚的奖学金。他们让我从教学任务中抽身，以便漫游欧洲，或者潜心写作。这些优秀的教职员和具有奉献精神的教育工作者，包括唐娜·埃弗盖茨（Donna Evergates）、布琳·厄普顿（Bryn Upton）、特德·埃弗盖茨（Ted Evergates）、斯蒂芬·菲利（Stephen Feeley）、琼·迪韦林·科利（Joan Develin Coley）、汤姆·福克纳（Tom Falkner）、朱莉娅·贾斯肯（Julia Jasken），以及已故的、杰出的塞缪尔·凯斯（Samuel Case）。

当然，如果没有同事和朋友们的学术输入和无条件支持，我也很难保持这种势头来完成这本书。最重要的是，我读研时期的好兄弟塔尔博特·伊姆利（Talbot Imlay）耐心地阅读（并且重读）了不断完善的导言，对其中的前后矛盾和不连贯之处以及其他问题谨慎地发表了意见。研究波斯尼亚的专家罗伯特·多尼亚（Robert Donia）和与我情同战友的（另一本书的）合编者克莱尔·莫勒隆（Claire Morelon）细读了整份原稿，并为其作者上了一堂同样全面的学术专业精神课。他们全都为了改进我的项目而把自己的项目放在一边，牛津大学的三位匿名同行评审员也是如此。我要好好地、真诚地感谢他们。

其他学者（还有学生！）为我对萨拉热窝的痴迷慷慨地奉献了他们的时间和知识，无论是写一封推荐信、阅读一个章节、翻译一份文件、编辑一份草稿，还是仅仅指出一个新的资料来源。这样的人简直不胜枚举。但我还是要尝试列举一下，从我才华横溢的研究助理和挚友沙沙·加希奇（Saša Gašić）开始：詹姆斯·阿卜杜（James Abdu）、弗拉迪米尔·艾歇尔堡（Wladimir Aichelburg）、克里斯托弗·布伦南（Christopher Brennan）、马克·康沃尔（Mark Cornwall）、安德烈亚斯·丹尼尔森（Andreas Danielsen）、杜尚·格利绍维奇（Dušan Glišović）、埃米莉·格雷布尔（Emily Greble）、特蕾西·豪普特（Tracee Haupt）、吉多·范·亨格尔（Guido van Hengel）、凯瑟琳·霍雷尔（Catherine Horel）、埃内斯·卡里奇（Enes Karić）、迪特尔·曼克（Dieter Mahncke）、安妮卡·蒙鲍尔（Annika Mombauer）、安迪·墨菲（Andy Murphy）、格雷森·迈尔斯（Grayson Myers）、皮埃尔·珀西格尔（Pierre Purseigle）、奥利弗·拉特科尔布（Oliver Rathkolb）、埃尔温·施米德尔（Erwin Schmidl）、丽贝卡·夏普（Rebecca Sharp）、葆拉·祖特尔·菲希特纳（Paula Sutter Fichtner）、达尼洛·沙雷纳茨（Danilo Šarenac）、米洛什·沃因诺维奇

（Miloš Vojinović）、安德鲁·瓦赫特尔（Andrew Wachtel）、塞缪尔·威廉森（Samuel Williamson），以及分散在巴尔干地区、幽居在中欧的小办公室里、几乎住在国会图书馆里的众多档案保管员和图书管理员。至于后者，我想专门提到格兰特·哈里斯（Grant Harris）和他在欧洲阅览室的工作人员，我的写作大部分是在那里进行的，我所需要的所有作品应有尽有、唾手可得。

现在要列出最长的名单了——这些朋友从未让我忘记自己在做有意义的工作，以及我对他们的意义。衷心地感谢斯蒂芬·巴塔尔登（Stephen Batalden）、米谢勒·博内（Michèle Bonnet）、阿努阿尔·布哈尔斯（Anouar Boukhars）、卡伦·坎托（Karen Cantor）、托梅克（Tomek）和玛格达·胡达克（Magda Chudak）、查尔斯·德尔海姆（Charles Dellheim）、妮科尔·东布罗夫斯基-里泽（Nicole Dombrowski-Risser）、约翰·埃格林（John Eglin）、劳拉·格罗斯（Laura Gross）、戴维·赫尔曼（David Herrmann）、保罗·肯尼迪（Paul Kennedy）、斯蒂芬妮·莱捷（Stéphanie Laithier）、克里斯蒂安娜·莱希（Christianna Leahy）、韦雷德·列夫·卡纳安（Vered Lev Kenaan）、特蕾西·阿德尔斯坦（Tracey Adelstein）和里克·莱文（Rick Levine）、雅各布·梅利什（Jacob Melish）、约翰·梅里曼（John Merriman）、詹姆斯·纳贾里安（James Najarian）、赫林德·保尔-施图德（Herlinde Pauer-Studer）、米夏埃拉·拉加姆-布莱施（Michaela Raggam-Blesch）、海因茨·勒内·佩齐纳（Heinz Rene Pecina）、丹·O.里普（Dan O. Ripp）、杰夫·罗森堡（Jeff Rosenberg）、乔安妮·鲁多夫（Joanne Rudof）、赫布·史密斯（Herb Smith）、苏珊·史密斯（Susan Smith）、休·萨默斯（Sue Somers）、文森特（Vincent）和西格丽德·维埃内（Sigrid Viaene），以及我英年早逝的维也纳好兄弟汤姆·米克（Tom Mueck）。

完成这本书时，我的家庭也发展壮大了。2019 年夏末，我在国会图书馆邂逅了帕特里夏·安托谢克（Patrycja Antoszek）。16 个月后，一场全球大流行病将我困在了波兰，恰如1914年的大战将英国作家约瑟夫·康拉德（Joseph Conrad）困在了他的波兰故土。在此期间，我们结婚了。毫不意外，那时她就已经与我的作品结婚了。谁会想到一位美国文学学者能给我这份以欧洲为中心的原稿提供这么多帮助呢？更何况还有重新修订手稿所需要的平和心态。事实证明，帕特里夏不仅是我的慰藉和知性的伴侣——她已经成了“我的一切”，正如弗朗茨·斐迪南写他自己的妻子：“我的顾问、我的医生、我的保护者，一言以蔽之——是我全部的幸福。”更重要的是，她还带来了两份额外的恩泽，卡娅（Kaja）和安特克（Antek），他们让我进入他们的家、他们的生活，我希望还有他们的心。我从内心深处感谢他们所有人。

遇到帕特里夏之前的五十几年里，家庭一直是我唯一的真常数。而从1988年起，我有幸拥有了两个家庭。卡林（Karin）、于尔根（Jürgen）和朱利安·芬德森（Julian Findeisen）不是我的血亲，却胜似亲人。我在这本书的致谢中对他们的爱与支持表示感谢，但这份感谢或许根本配不上他们对我的好。无论如何，他们——包括玛丽娜（Marina）和孩子们——已经理解了，用德语、英语和西班牙语！

我的直系亲属也是如此，甚至更多。我的姐妹埃莉（Ellie）和她的两个很棒的孩子，泰勒（Tyler）和本（Ben），总是在我遇到困难时支持我。虽然他们可能不是很喜欢读历史（只是时候未到！），但他们对这本书非常在乎，因为他们非常在乎我。相对于他们在我生命中存在的意义，“谢谢”二字太过轻巧了。

至于我的父母伦纳德（Leonard）和菲莉丝（Phyllis），这本书和我过去、显然还有将来的所有努力一样，都是满怀深情地献给他们的。言尽于此。

导言
“我差点儿就碰到他了”

所谓偶然，本质上绝非毫无意义，也绝非空洞无物……它本身绝非必然暗示愚蠢的世道。“偶然”只表示历史进程的特殊性。

——牧师约翰·波尔金霍恩博士:《科学与神学》(1998)

天色阴沉，山雨欲来，国家举步维艰，人民叛逆难驯。一天的日程安排冗长、艰辛，君主威风凛凛、年事已高。当他的王国在不到两年前吞并这一地区时，差点引发一场世界大战。但随着欧洲大国之间的紧张关系缓和下来，皇帝弗朗茨·约瑟夫一世也准备在哈布斯堡帝国最新的臣民面前正式亮相了。1910年5月31日下午，他以胜利者的姿态乘火车进入波斯尼亚—黑塞哥维那后，又继续乘坐典礼用的马车穿过首府萨拉热窝拥挤的街道。虽然下起了一阵瓢泼大雨，但皇帝的盛装游行还是奇迹般地进行了下去。[1]

事实上，皇帝为期三天的波斯尼亚之行取得了巨大的成功，日程表塞得满满当当，包括国事接待、军队检阅，以及与波斯尼亚多个宗教民族社区——信仰东正教的塞尔维亚人、信仰天主教的克罗地亚人、穆斯林和犹太人——的领导人会面。在穿过黑塞哥维那回国的路上，弗朗茨·约瑟夫甚至还抽空欣赏了莫斯塔尔（Mostar）的古桥，这座不朽的地标是该国先前的统治者奥斯曼土耳其人在16世纪建造的。据说这位79岁的奥地利皇帝和匈牙利国王在他最南端的斯拉夫领地过得非常愉快，以至于一度对他的东道主、波斯尼亚总督马里扬·瓦雷沙宁（Marijan Varešanin）将军大声

图 I.1　上图：1910 年，皇帝弗朗茨·约瑟夫在萨拉热窝巡行

图片来源：Österreichische Nationalbibliothek/Vienna, Call no. Pk 1372, 8a.

下图：1910 年 5 月，皇帝弗朗茨·约瑟夫一世在萨拉热窝向波斯尼亚官员致意

图片来源：https://www.reddit.com/r/monarchism/comments/e1z1py/representatives_of_all_religions_in_bosnia/.

说：“我向您保证，这次出行使我年轻了 20 岁！”[2]

事实上，他的生命险些提前 6 年多结束。比起 4 年后弗朗茨·约瑟夫的侄子和继承人弗朗茨·斐迪南大公对波斯尼亚那次名气大得多的访问，以及在萨拉热窝的游行，这次的安保要严格得多。尽管如此，还是有一个名叫波格丹·热拉伊奇（Bogdan Žerajić）的武装民族主义者悄悄靠近了皇帝陛下。有两次，这位波斯尼亚学生离光彩夺目的皇帝已经如此之近，以至于他沮丧地对一位朋友吐露道：“我差点儿就碰到他了。”可是热拉伊奇没能从口袋里掏出那把勃朗宁手枪。反倒是在 6 月 15 日那天，或许半是出于个人的痛苦、半是出于爱国的热情，这位 24 岁的年轻人在瓦雷沙宁离开刚刚举行了开幕典礼的萨拉热窝议会时，向他开了 5 枪，全都差之毫厘。他的最后一枪倒是很准，打碎了自己的头盖骨，于是他成了波斯尼亚人摆脱哈布斯堡王朝统治、争取自由的烈士形象。[3]

19 岁的波斯尼亚人加夫里洛·普林西普（Gavrilo Princip）曾经在热拉伊奇墓前立誓复仇，但与他心目的英雄不同，普林西普进入皇储弗朗茨·斐迪南[4]的近距离射程时，并没有惊慌失措。然而他差点儿就失去了机会。1914 年 6 月 28 日——一个阳光明媚的夏日，整个欧洲都被习惯性地描述为“晴朗无云”“无忧无虑”“一片祥和”和“完美无瑕”——普林西普潜伏在大公游行路线上的人群中，就在这时，一声震耳欲聋的爆炸声划破了这一场面。[5]在远处的阿佩尔码头（Appel Quay）路，普林西普的同谋者内德利科·查布里诺维奇（Nedeljko Čabrinović）向载有弗朗茨·斐迪南及其妻子霍恩贝格女公爵（Duchess of Hohenberg）的汽车投掷了一颗炸弹。一些旁观者把炸弹声错听成了皇室成员入城时的礼炮轰鸣声。然而，普林西普并不确定大公是否还活着。敞篷汽车里继承人考究的头饰上突出的绿色羽毛从他身边掠过后，这一点很快就清楚了。弗朗茨·斐迪南从当天萨拉热窝的一次暗杀行动中死里逃生。此时，加夫里洛·普林西普甚至没有开过一枪。

查布里诺维奇很快被捕，而其余的刺客也都退缩了，或者干脆逃走了。普林西普是个例外。他没有溜进人群、匆匆出城，而是直接在码头对面的

图 I.2 波斯尼亚塞族刺客英雄波格丹·热拉伊奇

图片来源：Wikimedia Commons. https://commons.wikimedia.org/wiki/File:Portrait_of_Bogdan_Žerajić.jpg.

街角二次就位，就在莫里茨·席勒（Moritz Schiller）的熟食店前面。讽刺的是，这条路在那个转角拐入的街，叫作弗朗茨·约瑟夫街。但这位意志坚决的刺客并没有停下来吃三明治。皇室游行路线得到了铺天盖地的宣传，因此普林西普知道，在市政厅举行正式的欢迎会后，车队会在这里驶离阿佩尔码头，进入萨拉热窝市中心。果不其然，前两辆汽车确实在那里转弯了，后面跟着载有弗朗茨·斐迪南的那辆。然后，计划外的某件事情突然发生了：座位离大公最近的波斯尼亚总督奥斯卡·波蒂奥雷克（Oskar Potiorek）将军喊道：“哎呀，你走错路了！”[6]司机利奥波德·洛伊卡（Leopold Lojka）听从了他“调头”的命令，踩下了刹车。加夫里洛·普林西普听从了自己的良心，拔出了勃朗宁手枪。只是他瞄准的不是移动靶，而是面前坐着的活靶子，佩戴着华丽的绿色羽毛。

历史爱好者们对这次“错误”的转向大书特书。毕竟，如果不是因为查布里诺维奇的那次尝试，那么当皇室一行人聚集在市政厅时，波蒂奥雷克就不会改变行程路线，避开市中心的狭窄街道，改为沿阿佩尔码头直接前往驻军医院，探望在爆炸中受伤的那位副官。如果他没有修改路线，那么当大公的汽车按照最初的计划，无意中拐到弗朗茨·约瑟夫街时，洛伊卡就不会奉命改变行车路线。如果他没有在那个转角处停车，那么普林西普可能会射偏，或者仅仅是打伤大公——距离这么近，他的第一颗子弹还都只是打穿了车体，不经意间杀死了女公爵。或者，在推推搡搡的人群中，这个身材矮小的刺客可能根本连枪都开不了。如果发生了以上任何一种情况，自那个“晴空万里”的夏季星期天以来的整个人类历史进程都可能会被改写，而那一天也标志着一个同样晴朗的时代——美好年代（la Belle Époque）——的结束。无论如何，世界大战都不可能在一个月后爆发。[7]

当然，这还是留下了一个充满阴谋意味的问题，即为什么一开始没有遵循变更后的行程路线。假设只是波蒂奥雷克表达不清，或者洛伊卡脑子短路吧（没有任何证据表明有其他情况），如果没有人为错误的干扰，汽车沿着阿佩尔码头继续前进，普林西普也只能从后面望着大公的绿色羽毛兴叹。那样的话，他可能会效仿他的英雄热拉伊奇，杀死自己，而不是哈布斯堡帝国的继承人。

可供选择的结果几乎是无穷无尽的，也是极其耐人寻味的。然而，这里的问题是一个完全不同的命题：波格丹·热拉伊奇虽然无人问津，但他没能射杀弗朗茨·约瑟夫这件事情本身，却和4年后那次传奇的“错误”转向一样，都改变了历史的进程。[8]毕竟，如果奥匈帝国（二元君主国）皇帝被刺杀，弗朗茨·斐迪南在1910年登上皇位会发生什么，又有谁能说得清呢？或者同理，如果弗朗茨·约瑟夫在1853年2月——他侄子出生的10多年前——被杀害，历史又将如何发展呢？彼时，一名匈牙利民族主义者用匕首刺中了他的脖子，是坚硬的军装衣领、一位动作迅捷的爱尔兰伯爵和一位路人屠夫的奇异组合救了皇帝的命。也不是每一个历史转折点都如此戏剧化。1914年4月，83岁的皇帝得了肺炎，病得很重。维也纳的佣人们片刻不离地看护，弗朗茨·斐迪南在科诺皮什切城堡（Konopiště）(波希米亚）的马车随时准备载着他向首都飞奔，以便迅速举行加冕礼。如果欧洲在位时间最长的君主没有挺过来，新登基的皇帝就不太可能去波斯尼

图 I.3　画家约翰·约瑟夫·赖纳（Johann Josef Reiner）所描绘的1853年2月18日在维也纳对皇帝弗朗茨·约瑟夫的暗杀行动

图片来源：维也纳博物馆，https://sammlung.wienmuseum.at/en/object/241934/，照片由比吉特·翁德·彼得·凯因兹（Birgit und Peter Kainz）拍摄。

亚检阅部队，他完全可以派和蔼可亲的侄子卡尔（Karl）去。还有，冲着弗朗茨·斐迪南那强硬、独裁的脾性，匈牙利人可能已经造反了。又或者，作为大权在握的统治者，他可能会把那年夏天的军事演习从酷热的波斯尼亚改在他心爱的波希米亚进行，因为大公很担心南方的酷暑，几乎从一开始就不会去萨拉热窝。

本书并不是要涉足充满危险、无边无垠的反事实（“或然”）历史雷区，纵使它经常给人以启发。本书也不会冒昧将波格丹·热拉伊奇这个不那么知名的人物抬升到加夫里洛·普林西普那样的传奇地位，后者被称为“史上最著名的杀人凶手”“引发世界大战的男学生”“20 世纪最重要的人”，以及“改变这个世纪的人”。[9] 的确，有太多太多的历史解释，将从第一次世界大战死亡 1 000 万人到布尔什维克革命、大萧条、法西斯主义崛起、欧洲衰落、南斯拉夫垮台的一切，以及作为过去一个世纪缩影的所有惨剧和暴行，都归咎于普林西普的“几颗子弹”。[10] 相反，这部关于萨拉热窝暗杀事件的作品，是将所谓第一次世界大战最初的枪声置于一个广阔的历史背景下，仔细审查这种修辞构式和其他常见的不严谨之处。[11] 它要问的是：普林西普的枪击最初以何种方式变得如此传奇，又达到了怎样的效果？

这件事情在历史上凸显出来，就触及了一个问题的实质，即萨拉热窝暗杀事件经常是如何被描写和加工处理、叙述和回收利用的。例如，记者们把当代的每一场惨案都渲染成“我们这个时代的弗朗茨·斐迪南大公遇刺事件”；[12] 学者们把对这位皇位继承人的谋杀与当今恐怖主义的大肆杀戮画上等号；学术专著和奥地利的纪念碑宣称弗朗茨·斐迪南和他的妻子

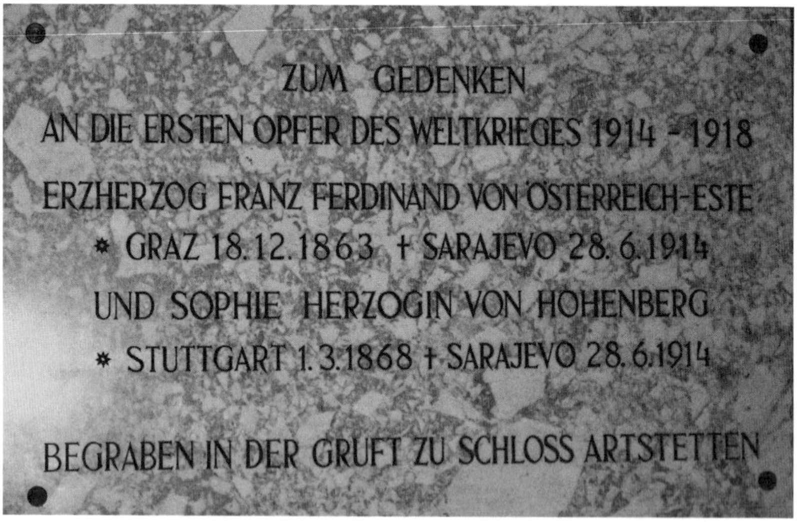

图 I.4 “纪念 1914—1918 年世界大战最初的受害者：奥地利–埃斯特大公弗朗茨·斐迪南和霍恩贝格女公爵索菲。”

图片来源：本书作者摄于哈布斯堡历代皇帝的陵寝嘉布遣会地下墓穴，https://www.kapuzinergruft.com。

是“第一次世界大战最初的受害者”；[13] 教科书教导我们，普林西普在欧洲“火药桶”（“有暴力倾向”的巴尔干地区）“偶然”开了枪，于是就粉碎了各个帝国；[14] 而这位波斯尼亚塞族刺客也被诋毁成“塞尔维亚狂徒”，还被编排成在现代历史决定性的“闪光灯时刻”吃着三明治。此时，我们对这段冷酷的历史是否获得了更强大的洞察力呢？[15] 或者更确切地说，这类司空见惯的概念是否在妨碍我们将这场政治谋杀放到适当的背景中加以研究，借此来操纵我们对历史的理解呢？

我们可以对许许多多的历史事件提出这类问题。我提出这些问题，是出于这样一种感觉：萨拉热窝暗杀事件已经进入了神话领域。我并不是在通常的历史意义上狭义地使用这个词，即有选择性地叙述过去，使其对生活在当下的特定集体产生特定的意义。对许多塞尔维亚人和波斯尼亚塞族人来说，情况确实是这样。他们把这场政治谋杀神话化，视其为将南斯拉夫人从奥匈帝国解放出来的英勇行为。从更普遍的意义上讲，“萨拉热窝事件”之所以能够引发被“神话”一词充分唤起的普遍共鸣，是因为它在 20

世纪一直明晃晃地笼罩在人们心头，却没有被完全理解，恰似关于第一次世界大战起源的争论本身，永远都不会平息。这场政治谋杀被神话化，是通过夸大那些差点使它落空的“随机”因素；把它变成一个由“充斥着暴力”的巴尔干地区“躲在暗处的塞尔维亚民族主义团体”和“国家赞助的恐怖分子”策划的复杂阴谋；[16] 用反事实的臆测将它淹没；轻轻松松地把普林西普的三明治和刺客们身患绝症（肺结核）等彻头彻尾的杜撰并入其中；利用它来与当今的灾难做现成的类比；用“偶然”和“命运”这类陈词滥调，以及“历史上最骇人听闻的暗杀”等夸张的习惯用语，来淡化那令人惋惜的结果——“差点儿就失败了”，一位学者认真地讲述道。[17] 正是“震撼世界的枪击”和“闪光灯事件”这类措辞——事情刚刚过去时，其实只产生了有限且短暂的国际影响——使“萨拉热窝事件”具有了神话所特有的那种无忧无虑的朴素和“无比幸福的明晰”。[18] 在人们的想象中，波斯尼亚和整个欧洲的天气，在 1914 年 6 月 28 日——甚至是纵贯欧洲的“最后一个夏天”——都是极好的，这就是一个很贴切的例子，因为它营造出了美好时代的一切都明媚宜人的错觉。可就在这时，某个来自“落后”（“巴尔干”）国家、“有些疯疯癫癫的塞尔维亚少年”，仿佛晴天霹雳般突然冒了出来，即刻使人类堕入冰冷的黑暗。[19] 或者正如奥地利作家斯蒂芬·茨威格后来的叹惋：“转瞬之间”，这个安全的世界就“像一个中空的黏土容器一样，碎成了无数片”。[20]

萨拉热窝暗杀事件是现代历史上一场颇具戏剧性的事件，造成了极其严重的后果。然而，想要把它讲述得扣人心弦，并不需要戏剧化的渲染。本书并没有开创任何新的方法论，只是将 1914 年 6 月 28 日的事件嵌入其复杂的长期背景。《走火》将暗杀事件置于人类经验的广域内，既不是在推翻历史准则，也不是在指责历史学家。相反，正如书名所示，这部作品的主旨是重新审视一个已经被阐述太多的著名行为——从事情在何时何地怎样发生，到谁是幕后黑手，他们为什么这样做，以及造成了怎样的影响。加夫里洛·普林西普也已经是好几种神话诠释的对象了，包括凶残的恐怖分子、英勇的自由斗士、堕落的罪犯、流行文化符号和“后青春期小流氓”。[21]而他在塞尔维亚的所谓武器供应者，已经变成了这个“史诗级”阴谋的实际煽动者——“极端民族主义”“秘密”社团黑手会的“狂热［塞族］恐怖分子”。[22]

至于萨拉热窝暗杀事件的自然背景，欧洲“危险的”巴尔干边陲，似乎永远无法摆脱对其原始、凶暴、任性本质的刻板印象。20 世纪 30 年代，美国记者约翰·根室（John Gunther）认定，“巴尔干半岛上这些狭隘、穷苦、寒酸、凋敝的小国，可以吵出引发世界大战的架来，而且也确实做到了，这是对人类和政治本性的公然冒犯，简直天理难容”[23]。对于这个“荒芜贫瘠”“灰尘弥漫”的地区“巴尔干人的野蛮”“东方人的怠惰”“信仰异教的塞族游牧民”和“发动战争的强烈嗜好”，其他许多作家也表示了不屑。[24]1935 年，一位英国历史学家和政客写道，对于“文明欧洲”的这块“蛮荒之地”，除了引发第一次世界大战的致命火花，还能指望什么？[25]将近 80 年后，另一位学者将这次谋杀描述为“奥匈帝国穷乡僻壤的一个偶然事件”。[26]

和气候变化残酷无情的猛攻一样，1914 年的全球危机并非偶然出现在巴尔干地区某处幽暗的“穷乡僻壤”，不为政治精英所察觉和关心。中欧强国哈布斯堡帝国在 1878 年从奥斯曼帝国手中攫取了管理权后，便直接参与了波斯尼亚—黑塞哥维那的开发。当二元君主国于 1908 年吞并该领地时，这片以萨拉热窝为首府的帝国领土（Reichsland）不仅引出了许许多多的暗杀阴谋，还引发了战前欧洲最严重的外交危机之一。[27]4 年后，巴尔干战争使欧洲列强与冲突近在咫尺，以至于英国周刊《笨拙》(*Punch*）把它们的

图 I.5 画家伦纳德·雷文-希尔（Leonard Raven-Hill）的《沸点》(“The Boiling Point”)，载 1912 年 10 月 2 日的《笨拙》杂志

图片来源：Heritage Image Partnership Ltd./Alamy Stock Photo, Image ID: HT23PW。

领导人描绘成正在试图压住“巴尔干问题”这口沸锅的盖子。[28] 尽管人们一直怀着这样一种印象，认为这是某个荒凉、偏远、衰退的国度一场自发的谋杀，但波斯尼亚是一个地缘政治难题的重要组成部分。这个难题可以追溯到一个多世纪以前，而且严重到足以拥有一个专门的名称——东方问题，或者说，长期以来由衰落的奥斯曼帝国（又名“欧洲病夫”）控制的欧洲土地，会变成什么样子？[29]

东方问题对本书的历史叙事至关重要，但对于其他的政治势力，以及在世界变化最大的时代之一塑造了它的社会、文化和经济变迁，本书也都没有轻描淡写。法国诗人夏尔·贝玑（Charles Péguy）在1910年指出，“文明世界在过去30年里的变化，比自耶稣基督时代以来的变化还要大”[30]。学者们一致赞同这一点。“变化是生命的法则，大多数时代都是变革的时代，”文化历史学家彼得·盖伊（Peter Gay）承认，“但是在19世纪，变化的本质发生了变化；它比过去更加迅速，更加难以抗拒”[31]。因此，本书第一章专门介绍了在“痛苦与不幸巨大、黑暗的地平线”降临欧洲之前的那个时代宽广的弧线。[32]

出于同样的原因，6月28日之后那段夹在中间且极其重要的时期，也在最后一章中受到了相当程度的重视。在许多叙事中，这次暗杀事件被表示为一场酝酿已久的战争的“火花”或者“导火索”。[33]一旦对围绕萨拉热窝事件的所有内在阴谋、行动和谜团进行了详细彻底的考察，即使有的话，这些作品也很少会去关注六月谋杀案之后的七月［外交］危机这段决定性的历史了。然而，近些年来，对“改变世界的一个月”的几份严谨调查再次表明，在质疑这场战争的复杂起源时，过度的决定论会有怎样的危险。[34]如果作者们要追踪普林西普慷慨激昂的心态，以至于跟随他的脚步在波斯尼亚艰难跋涉，连他的成绩单都要挖出来；如果弗朗茨·斐迪南幸福美满的婚姻可以被渲染成“改变世界的罗曼史”；如果记者们可以将大公遇害与从佛罗里达夜店大屠杀到俄罗斯武力控制克里米亚的所有事件相比较；如果学者们可以将萨拉热窝事件类比为“9·11”事件，那么，调查真正的决策者们各不相同的信念，同样是至关重要的。[35]只有这样，我们才能明白，在那场所谓“改变了一切”的暴行之后，欧洲是多么接近于不开战。这位赤贫如洗的刺客不经意间引发了一场国际危机，但点燃这个著名“火药桶”的，却是一群光鲜亮丽、大权在握的政治家。[36]

再者，这些人生活的时代本就充斥着无政府主义者的“行动宣传”，以及其他要取人性命的民众抗议形式。所以说，大公的横死并没有什么特别出奇的地方，除了事情发生时的地缘政治背景。英国首相本杰明·迪斯雷利在亚伯拉罕·林肯遇害后说的那句“暗杀从未改变过世界历史”，放在萨拉热窝事件上听起来纵然可笑，但事实是，战争的决定并不是为了给弗朗茨·斐迪南报仇。[37] 尽管奥地利作家约瑟夫·罗特（“无辜的城市，盛满了诅咒！……骇人听闻的灾难套上了忧郁的外壳”）和美国作家埃德蒙·斯蒂尔曼（Edmund Stillman，“一个时代为何要葬送在此地？”）等人愁肠满腹，但这些决定并不是在“凄凉”的波斯尼亚首府做出的。[38] 必须强调的是，世界大战和奥匈帝国后来的解体也并非“必然”。千钧一发的并不只有这次暗杀事件，还有许多可能改变战争结果的战役。

用著名哈布斯堡研究专家罗伯特·卡恩（Robert Kann）的话说，这一事件使“历史［发生了］决定性的转折”。[39] 但可想而知，如果没有那场遍及全球的战争，许多作家根本不会花这么大工夫来阐释这一事件。罪责问题——哪个团体或哪（些）个人发起并筹划了历史上的“完美政治谋杀”——是研究萨拉热窝暗杀事件的核心问题，这也不难理解。[40] 它也在乞求一个引人入胜的答案——至少要对得起那套勾魂的话术，说什么普林西普开枪颠覆了世界历史的一切。然而，就像普遍意义上的战争起源一样，很难说清楚到底是谁煽动了这场阴谋，遑论他们的动机。

至于 1914 年 6 月 28 日之后的情况，我们可以说的是：金融市场仍然风平浪静；令人伤感的讣告很快便让位于爱尔兰的阿尔斯特危机和法国的激情犯罪案等如火如荼的议题；甚至在奥地利首都，也有一份主要报纸将公众对这场政治谋杀的反应描述为“一种麻痹”，而不是“强烈抗议”，同时还有一些人指出，“冷漠”盖过了忧虑。[41] 萨拉热窝事件更像是一个悲伤的大标题，而不是即将到来的时代惊心动魄的预告片。或者正如一部专著的作者主张的那样：“与易燃物中的火花不同，谋杀本身并没有引发任何事情。”[42]

随着斯蒂芬·茨威格所谓“太平的黄金时代”车轮滚滚向前，欧洲人继续过着暑假，其中许多人身处不久后将与之交战的国家。然而，政治家们却在焦急地等待着维也纳的反应。[43] 他们等来等去，一直等到大多数人都以为事情已经翻篇了，就像之前的那些国际危机一样。直到7月23日，大公遇害将近4个星期后，哈布斯堡君主国向塞尔维亚王国发出了那封充满挑衅意味的最后通牒，人们才从中感受到了剧烈的震颤。塞尔维亚的民族主义者寻求将波斯尼亚—黑塞哥维那并入一个大塞尔维亚（或南斯拉夫）国家，可能还要加上奥匈帝国其他的南斯拉夫地区。这份最后通牒在谋杀案发生后的几天之内就拟定好了，根本没打算让对方接受，因为维也纳早就决定对塞尔维亚动武了。

当然，二元君主国也做出了应尽的努力，尽最大程度、尽可能迅速地调查了谋杀案。然而，调查结果却不清不楚：武器由一名塞尔维亚军官和政府雇员提供；一些武器是由塞尔维亚批准制造的；波斯尼亚阴谋者在塞尔维亚首都贝尔格莱德获得了武器，并被教导如何使用这些武器，在塞尔维亚海关和军事情报官员的非法协助下越境到了波斯尼亚。除此之外，正如奥匈帝国调查负责人7月13日从萨拉热窝发往维也纳的电报所言，完全没有任何证据将塞尔维亚官方与暗杀阴谋联系在一起。[44] 如果在七月危机期间出现了这样一份铁证，那么俄国就不可能支持一个弑君的“流氓政权”，哈布斯堡帝国则会得到其武装部队首领康拉德·冯·赫岑多夫（Conrad von Hötzendorf）盼望已久的战争：在巴尔干局部地区痛揍一个民族国家。这个国家似乎铁了心要分裂二元君主国，将其南斯拉夫民族（必定有塞族人和波斯尼亚人，但也可能有克罗地亚人和斯洛文尼亚人）纳入一个幅员辽阔的大塞尔维亚（或南斯拉夫）国家。[45] 这样一场所谓第三次巴尔干战争——紧跟在新生的巴尔干国家与奥斯曼帝国在1912年/1913年打的前两次战争之后——对奥匈帝国来说可能并不好打。虽然塞尔维亚体量较小，资源也比较匮乏，但它的军队训练有素、久经沙场。尽管如此，如果其他大国置身事外的话，这将是一种截然不同的冲突。[46]

可这第三次巴尔干战争，也就是人们经常说的“大战”，最常说的“第一次世界大战”，却持续了4年多的时间，跨越了6个大洲，1 000多万人失去了生命，使最初的交战国悉数破产，推翻了三个欧洲王朝（以及此后不久的奥斯曼帝国），并在敌意未消、旧账未了的气氛中结束，直到1945年规模更大、死伤更多的第二次世界大战结束时才得以解决。一切皆因将塞尔维亚与萨拉热窝暗杀事件联系起来的证据，既没有薄弱到让哈布斯堡帝国在强大的德国盟友的支持下咽下这口气，不去对身边的塞尔维亚小刺头动武；也没有充分到让俄国去冒险，任由自己的巴尔干伙伴被打服，甚至可能被彻底抹去。剩下的事情，则由欧洲“纠结的联盟”体系、列强的计谋和动员时间表来解决。

关于“萨拉热窝事件”如何催生这场剧变的总结，我们将在下文中对其进行更加仔细的研究。然而，无论要对实际阴谋负责的人是谁——无论是“患了肺痨”的“青少年恐怖分子”，“秘密”“恐怖组织”黑手会的“狂热”塞尔维亚民族主义者，还是其他某个隐秘的团体（阴谋论者所说的共产主义者、共济会、德国特工、哈布斯堡颠覆分子等）——要对大战负责的，却是欧洲列强的领导人。[47]思索萨拉热窝的那次“错误”转向，可能在道德上令人安心，在精神上令人愉悦，但洛伊卡很可能从未踏足球场广场（Ballhausplatz）、威廉大街（Wilhelmstraße）、歌手桥（Chorister's Bridge）、奥赛码头（Quai d'Orsay）或白厅（Whitehall）。而历史上的这次错误转向，正是在这些地方做出的。[48]

萨拉热窝暗杀事件之所以在历史上凸显出来，是因为生活在所谓欧洲文明地区而不是“血流成河”的巴尔干地区的人所采取的行动。[49]如果他们注意到了明晃晃的危险，并放下他们严守的原则，那么这个历史上“最悲惨的新闻报道”，在一个碰巧充斥着政治谋杀的时代，也只不过是又一场平平无奇的政治谋杀。[50]弗朗茨·斐迪南可能不会经常被引述为“第一次世界大战最初的受害者”，而是因其王朝价值观和政治智慧被后人铭记。普林西普也可能不会把脚印印在那个“开启了20世纪的街角”，而是成为20世纪历史的一个注脚。[51]一种常用的表达，比如说萨拉热窝事件“大概是现代历史上最重要的时刻”，就充分说明了我们是如何对待这段惨痛历史的。[52]换句话说，明明是欧洲的领导精英在世界历史上的走火给人类带来了无尽的痛苦，为什么普林西普的精确射击却被神话化到了如此程度？

一个原因似乎是显而易见的：萨拉热窝暗杀事件只是一个瞬间——“啪”的一声，“砰”的一下，突然一击，正中要害。这里的要害既是象征意义上的，也是字面意义上的，因为子弹正好击中大公的颈静脉。再者，这个令人毛骨悚然的情况既是完全可以预料的，又完全不按套路来。毕竟例行警告满天飞，因为在独立意识越发强烈的南斯拉夫人问题上，奥匈帝国和塞尔维亚王国的紧张关系到了如此严重的程度，以至于君主国的一些军事将领主张对这个暴发户国家发动一场“预防性战争”。鉴于当地相当一部分人的民族主义精神，经常有人劝弗朗茨·斐迪南不要进行这次波斯尼亚之旅。他也十分清楚，皇帝曾在1910年与热拉伊奇的勃朗宁手枪带来的死亡擦肩而过。

但弗朗茨·斐迪南无法拒绝这个场合，理由事后看起来非常鲁莽，只有考虑到他成长的那个骑士时代才能理解。在某种程度上，这次波斯尼亚之行可能是一个机会，可以让他和贵庶通婚（还经常被诋毁）的妻子在帝国一起公开露面；在某种程度上，这是一种高傲的姿态，针对不断挑衅的、自巴尔干战争以来还扩张了版图的塞尔维亚国家；在某种程度上，因为体面和“打肿脸充胖子”如此重要，大公不愿让他的东道主、总督波蒂奥雷克将军失望。最重要的是，作为奥匈帝国武装部队的总监察长，弗朗茨·斐迪南检阅一年一度的军队演习，之后与当地领导人一起公开露面，是在履行自己的职责。由于以上种种原因，大公才会罔顾警告，奔赴波斯尼亚，乘坐敞篷汽车穿行在首府。而那一天恰恰是塞尔维亚东正教的神圣节日圣维特日（Vidovdan），也是1389年塞尔维亚与奥斯曼土耳其人那场具有历史意义的战役的周年纪念日。弗朗茨·斐迪南与现实脱节，不懂礼节，执拗地相信他的天主教信仰，而不是稳妥的安保机构。他为了行事光明磊落，让自己和妻子陷入了致命的危险。[53]

然而，他差点儿就带着完好无损的骄傲和人身安然度过了。那天在萨拉热窝的7个阴谋者是彻头彻尾的业余选手，最近才学会开枪或者引燃手榴弹。在第一个刺客没能行动、查布里诺维奇的炸弹也没能击中目标之后，随行人员本应得到长久的缓刑。他们聚集在市政厅，很快便取消了官方仪式，转而讨论是完全放弃当天的计划，还是采取其他不那么激烈的措施来保证皇室夫妇的安全。在阿佩尔码头继续行驶、避免拐进市中心的计划，差不多就是可以决定的与原计划偏差最小的选择了。然而，如果这个计划成功实施，大公和他的妻子几乎肯定能活着离开萨拉热窝。当然，暗杀事件被神话化的另一个原因是，它竟然真的发生了。

前一刻，弗朗茨·斐迪南还在进行一场庄严的哈布斯堡仪式，向他的臣民展示自己的一身华服，以此彰显皇权；[54] 后一刻，鲜血就从他的口中涌出，受了致命伤的妻子倒在他身边，哭喊道：“看在上帝的分上，你怎么了?!”大公勇敢地从喉咙里挤出声音，那虚弱的声音完全无法让人安心：“不要紧。”他说了一遍又一遍，直到失去意识。这就是弗朗茨·斐迪南的遗言——何其讽刺!

正是这种讽刺，使“萨拉热窝事件”如此富有神话色彩。一个不幸的事实是，结果证明，这颗漫无目标的子弹对奥地利继承人来说，并非不要紧。另一个令人难过的事实是，这个随随便便的一次性事件预示着后面的灭顶之灾。这里的讽刺指的是后者。保罗·福塞尔（Paul Fussell）在他的经典作品《第一次世界大战与现代记忆》（*The Great War and Modern Memory*）中写道：“每一场战争都构成了一种情境反讽，因为它的手段与预期的目的不相称到了耸人听闻的程度。”[55] 历史上的事情，无论是战争还是别的什么，还有比大公遇刺颇具讽刺意味的最终结果更符合这一表述的吗？那是人类有史以来所面临的最致命、最具破坏性、被一些学者称为“没有必要”的战争；那是一场波澜壮阔的交战，开启了整整一个时代的热战与冷战、种族灭绝与种族清洗、法西斯主义、毁灭、复仇，以及这一切所造就的尸骸和道德残骸。[56] 历史学家杰伊·温特（Jay Winter）和安托万·普罗斯特（Antoine Prost）断言，这场冲突构成了“一个短暂而野蛮的世纪真正的基础”。[57] 然而，自从奥匈帝国 1914 年 7 月 28 日开始炮击塞尔维亚，俄国、德国、法国和英国也跟着匆匆加入战局以来，人们就一直对这场战争的原因津津乐道。

20世纪70年代，美国外交官、历史学家乔治·凯南（George Kennan）写道，他“开始把第一次世界大战视为……［20］世纪最具影响力的剧变”[58]。弗朗茨·斐迪南·卡尔·路德维希·约瑟夫·马利亚·冯·哈布斯堡-洛林-埃斯特大公是一个“近乎偏执狂的人物”，[59]不受自己国家的宫廷高层待见，与本国各族人民也很疏远。一个“夏季晴朗的星期天早晨”，他被一个“患有肺结核”“头脑混沌”的“塞尔维亚极端分子”（“乌合之众团体”青年波斯尼亚及其“秘密的”极端塞尔维亚民族主义外围团体、臭名昭著的黑手会的“恐怖分子”成员）在一个“满是泥泞的原始［巴尔干］村庄”暗杀。继承人的汽车转“错”了方向后，极端分子偶然发现自己处在正确的十字路口、正确的毫秒时刻，一边还吃着三明治。发生了这样一场重大的人为灾难，可能是因为这个吗？[60]

当然不可能。这场传奇谋杀案的后果，是诱发了一场没有通过外交途径解决的外交危机，而自那以后，我们一直在努力接受萨拉热窝事件荒谬的后续。虽然所有这些努力产生了许许多多扣人心弦的解释、引人入胜的夸张说法，以及对“欧洲的命运”和“最后的星期天”浩如烟海（并且还在不断增加）的文学反思，却没有产生一本基础深厚的历史书。这样一本历史书，还要考虑暗杀事件在历史上是如何被描绘的，以及这对于这段历史如何被普遍接受又有何意义。[61]这本关于此次政治谋杀的书，目的正在于此。在大多数情况下，只需将叙事嵌入其复杂的历史背景。第一章对战前时代进行了全方面的概述，之后的第二章聚焦于暗杀事件的主角——加夫里洛·普林西普和弗朗茨·斐迪南大公——以及他们截然不同的成长环境。第三章的标题是“针锋相对的愿景”，考量了这些重要的巴尔干民族和地区——塞尔维亚、波斯尼亚和哈布斯堡王朝——是如何在越来越危险的地缘政治环境中就各自立场进行谈判的。第四章讨论了富有争议的暗杀阴谋本身，第五章描述了1914年6月28日的事件及其不断恶化的后果。对学者来说，这大概是一个再熟悉不过的故事。然而，去掉神话的成分，它仍然是一个深刻的悲剧，完全值得重新讲述一次。

第一章
进步的“工具”

我国政府怀疑，“这个投掷炸弹的印刷工和射杀大公及其妻子的男学生背后另有其人，他们提供了这些工具，并且不受控制”。还真是让它蒙对了。支持这一冒险行为的力量，无非进步和改良——不受上帝约束的［进步和改良］。

——卡尔·克劳斯：《弗朗茨·斐迪南与才能》，刊载于1914年7月10日的《火炬》

很久以前，在这场战争之前，世界局势是一目了然的。五大“列强”控制着世界上大部分财富和资源，生产当时最先进的科学技术，将它们的知识和文化成就投放到全球各地，并统治着在面积、数量和多样性上远超自身的土地和人民。英国是最重要的列强，也是世界有史以来最辽阔的帝国，统治着地球上五分之一以上的陆地、四分之一的人口，并且凭借其无敌的皇家海军，统治着几乎所有的海洋。[1] 如果说美国1914年的幅员是“从大西洋到太平洋”，那么大英帝国则囊括了五大洲和大量岛屿，包括占比相当小的联合王国本土。

把问题进一步简化，就是这五个国家——英国、法国、德国、奥匈帝国和俄国——在一个相对紧凑的空间里互相挤压着，而这个空间被法国诗人保罗·瓦莱里称为“亚洲大陆的一个小海角”。[2] 从地理上讲，欧洲或许有权被归为一个独立的大洲。然而，到了1914年，面积的重要性要远远低于其贸易的全球扩展、武器的压倒性优势，以及以恩人自居的所谓“文明”

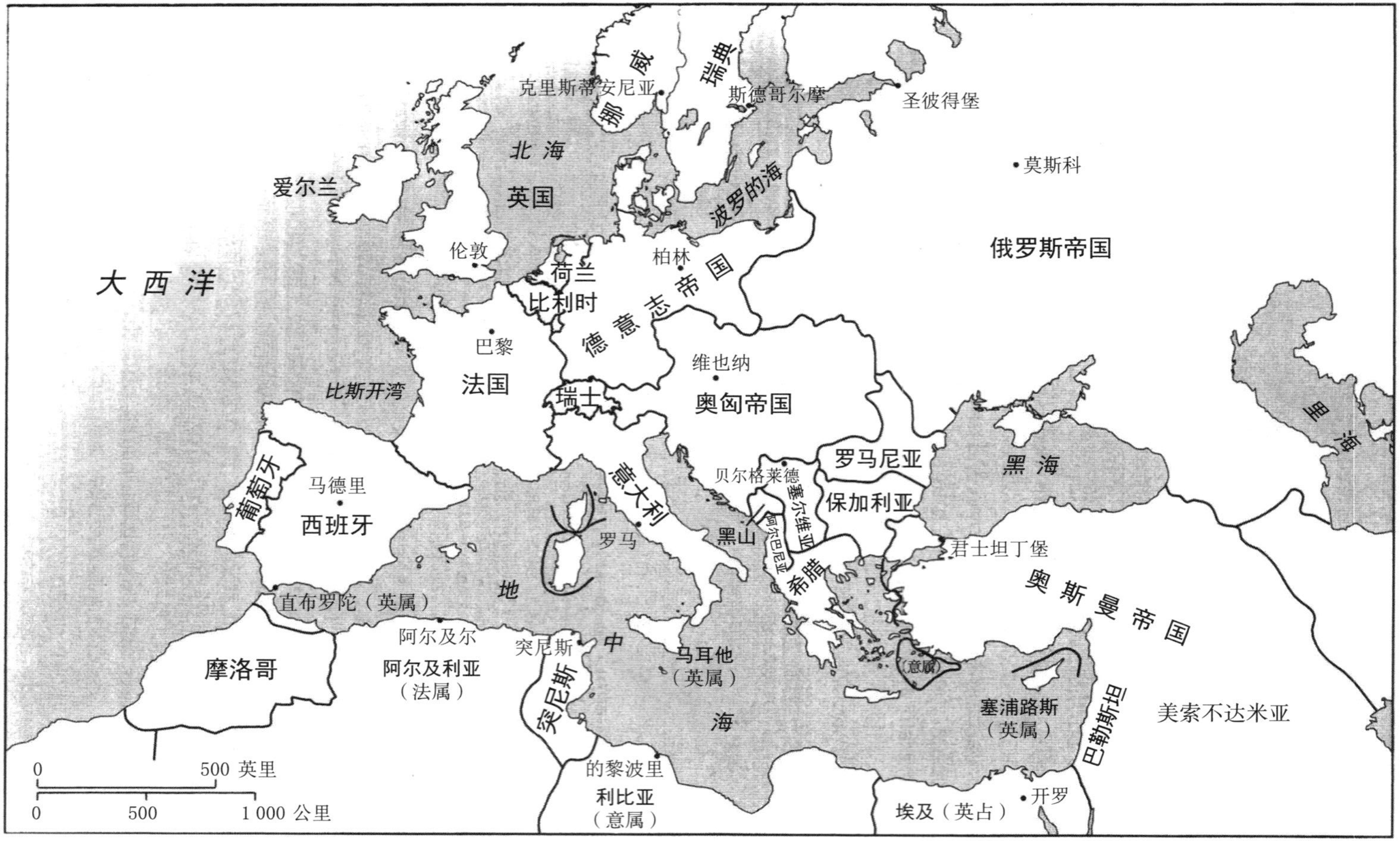

图 1.1 1914 年的欧洲

图片来源：Gray, *Chronicle of the First World War*, vol. 1, *1914—1916* (Oxford: Facts on File, 1990), i; Hew Strachan, *The First World War*, vol. 1, *To Arms* (Oxford: Oxford University Press, 2001), 7。

的国际影响力。世界上每四个人中就有一个是欧洲人，地球表面的 84% 居住着欧洲人，世界上 9 个最大的城市中有 6 个在欧洲，欧洲的金融机构操纵着四分之三以上的对外交易。支出来的这块大陆在领土上受到的制约，已经被完完全全地超越了。[3]

虽然这种世界观过于笼统，但也不算太离谱。1914 年和以往一样，全球力量在不断变化，美利坚巨人在西方崛起，强大的日本在东方高歌猛进。自信的欧洲人也察觉到了这些，特别是 1898 年美国击败西班牙、7 年后日本从俄国军队手中强取胜利之后。但是，即使美西战争和日俄战争的结果预示着全球动态发生了转变，这对欧洲大国来说也并不特别令人担忧。美国或许在煤炭开采和生铁生产等经济优势指标上超过了英国和德国，但它仍在遥远的大洋彼岸，在国际事务中的话语权微不足道。事实上，直到 1893 年，美国才将其驻外外交代表从公使升为大使，而直到 1905 年，才有一位美国总统促成了一项国际和平协议。西奥多·罗斯福（Theodore Roosevelt）因日本和俄国之间的条约而获得了诺贝尔奖，可是在 20 世纪最初的 12 年里，英国、法国和德国的人道主义者、科学家和作家总共获得了 38 座诺贝尔奖，美国只有 3 座。[4] 军事形势同样不平衡——美国海军规模很大，也很现代化，但这个国家的陆军仍然非常少，华盛顿也没有与任何欧洲大国结盟，干预欧洲问题就更别指望了。[5] 令人难以置信的是，美国在第二次世界大战后巅峰时期的实力，还不如一战之前那些年的欧洲列强。[6]

从 1914 年到 1945 年，欧洲从支配全球到彻底毁灭，差距如此之大，以至于人们很容易认为，一定存在着某种内在的、系统性的缺陷，让一个人的遇刺促成了一个国际战争的时代。然而，正如本章所示，对于弗朗茨·斐迪南遇害的后果为何如此严重，19 世纪的欧洲历史并没有给出简单的答案。尽管如此，这个问题还是至关重要的：世界上最强大的几个政治、经济、文化和军事强国，怎么会像德国首相特奥巴尔德·冯·贝特曼-霍尔韦格（Theobald von Bethmann Hollweg）在 1914 年 7 月仿佛未卜先知一般地说的那样“跃入黑暗”，并命令数百万武装人员向彼此进军呢？[7] 怎么可能发生这种事呢？

1914年战争爆发时，几乎没有人清楚这究竟会是一场怎样的大灾难。尽管有贝特曼–霍尔韦格的担心、军事专家冷酷的评估，以及英国外交大臣爱德华·格雷爵士（Sir Edward Grey）的那句名言——“整个欧洲灯火将熄，我们有生之年不会再看到它们亮起了”——但还是有很多人相信，这场“大戏”即使不能像德国皇帝威廉二世对臣民保证的那样，“在叶落之前”结束，也会在圣诞节之前结束。[8] 欧洲各大城市喜迎动员时那种共同的欢欣，除了人们对战争的期望比等待着他们的现实要乐观得多，还能怎么解释呢？

毕竟，自1870—1871年的普法战争以来，欧洲列强之间就再也没有打过仗，而那场决定性的交战似乎在召唤一个时代，在那样的时代里，战争还保有一定程度上的英勇精神。至少那是一个动态的时代，而不是1914年至1918年这场战争中标志性的僵持。尽管政治和技术都在进步，但19世纪的欧洲在很大程度上仍然是贵族占据着军官团，受过教育的精英更多地将战争视为区区消遣娱乐，而不是纯粹的地狱。欧洲人可能已经习惯于“想象中的未来战争，在军事策划者的想定中，以及在1914年之前的几十年里大量涌现的、展望未来的畅销著作中”。至于战争的现实，历史学家戴维·史蒂文森（David Stevenson）补充说：“他们面对［它］时的装备，比我们面对核打击时的装备好不了多少。”[9]“我热爱战争，”英国军人诗人朱利安·格伦费尔（Julian Grenfell）写道，他在1914年10月将其比作“一场大型远足”。事实证明，受过良好教育的欧洲人错了，而且是字面意义上的致命错误，而他也是其中之一。[10]

尽管如此，列强的领导人却并没有贸然参战，在1914年开赴战场的数百万人亦然。尽管在一些照片上，欣喜若狂的人群在为排成长队、喜气洋洋的战士送行，但普通市民和士兵的态度更像是决心听天由命，而不是欢天喜地。[11]“1914年的精神”的确感染了许多人，但正如城市广场上密密麻麻的平顶草帽所证实的那样，他们大多属于城市中产阶级和上层阶级——也就是说，占人口 10%—15% 的人写下了 90%—95% 的第一手记录。[12] 对于大多数工人和农民来说，战斗的号召并不意味着激动人心的冒险或者诱人的消遣，而是不得不抛下饥肠辘辘的家人，把收割庄稼的事情撂在一边，为一个他们可能没什么感情的国家而战，而他们要对抗的国家往往也是这种情况。至于忠诚、敌意，乃至同情，就更无从谈起了。“我们生活在哪个沙皇的统治下，不都一样吗？”有人听到俄国农民士兵这样抱怨。“德国人来当沙皇，情况也不会糟到哪里去。”阿列克谢·勃鲁西洛夫（Aleksei Brusilov）将军在谈到他的部下被召集去保卫塞尔维亚人——他们的“斯拉夫小弟”——抵御日耳曼人的东进（Drang nach Osten）时，也说过类似的话：“实际上，没有人知道这些塞尔维亚人是什么人；他们同样不确定斯拉夫人是什么人……他们从来没有听说过德国的野心；他们甚至不知道有这么一个国家存在。”[13] 受教育程度较高的英国人也对他们为何被动员起来感到困惑：去帮助比利时脱离困境？相比之下，英国社会主义者的态度很明确，他们的法国和德国同志也一样，在敌对行动开始的几天前还召集了声势浩大的反战集会。“为战争叫好吧！”左派的《先驱报》（*Herald*）在 1914 年 7 月 30 日怒吼道：“为流出的鲜血和肠子，为子弹打穿的肺，为哭泣的母亲和失去父亲的孩子，为他乡的死亡和疾病，以及国内的穷困叫好吧。”[14]

这种反对战争热情的主张当然有不适用的情况，特别是因为各地都把这场冲突视为防御性质的，所有阶层的人都踊跃参军。然而，申明这个有据可依的论点是很重要的，主要是因为人们对这个时代的军国主义或者说军事文化的假想。19 世纪末，欧洲国家诉诸战争解决问题的意愿肯定比现在要强烈。然而，关于欧洲被划分为“武装阵营”、民族对立情绪沸腾并热切期待军事对决的流行观点，已经受到了严格的审查。如果萨拉热窝事件仅仅是引爆所谓欧洲火药桶的火花，那么为什么之前的任何危机——摩洛哥（1905 年、1911 年）、波斯尼亚（1908 年）、巴尔干战争和阿尔巴尼亚（1912 年 /1913 年）——都没有引燃战火？为什么有这么多人认为这场战争是“必然”而不是“未必”？[15]

欧洲军国主义的表现形式包括联盟体系、帝国对抗、领土争端、战略规划，甚至是朝气蓬勃、尚武好战的“民族崇拜”，它可以在很大程度上解释第一次世界大战的爆发。然而，它并不能取代由大公之死引发的、不可预知的短期因素，也无法取代塑造了前一个世纪并使1914年的欧洲形势变得极为复杂的长期暗流。正是这些政治、社会、文化和经济暗流，加强了“欧洲”作为19世纪末一个合适框架的观念。早在欧盟成为现实之前，欧洲的制度和意识形态、军事联盟和政治对抗、经济纽带、王朝的沾亲带故，以及长期的历史联系，就已经界定了这片土地和生活在那里的大众，使其难解难分。20世纪最初的那几年，奥地利作家斯蒂芬·茨威格为法国航空事业的辉煌成就激动万分。他从中推断出，“一种欧洲共同体精神、一种欧洲的全民意识正在形成”。[16]既不是他天真幼稚，也不是只有他一个人这么想。毕竟，这场战争是从“欧洲”开始的；这场战争是从“欧洲”蔓延到全球的；停战协定也是在“欧洲”“结束”这场冲突的。[17]这场始于1914年的“三十年战争”，与1618年至1648年的那场三十年战争不同，本身并不是为了宗教而打的。然而，关于政治、国家地位和道义的“宏大理念”——例如，德意志人的文化（Kultur）对抗法国人的文明（civilisation）、英国人的“伪善”和“斯拉夫人的胡闹”（Slawentaumel）——制造了一场国家之间的冲突，而这些国家的共同点比它们认识到的还要多。从这种意义上讲，这场战争就是宗教性的。[18]

确实，国家、文化和阶级之间的差异和冲突太大了，一个世俗的、包罗万象的“欧洲”身份认同概念还是太夸张了些，尽管贵族和君主的“欧洲性”是与生俱来的。1900年，俄国沙皇尼古拉二世和德意志皇帝威廉二世是表亲；英国的维多利亚女王是德皇的外祖母，也是俄国、罗马尼亚、希腊、比利时和保加利亚统治者的亲戚；奥地利哈布斯堡家族和从前的西班牙哈布斯堡家族有直接关系，与后者的很多成员内部通婚，包括曾经君临整个欧洲的法国波旁王朝。[19]弗朗茨·斐迪南大公本人系出哈布斯堡家族和波旁家族，同时也有德国、法国、意大利、波兰王族的血统，还通过溺爱他的继母玛丽亚·特蕾莎（Maria Theresa）与葡萄牙扯上了关系。[20]然而，在社会阶梯的更下方，“欧洲”呈现出了别样的面貌，来自巴勒莫的穷困农民和威尼斯子爵或米兰厂主的共同点，与他和芬兰或苏格兰农民的共同点差不了多少。甚至连他们说的“意大利语”方言也几乎没人能听懂。1914 年，欧洲人有很多把他们统合在一起的东西，王朝 / 贵族的纽带和生活方式就是一个明确的例子。然而，差异也是显而易见的，在焦虑的时代，则更加难以预料。

在 1914 年这个以欧洲为中心的世界里，大多数欧洲人都是绝对的本地人。在整个欧洲大陆，盛行的是惊人的多样性——政治、社会、经济和文化上的——无论是在国家之间还是国家内部。最突出的例子就是二元君主国奥匈帝国，它有两个议会，11 种（官方承认的）语言，却没有一个主体民族。在这里，波兰人、捷克人、斯洛伐克人、斯洛文尼亚人、塞尔维亚人、克罗地亚人、罗马尼亚人、意大利人、乌克兰人 / 鲁塞尼亚人、德意志人、马扎尔人（匈牙利人），以及 1878 年后的波斯尼亚塞族人、克族人和穆斯林的特权每隔一段时间就会发生冲突，即使中央——维也纳和布达佩斯——还保持着强势。[21]经济上，哈布斯堡君主国和它的民众一样成分混杂。虽然波希米亚和奥地利的工业发展迅速，但东部地区仍然以农业为主，贫穷到令人绝望。[22]到了现代，没有哪个王朝在欧洲的统治范围比哈布斯堡王朝大，或者统治的时间比它长。但人们普遍认为这个帝国是列强中最弱的。

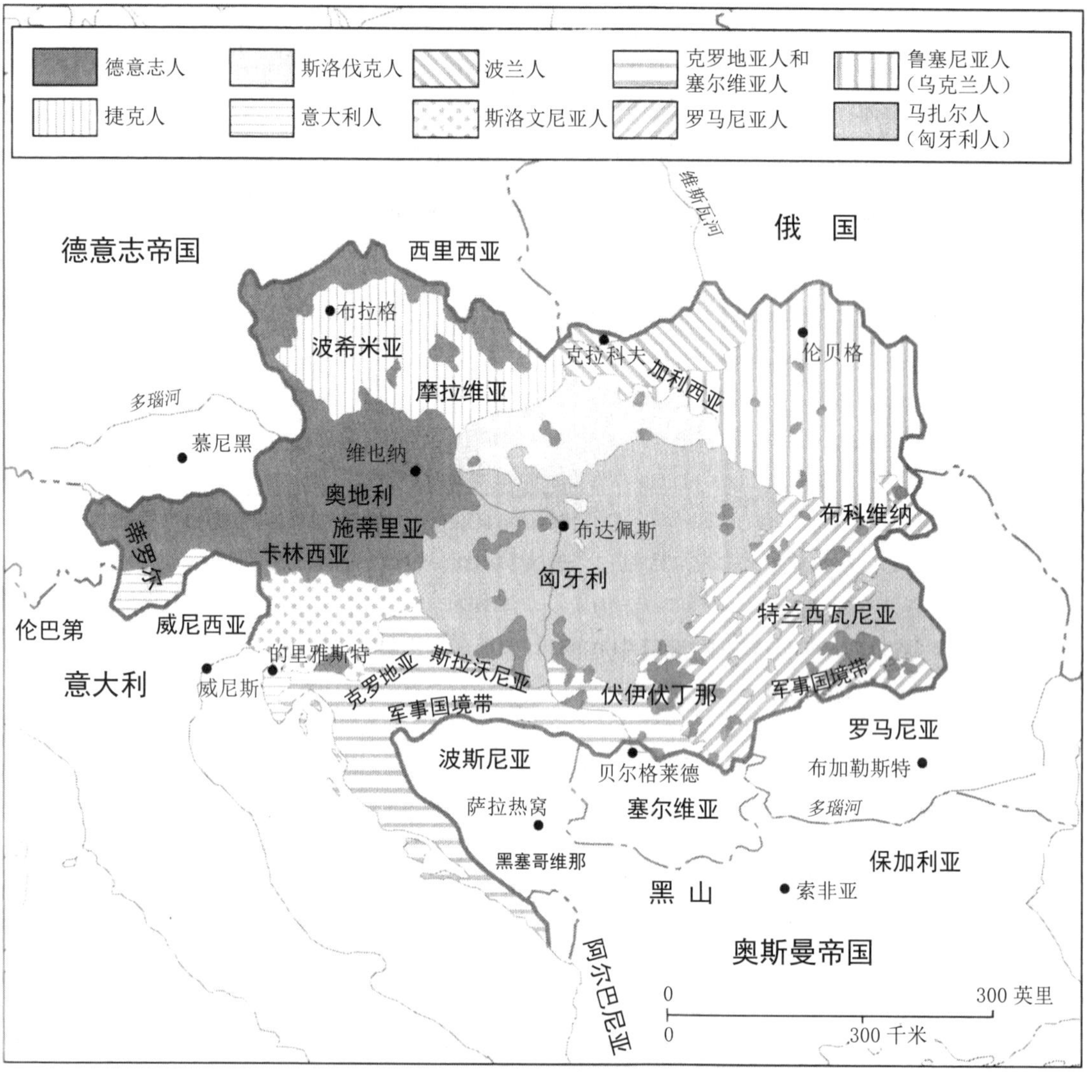

图 1.2 哈布斯堡帝国的多种民族（1878 年控制波斯尼亚和黑塞哥维那之前）

图片来源：John Merriman, *A History of Modern Europe*, 2nd ed., vol. 1. Copyright © 2004, 1996 by John Merriman，经 W. W. Norton & Company, Inc. 许可使用。

然而，奥匈帝国强大的盟友德意志帝国，却与之形成了更加鲜明的强烈对比。作为现代工业化国家的先锋，德国的钢产量超过了英国、法国和俄国的总和；完善的商业和财政部门使其出口量仅次于英国；德国是欧洲城市化速度最快的国家，拥有受教育程度最高的人口，却也受到易北河以东极端保守的土地贵族的钳制。[23] 正如一位学者所言，这是“威权主义、官僚主义和议会主义的一个别扭的混合体”，更何况还有一个反复无常的皇帝。就是这样的成分在执掌世界上最具活力的帝国王朝。[24]

俄国的矛盾同样令人烦扰。俄罗斯帝国比英国、法国和德国的总和还要大，人口也更多，但它主要还是一个农民社会和农业国家，在 1900 年的欧洲大国中人均收入最低。然而，俄国的经济增长迅猛，工业区域不断扩大，农业产量令人叹服，到了 1914 年，其国民收入就几乎与英国和德国持平了。[25] 这个国家还有另一个令人担忧的特征——在政治上，它是作为沙皇和贵族之间的一个非自由联盟运作的。[26] 波兰人、波罗的人（爱沙尼亚人、拉脱维亚人、立陶宛人）、芬兰人、罗马尼亚人、乌克兰人、格鲁吉亚人、亚美尼亚人，当然还有俄罗斯人（占不到一半的人口）等欧洲各族臣民没有什么权利，也没有任何代表权，是列强中受压迫最深、受教育程度最低的民族。

与之形成鲜明对比的是德国，那里所有的男人都可以投票，所有的人民（Volk）都识字，社会党是一个重要的政治因素，帝国议会（Reichstag）在财政领域拥有虽然有限但具有实质性意义的职能；还有法国，它是大国中唯一的民主国家，是仅次于英国的全球帝国，巴黎也是这个星球上的文化中心。然而，这个在 1900 年举办了国际最新技术博览会的国家，仍然是一个将近一半人口靠山吃山、靠水吃水的国家，大多数人最近才开始在全国市场上进行易货贸易——许多人用当地方言、土话或其他并非法语的语言进行交易。因此，世界上最富有、最先进的国家之一，就像 1914 年的所有欧洲大国一样，仍然连接着它那富有乡村气息的过去。[27]

在现代，这种“旧制度的持续存在”，有助于解释历史学家理查德·维宁所认为的“1900年欧洲最显著的特点”——“有这么多居民想要离开”这一事实。[28] 仅在19世纪的最后25年，就有大约2 500万欧洲人前往美国，不论是为了寻求政治/宗教自由、逃离迫害，还是因为急需一份体面的工作而移民。这种外流在世界大战之前的10年里没有任何消退的迹象，数以百万计的波兰人、希腊人、犹太人、意大利人、爱尔兰人、斯堪的纳维亚人、罗马尼亚人、立陶宛人等逃往澳大利亚、加拿大、巴西和美国。[29] 他们大多来自欧洲最不发达的地区，例如南意大利，抑或是把自己看作臣属民族，就比如自己国家在18世纪末被瓜分的波兰人。维宁认为，这样的统计数字“并不符合那些强调进步或国力的叙事”。[30]

当然，这些叙事也不是由移民书写的。这并不是说那些深情地将“美好时代”描述为“太平的黄金时代”和“资产阶级的经济天堂”的欧洲中产阶级是在妄想，而是说尽管掌握霸权、目空一切的欧洲“文明”看上去很稳固，但它可能残缺不全、脆弱不堪。[31] 当然，没有哪一个实体或者“帝国”从来都没有内部矛盾。然而，在19世纪末的欧洲，这些因素即便未必致命，也还是触目惊心的。这并不仅仅是因为欧洲是多个国家组成的集合体，而非单一国家。世纪末（fin-de-siècle）的欧洲险象环生、不得安宁，是因为18世纪末的政治和经济激变——法国大革命和工业革命——所释放的力量长期以来一直在发挥作用。前者传播有关个人权利、民主和“国家地位”的思想，后者则体现在对社会和人类行为模式的影响上。两者共同作用，“把这个世界变得面目全非”。[32]

变化是很有挑战性的。然而，在19世纪，变化是如此迅速、彻底和不均衡，以至于渗透到了人类经验的方方面面，从艺术、科学和社会规范，到宗教、娱乐和职场。18世纪的曼彻斯特是一个中等大小的集镇，约有7万人，出行的唯一方式是步行或畜力；空气清新，郊区保持着原貌，生活节奏自中世纪以来基本没什么变化。到了1900年，“黑暗撒旦磨坊”玷污了天际线；铁路把工资微薄的工人送到工厂，把他们的暴发户雇主送到伦敦、巴黎、柏林和更远的地方；煤烟和污秽蔓延到无序扩张的、工人阶级居住的郊区；妓女在穷人和她们的新晋中产阶级客人间传播疾病；现代的标志就是巨富与赤贫、悲痛与惊叹。[33]

不到一个世纪，这座英格兰城市便成为世界第九大都市——“棉都”。曼彻斯特的人口逼近 150 万，一条 36 英里长的运河将这个内陆地区变成了一个充满活力的海港，大量货物和看客蜂拥而至，后者将见证呈现在他们面前的“未来”。这座城市新的“富商巨贾”在 1832 年至 1884 年间的三次选举改革中被授予了权力，他们为公民的自豪感、国家的威望以及向上流动的金钱所能买到的最优秀的管弦乐队而展开竞争，也完全不奇怪。

那么，曼彻斯特究竟是查尔斯·狄更斯的《艰难时世》中的“焦煤镇”，还是现代的雅典呢？随着一个白手起家的企业家“阶级”出现并超越了贵族“社会”，欧洲的公共领域是否正在变得更加割裂？还是说一个充满机遇的维多利亚时代正在开启？它将使中产阶级激增，强化劳动人民的权利，并通过 19 世纪的新事物，例如火车和工会、迅速增大的官僚机构、熙熙攘攘的百货商店、飙升的读写能力、带薪休假、电影，以及“进步时代”的其他典型，来拓宽每个人的视野。

一些人像崇拜宗教一样崇拜进步，相信“哲学科学”，例如奥古斯特·孔德（Auguste Comte）的实证主义信徒。达尔文的进化论、马克思的唯物主义，以及孔德自己创立的社会学，似乎都表示科学正在代替宗教，“世俗人文主义”正在取代迷信。如果说维多利亚时代特征有一个主要的知识倾向，那就是对万事万物进行全方位的经验主义解释。关于“自我提升”的书很畅销，正如解释人性和社会行为的思想体系成为规范一样。德国哲学家格奥尔格·黑格尔（Georg Hegel）在几百页的篇幅中提出了一种世界历史理论，引起了人们的注意。

一位黑格尔主义者卡尔·马克思想出了自己的历史“定律”，将其应用于经济。马克思主义对“资产阶级资本主义”的批判断定，人类社会这个倒数第二的“阶段”，“必然”要让位于崛起的无产阶级——也就是城市产业工人阶级，他们的革命预示着一个平等主义的“共产主义”社会。这就是19世纪的制度建设最明显的体现。但是，如果说社会在自然而然地朝着无产阶级意识和政治反抗的终极表达演化，那么生物又何尝不是呢？查尔斯·达尔文没有马克思那样的决定论，他本着实实在在的经验主义精神，更专注于解释自然是如何发展到这一步的，而不是将他的发现推及未来。尽管如此，进化论还是很快就被用来为人类的进步服务了。虽然“适者生存”的表述从未出现在《物种起源》（1859年）第一版中，但这并不妨碍它成为对近乎一切事物的“科学”辩护，从军国主义和歧视女性，到种族民族主义和贪得无厌的资本主义。如果把生活简化为持续不断的斗争，那么就很容易把贫穷描绘成代代相传的，并发明一种“科学”——优生学——通过消除“劣质”特征来增强人类“种族”。

对马克思和达尔文的滥用，早在20世纪的极权主义国家出现之前就已经开始了。尽管如此，这些宏大的思想体系还是象征着这样一个时代，知识分子努力“想象更美好的世界”，[34] 还可以写出“人类的历史……是向上发展的历史”这样的话来。[35] 甚至连达尔文也被自己的理论所预见到的前景蛊惑了，在《物种起源》的结尾，他写下了对19世纪意识形态至高无上的赞美：“生命如是之观，何等壮丽恢弘！”*

当然，在“转型时代”，并不是每个人都能等得起“向上的发展”和关乎人类存在的壮丽恢弘惠及自身。[36] 对数百万人来说，“进步”和“改良”就像他们的薪水一样靠不住，城市生活比靠山吃山靠水吃水要严酷得多。

---

* 引自苗德岁译本。——译者注

除了逃离欧洲的那些“苦命的废物”，还有“精力充沛的反对者”，他们拼命反抗恶贯满盈的统治集团、激烈的竞争和令人发指的劳动条件——例如投掷炸弹的无政府主义者，或者他们不那么激进的左翼分支，后者主张发起总罢工或革命来推翻无情的资本主义秩序。[37]

在右翼，极端分子以新的侵略性民族主义和“科学”种族主义形式，向自由主义的理性和进步信念开战。法西斯主义正式形成，或许是在两次世界大战之间的意大利，但长期的社会变迁和 19 世纪 80 年代的全球性金融危机，已经制造出了它所有可怕的前身——狂热的民粹主义政治；非理性的民族崇拜；对暴力的认可；以及反犹主义中的社会达尔文主义流派，认为犹太人是一个无法同化的生物“种族”。在那个 18 世纪末给世界带来自由（liberté）、平等（égalité）、博爱（fraternité）的国家，19 世纪末的德雷福斯事件却将一名蒙冤的总参谋部犹太军官的权利与法国国家及其“神圣”军队的特权对立起来。[38] 经过 12 年的鏖战，阿尔弗雷德·德雷福斯（Alfred Dreyfus）上尉终于洗脱了为德国人从事间谍活动的罪名——这是共和派左翼的普世价值观和积极发声的新人权联盟的胜利。但代价也很惨重，狂热的右翼煽动者将他们关于“统合民族主义”和“犹太人的理性”使人堕落的不道德思想注入了法国的政治话语和欧洲的时代精神。

与此同时，在当时处于文化现代主义前沿的维也纳，政治煽动首次取得了民主的胜利。1897 年，基督教社会党领导人卡尔·卢埃格尔（Karl Lueger）战胜了现任的自由党，成为帝国首都的市长。竞选活动尖锐的沙文主义方针，把社会主义者的同情心、天主教徒的盲从因袭和投机性质的反犹主义这些不搭调的东西结合在一起，以吸引中产阶级。[39] 西格蒙德·弗洛伊德全神贯注地研究着基督教社会党政客煽动起来的歇斯底里。而居住在维也纳、自称艺术家的阿道夫·希特勒，则从卢埃格尔那里学到了很多东西——关于群众宣传的力量。然而，恰恰是在共和制的法国，“民族社会主义”（纳粹主义）这种意识形态搭配首次出现在小说家莫里斯·巴雷斯（Maurice Barrès）的作品中。当时正值德雷福斯遭到贬黜，卢埃格尔当选，犹太复国主义作为对这两件事情的回应而产生。[40]

因此，在西格蒙德·弗洛伊德挖掘无意识，路德维希·维特根斯坦破解语言逻辑，各路艺术家、建筑师、作家和科学家构思探知人类意识的革命性方法的这座城市，反人道主义的冲动也正在酝酿。20世纪变得这样残暴，也正因如此。欧洲人厌倦了他们对一个“颓废”“庸俗”“物质主义”的“资产阶级文明”干巴巴的妄想。对他们来说，将国家理想化，同时虚构出外敌的存在，正好为大众提供了马克思主义革命辞令越发欠缺的那种“动员神话”。到了世纪末，马克思的名言“工人没有祖国”很容易被解读为左翼对右翼种族主义世界观的国际主义反驳。[41]

可对于欧洲的左翼来说，1848年和1900年的世界是不同的，这让许多人重新思考他们早先的激进主义。毕竟，要反抗不断提高的生活水平和不断下降的食物价格并不容易——19世纪末的每一个工业化国家都是这样的情况。工人仍要花费一半的收入来养家，不过这已经比以前的时代少了大约25%。由于有了制冷技术，甚至连肉类也可以负担得起了。此外，如果有什么因素可以叫作“进步”的话，那就是欧洲的大规模移民外流和出生率下降被人口大爆炸抵消了，1914年的欧洲人口比1870年多了50%。由于营养和生活水平的提高，婴儿死亡率急剧下降，约有1.45亿欧洲人成为直接受益者。[42]

工作条件也在改善，尽管是缓慢、零星的。保护工人并让工人子女在矿场和工厂之外接受教育的国家法律，有助于稳定家庭、提振经济。德意志帝国始终对崛起的左翼心存恐惧，在这方面，它甚至比共和制的法国和议会制的英国走得更远。从19世纪80年代初为消除疾病和事故的不利影响而提供的保险开始，保守派政府逐渐推出了工人救济金，这给社会主义者造成了相当大的打击。到了1914年，养老金和医疗保障覆盖到白领工人，德国也具备了一个成熟的社会福利体系的要素。因此，所谓革命派和改良派社会主义者之间的分歧越来越大，后者越发乐意与“资产阶级”政府合作。[43]

即使劳动人民理论上没有祖国，现实中还可能在罢工期间被自己国家的军队杀死，但到了 1914 年，大多数男性劳动者确实拥有投票权。五大国中的三个（德国、法国和奥匈帝国的一半），以及包括比利时、西班牙、意大利、挪威和瑞典在内的许多较小的国家，都确立了男性普选权。[44] 在这方面，英国倒是个奇特的例外。这个国家将家庭佣人和其他居无定所之人排除在选举人名册之外，因此还没有实现男性普选权，尽管它明显要比德意志帝国和哈布斯堡帝国更加民主。然而，英国也缺少革命派社会主义者、无政府主义者，以及参与德雷福斯事件和泛德意志政治运动的那种狂热民族主义者。马克思或许是在伦敦度过了最后的岁月，但他对世界上第一个工业化国家的意识形态入侵，显然是很有限的。

英国所拥有的，是人类已知规模最大、战斗性最强的妇女选举权运动。在西方社会占到一半的女性，可以说是这个变革时代真正受压迫的群体。妇女主要被归入家庭领域（工人阶级的妇女除外，她们和男人一样长时间辛苦工作，工资却少得多）；被剥夺了平等的离婚权利；很大程度上被禁止接受大学教育，也拿不到自己挣来的工资。在争取像投票箱这样抽象的东西之前，她们试图赢得对自己的身体、思想和金钱的控制权。20 世纪初的妇女解放，可能仅仅意味着穿“喇叭裤”骑自行车，或者在没有人陪同的情况下出现在公共场合。对于世界主要“文明”的一半人口来说，“进步”仍然任重道远。[45]

当然，任何时代都不可能是每个人的“黄金”或“美好”时代。然而，在 19 世纪，现代化无处不在，人们同时也在讨论一个社会问题——“进步的代价是什么，又是为了谁?”这些突如其来的变化对人们的影响也引起了争论，无论他们是像加夫里洛·普林西普那样，占据着社会阶层绝对的最底层，还是像弗朗茨·斐迪南那样，出生在古老贵族阶层的顶点。无论社会地位、宗教、民族或收入如何，“物质现实对精神状态的影响”都大到惊人。[46] 对于向上爬的中产阶级来说，“进步”既是口号，也是烦恼，因为他们在社会意义上的“胜利”几乎可以在一夜之间被倾覆——且看小说家E. M. 福斯特笔下的伦纳德·巴斯特（Leonard Bast）浅薄的骄傲，或者陀思妥耶夫斯基笔下的“地下人”苦涩的嫉妒吧。[47]

对所有人来说，这个超级（über）自信的“快车时代”，是汽车、惊人的科学进步和飞速发展的消费主义时代，同时也是一个犯罪率、神经疾病和“失范”（anomie）——过度拥挤、在社会意义上使人晕头转向的城市环境所带来的异化——与日俱增的时代。只有现代才会产生“群众心理学”和“犯罪学”、弗洛伊德学说中的自恋和未来主义这样的概念——后者是一场由意识形态驱动的艺术运动，旨在“赞美富有进取精神的行动”，把“人类”从前机器时代中解放出来。[48] 只有一个把从宗教教义到政治学说、从社会习俗到性道德的一切质疑了个遍的时代，才能激发出像弗里德里希·尼采的“上帝死了”（1882 年）这样的宣言，像爱德华·蒙克的《呐喊》（1893 年）这样的绘画，以及伊戈尔·斯特拉文斯基的“原始主义”芭蕾舞剧《春之祭》1913 年巴黎首演时的大混乱。

19 世纪的“进步”造就了偏执狂；自信酿成了混乱。每一个新的进步都会让人重新担心起那些已经失去的或者人们感觉已经失去的东西——工匠的手艺、社区和家庭生活的凝聚力、对自然世界的欣赏。相应地，世纪末的艺术家对这场文化危机做出了回应——通过创造一场至今仍让人着迷的“现代主义”骚动，拒绝理性主义和物质主义。表现主义、立体主义和音乐的无调性，是给尼采的非理性世界观、弗洛伊德对无意识的解读和哲学家亨利·柏格森的生命冲动（élan vital）——渴望从我们每个人身上释放出来的本能“生命力”——的艺术伴奏。随着经验像许多新发现的亚原

图 1.3　路德维希·迈德纳（艺术家）的《世界末日景观》(1912 年)

图片来源：Sothebys.com: “German Expressionist Ludwig Meidner’s Prophetic Vision of a World at War,” *Impressionist and Modern Art*（2018 年 10 月 22 日）。https://www.sothebys.com/en/articles/german-expressionist-ludwig-meidners-prophetic-vision-of-a-world-at-war，访问于 2021 年 6 月 15 日。

子粒子一样加速和分裂，西班牙人巴勃罗·毕加索等画家和瑞典超现实主义者奥古斯特·斯特林堡等剧作家努力捕捉幻想与现实之间的罅隙、日常生活的多面性。柏林艺术家路德维希·迈德纳（Ludwig Meidner）被自己的预感吓得不轻，画出了城市被夷为平地、尸体堆积如山的世界末日景观。到了世纪末，感觉和绝望取代了理性和自立那种直截了当的确定性。[49]

当然，并不是所有应对这个“神经质时代”的人都符合“先锋派”（avant-garde）的新标签。大规模生产和流行文化对唯美主义的冲击是能够感知到的，对此，较为传统的反应包括英国社会主义者威廉·莫里斯（William Morris）的工艺美术运动（Arts and Crafts Movement），以及法国人埃米尔·左拉（Emilé Zola）和挪威人亨里克·易卜生（Henrik Ibsen）等现实主义作家，他们对普通人直白的刻画，也可以与维也纳画家古斯塔夫·克里姆特（Gustav Klimt）及其奥地利“分离主义者”同伴等文化现代主义者所坚持的主观性一样具有挑衅性。事实上，19 世纪的创新无处不在，以至于“新”这个字也普及开来，到了在《新享乐主义》(*The New Hedonism*）和《新神秘主义》(*The New Mysticism*）这样的标题中被戏仿的地步。[50]可以说，新艺术运动（art nouveau）的“暴烈曲线”，在文化意义上相当于“新女性”通过曲线美和波波头表现出来的勇敢，她们在世界大战和“咆哮的二十年代”之前就已经得到了充分的发展。在德语世界，Neuzeit（字面意思是“新时代”）意味着“现代”，新艺术运动被称为 Jugendstil，也就是青年风格——对于这样一个时代来说是很贴切的表述，当时德国一个主要的青年运动（漂鸟运动）就在力劝没有灵魂的国民实现“精神复兴”；民族主义团体也纷纷采用青年意大利、青年土耳其党和青年波斯尼亚等名称。[51]

1900 年至 1914 年的这些年只具有时间特异性，因为这段跨度是 20 世纪年代意义上而非历史意义上的开端。但历史学家菲利普·布罗姆（Philipp Blom）认为，此处描述的种种变化，在这一时期更是猛踩油门。布罗姆强调“堕落和衰落的幽灵”，它悄悄潜入了后实证主义的维多利亚时代人心中。在这个城市的、平等主义的、世俗的新世界中，世纪中叶的确定性屈从于精神、道德和情感的空虚。人们如何填补这一空虚，可以解释从种族民族主义的“部落”吸引力到世纪末的“男子气概危机”的一切问题。女权运动兴起，机器时代体格的重要性下降，导致男人要为与生俱来的侵略性寻找排解的办法。一些人在殖民冒险中找到了发泄口；另一些人则是喜欢所有与军事有关的东西。在现代世界中，一个人无论如何获得慰藉，都无法逃避它的震颤。“眩晕无处不在，”布罗姆写道，而“速度既可以令人恐惧，也可以强烈地振奋人心”。人们也用差不多一样的话来形容战争，而且这种说法从未像在大战之前的那些年一样广为传播、铿锵有力。[52]

对 19 世纪末欧洲的描绘，很容易让人认为迫在眉睫的战争是一个很合理的结局。最重要的是这种“什么都可以要求、什么都可以原谅的民族主义”。[53] 德国 1871 年的统一颠覆了国际秩序，它的领导人对自己国家的命运如此自信，在外交上又如此愚蠢，以至于要求得到与自己国家兴旺发展的人口和经济相称的“世界强国”地位。法国的公民人数比德国少了 2 000 万，它想为邻国在普法战争后侵占阿尔萨斯 / 洛林省复仇（revanche），而德国正是通过这场战争实现了统一。俄国一如既往、坚持不懈地努力对巴尔干地区施加影响，并逼近君士坦丁堡，以确保从高门（Sublime Porte）——日益衰弱的奥斯曼帝国的权力中心——那里得到一个不冻港。在奥匈帝国，民族主义的啃噬反其道而行之：这个凌乱蔓延、令人着迷的帝国的不同民族寻求更大的自治权，可以是在君主国内，要不然就是与君主国之外的同族一起。一些人对这个国家在民族国家崛起时代的地位和韧性怀有疑问。很少有人会拿这件事情来问英国，尽管作为世界上最大的贸易国，以及最大的银行家、投资者和承保人，它的工业优势正在被德国夺走，缺乏一支征召军队，还一直被爱尔兰问题所困扰。[54] 英国已经获得一个举世无匹的殖民帝国，并且能够用世界上最庞大的海军基地和电报站网络来保护它，英国民族主义者主要是想维持秩序。德皇威廉二世可能夸口说过新世纪属于德国，但正如历史学家约阿希姆 · 雷马克（Joachim Remak）指出的：“[到 1900 年]，如果说有哪个国家真正为成为世界强国而争取过，那就是英国。事实上，它不仅仅是为之争取过。它已经实现了。德国人仅仅是在谈论修建一条通往巴格达的铁路。英国女王却是印度女皇。如果说有哪个国家扰乱了世界的势力均衡，那就是英国。”[55]

联盟体系登场：互不信任的国家组成了两个坚固的联盟，自 1882 年以来，德国、奥匈帝国和不太可靠的意大利组成的同盟国与法俄对立，共和制法国和专制俄国这对不可思议但采取了战略定位的伙伴，在 1894 年正式确立了军事 / 政治伙伴关系。到了 1904 年至 1905 年，德皇的“世界政策”（Weltpolitik）——包括打造一支与英国相匹敌的公海舰队，以及挑衅所有大国的种种（以灾难收场的）殖民冒险——已经说服伦敦与后一个联盟达成谅解，或称协约（entente），尽管它与俄国在中亚的关系持续紧张，与信仰天主教的法国在历史上向来不和，并且长期奉行“光荣孤立”政策。

“外交革命”就这样完成了，列强带着它们的“不共戴天之敌之仇”、“铁打的”联盟和“步调一致”的民族崇拜，在摩洛哥、波斯尼亚和巴尔干地区一起向战争渐渐靠近。[56]每个人都在期待战争；许多人简直是求之不得，就比如德国 1906 年至 1914 年的总参谋长赫尔穆特·冯·毛奇（Helmuth von Moltke）——而且“越早越好”。1905 年第一次摩洛哥危机期间，法国诗人夏尔·贝玑对战斗前景热情满满，急急忙忙买来了靴子和厚毛袜。[57]9 年后，他怀着渴望的心情，匆匆赶往马恩河，在战斗正式打响之前被射杀。贝玑和他的巴黎信徒们将战争誉为摆脱“中产阶级堕落”的终极解放者，意大利和俄国的未来主义者也像他们一样，把战争拔高为“清洁世界的唯一手段”；[58]德国军国主义者盲目崇拜战争的附属品，并向民众灌输服从意识；各地的社会达尔文主义者都把武装冲突作为演化秩序的自然特征来接受。[59]在这样一个时代，德国将军弗里德里希·冯·伯恩哈迪（Friedrich von Bernhardi）在畅销书《德国与下一场战争》(*Germany and the Next War*）中写下这段话是完全合理的：“战争不仅是国家生命中的一个必要因素，还是一个不可或缺的文化因素，一个真正的文明国家可以在其中找到实力与生命力的至高表现。”[60]历史学家诺曼·斯通（Norman Stone）断言：“1911 年后，战争就已经在人们的心里爆发了。”[61]

彼此之间的畏惧、竞争和责难创建了联盟体系，到了 1912 年，第一次巴尔干战争后，又催生了一场极其危险、愈演愈烈的军备竞赛。欧洲大国的文职领导人很快也开始意识到，运用军事力量的“机会窗口”正在关闭，关闭之后，另一方就将强大到难以招架。萨拉热窝暗杀事件发生后仅仅过了几天，德皇就在其驻维也纳大使发来的急件上潦草地写下了“机不可失”。虽然情况并非如他所言，但到了 1914 年，对政府官员来说，“战争也不再是下下策了”。[62] 不那么谨慎的学者们坚持认为，许多政治家觉得欧洲的摩擦“正在变得无法通过诉诸战争以外的方式解决”。[63] 考虑到 1912 年至 1913 年巴尔干战争期间人们离全球冲突有多么近，这种论点是很有诱惑力的。当时，塞尔维亚、保加利亚、黑山和希腊联军进一步削弱了奥斯曼帝国的力量，然后又背信弃义地互相攻击。社论漫画家戴维·威尔逊（David Wilson）描绘了巴尔干诸国和土耳其的代理人挥舞着军刀，在“错综复杂”的漩涡中挥砍，而一位“和平”天使正在奋力约束列强。[64] 过了不到一年，1914 年 5 月 29 日，美国总统伍德罗·威尔逊的特使爱德华·豪斯上校（Colonel Edward House）从柏林发出了预感不妙的报告：“[欧洲的] 情况非同寻常。军国主义已然走火入魔。除非您的某位代理人能促成一份别样的协定，否则总有一天会发生一场惨烈的浩劫。”[65] 在这种严峻的情况下，萨拉热窝事件似乎不太可能只是现代又一起普普通通的政治谋杀案，而是一场严重到连列强都无法遏制的危机。

然而，在 1914 年那些规模巨大、势均力敌的军队出征之前，欧洲还爆发了另一场激烈的反抗：非军国主义势力对“未来战争”（la guerre future）——工业时代的未来战争——发出了警告。俄国铁路大亨伊万·布

图 1.4　戴维·威尔逊（艺术家），“漩涡——列强会被卷入吗?”（1912 年）

图片来源：Mansell/The LIFE Picture Collection, via Getty Images.

洛赫［Ivan（Jean de）Bloch］的同名六卷本著作于 1898 年出了法文版。这部作品是现代可行论证的典范，从“让战斗无法取得决定性结果”并导致“国家破产和整个社会组织瓦解”的大屠杀，到铲子在造就大战最深入人心的形象——战壕——方面所发挥的作用，明确论证了为什么战争将是一场巨大的物质和人道灾难，对各方来说都是一个自杀性提案。[66]

布洛赫并不孤单。中产阶级的和平主义、左翼的反军国主义和社会达尔文主义的实证主义流派都已经发展了数十年，后者断定演化是向着一个没有战争的世界。[67] 布洛赫著作的最后一卷于 1899 年出了英文版，销量很好，同样畅销的还有托尔斯泰的《天国在你心中》（*The Kingdom of God Is Within You*，1894）、贝尔塔·冯·祖特纳（Bertha von Suttner）的《放下武器》（*Die Waffen Nieder*，1899）、诺曼·安杰尔（Norman Angell）的《大幻觉》（*The Great Illusion*，1910）、雅克·诺维科夫（Jacques Novicow）的《战争及其所谓好处》（*War and Its Alleged Benefits*，1911），以及大西洋彼岸的简·亚当斯（Jane Addams）的《和平的新理想》（*Newer Ideals of Peace*，1907）。这些作品针对互联世界中现代战争伦理上的不妥、无益的破坏性、技术的残暴和经济上的不合理性，发出了各种各样的警告。

1914 年，“全球化”方兴未艾。商品、资本和劳动力的流动比以往任何时候都更加自由；关税比未来的几十年都要低；像联合利华和荷兰皇家壳牌这样的跨国公司兴旺发达；国际金本位制将欧洲大国联系在一起，连同美国与日本，构成了一个事实上的货币联盟。经济学家凯文·奥罗克（Kevin O’Rourke）和杰弗里·威廉森（Jeffrey Williamson）写道：“到了 1914 年，全球几乎没有一个村镇的物价不受遥远的外国市场影响，基础设施不受外国资本融资，工程、制造、甚至业务技能不从国外输入，劳动力市场不受移民影响，这里的影响可以是外迁之人留下来的缺口，也可以是外来移民的存在。”[68]

19 世纪末的经济是国际互联的，这鼓励各国缔结邮政、电报和无线电协议，协调火车时刻表，以及建立超越政治分歧的联盟，例如，法德商业委员会（Franco-German Commercial Commission）和德法经济协会（German-French Economic Association）降低了关税，连接了铁路，规范了法律法规。早在欧盟成立很久以前，法国、德国、比利时和卢森堡的工业利益集团就试图发展出一个相互依存的重工业共同体，规模与美国相当，并拥有更多的全球劳动力。根据一位历史学家的说法，“许多实业家在他们的日常商业决策中，正在朝着一个通过合同而非征服来实现国际化的欧洲迈进”[69]。

考虑到这种全球化的经济环境，诺曼·安杰尔在《大幻觉》中问道，工业巨头和其他企业家怎么会允许他们的领导人对其赖以生存的市场所在的国家发动战争呢？这样的冲突又能达成什么目的？安杰尔认为，“一个国家的财富、繁荣和福祉取决于军事力量”的说法，就是“大幻觉”。在现代世界，战争在社会和经济意义上都已经变得不切实际了。[70]

安杰尔的论据之一是，像挪威、比利时和荷兰这样的小国，尽管军事力量薄弱，但人均富裕程度很高。[71] 另一个论据是，海外帝国的经济相关性比较低，对它的争夺却一再显露出战争的威胁。1902 年，英国经济学家约翰·霍布森（John Hobson）出版了一部很有影响力的论著，表明殖民市场消耗了资源，使自私自利的少数人获利，同时却挪用了为母国广大民众服务的项目资金。[72] 马克思主义历史学家埃里克·霍布斯鲍姆（Eric Hobsbawm）也承认，即使“资本主义的发展和帝国主义一定要为不受控制地栽进世界冲突承担责任，我们也不可能认为众多资本家本身就是有意识的战争贩子”。来自商业部门的证据也证实了这一点。[73] 安杰尔宣称，这些事实会让列强在投入战争之前停顿良久。

在一个帝国相互竞争、资本主义几乎不受控制的时代，这是一套循环论证，但很有说服力。19 世纪资产阶级的扩大，以及总人口的飙升，极大地提高了对眼镜和内衣等日常用品的需求。随着普通人物质福利的改善，人们对一个人类行为与合作更加“文明”的时代的信心也在增强。法国思想家朱利安·班达（Julien Benda）写道：“从 1890 年到 1905 年的 15 年里，我们这代人确实相信世界和平。”[74]

军备竞赛同样激烈，花费也越来越大，堪比对外国市场的争夺。正是在这样一个时代，这类论点引起了共鸣。在《我们时代的历史》（*A History of Our Time*，1911）中，英国历史学家/政客G. P. 古奇（G. P. Gooch）写道：“即使在现代国家之间的冲突中取得成功，也不会带来任何物质利益。布洛赫和诺曼·安杰尔的成就，就是向我们指出了这一点。我们可以怀着些许信心，期待这样一个时刻：文明国家之间的战争将被视为像决斗一样过时，而调停者将被称为神的儿女。”[75]

古奇后来无疑会对自己的话感到懊悔；然而，他写下这些话时，甚至连德皇都在阅读《大幻觉》。安杰尔的影响大到可以同马克思主义相抗衡。在马克思主义看来，全球资本主义天生具有侵略性，必然注定会暴力推翻“堕落”的消费主义社会。一个开放的、以市场为基础的经济体，拥有精密的国际网络和不断扩大的中产阶级，似乎很可能成为战争的天然缓冲器，比社会主义者所预见的无国家之分、平等主义的理想更天然。

当然，仅仅依靠研究，既不能使国家免于战争，也不能使它们立即从国际利益网中脱身。然而，这些研究中关于现代战争的危险与代价的后勤学和经济学论证，迫使军事领导人去做出自己的分析：如何在进攻与防守部队之比合适、主要攻击速度适当、普通步兵具有团队精神的情况下打赢战争。[76]沙皇尼古拉二世在1914年7月不情不愿地签署动员令时，他和欧洲其他领导人一样，可能也相信了这些论证。然而，甚至连他都很了解“一个叫布洛赫的华沙银行家写的一本书”。[77]出于这个原因，俄国皇帝在1898年8月24日召集所有国家参加了一场军备限制会议，震惊了所有人，尽管这也可能是为了在政治上力压他的竞争对手、表兄德皇威廉。他在声明中警告称，当前“军备过剩”（à l’outrance）的情况，正在“将我们这个时代的武装和平转变为压垮所有国家的重担……如果这种情形延续下去，必将导致它原本想要避免的大灾难，以及让每个会思考的人预先颤栗的惨状”[78]。

对于“爱好和平的尼古拉”所说的“文明的新纪元”“新世纪的预兆”和“真正的解脱”，欧洲的和平主义者不吝赞美，用尽了陈词滥调。挪威作家比约恩斯彻纳·比昂松（Bjørnstjerne Bjørnson）宣称：“无论［会议］结果如何，从现在起，空气中都洋溢着和平思想的悸动。”对于这个世界的超级大国来说，情况确实如此——仅仅在英国，就有750多份决议涌向外交部，称赞沙皇的方案，并“真诚地希望”女王陛下的政府能够参加。在接待国际和平十字军的代表时，代理外交大臣阿瑟·贝尔福（Arthur Balfour）表达了乐观的怀疑态度：军备会议将是“人类进步的伟大里程碑”，纵使未能产生任何实际效果。[79]

1899年5月18日在荷兰海牙召开的第一次国家级全球和平会议，并不是一场彻头彻尾的灾难。两个多月的会谈产生了三份并不充分的“公约”（关于仲裁、陆战法规和惯例，以及对1864年日内瓦公约海战规则的延伸）；三份比较有意义的“宣言”（禁止使用毒气、扩张型子弹和气球投掷的发射物）；以及一项“决议”，即限制军费“对于增进人类的物质和道德福祉极为可取”。奥地利和平活动家贝尔塔·冯·祖特纳在日记中写道，5月18日将作为一个“世界历史上划时代的日子”载入史册。[80]可它看起来反而更像是德国历史学家特奥多尔·蒙森（Theodor Mommsen）所预言的“世界历史中的印刷错误”。[81]代表们散去后不到3个月，英国就在南非对荷兰布尔人展开了一场残酷的战争。在这一年里，德国通过了具有历史意义的《海军法》，将舰队的规模扩大一倍，直接挑战皇家海军设想中的至尊地位。[82]欧洲正在迅速回归这样一种状态：时代盛行的意识形态是民族主义，而非国际主义。

尽管如此，民间社会和政府还是付出了诚挚的努力，严肃认真地跟进海牙会议的后续工作。仲裁法庭慢慢开始运作，对美国和墨西哥之间由来已久的冲突、挪威1905年从瑞典和平独立以及1904年英国和法国之间的《挚诚协定》（Entente Cordiale）做出裁定。关于将海牙变成常设国际法院所在地的讨论，促使美国钢铁大亨安德鲁·卡内基（Andrew Carnegie）捐赠了其主要建筑和平宫（Peace Palace），并促使西奥多·罗斯福总统同意参加第二次会议。1904 年 10 月，罗斯福甚至在白宫为奥地利和平主义者贝尔塔·冯·祖特纳举行了招待会。[83] 俄国与日本之间的全面战争横插一脚，法国和德国又在摩洛哥问题上差点闹翻。但各方都在国际会议上解决了分歧，而英国自由党政府和俄国民主革命（1905 年）的到来，也让人们重新燃起了对持久和平的希望。在接下来的一年里，英国的"无畏"号战列舰（Dreadnought）下水，与德国的海军竞赛也因此更加剑拔弩张；沙皇解散了新选举产生的杜马（议会）；德国在摩洛哥和近东的干预巩固了英法修好，军备建设继续有增无减。不过在 1907 年 6 月 15 日，世界领导人再次齐聚海牙。[84]

第二次国际和平会议比第一次规模更大、时间更长、成果也更丰厚——这证明了与会者对防止战争的积极担当。当然，德国、俄国和奥匈帝国的领导人以及大多数政府官员都不喜欢裁军，英王爱德华七世显然也是。然而，这一次，裁军有了英国首相亨利·坎贝尔–班纳曼爵士（Sir Henry Campbell-Bannerman）和美国国务卿伊莱休·鲁特（Elihu Root）这样身居高位的提倡者，他们成功地将这个问题保留在议程中，并且留住了德国代表团，不让他们离开。到头来，裁军还是失败了，不过代表们在重新定义战争法规和惯例、保证中立领土神圣不可侵犯、制定开战程序方面取得了重大进展。考虑到这些成就，人们便可以得出结论，在海牙第二公约中，他们更像是在预设战争，而不是阻止战争。更何况为了让代表们接受第三次会议，还必须施压。或者正如德国代表马沙尔·冯·比贝尔施泰因男爵（Baron Marschall von Bieberstein）的质问："这到底是和平会议，还是战争会议？"与之相反，美国代表约瑟夫·霍奇斯·乔特（Joseph Hodges Choate）提醒同僚们，向各国为了安全与和平而自愿放弃一些主权的世界秩序迈进，其过程注定是"渐进式的、试探性的、脆弱的"。[85]

可悲的是，没等第三次大会按照预定计划在 1915 年召开，一切已成过眼云烟。然而，数百万人从海牙踌躇的第一步中获得了希望，特别是因裁军讨论被早早驳回而怒不可遏的那些人：和平主义者、社会主义者和其他一些组织的代表，他们来到会议现场，向全权代表施压。一个左翼团体——国际反军国主义协会（International Anti-militarist Association）——在附近的阿姆斯特丹举行了一次会议与之叫板。那年夏天，在斯图加特，第二国际第七次代表大会（1907 年）通过了一项关于军国主义和国际冲突的决议，保留了在战争情况下进行国际性有组织总罢工的选项。[86]

对于强大的欧洲左翼——社会主义者、工会主义者，以及边缘的无政府主义者——中的大多数人来说，军队只是资本家阶级的工具，主要用来镇压罢工，并确保帝国的少数权贵从地球上那些遥远的角落获取财富。如果发生战争，那么全世界的工人都将被迫为与他们几乎没有任何利害关系的国家战斗和牺牲。成立于 1889 年的第二国际，通过超越民族国家并致力于“拯救和平与文明”来强化这些论点，正如 23 个国家的社会主义忠实拥护者于 1912 年 11 月在瑞士巴塞尔的做法。彼时，巴尔干地区的战争大有将列强卷入之势。据一位研究国际社会主义的历史学家称，这场运动“声势浩大，足以让各国政府大惊失色”；许多人认为它“对国防和战争的顺利进行是一个很危险的威胁”。[87] 沙皇俄国因此整个取缔了社会党。而在共和制的法国，政府也掌握着一份左翼领导人的名单，以便在战争爆发时将他们逮捕。[88]

国际社会主义运动的规模比德国陆军联盟、法国爱国者联盟和奥地利泛德意志主义者等民族主义团体要大得多，声音也响亮得多，可它为何无法在 1914 年拯救欧洲、使其免于自我毁灭呢？尽管有两次高调的和平会议、急速发展的和平主义运动，以及《放下武器》和《大幻觉》等畅销书，可是在许多人认为相比于之前处理的国际事件只是一场政治谋杀的事情发生一个月后，世界上最强大国家的领导人为何开战呢？具有讽刺意味的是，一个答案恰恰在于这样一个事实：如此尖锐的反战声音从一开始就存在。

到了 19 世纪末，战争的气氛弥漫在空中，也存在于数百万人心中——权贵和无产者、资产阶级和波希米亚主义者、俄国人和德国人。这么多人对战争考虑了这么多，却并不意味着统治阶级认为有必要进行一场激烈的最终对抗，确立对欧洲的控制权。相反，世纪末的社会和政治文化弥漫着一种人们普遍意识到的战争可能性——一种反身的、“防御性的爱国主义”，它认可战争在国际事务中的地位，即使它一想到战争就会害怕。[89]“今年等待着我们的会是什么呢？”法国驻伦敦大使保罗·康邦（Paul Cambon）在 1912 年 1 月 1 日写给弟弟儒勒（Jules）的信中问道。“我希望能避免大动干戈。”同年，哈里·凯斯勒伯爵（Count Harry Kessler）的妹妹威尔玛（Wilma）从巴黎报告说：“在她的圈子里，每个人都为战争而疯狂。”[90]而在 1914 年 7 月，当大多数人仍然认为“萨拉热窝事件”会自行解决时，一位美国记者对法国朋友开玩笑说：“我已经为你们的欧洲战争等了 25 年。”之后又乐观地补充道：“外交官们……心里都有数，不至于让他们的国家陷入一场会把欧洲毁掉、使文明倒退的巨大斗争。”[91]

从报纸和小说，到艺术、学术研究、政治演讲和经济学论文，人们经常预言战争的临近；向自己保证战争绝对不可能发生；或者只是反思无从逃避的战争幽灵。英国社会学家格雷厄姆·沃拉斯（Graham Wallas）在《大社会》（*The Great Society*）中写道：“一场自相残杀的欧洲战争，是威胁着我们这个时代的唯一的巨大灾难。”[92]这部颇有先见之明的作品出版于 1914 年春，但它已经有了很多先例。1883 年，职业军官、德国军事历史学家马克斯·耶恩斯（Max Jähns）写道：“人们担心已久的世界大战一定会爆发，迟早的事。”[93] 7 年后，退役的普鲁士总参谋长老毛奇在帝国议会上发表演说：“先生们，战争像达摩克利斯之剑一样悬在我们头上，至今已有十多年——如果这场战争爆发，那么它的持续时间和结局将无法预知。”[94]

左翼这边，早在 1887 年，弗里德里希·恩格斯就曾预测，“如果军备互相抬价的制度……最终产生了自然的结果，那么就会有一场范围和强度空前的世界大战”[95]。1910 年 3 月，奥地利社会民主党人卡尔·伦纳（Karl Renner）谈到了战争“对世界的巨大破坏”。[96] 英王爱德华七世颇有影响力的亲信伊舍子爵（Viscount Esher）警告说，对于像英国这样连接着全球的国家，“长期和平的想法纯属痴心妄想”[97]。

尽管这些描述看起来很悲观，但真实的时局暴露了战争的现实，并加强了民族主义者和社会主义者的防御性爱国主义意识。最重要的是，由于工业化欧洲的军事优势和医疗能力（特别是在防治疟疾方面），在始于 19 世纪 80 年代的对亚洲、非洲和其他殖民地的争夺中，战争的前景已经昭然若揭。[98]1898 年，世界上最大的两个帝国英国和法国的军队在苏丹的法绍达（Fashoda）对峙时，就是在凝视深渊。同年，美国军队夺走了西班牙从波多黎各到菲律宾的领地，而德国也侵占了中国北部的青岛港，在此刺激下开始对“阳光下的地盘”产生热情。[99] 幸运的是，法绍达事件只是昙花一现，因为法国政府同意将尼罗河谷割让给英国对手，作为交换，英国承认法国在西非获得的地盘，于是法国那支规模较小的远征军就撤退了。然而，欧洲列强在埃及、阿比西尼亚（埃塞俄比亚和厄立特里亚）、索马里和其他地方的紧张状态仍然蓄势待发，争夺殖民地的行动也将对普通人来说很边缘的地方推到了全球瞩目的中心，比如德兰士瓦（Transvaal）、丹吉尔（Tangier）和的黎波里（Tripoli）。[100]

这些事件和其他爆点吓坏了欧洲人，他们可能为自己国家的广阔地盘而洋洋得意，但每当某块遥远的领土出现新的危机、威胁到国际稳定时，他们就会瑟瑟发抖。在关于战争来临的权威叙述中，1905 年和 1911 年的摩洛哥危机都是至关重要的标志。两次都是德国的虚张声势将列强带到了战争的边缘，加深了“英德对抗”，同时也拧紧了英法协约。[101]1905 年 3 月，德皇为维护自己国家的利益而亲力亲为，结果是产生了一个折衷方案，法国在名义上独立的摩洛哥保留了优势地位，而摩洛哥要保持门户开放，接受所有来者的经济剥削；然而，1911 年 7 月 1 日，德国再次发起挑衅，派出了一艘小型炮舰前往阿加迪尔（Agadir）。这次的挑衅是为了回应法国自己对奥斯曼苏丹统治权的“可耻”侵犯。法国向首都（非斯）派兵镇压起义，据称是为了保护法国定居者。这场危机折腾了好几个月，让大多数欧洲人感到费解，最终也得以和平解决，即使对德国民族主义者来说很痛苦。[102]

显然，这些帝国冲突加剧了列强之间的对抗，同时也让它们的联盟更加牢固——这是对战争起源一个不容置疑的中期解释。例如，阿加迪尔事件后，对于颜面尽失的德国军国主义者来说，与英国的战争似乎已经“不可避免”，在莱茵河两岸都激起了全体国民的愤怒，也催生了英法海军协议（1913 年）。然而，这些危机也清楚地表明了欧洲领导人消除分歧、达成妥协的能力。从这个意义上说，1914 年之前的欧洲外交史与战争的到来一样，都是关于维系和平的。[103]

此外，许多同时代人都证明，尽管可能很痛苦，但列强协作显然比战火纷飞更可取。毕竟，法国驻俄国大使都曾告诉他在圣彼得堡的同行们，法国的公众舆论“会很难理解一场……因摩洛哥这样的殖民地问题而引发的战争”。伦敦也一样，虽然不愿意忍受外交上的屈辱，但对于因为一个“没人听说过的摩洛哥港口”而打起来的战争，也并不热衷。甚至连德国陆军联盟的副主席也承认：“如果我们因为摩洛哥而开始打一场生存战争（Existenzkrieg），我们的人民会很难理解的。”冒失的德皇本人在 1911 年也更愿意选择保全面子的让步，而非军事冲突。他从未得到他所垂涎的大西洋港口，并且被迫承认法国为摩洛哥的保护国，不过贸易权利仍然不受限制，法国也将刚果的一部分交给了对手。[104]

那么萨拉热窝事件为何如此特别？对大多数欧洲人来说，波斯尼亚首府的意义并不比丹吉尔或阿加迪尔更大，可大公遇刺怎么就能驱使列强开战呢？一个根本原因是：在这个紧凑的大洲本身，帝国主义的舞台只有巴尔干地区了。奥斯曼帝国衰落，巴尔干民族主义抬头，造成了东南欧的不稳定，再加上列强的利益竞争，这就构成了第一次世界大战起源一个至关重要的中期因素。

至于对“为什么是萨拉热窝?”更全面的回答，学者的解释常常落在一点上：恐惧。对于一个大国来说，失去面子和地位是任何国际危机最坏的可能结果。而到了1914年，一连串的条件——帝国的竞争、社会主义者的焦虑、民族主义者的紧张、联盟体系，以及瞬息万变的权力差异——汇集在一起，形成了“对国际关系过于强烈的恐惧感”，以至于战争的巨大风险似乎比以往任何时候都更值得承担。[105]

此外，第二次摩洛哥危机后的军备竞赛“在欧洲塑造了一种对于使用军事力量的新态度”，在这种态度下，只要己方看起来还是占优的，对对手实力的感知就可以盖过对发动战争的疑虑。在柏林和维也纳，这种对不断变化的势力天平的病态固执，导致在协约国（尤其是俄国）变得不可战胜之前发起一场“预防性战争”的观念。没有一个国家在1914年决定性地挑起了欧洲的战争，正如没有任何国家在摩洛哥问题上或者在巴尔干危机期间故意尝试发起战争。在大公这件事情上，能够产生影响的并不是他本人，甚至不是奥匈帝国与塞尔维亚的冲突，而是大国——最主要的就是奥匈帝国、德国和俄国——某些领导人的集体意识。他们觉得，如果这次不冒险，可能就没有下一次机会了。[106]历史学家安妮卡·蒙鲍尔（Annika Mombauer）写道，战争既不是“必然”，也不是“未必”，但到了1914年，对关键决策者来说，它已经变得非常“合意”了。[107]

这一点之所以如此触目惊心，是因为国际体系与这个焦虑时代何其相似。一个大国不想沦为二流，抑或是渴望一雪前耻，都是可以理解的。而且在19世纪的社会、文化、经济和政治动荡中，尤其是1871年德国崭露头角之后，以及奥斯曼帝国长期衰落的过程中，这5个国家能够顺势而行如此之久，也是很值得称道的。但进步时代毫不留情，在这个时代的最后几十年里，回荡着文化偏执狂走调的渐强音和非理性忧惧的刺耳和弦。变化的速度太快了，一个人的一生无法承接。相当多的人有一种“山雨欲来”

的感觉。[108] 它并不一定是战争，尽管加夫里洛·普林西普似乎是最后一个意识到可能是战争的人。“进步”使这位波斯尼亚学生能够走出闭塞的村庄，在首府接受教育，他坚称从没想过自己的行为会造成如此后果。[109] 他们也不需要去想。但是，做出了导致灾难的决定的那些人，虽然顶着尊贵的头衔，却和普林西普一样，都是那个动荡时代的产物——这可能也是他们在 1914 年 7 月的行为如此不合理的原因之一。

第二章
天壤之别

人类在一切时间和地方都是十分相仿的，所以历史在这个特殊的方面并不能告诉我们有什么新奇的事情。历史的主要功用只在于给我们发现人性中恒常的普遍的原则来。*

——大卫·休谟：《人类理解研究》（1748）

1914年6月28日，在萨拉热窝的一个街角，两种截然不同的人生聚合了。20年前，弗朗茨·斐迪南和他未来刺客的人生都还悬而未决。

1894年，曼彻斯特运河开通；法俄军事联盟敲定；无政府主义者埃米尔·亨利（Emile Henry）向巴黎的一家咖啡馆投掷炸弹；托尔斯泰出版了他的非暴力小册子《天国在你心中》；加夫里洛·普林西普出生在波斯尼亚一个穷山恶水的小村庄。普林西普的母亲是在干农活的过程中分娩的，她所有的子女是这样生下来的。

玛丽亚·普林西普（Maria Princip）的三个孩子夭折了两个。因此，当这个病弱的儿子在7月13日出生时，她立即请来神父为他施洗，给他取名为“斯皮罗”（Spiro）。然而，伊利亚·比尔比亚（Ilija Bilbija）神父，这位因在1875年反奥斯曼起义中冲锋陷阵的英勇表现而深受爱戴的壮汉，决定为这个受洗的男孩取名为加夫里洛，因为那天是圣加百列日。婴儿“加夫罗”（Gavro）奇迹般地活了下来。[1]

---

* 引用自关文运译本。——译者注

对于30岁的弗朗茨·斐迪南来说，1894年是前程越发光明、不确定因素也越发险恶的一年。他最近刚刚完成了一次环球旅行，这对于一名皇储来说很不寻常，不过并不只是为了满足一个富裕年轻人的漫游癖。大公的母亲在他7岁时死于肺结核，他也患上了和母亲一样的病。他的伯父弗朗茨·约瑟夫皇帝之所以允许他进行这次长途旅行，只因任性的妻子伊丽莎白皇后（“茜茜”）劝他说海风对皇位继承人患病的肺部很有好处。

这次旅行在所有方面都取得了巨大成功，唯独在这一点上没有。身为一名贪婪的猎手，弗朗茨·斐迪南对北非和印度、澳大利亚、东亚和北美洲的异域动物大开杀戒。他受到了英国大地主和土著领导人的款待；与海德拉巴土邦尼扎姆（Nizam of Hyderabad）共进晚餐；在日本文了一条龙；在中国吸食了鸦片；还在罗阇苏林德罗·莫恩·泰戈尔爵士（Raja Sir Sourindro Mohun Tagore）的加尔各答豪宅里欣赏了一场音乐晚会，后者用梵语祝福了这位皇位继承人，仿佛预言一般：

> 斐迪南王子啊，愿天庭寰宇的统治者永远爱护您！愿名声，您超凡美德的奴隶，永远与您相随！[2]

那一年，永恒的“名声”差点离弗朗茨·斐迪南而去。尽管吹了10个月的海风，但当大公在1894年秋天的一个晚上走进弗朗茨·图恩-霍恩施泰因伯爵（Count Franz Thun-Hohenstein）的布拉格豪宅舞厅时，他还是一个病人。据传说，他在那里第一次见到了未来的新娘，“雍容华贵”但出身比他低的索菲·霍泰克伯爵小姐（Countess Sophie Chotek）。[3] 在国外时，弗朗茨·斐迪南曾请求指挥布德韦斯（即捷克布杰约维采）的一个旅，因为“我打算在回来之后的某个时候结婚，在那之前，我希望有至少一年的时间把自己的事情安排妥当，尤其是迄今为止一直疏于管理的波希米亚地产”[4]。皇帝答应了他的请求，没过多久，大公就回到了奥匈帝国。弗朗茨·斐迪南的心被这位身份低微的伯爵小姐俘获，即使不是在布拉格那场

图 2.1　1893 年，大公在锡兰（斯里兰卡）狩猎

图片来源：https://www.reddit.com/r/HistoryPorn/comments/3b13vc/elephant_hunting_expedition_of_archduke_franz/.

宴会上，也几乎可以肯定是在 1894 年的某个时候。

然而，他的肺已经不太行了。1895 年春天，弗朗茨・约瑟夫派他的医生为大公诊察。8 月，他命令侄子放下指挥工作，搬到山里，然后到南方过冬。[5] 这位皇位继承人在接下来的一年里一直在休息，"靠牛奶和药品度日"，阅读轻松的小说，并在亚得里亚海的卢西诺（洛希尼）岛、博岑（南蒂罗尔）上方的门德尔山口（Mendel Pass）、蒙特卡洛和马略卡岛闲逛，对着落叶松射击。他经常咳嗽，每天都要看医生。"我的身体，尤其是精神，已经垮了，"弗朗茨・斐迪南给朋友诺拉・富格尔侯爵夫人（Princess Nora Fugger）写信说，"作为一名全身心投入的军人，我不得不在演习之前交出我的部队，还要在很长一段时间里放弃所有的生活乐趣——打猎、骑马，放弃所有的追求，只能像一个苦兮兮的残废一样过活……我的心情可想而知，我已经患上了严重的忧郁症"[6]。

图 2.2　维也纳街头“‘弗朗茨在此！’：弗朗茨·斐迪南的环球旅行”展览广告（维也纳世界博物馆，2014 年 4 月 9 日—11 月 2 日）

图片来源：戴维·施里弗尔博士（Dr. David Schriffl）。

在亚历山大，大公接受了出生在维也纳的冯·贝克尔·拜（von Becker Bey）医生的诊察，他向继承人的私人医生坦言：“您为什么一定要折磨他和自己？为什么不让他做他想做的事？总之，他命不久矣。”维克托·艾森门格尔（Victor Eisenmenger）医生也这样认为，他后来写道，公众也“坚信”这一点。[7]

但弗朗茨·斐迪南另有打算，那年冬天，他的症状在尼罗河上的一次游览中得到了缓解。1896 年春夏，他暂时回到维也纳，巡视了自己在波希米亚和奥地利的地产，然后在“阿雅克肖这个可怕的破地方”（科西嘉岛）度过了第二个冬天，重新开始了令人生厌的养生法。家人也去了那里，想要让他舒服一些，结果却一直告诫他要保持双脚干燥、穿上大衣，惹得他大发脾气。[8] 不过某种东西确实起了作用。到了 1897 年春天，大公回到了奥地利；6 月，他已经恢复得很好，可以代表哈布斯堡帝国出席维多利亚女王在伦敦举行的钻禧庆典。次年 2 月，医生表示弗朗茨·斐迪南痊愈了。1898 年 3 月 29 日，皇帝发布诏书，将他交由“最高统帅部安排工作”。[9]

我们仍然不知道大公是如何痊愈的，正如我们不知道婴儿加夫罗是如何神奇地活下来的。有一种说法是，在他的整个疗养期间，小弗朗茨（“Franzi”）都与索菲保持着秘密通信，这让他精神振作。弗朗茨·斐迪南可能完全是为了未来妻子的这些书信而活。加夫里洛·普林西普也会为他的激情而活。[10]

围绕“萨拉热窝事件”的神话，掩盖了影响这段历史的其他无数个偶然因素，其中就包括主角们早先的幸存。学者、小说家，甚至童书作者都已经详尽地探究过“如果弗朗茨·斐迪南在萨拉热窝幸存会怎样？”这个反事实问题。他们的作品耐人寻味、往往也很耐读——例如，他们会思索，如果没有 1914 年的战争，希特勒的人生和妇女权利会是怎样的光景。尽管如此，对于首先把大公和刺客聚在一起的这两种境遇，这些作品几乎没有透露分毫。[11] 只有通过探索他们的出身和那些塑造了他们的力量，才能充分理解这位皇位继承人和这位波斯尼亚农民在那个著名的街角“命中注定般的”相遇。

弗朗茨·斐迪南和加夫里洛·普林西普是两个截然不同世界的产物，却也是同一片广袤国土上的国民，两人都深陷哈布斯堡帝国的政治文化及其日益紧迫的“南斯拉夫问题”(südslawische Frage)中。该问题涉及南斯拉夫人（大致是指斯洛文尼亚人、塞族人、克族人和波斯尼亚人）在君主国“二元”治理体系中的角色和权利。由于这些民族被分隔在奥地利和匈牙利各自的管辖区域内，所以就要受制于不同的国家政策。例如，布达佩斯通过税收、选举、新闻和土地征收法，以及将匈牙利语作为官方教学语言和克罗地亚铁路强制使用的语言，对其数量可观的塞族人、克族人和其他非马扎尔人实行区别对待。斯洛文尼亚、伊斯特拉半岛和达尔马提亚的南斯拉夫人处境要好一些，因为维也纳逐步放宽了语言政策，并在 1907 年推行了男性普选。然而，这些改革在实现民族平等方面走得还不够远，也不够快，充分的宪法权利就更不用说了，以至于奥地利和匈牙利两边的南斯拉夫人（尤其是占多数的塞族人和克族人）开始制定联合政治行动的“新方针”。他们联合起来，正式要求通过建立第三个南斯拉夫“政治实体”来抵消奥匈的二元性和支配地位，从而获得更多自治权。一些人更进一步，主张实现这种“三元制”解决方案，应在“无法改革的”哈布斯堡帝国之外建立一个单独的国家——以萨格勒布为首都的大克罗地亚。[12] 还有另外一些人，包括很有影响力的英国学者 R. W. 西顿-沃森（R. W. Seton-Watson）在内，提出了一个更具大一统色彩的“南斯拉夫式”方案，来解决“克罗地亚—塞尔维亚”民族“纯属人为造成的”分裂。在这方面，对哈布斯堡领导人来说，南斯拉夫问题与大塞尔维亚问题凶险地合流了。[13]

对“广阔的、行政上统一的南斯拉夫人领土”的愿景，同包括捷克人、斯洛伐克人、乌克兰人等在内的更广义的泛斯拉夫运动一样，往往是模糊不清的，而且非常多样化。再者，许多南斯拉夫人更愿意追求在当前政权之内进行政治改革，而不是煽动独立。不论采取何种途径，随着1905年克族—塞族联盟在克罗地亚议会中首次胜选，“南斯拉夫问题成为对二元君主国的安全最危险的威胁。”[14]按照维也纳保守派报纸《帝国邮报》(*Reichspost*)的说法，在萨拉热窝暗杀事件发生的一个月前，它仍旧如此。[15]

当然，南斯拉夫人并不是唯一叫嚣着要在哈布斯堡帝国内获得更多自治权或寻求与国界另一边的同族建立更紧密联系的民族。虽然最近对哈布斯堡时代晚期民族运动的历史研究推翻了人们长期以来的认知，即他们天生敌视帝国的统治，但没有哪一位历史学家会否认他们的严肃性。[16]无论民族主义者的斗争是为了在波希米亚使用捷克语的权利，还是为了在匈牙利人的霸权下真正维护他们的罗马尼亚人身份，“民族问题”都涵盖了哈布斯堡帝国的所有民族，包括泛德意志主义的奥地利人和有分离主义思想的马扎尔人。南斯拉夫问题之所以如此尖锐，是因为它直接关系到欧洲面临的另一个更长期的挑战：奥匈帝国东南外围的奥斯曼帝国日益衰弱，巴尔干民族主义应声而起。

东方问题包含了奥斯曼帝国在阿拉伯半岛、北非和中东的土地，自18世纪以来一直让政治家伤透脑筋。到了19世纪后半叶，随着奥斯曼帝国的欧洲省份发生叛乱，西方列强控制了奥斯曼帝国的财政，这个问题也变得严峻起来。据称，德国宰相奥托·冯·俾斯麦曾预言，“巴尔干半岛某件该死的蠢事”总有一天会把欧洲点着，当时已经有几十年的历史供他取材了。

长期以来，英国一直在支持奥斯曼政权——干预俄国和土耳其之间

图 2.3 1804 年的巴尔干地区

图片来源：Misha Glenny, *The Balkans: Nationalism, War, and the Great Powers, 1804—1999* © 1999 by Misha Glenny。经 Penguin Random House LLC 分部 Penguin Publishing Group 子品牌 Viking Books 许可使用。版权所有。

的克里米亚战争（1853—1856 年），并购买了穷困潦倒的伊斯梅尔帕夏（Ismail Pasha）在苏伊士运河公司的股份。这样做部分是为了降低上述可能性，但也是为了巩固自身的帝国利益。在 1875 年波斯尼亚的反奥斯曼起义中，英国反对该省自治，理由是宗教混杂的不稳定情况和落后的土地安排会给爱尔兰树立一个很成问题的先例。然而，真实原因更加显而易见：英国对俄国向南扩张到印度、向西扩张到巴尔干半岛的忧虑与日俱增。[17] 大博弈正在进行，而且不只是在阿富汗。中亚或许是英俄水火不容的野心接受严峻考验的地方，但巴尔干半岛将成为四个帝国的葬身之地。[18]

作为欧洲和东方之间的天然陆桥，巴尔干半岛对全体列强的帝国大业都至关重要。尤其是俄国，它渴望得到黑海和地中海的港口，为赢得这些港口而钻营了许久。19 世纪 20 年代末，它为此必然要帮助塞尔维亚在奥斯曼帝国的宗主权下获得自治权。奥斯曼政权还控制着多瑙河流域的摩尔达维亚公国和瓦拉几亚公国，那里是进入巴尔干半岛的通道。克里米亚战争后，俄国不得不放弃这些省份，它们在 1878 年成为独立的罗马尼亚。但沙皇在摩尔达维亚东部（“比萨拉比亚”）维持着一个战术上的立足点。[19]

就这样“把苏丹的权力往北、往东挤压”之后，俄国的影响力转向南方和西方，往保加利亚和波斯尼亚去了。[20] 俄国出于一己之私向巴尔干斯拉夫人施以恩惠，为搞砸了的 1876 年四月起义造势，而这份恩惠的接受者就是保加利亚。根据保加利亚人的神话，那次反抗是对民族复兴长达一个世纪的追求的壮烈高潮。实际上，它凸显了保加利亚革命中央委员会浪漫的民族主义者和他们指望能够实现起义的粗野农民之间的巨大鸿沟。保加利亚在两年内获得了独立，但只是因为俄国打赢了 1877 年至 1878 年与奥斯曼人的战争，并且有机会制定和约条款。

四月起义和随后保加利亚建立自治国家，使东方问题严重欧洲化了。在镇压叛乱的过程中，奥斯曼帝国的非正规军屠杀了成千上万的保加利亚人。当这些“惨案”的消息传到伦敦和巴黎时，对奥斯曼穆斯林“异教徒”的种族主义观念，要比关于双方所犯暴行的真相更重要。[21] 塞尔维亚和黑山在那年夏天爆发了民族起义，俄国也在一年后加入战局，以拯救贝尔格莱德免于奥斯曼帝国的（再次）占领。很快就可以明显看出，形势更加危急了，已经不仅仅是一场苏丹可以轻松镇压的巴尔干冲突。[22]

所谓东方危机（1875—1878 年），实际上始于乡镇气息浓厚的黑塞哥维那。波斯尼亚—黑塞哥维那的人口由塞族人、克族人和穆斯林组成，看上去就像是一根不太靠得住的避雷针。为塞尔维亚、罗马尼亚、保加利亚和黑山争取到主权的民族起义来袭时，它可以分担火力。事实上，这场危机一开始是农民对国家包税人的例行反抗，因为后者向前者残酷地征收不当的收成份额。1874 年至 1875 年的冬天格外严酷，收成惨淡，以基督徒为主的农民受到重创，随之而来的是一场全面叛乱，反对奥斯曼统治者和以波斯尼亚穆斯林为主的地主。在历史上，波斯尼亚—黑塞哥维那首次登上国际事务的舞台中央。[23]

这个舞台就是柏林的拉齐维乌宫（Radziwill Palace），德国宰相奥托·冯·俾斯麦的官邸。柏林会议于 1878 年 6 月 13 日开幕，在这戏剧性的一个月里，顶着多个小国互不相让的要求和俄国不屈不挠的意志，努力把奥斯曼帝国的衰落处理好。事实上，俾斯麦召集这次会议，是因为俄国在《圣斯特凡诺条约》（1878 年 3 月）中强加给土耳其人的条款。这些条款将通过一个膨大的新国家保加利亚和一个自治的国家波斯尼亚来巩固俄国对巴尔干地区的控制。而这对其他大国来说是绝对无法容忍的。[24]

在俾斯麦的稳健指引和俄国的勉强同意下，对该条约进行了修订：把保加利亚砍去一半（以马其顿为主的部分重新归奥斯曼帝国控制）；将其余部分划分为一个独立的大公国和自治领土；并通过授予奥匈帝国——在东方危机中并没有参战——对波斯尼亚和黑塞哥维那的占领权和行政权，来抵消俄国从保加利亚获取的利益。苏丹仍将是保加利亚残余部分和整个波斯尼亚—黑塞哥维那名义上的首脑。与此同时，俄国和塞尔维亚在邻近地区增加了一个大国对手，它控制着另外 100 多万斯拉夫人，其中超过 40% 是信仰东正教的“波斯尼亚塞族人”，而这其中的一些人就属于一个姓普林西普的农民氏族。[25] 大规模战争被及时遏止，但巴尔干那些小民族的声音在柏林几乎听不到。在接下来的几十年里，他们的“诉求和反诉求层出不穷……就像一架磨刀机，把俄国和奥匈帝国之间的交界线变得犬牙交错、危险丛生”。[26]

对于哈布斯堡帝国来说，获得波斯尼亚—黑塞哥维那，充其量也只是好坏参半。之前的几十年，这个王朝的日子并不好过。在 1859 年的索尔费里诺战役（Battle of Solferino）中战败后，它把伦巴第割让给了正在走向统一的意大利。然后是 1866 年，普鲁士走向德意志统一的道路要经过奥地利的波希米亚，在那里，它让君主国再尝败绩。维也纳俯首，又有法国在背后撑腰，于是威尼西亚（Venetia）被并入了新的意大利王国。普鲁士宰相俾斯麦的仓促休战十分大公无私，没有吞并波希米亚的任何领土，尽管那里有大量德意志人，但他也十分狡猾，把一位普鲁士王子按在了另一个正在走向统一的国家——罗马尼亚——的王座上。这进一步妨碍了哈布斯堡政权，因为它与之接壤的特兰西瓦尼亚有大量罗马尼亚人。帝国为遏制俄国、开辟经济口岸以抵消割让给意大利的那些利益而付出的努力，也一并被破坏了。[27] 在一年后（1867 年）的那场政变中，弗朗茨·约瑟夫的弟弟、墨西哥皇帝马克西米利安被贝尼托·胡亚雷斯（Benito Juárez）领导的获胜的共和派处决，就此结束了这场堂吉诃德式的殖民冒险。在这样的背景下，对哈布斯堡来说，任何领土扩张似乎都是好事。

即便那个地区是贫穷的、前现代的、社会宗教分裂的波斯尼亚—黑塞哥维那，情况亦是如此。1878 年，波斯尼亚的工业和基础设施或许不是很足，但奥匈帝国的企业界深知，它的资源很丰富，例如金、银、铅、木材、煤和铁矿石。它的战略意义也很诱人，长驱直入巴尔干半岛，由此重燃日耳曼人的东进（Drang nach Osten）梦想。[28] 抛开这些优势不谈，波斯尼亚新的征服者面临的紧迫问题，是如何统治这样一片最近很不好管理的土地。毕竟，这场旷日持久、引发了东方危机的波斯尼亚面包暴动，对战双方并不只是波斯尼亚居民和他们的奥斯曼大地主的军队；它也并非对格外严重的歉收的一次性反应。1875 年的这场起义是当地塞族领袖蓄谋已久的，由具有压迫性和偏私性的土地租佃制度所导致，这种制度使波斯尼亚穆斯林产权人与贫穷的基督徒农民陷入了对立。当然，也有贫穷的穆斯林农民，还有许多包税人是信仰东正教的塞族人。尽管如此，动荡的核心却是一种歧视性的社会经济制度，根源在于宗教，表现为封建制度典型的严重滥权。奥匈帝国介入这番事态并控制巴尔干地区的企图，绝不可能轻易实现。

此外，很快就可以明显看出，关于波斯尼亚各族人民之间互相仇恨、永世难消的刻板印象，也没有起到什么积极效果。如果新的统治者当真认为他们不必对波斯尼亚—黑塞哥维那“分而治之”，因为那里已经被社会宗教意义上的憎恶所撕裂，那么他们就是在拿自己，以及占领期间死亡、受伤或失踪的 5 198 名帝国军人冒险。一旦和他们信仰同一种宗教的人掌握了控制权，波斯尼亚天主教徒大多消停了下来，许多穆斯林地主却放下了与东正教农民的世仇，以保卫他们共同的家园。这并不是说波斯尼亚民族认同是在危机期间持续锻造而成的。然而，那些与来犯军队作战的、不同信仰和阶级的波斯尼亚人，打破了人们对“由一个乐队领导的单独一个连”就能轻松占领的预期，据称这是奥匈帝国外交大臣安德拉希·久洛伯爵（Count Gyula Andrássy）的设想。他们用实际行动证明了最近的占领者对他们多么缺乏了解。征服波斯尼亚人花了 3 个月时间，投入了 27.8 万人——帝国军队的三分之一。哈布斯堡家族永远也搞不清楚要如何统治他们。[29]

这个问题在柏林会议之前就已经出现，尽管波斯尼亚人之间存在分歧。事实上，这个问题的出现，是由于有一件事将他们从本质上团结在一起：就民族而言，他们都是斯拉夫人。更准确地说，大多数波斯尼亚人与塞族人、克族人和其他一些已经居住在君主国境内的人讲同样的南斯拉夫语言；这种语言与国土上 100 多万斯洛文尼亚人的语言接近；与捷克语、斯洛伐克语、乌克兰语和波兰语属于同一个语族，而讲这些语言的每一个民族都在这个二元制国家占有相当的比例。即使在他们自己的奥地利和匈牙利王室领地上，斯拉夫少数民族的人数也超过了分别统治着他们的民族，政治权力却往往比较小。增加几百万波斯尼亚人，只会让这种不平衡更向斯拉夫人那边倾斜，匈牙利人尤其反对这种做法。[30]

想要了解个中缘由，就需要回到1866年普鲁士对哈布斯堡君主国那场决定性的军事胜利。不仅帝国之外的意大利人利用奥地利的虚弱夺取了威尼西亚，帝国内部的匈牙利人也提高了对自治的呼声。结果就是《折中方案》（*Ausgleich*，1867年），建立了一个二元制国家，使匈牙利人实际上完全控制了他们的主保圣人圣斯蒂芬（Saint Stephen）王冠领地——匈牙利本土（包括特兰西瓦尼亚和塞尔维亚公国及巴纳特）、克罗地亚—斯拉沃尼亚，以及亚得里亚海港口城市阜姆（里耶卡）及其周边地区。在新的“皇家与王家（kaiserliche und königliche，或k. u. k.）二元君主国”中，弗朗茨·约瑟夫仍然是至高无上的“奥地利皇帝”和“匈牙利国王”，掌握着召集军队、发动战争的权力。这一体系同样设有外交部、财政部和陆军部等联合部门。然而，在所有其他方面，匈牙利人都可以自由组建自己的内阁，选举议会，以他们认为合适的方式统治他们的国土。这种统治也将政治地位低下的塞族人、克族人和其他经常挑战匈牙利统治集团的南斯拉夫人包括在内。[31]

因此，要如何把波斯尼亚—黑塞哥维那纳入二元制并非小事，由谁来提供行政管理和防卫也非同小可。匈牙利从一开始就不想要这个省份，所以反对负担它的维护工作。布达佩斯和维也纳的意见一致之处在于，他们致力于不让这块领土落入塞尔维亚人之手。与列强相比，最近才取得独立的塞尔维亚国家或许还很弱小，但它觊觎波斯尼亚和黑塞哥维那——其人口的43%是信仰东正教的“波斯尼亚塞族人”——那里在历史上是塞尔维亚人的领土。[32]

这样一来，波斯尼亚—黑塞哥维那对二元君主国来说，就是一项危险的事业。其东正教人口倾向于独立的塞尔维亚，正如特兰西瓦尼亚的罗马尼亚人和蒂罗尔的意大利人可能会眼巴巴地看着他们在罗马尼亚和意大利的民族同胞一样。因此，脱胎自1867年折中方案的1878年折中方案赋予了波斯尼亚不同于帝国其他任何省份的地位：它被置于联合财政部的管辖权限之下，由奥地利和匈牙利共管。这也将对1914年产生重大意义。[33]

弗朗茨·斐迪南厌恶折中方案，并不仅仅是因为他厌恶整个匈牙利民族主义。他恨它使军事指挥系统复杂化；恨匈牙利贵族利用自己的身份地位逼奥地利一再迁就；恨它给匈牙利分离主义壮胆，同时又让其他民族离心离德，削弱这个多样化政权的中央集权。君主国是多民族的，不是二元的。几个世纪以来，通过继承、战争和政治婚姻，这个语言和宗教的大杂烩形成、融合、分裂又重新形成。在民族主义时代，这既是妙想，也是难题。[34]

弗朗茨·斐迪南正确认识到了自己国家的复杂性和民族主义运动的力量。他在考虑帝国的稳定所面临的压力时，肯定比他的伯父更能明辨是非，因为后者年事已高，又备受尊敬，所以不会冒险进行必定会让某些民族离心离德的联邦化改革。大公仔细考虑了多个重构奥匈帝国的计划，其中没有一个涉及吞并新领土，尤其是在巴尔干地区；所有这些计划都必须避免与俄国的战争。他是否拥有合适的个人能力和政治能力来实现持久的改革，将是永远的未知数。[35]

另一方面，加夫里洛·普林西普只知道哈布斯堡君主国是他的故土上最近的外国势力。他的祖先曾在与奥斯曼人和奥地利人的战斗中洒下热血；他的民族有自己的骄傲，理应享有安宁。把奥匈帝国赶出波斯尼亚—黑塞哥维那，就是普林西普的人生目标，即使这意味着要毁灭帝国。他所解释的行刺的主要原因，并不涉及狭隘的意识形态——既不是社会主义，也不是无政府主义，甚至都不是大塞尔维亚民族主义的种族中心主义愿景——只有问心无愧的爱国主义：“我热爱人民。仅此而已。”[36]和大公一样，对于自己祖国的未来，普林西普也勇于坚持自己的信念。

这个年轻人——“简直就是一个孩子”——开枪点燃了引发战争的危机的导火索。他是农民出身，受的是农民教育。[37]加夫里洛·普林西普的父母靠耕种一小块土地维持生计，同时有义务向当地拥有土地的贵族交付地租、赋税、部分劳动成果和定期的强迫劳动。到了19世纪末，封建制度在欧洲已基本绝迹。在波斯尼亚意义上的封建制度中，贵族拥有伊斯兰教头衔“阿迦”（Ağa）或“贝伊”（Beg），因为他们绝大多数是斯拉夫穆斯林，在奥斯曼帝国统治的几个世纪里获得了土地所有权。身为波斯尼亚农民（kmets），也意味着普林西普的父母是文盲；他们没有法律或政治权利；他们的家宅、土地、妻小都可以由阿迦随意处置；他们住在一座泥土地面、木造屋顶的石屋里，有一扇兼作烟囱的“窗户”。[38]

求学于牛津大学的考古学家阿瑟·埃文斯（Arthur Evans）在1875年进行了穿越波斯尼亚和黑塞哥维那的艰苦旅行，他将农民的疾苦比作奴役——“比我们最黑暗时代的许多农奴还要……糟糕”。难怪他们会反抗奥斯曼人，只为劳有所得、妻子得到保护这样的基本要求；也难怪城市里的波斯尼亚塞族中产阶级试图将起义转化为独立运动。这种自治是否一定要加入塞尔维亚或其他政治联盟，以及反叛者吸引穆斯林和天主教同胞的能力，都不甚明了。在组成和协调方面，1875年的“波斯尼亚起义”是以波

图 2.4　加夫里洛・普林西普的父母在波斯尼亚奥伯拉尔自家门前（约 1930 年）

图片来源：https://www.reddit.com/r/HistoryPorn/comments/dt1l96/gavrilo_princips_parents_if_front_of_their_house/.

斯尼亚塞族人为主的。[39]

普林西普氏族（zadruga）在起义中首当其冲。加夫里洛的父亲佩塔尔（Petar）、祖父约沃（Jovo）和伯父伊利亚（Ilija）都曾与叛军并肩作战。伊利亚甚至因为英勇而被流亡的彼得・卡拉乔尔杰维奇王子（Prince Petar Karađorđević）授勋，这位未来的塞尔维亚国王曾隐姓埋名游历波斯尼亚。[40]另外一些亲戚逃到了哈布斯堡王朝治下的克罗地亚，在那里与波斯尼亚同胞一起避难。在 1877 年 2 月发给《曼彻斯特卫报》(*Manchester Guardian*）的急电中，埃文斯将他们描述为“一大群脏兮兮的、衣不蔽体的老弱妇孺，毫不夸张地说，他们的面容被饥饿和疾病啃食了”[41]。活下来的人也只会在 1878 年奥地利的猛攻中飘零。普林西普家族中最幸运的或许莫过于加夫里洛的叔祖父托多（Todo)，他在 1877 年夏天被土耳其士兵抓住，但戴着镣铐回了家。[42]

这个家就是波斯尼亚西部波斯尼亚格拉霍沃（Bosansko Grahovo）镇外的小村庄奥伯拉尔（Obljaj)。它坐落于克罗地亚海岸线和迪纳拉山脉（Dinaric Alps）之间，地貌以丘陵喀斯特和悬崖峭壁为主，植被稀疏，冬季气温在零度以下。这里的人民有着与地形相匹配的名声：坚韧不拔的羊倌战士，手边总备着一把武器，并有一种利用武器的复仇文化，他们作为边境卫士，就是这样抗击到处劫掠的奥地利人和早先的威尼斯人的。像普林西普的父亲这样饱受压迫却很有自尊心的人，就在自己的小块土地上耕种，照料一些牲畜。具体到他的话，还能通过在崎岖地带运送货物和乘客来勉强维持生活，靠脚力，也会用马车。[43]

普林西普经常提醒人们注意他的农民出身。人们对他的描述通常是沉默寡言，但他为自己在农村长大的经历而自豪，称之为洞察力的来源。“我是农民的儿子，我知道乡村是什么样子的。”他在受审时这样说，让检察官深深地感受到他谋杀大公的“主要动机”为何是“复仇”：“为我的人民在奥地利统治下遭受的所有苦难复仇。”[44]一些人认为这是更加私人的宿仇——1881 年，普林西普的祖父约沃在打猎时遇害。家人怀疑是当地的奥地利行政官员所为，不过普林西普在审判中并没有提及此事。这样做不符合他的本性，因为这名刺客的战斗始终比自己更重要。[45]

普林西普解释道，他杀人是为了“爱”——不是某种意识形态本身，而是对悲惨人民的一片深情。[46]加夫里洛是一名胸怀大志的诗人，他把自己关于为爱人绽放的玫瑰的作品向作家德拉古廷·姆拉斯（Dragutin Mras）

展示时，“像个受到惊吓的孩子一样颤抖”。[47] 他从未鼓起勇气把自己的诗作拿给波斯尼亚同胞伊沃·安德里奇（Ivo Andrić）看，后者是 1961 年的诺贝尔文学奖得主。[48]

遗憾的是，普林西普的文学创作太少，我们无法评价他的技巧，不过这些作品或许已经足以让我们理解他为什么说自己是一个“多愁善感的孩子”，也足以证实历史学家弗拉迪米尔·德迪耶尔的描述，“一个极其敏感的男孩，敏锐地觉察到了周遭的事物”，并且对他人的痛苦有着强烈的共情。[49] 例如他寄给比他年少的女性朋友武科萨娃·查布里诺维奇（Vukosava Čabrinović）的长信中的这段话：

> 读你的信，我感到一种深深的、真真切切的痛苦，仿佛看到了一个被所有人抛弃和遗忘的女孩的悲痛……我的生活也充满了辛酸和苦楚，我花环上的荆棘比别人多。除了虚无还是虚无，一天又一天，我变得越来越不像自己了。我们离开时我送给你的那朵玫瑰还活着吗？我知道它早已枯萎，但也许回忆足以让它赧颜。[50]

在萨拉热窝附近的别拉什尼察山（Bjelašnica Mountain）上一座观光小屋留言簿上的另一段文字中，普林西普的文风之阴郁，让人很难相信这是他在 1911 年庆祝学年结束的班级远足期间创作的。

> 我们一言不发，踌躇前行，穿过森林，陶醉在这神奇、幽深的寂静中，倾听馥郁芬芳的花朵和纹丝不动的树木的低语……苍天在上，我的脑海中有多少次闪过这样的念头：我会被扔下某个深不见底的悬崖。
>
> 我的同伴们围着篝火睡着了。我却睡不着。我很困，打起了瞌睡，但在这个充满险恶幻想的帝国里，我怎能睡得着……很遗憾，我的朋友们唤醒了我的心痛、我的悲伤、我的生活——我的憧憬和我的幻想。

> 我们唱起了一首悲伤的歌，我自己的心在低语，颤抖得比我那苦恼的心魔还要激烈。[51]

“热情”“刚毅”“焦躁不安”“沉默寡言”“多愁善感”——这些词在对加夫里洛·普林西普的第一手描述中接连出现。诚然，他正是用这些词向维也纳精神病学家马丁·帕彭海姆（Martin Pappenheim）描述自己的，后者在1916年与这位被囚禁刺客的谈话，是对其内心生活一次难得的窥探。[52]与熟人的证词一样，帕彭海姆的笔记也支持某类“恐怖分子”的“敏感的心”模型——“受伤的灵魂”，其暴力行为的动机是对国家压迫受害者的强烈共情。[53]普林西普肯定对农民同胞的苦难感同身受。但用一位朋友的话说，他只是“不能容忍让任何人受到压抑的任何事物，一个人的尊严受到了哪怕一点点贬损，都会让他惊恐难安。他过去常说，观看马戏团的小丑时，他总是强忍着愤怒的泪水”[54]。

普林西普的敏感绝不意味着软弱。“我未曾见过野狼凝视的眼神，”一名友人写道，“但我确定那就是普林西普的眼神。”[55]据他母亲说，“加夫里洛是个安静的孩子，但每次挨打都会加倍奉还”[56]。他也不是一定要被打倒才会发狠——普林西普打台球输了之后发脾气是出了名的，经常用球杆戳对手，之后又会道歉。另一位同学证实，普林西普可以“非常粗暴……攻击比他更强壮的男孩，尤其是当他觉得他们在冤枉他，或者……小看他时”。[57]

尚不清楚普林西普被人小看的情况有多频繁；不过他的身材很瘦小，这一点是无可争议的。朋友们有时会叫他“Gavrica”（小加夫里洛），但他显然更喜欢“Gavroche”，那是维克多·雨果的《悲惨世界》中死在巴黎街垒上的革命少年的名字。[58]在第一手资料中，他经常因为身体瘦弱而被人嘲笑。

当这名被人好一顿胖揍的刺客在萨拉热窝地区法院出庭时，法官利奥·普费弗（Leo Pfeffer）看到的是一个“身材矮小、瘦弱憔悴、脸色蜡黄、过度紧张”的年轻人。他接下来的补充，普林西普也会十分认可：“很难想象，一个看上去如此矮小、文雅、谦逊的人，竟然会决心进行这样一场暗杀。”[59]

普林西普可能未曾从婴儿时期就显现出来的虚弱中完全恢复。这并不是说他体弱多病，尽管他经常营养不良——“活着更多的是靠幻想，而不是面包”。[60]普林西普在1913年4月给父母写了一封令人动容的信：“我十分清楚，你们不是金库，可我又该怎么办呢？我不能只靠空气活着，一边挨饿，一边又要学习。”他补充说，有些时候，“一想到自己活成了这副样子，我就想自杀”。他还打算把他的书带到哥哥家里，在那里他至少不用“受苦、挨饿，所以也只是勉强度日”。[61]

普林西普是不是病入膏肓了，万念俱灰之下才会去行刺呢？在巴尔干半岛旅行的英国人伊迪丝·德拉姆（Edith Durham）在她写于两次大战之间的作品中推断，普林西普“患有严重的肺结核……［而且］无论如何都命不久矣”[62]。虽说她怀有反塞尔维亚人的偏见，但她既不是第一个也不是最后一个相信普林西普身患绝症的人。无论是通俗文学还是批评性著作，都充斥着这些未经证实的参考文献，关于这名“无恶不作”的“肺痨刺客”和“肺结核少年”。[63]历史学家路易吉·阿尔贝蒂尼（Luigi Albertini）写道，普林西普和查布里诺维奇“健康状况很差，可能患有肺结核”；在一份学术期刊上，这起谋杀案无非是“这个眼窝凹陷的肺结核患者的孤注一掷”。再后来的人们读到，像普林西普这样的“可怜的结核病患者”被招进这个阴谋来，因为这是“他们［在］塞尔维亚历史上……留下痕迹的唯一真正的机会”。“发热确实是有影响的，”S. L. A. 马歇尔（S. L. A. Marshall）在《第一次世界大战的美国遗产史》(*The American Heritage History of World War I*, 1964）中写道：“就他们而言，可能使他们更乐意英年早逝。”[64]

然而，没有证据表明普林西普患有肺结核或者任何不治之症。正如他告诉帕彭海姆医生的那样：“家里没有人生病……一直都很健康。”[65]在最近的一部大受欢迎的专著中，戴维·詹姆斯·史密斯（David James Smith）

提到了普林西普在被囚禁前“告诉了一位同时代人他曾咳血”的“证据”。但史密斯没有引用任何消息来源，而是将所有食不果腹、卫生很糟的波斯尼亚阴谋家神话化为“在死亡的阴影下紧张度日……［这］肯定让他们倍感压力，身体虚弱”。[66] 对于幸存的刺客茨韦特科·波波维奇（Cvetko Popović）和瓦索·丘布里洛维奇（Vaso Čubrilović）来说，这个阴影确实很长——他们分别活到了84岁和93岁。

具有讽刺意味的是，在这个故事中，唯一被证实的肺痨患者是大公。普林西普确实在1918年死于这种疾病，不过是在泰雷津（Terezín）监狱阴暗潮湿、通风不良的条件下，两个不那么虚弱的共谋同伙甚至比他更早地死在了那里。也不知怎么的，这位“患有肺结核的高中生”在1911年徒步登上了别拉什尼察山（Bjelašnica Mountain），还在1912年至1914年间多次从萨拉热窝到贝尔格莱德步行（往返），单程约170英里。[67] 那些认为普林西普已经一只脚踏进坟墓的作家，也对他在1914年5月至6月从贝尔格莱德到萨拉热窝的“神秘旅程”进行了浪漫化处理。他在这段旅程中主要是步行，穿过沼泽和暴风雨，背着枪支和手榴弹。[68] 这个“明显患病的青年”在长途跋涉后也没有卧床不起。相反，他到警察局登了记，还去找工作。[69]

尽管如此，普林西普在别人看来还是身体虚弱，他也知道，“无论我走到哪里，人们都把我当成弱者”。他对一名审讯官冷冰冰地说：“我就假装自己是弱者，即使实际上并不是。”[70] 普林西普的坚忍，可否用弗洛伊德学说的自卑情结来解释呢？真的像一位作家对这名凶手的狂热赞颂那样，这个“外表上的孩子”是“精神上的男人”吗？[71] 有一件事似乎特别能够反映出刺激普林西普采取暴力行为的一种心理创伤。

德迪耶尔认为，“普林西普的痛苦达到极点”，是在第一次巴尔干战争前夕土耳其边境以北的塞尔维亚小镇普罗库普列（Prokuplje）。[72] 1912年9月，沃伊斯拉夫·坦科西奇（Vojislav Tankosić）少校正在那里集结部队，为巴尔干同盟（塞尔维亚、黑山、保加利亚、希腊）和奥斯曼帝国之间即将发生的冲突做准备。普林西普火速赶来，并在抵达后给萨拉热窝的德拉古廷·姆拉斯寄去了一封连珠炮似的信："看看地图，找到普罗库普列。我们现在就在这个地方，［而］我也不知道我们从这里出发要往哪里去（'为了自由和祖国'？）"落款中的"加夫罗"，满怀的希望瞬间化为泡影。[73] 坦科西奇随便摆了摆手，就把这个"身体虚弱，又太年轻"的 18 岁孩子拒之门外。传记作者尼古拉·特里希奇（Nikola Trišić）哀叹道，这本是"一番好意"，但"对普林西普来说，必定是莫大的侮辱，因为据他的朋友们说，他当场立誓，要证明坦科西奇是错的"[74]。

对这一事件要如何解读呢？德迪耶尔认为，这是"驱策［普林西普］做出异常勇敢之事的主要私人动机之一"，似乎很合理，尤其是刺客还亲口告诉帕彭海姆，自己因为"身体太弱"被拒绝了。[75] 可是坦科西奇把许多未成年男生都送回了学校。正如德拉戈斯拉夫·柳比布拉蒂奇（Dragoslav Ljubibratić）从亲身经历出发所强调的那样，风起云涌的塞尔维亚国家需要士兵，同样也需要学者。[76] 假设普林西普被拒绝也是这个原因，那么这件事情既说明了他所谓的心态，同时也说明了他仍然不成熟。需要证明自己是一名战士，就暴露了他无论身心都还是一个男孩。如果普林西普活得久一些，他可能会摆脱那种理想主义。对于人民的困境采取极端的解决办法，就很明显地体现了这种理想主义。也正因如此，他才会去普罗库普列和萨拉热窝。这股战斗精神退去后，普林西普可能也理解了坦科西奇的用心，无论这份心意表达得多么迟钝。他转而走上读书这条路来报效国家。毕竟他一直都是"优等生"。[77]

普林西普告诉帕彭海姆，"书对我来说意味着生命"，他在那篇短文中也多次提到书。[78] 每个认识他的人也都这么说。他的嫂子抱怨说，普林西普在家里无所事事，只读书，却不工作。一位在假期去拜访他的朋友回忆说，普林西普肉眼可见地聪明，到处都是书，他就藏在书后面。[79] 普林西普也曾在贝尔格莱德学习。在那里，需要面包时，书是他最后放弃的东西。在监狱里，他对文学的渴望甚于对食物和新鲜空气的渴望。[80]

图 2.5　普林西普（捧书而坐者）与家人和朋友的合影

图片来源：Wikimedia Commons. https://commons.wikimedia.org/wiki/Category:Young_Bosnia#/media/File:Young_Bosnia_members.jpg.

普林西普的阅读面很广——大仲马、沃尔特·司各特、埃米尔·左拉、尼克·卡特（Nick Carter）和夏洛克·福尔摩斯的侦探故事。他的兴趣很快转向了左翼和民族主义文学，俄国革命著作是他的最爱，同时他还喜欢威廉·莫里斯的空想社会主义和弗里德里希·尼采的虚无主义哲学。书对普林西普来说也不是私事。他发现武科萨娃·查布里诺维奇沉迷于一本轻松的小说，就把书抢走，换成了奥斯卡·王尔德和塞尔维亚作家米卢廷·乌斯科科维奇（Milutin Usković）。“读读吧，你一定要读，”他恳求道，“这是忘记现实的悲剧一面最好的办法。”[81]

萨拉热窝的刺客就是这样一个人——多愁善感却坚忍克己；沉默寡言却咄咄逼人；一个人沉浸在书中，又会非常迅速地表明观点，掌握情况，并袒露自己的情感。普林西普这颗“敏感的心”燃烧得太过热烈，无法拥有一个“正常”的女朋友，不过他向帕彭海姆坦承，自己有一位“理想的爱人”，之后却拒绝描述，这再次反映出普林西普的性格。尽管他有一伙朋友，但我们并不清楚这名女子是谁——最合适的人选是武科萨娃·查布里诺维奇、耶莱娜·耶兹迪米罗维奇（Jelena Jezdimirović）和德拉吉察·契查（Dragica Čiča）。[82] 无论如何，他很可能从未亲吻过她。普林西普倒是亲吻过波格丹·热拉伊奇之墓的地面。[83]

普林西普表达亲近，是通过他在热拉伊奇墓前朗诵的史诗。据耶莱娜·米利希奇（Jelena Milišić，婚前姓耶兹迪米罗维奇）回忆，普林西普会告诉她，他多么嫉妒热拉伊奇的埋葬之地："耶莱娜，我宁愿成为这样的英雄，也不愿苟活生生世世。"[84] 有一种说法是，耶莱娜的母亲禁止她和普林西普一起前往大公的游行，所以他同她告别，出发前去执行任务。普林西普在农村长大的经历锻造出了一种不屈不挠的心态，他对爱情的柏拉图式处理就是这种心态的另一个方面。而萨拉热窝和贝尔格莱德这两个"落脚城市"疏离、拮据的环境，又固化了这种心态。[85] 普林西普的父亲是个虔诚的人，不沾酒，从不缺席弥撒。普林西普则不然，他既不喝酒，也不祈祷。其他波斯尼亚爱国者也遵循类似的禁欲习惯，戒烟戒酒，甚至戒色。普林西普并不是一个会采取权宜之计的人，他似乎坚持得最久，正如他在查布里诺维奇投出炸弹后依然坚守阵地，并且从未对这起政治谋杀案表现出悔意。[86]

虽然"这个家徒四壁、前途渺茫的世界为普林西普童年的性格形成期提供了背景"，但城市环境凸显了他的热情，点燃了他的决心。[87]1907 年，佩塔尔·普林西普同意将儿子从放羊的工作中解放出来，带他到萨拉热窝接受更多的学校教育。他出人头地的哥哥约沃曾希望让普林西普入读哈布斯堡军校，这所学校免学费，提供伙食和配有穆斯林菲斯帽的波斯尼亚团制服。但当地的一名店主劝他们，不要从事"本民族的刽子手"职业。普林西普转而被安排进了商业学校，以便能够成为像哥哥一样的商人。最关键的是，普林西普有机会逃离农村生活，在现代世界中靠自己打拼出一片天地。[88]

这片天地始于萨拉热窝市中心一条狭窄街道上的一栋小房子。波斯尼亚这座繁华的首都，人口只有 52 000。孀居的洗衣妇斯托娅·伊利奇

（Stoja Ilić）和独生子达尼洛（Danilo）住在粤普克恩（Oprkanj）街 3 号，离奥地利建造的新市政厅不远。斯托娅把房间租给学生；从 1907 年 8 月开始，达尼洛与普林西普共用房间。他很快也与后者分享了自己的革命文学。[89]

普林西普的哥哥向斯托娅支付一个月的房租时，不可能知道这件事。约沃也不可能知道，1905 年从商业学校毕业的达尼洛，糟糕的工作换了一份又一份，身体也搞坏了，直到他回到萨拉热窝读师范学院。找工作再度碰壁后，达尼洛去了瑞士，在那里遇见了波斯尼亚塞族民族主义者弗拉迪米尔·加契诺维奇（Vladimir Gaćinović），还结交了流亡的俄国社会革命党人。1913 年 6 月第二次巴尔干战争爆发时，他来到塞尔维亚，照料患霍乱的士兵。回到萨拉热窝后，他为报纸《塞尔维亚语》（*Srpska Riječ*）工作，并从 1914 年 5 月中旬开始担任《钟》（*Zvono*）的主笔，该报努力将马克思的国际社会主义与巴尔干民族主义相协调。达尼洛也做翻译（包括奥斯卡·王尔德、列昂尼德·安德烈耶夫和无政府主义者米哈伊尔·巴枯宁的作品），还在组建一个政党。到 1914 年春天，达尼洛·伊利奇又有了另一个职务：萨拉热窝暗杀行动在当地的招募人。[90]

比达尼洛小 4 岁的加夫里洛·普林西普读完了室友给他的所有作品。尽管在战术上存在很大分歧，但普林西普和伊利奇还是在将近 7 年前结下友谊的那个狭小房间里度过了自由生活的最后一夜。加夫罗床下的空间，刚好可以用来藏匿武器，不会被斯托娅发现。

1863 年圣诞节前不久，弗朗茨·斐迪南降生在格拉茨宽敞的库恩堡宫（Khuenburg Palace）——这对他虔诚的父亲卡尔·路德维希大公（Archduke

Karl Ludwig）来说，可谓一份恰逢其时的礼物。卡尔·路德维希大公比皇兄更加严守教规。事实上，卡尔·路德维希在1896年5月前往圣地的途中因饮用所谓约旦河圣水而亡，这使得弗朗茨·斐迪南成为帝国皇位的第一顺位继承人。

不过皇位的继承还要更复杂些。1889年1月，在梅耶林（Mayerling）狩猎小屋那起震惊世人的杀人后自杀事件中，皇帝的独生子鲁道夫（Rudolf）结果了自己和情妇的性命。而早在这件事情发生之前，重视虔诚甚于政治的卡尔·路德维希本来已经放弃统治权。这使弗朗茨·斐迪南成为推定继承人，尽管他的父亲并没有正式弃权，弗朗茨·约瑟夫也没有发表声明。"我永远不会正式知道自己是否为继承人，"大公与悲伤的君主会面后抱怨道，"我从来没有被如此冷漠地对待过。似乎只要看到我，就会唤起［他］不愉快的回忆。"[91]

卡尔·路德维希去世后，皇帝没有将这个患病的侄子指名为皇储，这让他们之间的关系恶化了。弗朗茨·约瑟夫是否更喜欢已故弟弟那个可塑性更强的次子奥托？考虑到弗朗茨·斐迪南的身体状况，以及奥托英俊的外貌、活泼开朗的性格和整体上的受欢迎程度，一场修改继承权的宫廷阴谋是否正在酝酿？[92]

奥托受到提携，并不只是因为公众拥戴他，且大公的病情发展成疑。波兰裔外交大臣戈武霍夫斯基伯爵（Count Gołuchowski）担心弗朗茨·斐迪南的亲俄立场，这足以让他说服皇帝让奥托越来越多地代表其出席官方活动。[93] 奥托被安置在维也纳富丽堂皇的奥加滕宫（Augarten Palace），而弗朗茨·斐迪南却不得不屈就于让他满腹牢骚的"贝娅特丽克丝巷（Beatrixgasse）的鸡笼"（摩德纳宫）。尽管奥托向他的哥哥保证，自己没有统治的野心，但大公不以为然："上帝为证，相信我，我说这话并不是出于嫉妒。我不是嫉妒奥托……而是出于一种正义感，以及这种正义感使我陷入的一种世事无常之感。"[94] 然而，随着1897年4月他伯父的一封信，弗朗茨·斐迪南对王位的主张得到了承认，关于他会被取代的传言也不攻自破。好巧不巧，奥托比皇帝还早死 10 年，放荡的生活方式和晚期梅毒害了他。[95] 可大公觉得自己被戈武霍夫斯基和他的那伙人坑害了，这种感觉就没那么容易平息了。弗朗茨·斐迪南永远不会忘记有谁犯下了错，正如他对于其他类似的慢待的态度。[96]

大公的敏感早就形成了。从先天的角度看，他是一个多愁善感、闷闷不乐、压抑内敛的年轻人。从后天的角度看，他与患有肺结核的母亲关系疏远，而他的父亲偏爱活泼的奥托。弗朗茨·斐迪南性格乖戾，渴望讨好别人，容易大发雷霆，他通过更进一步的遗世独立来忍受父亲公然的侮辱。纵观他这一生，深刻的仇恨、怨怼和咄咄逼人的性格都是出了名的。如果不是已故葡萄牙国王米格尔（Miguel）的女儿、布拉干萨的玛丽亚·特蕾莎在大公 9 岁时进入了他的生活，这种苦大仇深的行为可能会伴随大公终生。[97]

玛丽亚·特蕾莎不到 18 岁就嫁给了 40 岁的卡尔·路德维希，但她已经足够成熟，能够察觉到他的偏心对长子造成了多大的伤害。她耐心地捅破了继子在自己与世界之间筑起的藩篱。大公总叫她“妈妈”，她让卡尔·路德维希所有的孩子都能沐浴在同样的慈爱、同情和鼓励中，对他们的两个女儿也是如此。但从一开始，弗朗茨·斐迪南就有特殊的需求，而“这位绝对善良的温柔之人”会抚慰他紧张的天性，磨平他风评糟糕的棱角。[98]

除了玛丽亚·特蕾莎，大公的青年时期还收获了另一笔宝藏。1875 年，摩德纳公爵弗朗茨五世（Franz V）无嗣而终，12 岁的弗朗茨·斐迪南有条件地获得了甚至超过哈布斯堡家族平均水平的财富。其中有一项规定，他要冠上意大利姓氏“埃斯特”（Este），此事需要得到皇帝的批准。这让弗朗茨·约瑟夫对弟弟的长子有了行事谨慎的第一印象。同样，弗朗茨·斐迪南也意识到了伯父至高无上的地位，把他的君主尊为“光芒万丈的太阳，王朝和奥匈帝国的整个世界都围绕着它稳定旋转”。取得同意的过程很顺利，并没有预示皇帝和他始料未及的继承人之间矛盾重重的关系。[99]

此外，尽管埃斯特是欧洲最受人尊敬的姓氏之一，却让冠姓之人很不自在。弗朗茨·斐迪南的偏见是出了名的，特别看不起意大利人，将意大利视为二元君主国的头号死敌，尽管这两个国家自1882年起就结成了同盟。这是否反映了他对该国在19世纪60年代的统一“窃取了罗马”并夺取了威尼西亚和伦巴第的怨愤，并不是问题的重点，因为热情信仰天主教的大公一直对意大利国王避而不见，也从未游览永恒之城。摩德纳公爵的受益人甚至从未到访埃斯特别墅（Villa d’Este），它是这笔财富最重要的部分，此外还包括维也纳、威尼斯和罗马的宫殿，波希米亚和巴伐利亚的庄园，以及不计其数的艺术品和数百万现金。[100]

虽然遗赠的必要条件不包括热爱意大利，但包括学习意大利语，而大公并不擅长外语。尽管如此，在一个拥有11种官方语言的帝国，在一个法语是通用语、英国是世界超级大国的时代，作为哈布斯堡家族成员，精通多种语言是义不容辞的。弗朗茨·斐迪南的法语达到了基本应用水平；他的英语很烂；至于他自己国家的方言，他略懂捷克语，与匈牙利语进行着困兽之斗，而且总算是掌握了足够的意大利语，可以通过继承测试并获得埃斯特的地产了。[101]

传记作者和回忆录作者大多认为，这位皇位继承人的才智被大家严重低估了，除了他核心圈子里的那些人，而这个圈子还要排除皇帝。让-路易·蒂埃里奥（Jean-Louis Thiériot）充分捕捉到了这种矛盾：“弗朗茨·斐迪南既不是知识分子，也不是艺术家。可他无疑是这一代哈布斯堡家族成员中最聪明的。”[102]根据大多数人的说法，大公对知识没什么兴趣，看不上德语诗歌（“他对歌德完全无感”），欣赏不了华尔兹和轻歌剧以外的任何音乐；对艺术和建筑也秉持着很传统的观点，以至于“与世纪末维也纳的［文化］活力完全脱节”。[103]在这一点上，他帮忙阻止了杰出的奥地利分离派画家古斯塔夫·克里姆特（Gustav Klimt）成为维也纳学院的教授，同时用后宗教改革时期的乏味作品来装饰维也纳他自己的宫殿——巴洛克风格的美景宫。[104]

然而，弗朗茨·斐迪南环游世界，“通过亲身经历来了解外国人民、政治结构、文化习俗”，还出版了两卷绘声绘色的日记，记录自己的经历。[105] 他去世时，已是艺术和历史遗迹研究与保护中央委员会的积极拥护者，例如，对加利西亚木结构犹太会堂和希腊礼天主教堂的保护，就得到了他的帮助。一位历史学家写道：“要不是弗朗茨·斐迪南和中央委员会，许多［伊斯特拉半岛的古迹］都将不复存在。”[106] 他的口味可能是传统的，但大公的审美追求让人印象深刻，包括对自己地产的重新设计。他花了好几年时间，把位于科诺皮什切城堡（波希米亚）的玫瑰园打造成理想中的样子，这也证明了他的执念和灵气。

弗朗茨·斐迪南的自相矛盾，简直到了令人沮丧的程度。事实上，他的第一位传记作者告诉我们的第一件事，就是他经常被叫作斯芬克斯，“因为他留下了一个勾起公众好奇心的谜题”[107]。因此，人们对他的性格形成期进行了仔细研究，努力调和他的强势个性与他对家庭和国家的奉献。正如他早年的老师德根费尔德伯爵（Count Degenfeld）记载的那样，小学生时代的弗朗茨·斐迪南可能很爱要性子、闹别扭。他是一个“心事重重、性格内向的男孩”，除了对植物群持久的迷恋外，并没有表现出什么特别的技艺或天赋。[108] 至于他的教育，大公抱怨自己的课程“全都乱七八糟，一个小时又一个小时……结果到头来我们什么都学了，什么都没学明白”[109]。不过这种夸大其词是弗朗茨·斐迪南的典型作风，他热爱地理，而且随着长大成熟，也会认真听讲、刻苦学习了。[110] 有一件事他特别精通，那就是如何成为一位名副其实的、真正保守的哈布斯堡家族成员。为此，他要感谢历史学家翁诺·克洛普（Onno Klopp）。这位从俾斯麦的德国出逃的难民，将他对普鲁士人的怨念转化为一种极端亲哈布斯堡的历史哲学，而他那很容易受到影响的学生则对此照单全收。[111]

克洛普博士对一切普鲁士和新教事物的反抗更进一步：他试图向卡尔·路德维希的儿子们灌输一种严格的天主教信仰，他们虔诚的父亲对此颇为赏识。当然，这很难保证任性的大公众所周知的虔诚。此外，克洛普的课程还被一位世俗的、“思想开明”的宗教教师戈德弗里德·马沙尔（Godfried Marschall）抵消掉了。然而，作为学生的弗朗茨·斐迪南很容易接受克洛普的教导，尽管他被两股力量撕扯着，一边是堂兄鲁道夫的理论，“快活的青春是幸福生活唯一的准备工作”，另一边是他的叔祖父、陆军元帅阿尔布雷希特大公（Archduke Albrecht）的恳求，要他小心自由主义的浪子鲁道夫皇储。[112]

弗朗茨·斐迪南终将在这个世界上开辟出自己的道路。尽管他忠于保守主义、天主教信仰和哈布斯堡帝国主义，却疏远了有同样想法的师友、上流社会的很大一部分人、大多数斯拉夫和匈牙利民族团体，以及大部分宫廷贵族，皇帝本人就更不用说了。他的烦恼始于军队。14岁时，弗朗茨·斐迪南被任命为第32步兵团的少尉。4年后，他被任命为中尉，并在完成考试后被派到乏味的多瑙河畔城镇恩斯（Enns）的一个骑兵团。他在那里度过了5年时光（1883—1888年），晋升为上尉，享受着鲁道夫聚会上的娱乐消遣。他在布拉格任职前休了很长的假，可这并没有让阿尔布雷希特高兴太久。1889年1月，鲁道夫的自杀撼动了君主制，也将人们的注意力集中在了推定继承人身上，阿尔布雷希特的道德训诫结出了苦果。阿尔布雷希特大公——“王朝威望的坚定捍卫者”——再也不用以道德为由斥责他的皇室门徒了。可是，随着弗朗茨·斐迪南越发自信，新的烦恼出现了。[113]

他有一段经历很突出：弗朗茨·斐迪南上校的第三个团级驻地是厄登堡（肖普朗），一个德意志人和匈牙利人各半的城镇，离维也纳只有一个小时的路程，却在半独立的匈牙利境内。如果说大公在以前的岗位上还盼着能逃避职责，过上富有的哈布斯堡家族成员的生活，那么在厄登堡，以匈牙利民族主义形式呈现的帝国偏见，则给了他当头一棒。他永远不会忘记这件事，匈牙利人也永远不会让他忘记。

虽然奥匈帝国军队有一套由80句德语短语组成的指挥语言，但每个单位也都会根据其民族构成使用一种团级语言。军官需要掌握这两种语言。[114]然而，在第九骠骑兵团的军官中，从发布命令，到食堂和赌场，匈牙利语占据了优势地位。弗朗茨·斐迪南无所适从，而这正是皇帝一开始把他派到厄登堡的原因："不要对那里的情况发表任何公开意见；而是要研究透彻，因为那里的情况是帝国中最麻烦的……要争取在军队中受到欢迎，并比以前更加努力地培养同志情谊。"[115]这堂课惨遭失败。尽管有阿

图 2.6　年轻的军官弗朗茨·斐迪南大公。尽管他患有肺病，却抽了一辈子烟

图片来源：Amalthea Publishers.

尔布雷希特和德根费尔德的干预，但弗朗茨・斐迪南还是会“以他那种暴躁的方式”训斥他的匈牙利下属。匈牙利新闻界也做出了相应的回敬，在这位推定继承人和他人口第二多的国民之间制造了一道永久的裂痕。[116]

匈牙利民族主义并不是幻觉，政权治下的罗马尼亚人和克罗地亚人可以充分证明这一点。但顽固的偏见是大公身份的重要组成部分，在匈牙利人之后，他的恶意和不合时宜的爆发也殃及了意大利人、社会主义者、塞尔维亚人、共济会成员和犹太人。1901 年 4 月，弗朗茨・斐迪南因支持天主教学校协会而丑闻缠身。该协会是一个政治化的机构，试图在这个资产阶级国家重新提高教权的影响力，使之成为对抗自由主义者、犹太人、共济会、社会主义者和其他所谓反奥地利 / 天主教分子的堡垒。另外，大公与卡尔・卢埃格尔的反犹主义基督教社会党的关系、他对新教徒军官的不宽容，以及反对在奥地利实行成年男子普选制，把上层人士和下层人士、自由派和左派都得罪了。[117] 后一种做法造成了更为严重的后果——与友人、顾问和前法学教师马克斯・弗拉迪米尔・冯・贝克男爵（Baron Max Vladimir von Beck）痛苦的决裂，后者在 1906 年 12 月以首相的身份推动了选举改革，又在大公的强烈要求下于 1908 年 11 月被罢免。“大名鼎鼎的贝克，”弗朗茨・斐迪南怒斥道，“只依靠社会民主党人、犹太人、共济会和匈牙利人，让车在泥潭里越陷越深。”[118]

皇储也许观点极端，脾气也控制得不太好，但正如罗伯特・卡恩所强调的，他很清楚自己的立场，并且坚定地站在君主制这边，这里面就包括了所有暴躁易怒的民族。凡是大公觉得威胁到帝国统一的，例如格奥尔格・冯・舍内雷尔（Georg von Schönerer）的泛德意志运动“脱离罗马”（Los-von-Rom）（或者像弗朗茨・斐迪南说的“脱离奥地利”），他都以坚定不移的信念全力反击。他的抗议并不总是很巧妙，他发脾气会被嘲笑，无论是为了琐事还是政治。但这些并没有体现出继承人性格的全貌。[119]

无论是他的仰慕者还是劝诫者，对他的评价都是多疑、傲慢、刻薄、冲动、急性子。之所以会这样，首先是因为他与死亡的斗争，以及为一个出身落魄贵族的女人而进行的斗争。因为他不仅要奋力活下去，还要挫败那些未必想让他活下去的人，比如戈武霍夫斯基。[120] 大公在 19 世纪 90 年代中期病倒了，却还要如饥似渴地阅读每天的新闻。《匈牙利新闻》（*Magyar Hirlap*）上的一篇文章简直是在庆祝他大限将至，这激起了继承人的怒火，也增强了他的意志力。在 1895 年写给皇帝的信中，弗朗茨·斐迪南不仅表明了自己的感受，也澄清了自己的立场：

> 我已经习惯了来自这个地区的攻击，因为这些［匈牙利］人非常清楚我对他们的看法——这些人给吾皇带来的，只有强烈的不满、严重的祸患，以及纷争！……可是在一个毕竟还属于君主国的国家里，竟然能写出这样的东西——如此卑劣的恶行，字里行间洋溢着按捺不住的喜悦，就因为我生病了，人们认为我会死。这种事情，我想都不敢想！……
>
> 对这样一个［匈牙利］政府来说，像我这样从保守的王朝角度考虑问题的人，确实遭人恨。[121]

政治上确实如此，然而在私生活中，弗朗茨·斐迪南对王朝的信仰也是有限度的。在另一段生动的长篇大论中，大公谴责了皇室婚姻的陈规陋习：

> 如果一个人处在我的位置，爱上了某个人，那么在她的家谱中肯定会发现一些鸡毛蒜皮的东西，让两人无法结婚。因此，我们的情况是，丈夫和妻子总是亲上加亲。结果就是生出来的孩子有一半是白痴和癫痫患者。[122]

继承人说这番话时，是否已经决定与索菲·霍泰克贵庶通婚，目前还不清楚。毕竟，他整个疗养期间的秘密通信人出身不够高贵，都无法与哈布斯堡家族成员订婚，更何况皇储。但弗朗茨·斐迪南非她不娶。

索菲·霍泰克·冯·霍特科娃和沃伊宁（Sophie Chotek von Chotkova und Wognin）的父系是一个古老的波希米亚男爵家族，母系则是更古老、更显赫的贵族——金斯基家族（the Kinskys）。然而，无论是血统还是住所，包括布拉格和维也纳的宅邸，他们都没有高贵到足以列入有资格嫁入奥地利皇室的后拿破仑时代贵族名单中。[123] 一家人的经济也陷入了困难。索菲的外交官父亲博胡斯拉夫伯爵（Count Bohuslav）有 8 个孩子，只领着一份政府的薪水，没有任何资产可言，连孩子都养不起，更不用说 5 个女儿的嫁妆了。[124] 因此，霍泰克家的伯爵小姐们不得不嫁人或者找工作，最好是在更富有、更显要的贵族家里。第三种选择是女修道院，一个女儿就是在那里度过余生的。1888 年，20 岁的索菲在伊莎贝拉大公夫人（Archduchess Isabella）位于普雷斯堡（波若尼；今布拉迪斯拉发）的庄园获得了一个薪酬丰厚的侍女职位，这位大公夫人是哈布斯堡家族最富有的成员之一弗里德里希大公（Archduke Friedrich）的妻子。如果不是因为大公夫人的女儿太多，索菲很可能就这样度过一生了。

这个君主国最适合当结婚对象的男人刚刚结束环球旅行回来，在布德韦斯和一帮人落脚，来自伊莎贝拉的邀请就纷至沓来。毕竟，她的长女 1894 年虽然只有 15 岁，但并不像她的侍女那样不具备与哈布斯堡家族成员结婚的血统资格。她的不足之处在于魅力和身材。在伊莎贝拉和弗里德里希的家庭照片中，后排妩媚动人、端庄娴静的索菲很不起眼，但在她的时代，她的个头相当出挑。[125]

对弗朗茨·斐迪南来说，与索菲结婚也难如登天。这也说明了历史和偶然事件是多么密不可分，这并不是什么特例。[126] 因为如果大公没有在 1899 年夏天伊莎贝拉的一次网球聚会后把金表落在更衣室里，如果发现金表的仆人没有把它交给女主人，如果伊莎贝拉没有败给有失涵养的窥探欲，那么她就永远不会注意到系在上面的小盒里那张她侍女的照片。这个故事还可以有另一个版本，如果弗朗茨·斐迪南对他的表更上心一些，那么他的秘密和恋爱丑闻可能永远都不会曝光，他也可能会被卷入另外的历史轨道！[127]

可偏偏伊莎贝拉赶去首都见了皇帝。与此同时，索菲也立刻告假，之后就再也没回来。规矩还是要有的，索菲“正式”辞职，私人关系被切断，伊莎贝拉长久以来与她想要的女婿——皇储——培养起来的友谊，也永远地结束了。[128]

随之而来的是皇帝和继承人之间一场旷日持久的决斗，每个人都有自己的帮手，不过皇帝的帮手包括大多数贵族和大公的两个弟弟。他的侄子坚持既要与伯爵小姐结婚，又要维护对王位的权利，直到皇帝有条件地让步，这场决斗才算结束。弗朗茨·斐迪南证明了他的意志坚不可摧。他还有两个至关重要的盟友——继母玛丽亚·特蕾莎和前任导师、宪法专家马克斯·弗拉迪米尔·冯·贝克。后者依托政治领袖们，为继承人的事情向皇帝求情。与此同时，“妈妈”则诉诸皇帝内心中的善良一面。

这场斗争既是政治的，也是个人的。如果索菲不把对皇储的感情转移到上帝身上，以此来拯救自己和王朝，那么她就是大逆不道。而如果她想要的丈夫没有支持她，这个虔诚的女人一定会尽职尽责地履行自己的义务。与此同时，他也面临着自己的最后通牒：要么放弃索菲，要么放弃继承权，包括他们未来孩子的哈布斯堡家族姓氏。对大公这样一个坚定的统治者来说，这应该是完全无法想象的。然而，对弗朗茨·斐迪南这样的男人来说，这是胜利的信号。皇帝自己的婚姻就很令人失望，他永远不会理解自己的侄子，也永远无法忘怀对这桩门不当户不对的婚姻的愤怒，即使后来他明显能够看出索菲非常美丽动人，她丈夫的激情也并非“一时兴起”。[129] 意大利学者克劳迪奥·马格里斯（Claudio Magris）充分捕捉到了哈布斯堡君主国背景下大公贵庶通婚的意义：

> 弗朗茨·斐迪南没有像一个浪漫的庸人一样为爱情放弃皇位，因为他生命的意义在于为更重要的帝国大任献身。只有履行这份天职，

他才能真正过上配得上这份爱情的充实生活，而这份爱情正是这种生活最耀眼的特质；但他也没有接受同样庸俗的、为皇位放弃爱情的做法。[130]

这桩婚姻的成功，也固化了大公的反对者和拥护者之间的裂痕。除了与皇帝及其宫廷旷日持久的对抗，弗朗茨·斐迪南还必须于1900年6月28日在霍夫堡皇宫（Hofburg Palace）一场有辱人格的仪式中当着哈布斯堡家族高级成员的面宣誓放弃未来子女的继承权。婚礼在赖希施泰特（扎库皮）举行，大公或女大公无一出席，包括新郎的兄弟姐妹和君主。甚至在1900年7月1日主持婚礼的神职人员也是一名品级很低的当地执事。[131]

此外，还有最令人痛苦的，那就是贵庶通婚意味着继承人的爱人始终受到轻视，尤其是在宫廷礼节和盛会上。尽管皇帝两度提升了伯爵小姐的头衔，她死时已是女公爵，有权被称呼为“殿下”，但哈布斯堡家族最年幼的公主在皇室队列中都要排在她前面。索菲在官方宴会上不能坐在丈夫身边，也不能坐在城堡剧院（Burgtheater）的皇家包厢里。她或许可以摆脱乘坐带有金辐条的宫廷马车的限制，可即便如此，这种压抑的礼法也还是超过了她丈夫的承受能力。[132]那些以平等地位接待他妻子的人，在大公眼里是会发光的，而且对他的想法产生了肉眼可见的影响，就比如罗马尼亚国王和德国皇帝。[133]除此之外，他尽可能地隐藏自己和家人，很少在一座宫殿居住几个星期以上，尤其要避开维也纳。[134]“美景宫的斯芬克斯”这一称呼，不仅描述了弗朗茨·斐迪南复杂的个性和让人摸不着头脑的政治方案，也说明他经常不在帝国首都。首都宫廷冷冰冰的礼节与他私下里的满足形成了鲜明对比。以“冷淡、疏远的态度”[135]而出名的大公给他亲爱的继母写信道：“您有所不知，

我和我的家人在一起有多么幸福……我一生中做过的最明智的事，就是娶了我的索菲。她是我的一切：我的妻子、我的顾问、我的医生，

我的保护者，一言以蔽之——是我全部的幸福。[136]

这就引出了弗朗茨·斐迪南在生活中和生活以外都深受其扰的悖论：对于朋友、追随者和相当多的学者来说，他在害死了母亲的可怕疾病中活了下来，并且战胜了哈布斯堡皇室死板的惯例，这就意味着他性格刚强，又十分虔诚，非常适合统治帝国。“尽管他表现出来的人格有一些很显眼的弱点，但在这个诸神黄昏（Götterdämmerung）的时代，他是唯一符合君主制理念的人。他的使命感、决断力，以及他的才能——尽管得出了一些错误的结论——代表了统治者的化身。”哈布斯堡研究专家罗伯特·卡恩如此断定。[137]

至于那些“错误的结论”，弗朗茨·斐迪南任性、褊狭、不够圆滑、反复无常，显然不适合担当大任，更不用说等着他承担的那份了。维也纳艺术和工业博物馆馆长爱德华·莱欣（Eduard Leisching）很了解大公，他和很多人一样，对这位皇位继承人评价不高：

他是一个非常有争议的人物——暴躁、好斗，内心怀着强烈的恨意，十分清楚自己没什么朋友……如果他成为这个动荡的大帝国的君主，那么他很可能会高估自己的能力和权威，接二连三地犯错。所有他认为可以依赖的人都会很快疏远他，在人人为己的斗争中，他将失去皇位。

然而，尽管对他这般诋毁，莱欣还是承认，此人对他信任的“极少数人”相当“和蔼可亲”，还赞扬了继承人“明确的家庭观念”和保存传统的举措。[138] 在一些人眼里，继承人只是“一个褊狭的狂热分子、一个习性粗野的男人”，以及一个一生中杀死了大约 274 889 只动物的疯狂猎手。[139] 对此，他在《帝国邮报》工作的朋友弗里德里希·丰德（Friedrich Funder）说：

这位阴沉的暴君、反动的教士喜欢养花，是热心的艺术赞助人和民俗学权威……一位天主教徒，忠于自己的信念，严肃对待信仰。他的基督徒家庭生活和个人的道德情操，确实表现了他那个时代的陈腐社会中的一个怪象。他的责任感，以及他所珍视的、对君主制的崇高理想，也是由这种信仰所决定的。[140]

罗伯特·卡恩这样总结他："人们可以批评他打算做的和已经做的一切；可但凡对历史有所了解，都绕不开弗朗茨·斐迪南。"[141]

从某些方面来看，用这句话来形容加夫里洛·普林西普更加顺理成章。他完全实现了自己的目标，用的时间比平均寿命短很多。弗朗茨·斐迪南活了 50 年；正准备统治一个涵盖中欧大部分地区的帝国；关于他，最为人们所熟知甚至可能是唯一为人所知的一点，是他顶着保留了四分之一个世纪的头衔——"皇位继承人"——死在了萨拉热窝。[142]

然而，弗朗茨·斐迪南与杀害他的刺客之间的反差之所以如此耐人寻味，恰恰是因为他生活的目标和方式。尽管他们的出身和经历可以说是天壤之别，但普林西普和弗朗茨都是极度的个人主义者，狂热的一根筋，而且顽固自大。他们也都是高度敏感又缺乏防备的局外人。他们都是先天和后天的幸存者，都决心代表他们的人民做出一番成就。可以用相差无几和大不相同来描述 19 世纪末的欧洲，这一点明确体现在出身高贵的大公和他那出身农民的死对头各自的生活中。

1914 年 6 月 28 日，他们各自的世界交汇时，每个人都做出了符合性格的决定，而他们的性格本就相似。弗朗茨·斐迪南有大把机会，可以在波斯尼亚之行开始前将其取消，也可以在最后关头略去最后一天在萨拉热窝公开巡行这一步。在查布里诺维奇的炸弹下捡回一条命之后，在市政厅，没有人地位比大公更高——只要一句话，他就能确保自己和妻子的安全。同样，任何人劝普林西普放弃这个阴谋都没有用，包括他那犹豫不决的朋友达尼洛·伊利奇。第一次尝试失败后，他的同谋纷纷逃离现场，普林西普却留在了原地。萨拉热窝大主教约瑟普·施塔德勒（Josip Stadler）的确所言非虚，皇室夫妇需要经过"一条货真价实的刺客大道"。一些作者引用他的这句话，作为大公此行凶多吉少的证据，可他们没能认清这两点：弗朗茨·斐迪南平安度过了这场危险，而普林西普的坚决和顽固程度明显不同于他的同谋。[143]

要让继承人和刺客同时出现在萨拉热窝的那个街角，需要的不仅仅是打错一次方向盘。还需要一种特殊的性格，而他们恰好都是这样的性格，这一点很明显。当然，大国冲突和地缘政治背景是非常重要的，最能体现这一点的，莫过于动荡的巴尔干半岛的某个地区、东方危机的肇始之地——波斯尼亚—黑塞哥维那。在这一方面，与欧洲其他首都相比，它的都城或许很小，节奏也很慢，但绝非无足轻重。否则，为什么 4 年之内，皇帝和他的继承人都要在那里公开露面呢?

然而，无论是事情发生的背景还是偶然性，都不是单独"创造"这段历史的。就这一点而言，皇储和波斯尼亚农民本身发挥了决定性作用，仅仅是他们自己的身份使然。他们第一次也是最后一次对峙，并不是因为"偶然"或"命运"——而是因为他们两人正好都在该在的地方。

第三章
针锋相对的愿景

很少有事情在正确的时间发生，其余的则根本没有发生。尽责的历史学家会纠正这些毛病。

——被认为是希罗多德所说

如果说战争是“不可避免的”，那么它完全可以在1908年就到来。那年的10月6日，哈布斯堡帝国成为自1871年德国统一过程中从法国吞并阿尔萨斯—洛林以来第一个增加毗连的欧洲领土的大国，也是1914年战争开始前的最后一个。的确，二元君主国已经管理波斯尼亚和黑塞哥维那30年了，在这个最近陷入叛乱的地区承担了政治、经济和社会福利的责任。[1]的确，至少从19世纪20年代的希腊革命开始，奥斯曼人在巴尔干地区的权力就逐渐被重新分走。尽管如此，波斯尼亚名义上仍然掌握在苏丹手里，柏林会议将其判给了奥匈帝国，却也正式禁止吞并该领土。塞尔维亚人和俄国人简直想要抄起武器大干一场。[2]

波斯尼亚危机之所以引起争议，部分原因在于摩拉维亚（Moravia）一座中世纪城堡里举行的一次没有会议记录的秘密会议，而这座城堡的主人就是1914年7月时的哈布斯堡外交大臣利奥波德·冯·贝希托尔德伯爵（Count Leopold von Berchtold）。1908年，这个职位还属于弗朗茨·斐迪南精心挑选出来取代对手戈武霍夫斯基的阿洛伊斯·莱克萨·冯·埃伦塔尔男爵（Alois Lexa Baron von Aehrenthal）。[3] 9月16日至17日，外交大臣埃伦塔尔和他的俄国同行亚历山大·伊兹沃尔斯基（Aleksandr Izvolsky）在贝希托尔德的布赫劳（Buchlau，另作 Buchlov）城堡开会，考虑一笔历史上的讨价还价：用波斯尼亚换博斯普鲁斯海峡；如果俄国决心打通奥斯曼帝国的海峡，供自己的军舰出入，那么就要承认奥匈帝国吞并波斯尼亚—黑塞哥维那的权利，以换取奥地利的善意。对伊兹沃尔斯基来说，这在他的俄国外交生涯中是大功一件——通过不冻通道出海，是俄国长期以来追求的目标，现已万事俱备，只差落实到书面上了。[4] 为了实现这一目标，他将毫不犹豫地出卖俄国的"斯拉夫小弟"塞尔维亚人，他们中那些吵吵嚷嚷的民族主义者认为波斯尼亚对塞尔维亚的扩张至关重要——"无论是在地理意义上还是民族志意义上"。[5] 涉及黑海海峡时，国际上的利害关系要比涉及波斯尼亚斯拉夫人时重要得多，这一点伊兹沃尔斯基没有考虑进去。尤其是英国人，他们极力保护通往印度的航道，对俄国海军渗透到地中海并不乐见。还有一点也是伊兹沃尔斯基没有考虑到的：埃伦塔尔在外交上的灵活性，即便不是全然的翻云覆雨。[6]

两位外交大臣是否达成了协议，我们无法确定。埃伦塔尔在没有给伊兹沃尔斯基警告，也没有留出足够的时间来确保得到支持的情况下，就突然开始了吞并行动。任何像布赫劳这样的协议要想有把握，都需要其他欧洲大国的参与，公告也应同时发表。那么，在动荡不安的巴尔干地区如此危急的时刻，埃伦塔尔为何如此鲁莽呢？毕竟，作为驻圣彼得堡大使（1899—1906 年），他曾为与俄国修好而孜孜不倦地努力过。王室外交可能起到了一定的作用。1908 年是弗朗茨·约瑟夫皇帝登基钻禧纪念——他连续统治了 60 年。皇帝在位期间失去了伦巴第和威尼西亚。值此佳期，还有比将两块新领土呈献给皇帝更合适的庆祝方式吗？

东方发生的事情就没那么多象征意义了。1908 年 7 月，马其顿的奥斯曼军官反抗苏丹阿卜杜勒-哈米德的专制统治。青年土耳其党人——遍布武装部队、官僚机构内部和奥斯曼流亡者中的各路颠覆分子——试图恢复 1876 年宪法，建立议会制度，并结束诸如波斯尼亚农民的苦难等不公平现象。在一个被削弱但依然在位的苏丹治下，青年土耳其党人为使国家现代化而付出的努力，引出了这样一个问题：重振的政权是否会寻求重新控制其丧失殆尽的欧洲土地？在波斯尼亚—黑塞哥维那，穆斯林—塞族联盟要求在奥斯曼帝国宗主权下实现自治的呼声越发高涨。[7] 宪法改革和议会代表权的承诺，会不会诱使波斯尼亚人背弃他们的实际统治者哈布斯堡皇帝、心向他们的法定君主苏丹呢？埃伦塔尔不愿被动等待答案。[8]

他也不需要这样做。除了时机问题，吞并从来都与青年土耳其党人或老皇帝无关。毋宁说它关系到趁俄国在军事上异常虚弱之机改革并巩固自身的帝国。[9] 对埃伦塔尔来说，这意味着最终解决南斯拉夫问题，同时平息匈牙利民族主义。他的计划是这样进行的（见图 1.2）：（1）将达尔马提亚的控制权从奥地利转移到匈牙利，使其与已由匈牙利控制的南斯拉夫地区斯拉沃尼亚、克罗地亚和阜姆（里耶卡）连接起来，达尔马提亚有大量的塞族人、克族人和斯洛文尼亚人，还有具备经济优势的亚得里亚海岸线；（2）将波斯尼亚—黑塞哥维那与达尔马提亚—克罗地亚—斯拉沃尼亚合并，建立一个勉强算得上的南斯拉夫联盟；（3）最终在这个更大的次级国家组织内部授予波斯尼亚各个民族—宗教社区有限的政治自治权。这样一来，就可以用一次战略突袭解决哈布斯堡帝国的两个烫手山芋：布达佩斯的政治和经济地位得到提高，会变得更愿意通融；而与塞尔维亚之间恼人的民族统一主义问题也将一了百了。巴尔干研究专家米沙·格兰尼（Misha Glenny）挖苦道，埃伦塔尔“真的相信”，他的计划的“至高荣耀”，就是“消除”塞尔维亚向帝国的南斯拉夫人散发的“吸引力”。或者就像这位外交大臣自己解释的那样：

> 如果这些篇幅中概述的政治理念得以实现，那么我们与［塞尔维亚］的关系将发生彻底的逆转：尽管当今我们必须通过一切可能的手段来阻止大塞尔维亚的贪念，但我们在［匈牙利王室领地］的支持下整合的南斯拉夫实体**本身**就将拥有强大的吸引力，［塞尔维亚］王国终究无法摆脱。[10]

这或许是一厢情愿，但这些想法得到了斯洛文尼亚、达尔马提亚和克罗地亚各派系的支持。对他们来说，吞并波斯尼亚将增加帝国的南斯拉夫人的分量，也会相应地加强他们自身的自治权。[11] 这些想法也引起了弗朗茨·斐迪南大公的兴趣，他和埃伦塔尔一样，都认为哈布斯堡的对内和对外政策是一张“无缝画布”，在这张画布上，五颜六色的民族各个都必须鲜明突出，以便均匀地融入帝国的合成画像。他的传记作者这样写道，吞并的策划者把重构君主制作为自己的“神圣使命”，在这一点上甚于奥匈帝国的其他任何外交大臣。坦白讲，吞并波斯尼亚并不是一个日渐式微的王朝在垂死挣扎、强占土地。对埃伦塔尔和哈布斯堡的其他大人物来说，这是对这个二元制国家进行重组的关键之所在。[12]

如何实现这一目标，又有哪些力量在反对它，则是本章的主题。说到底，是奥匈帝国在 1914 年自愿决定入侵塞尔维亚，并最终粉碎对手的民族统一主义主张，这才触发了联盟体系，联盟体系将战争扩大化，而战争又毁灭了帝国。[13] 确实，哈布斯堡领导人曾希望将冲突限制在巴尔干地区，并利用速胜来加强南斯拉夫人与君主国的联系，就像 1908 年通过外交手段寻求的那样。但直到 1914 年，战争才成为首选项，而且还是在一个潜在反对者弗朗茨·斐迪南大公退出决策层之后。吞并波斯尼亚“半是权谋，半是自卫”，最好是把它理解为竞争越发激烈的欧洲国家体系中君主国在巴尔干地位不稳的一个特殊方面。[14]

当然，对懊丧的俄国人来说，这一切都不重要。托尔斯泰写道，他们被“自称奥地利帝国的一窝强盗”用策略打败了。[15] 如果说伊兹沃尔斯基没有料到埃伦塔尔会如此突然地采取行动，或许还情有可原，那么他没有向本国政府充分传达布赫劳的协定，然后又被吞并引起的愤怒搞得措手不及，就是活该出丑了。毕竟，这不亚于危及国家荣誉。这位外交大臣手忙脚乱地努力着，试图召集会议，团结布赫劳协议背后的列强。可他很快便认识到，他所拥有的国际支持多么微薄，而塞尔维亚人所拥有的俄国民意支持又是多么雄厚。[16]

他可能也学到了另外一些东西：涉及制定关键外交政策时，军事力量是最重要的。1908年的俄国军队仍然没有走出1905年大败给日本和随后的革命阴霾，它如此虚弱，德国关于其“状况堪忧”的情报都能得到俄国政治家的坦言支持。12月，陆军大臣勒迪格（Rediger）将军告诉德国武官冯·波萨多夫斯基–魏纳（von Posadowsky-Wehner）少校，“俄国不可能因为塞尔维亚人而打仗”。1909年3月8日，杜马（议会）的一次非公开会议走漏了军队完全没有做好战争准备的消息。波萨多夫斯基–魏纳报告说，自从在中国东北战败后，俄国在现代装备的获取上“几乎毫无作为”。[17]

硬实力绝不是唯一的问题。就在吞并波斯尼亚之前，保加利亚在奥地利的鼓励下宣布从奥斯曼帝国完全独立——这对俄国在巴尔干地区的影响力是一记重击。俄国在远东遭受大败，1907年8月的英俄协约又限制了沙皇在阿富汗、波斯的势力，在那之后，巴尔干地区就成了唯一真正留给它的舞台。如果沙俄政权连最低限度地控制其巴尔干附庸国都做不到，那么它的大国成色还有几分呢？[18]

圣彼得堡在耻辱中煎熬时，贝尔格莱德的愤慨已然沸溢。甚至在正式吞并之前，就有一大群人聚集在共和国广场（Republic Square）的国家剧院。维也纳主要的自由派报纸《新自由报》（*Neue Freie Presse*）报道称，“从小学生……到上了年纪的市民”，每个人都在催战。塞尔维亚各个政治派别的报纸都在支持动员。[19]全国各地的塞尔维亚人高喊着“奥地利去死！”“从政客到知识分子，到外交官，再到记者，全都在谴责这次吞并，措辞越来越激烈，越来越情绪化。哈布斯堡的旗帜被公开焚烧。乔治王储（Crown Prince Đorđe）这样的重要人物扛起了反奥地利情绪的大旗。”而且这还只是最初的几天。[20]

解决波斯尼亚危机花了6个月的时间。塞尔维亚人的抗议自始至终都在进行。事实上，上演爱国主义戏剧和火炬游行，就是塞尔维亚人民仅有的武器了。没有俄国的军事支持，他们无法强迫奥匈帝国做出适当的让步，哪怕只有一点点。[21]然而，沙皇的部队实在是太不堪了，以至于法国为俄

Le Petit Journal

Le Petit Journal
CHAQUE JOUR – 6 PAGES – 5 CENTIMES
Administration : 61, rue Lafayette
Les manuscrits ne sont pas rendus

5 CENTIMES　SUPPLÉMENT ILLUSTRÉ　5 CENTIMES

Le Petit Journal agricole, 5 cent. ~~ La Mode du Petit Journal, 10 cent.
Le Petit Journal illustré de la Jeunesse, 10 cent.
On s'abonne sans frais dans tous les bureaux de poste

ABONNEMENTS

	SIX MOIS	UN AN
SEINE et SEINE-ET-OISE	2 fr.	3 fr. 50
DÉPARTEMENTS	2 fr.	4 fr. »
ÉTRANGER	2 50	5 fr. »

Dix-neuvième Année　DIMANCHE 18 OCTOBRE 1908　Numéro 935

LE REVEIL DE LA QUESTION D'ORIENT

La Bulgarie proclame son indépendanee. -- L'Autriche prend la Bosnie et l'Herzégovine

图 3.1 《东方问题的苏醒》，载《小日报》(1908 年 10 月 18 日)

图片来源：Wikimedia Commons. https://commons.wikimedia.org/wiki/File:Le_Petit_Journal_Balkan_Crisis_(1908).jpg.

国的战略铁路建设提供了一笔贷款，条件就是盟友要放弃战争。当然，各方都摆出了一贯的姿态，寻求某种能够保全颜面的妥协。塞尔维亚甚至秀了一把军队动员。它还建立了民族自卫组织（Narodna Odbrana），以“保护并增进我们在被吞并省份的利益”，此举的象征意义要略逊一筹。[22]危机进展到最高潮时，民族自卫组织在全国范围内招募了数千人，为波斯尼亚招募的新成员建立了培训网络，并将军队领导人从马其顿的民族统一主义运动中抽走，重新部署到无法抑制的波斯尼亚—黑塞哥维那民族生存战争中。但是，一旦德国在 12 月 14 日支持奥地利，塞尔维亚就败局已定。在尊严和伊兹沃尔斯基的死撑下，俄国一直抵抗到 1909 年 3 月，彼时，德国发出了一份态度坚决的最后通牒：接受东南方的新现状，还要让塞尔维亚也接受，否则就“自求多福吧”。[23]

欧洲人再次长舒了一口气。然而，吞并危机的结束标志着俄国和塞尔维亚复苏的开始。直到它们的自尊得到修复，波斯尼亚—黑塞哥维那回到“合法”的人民手中，复苏才会停止。“的的确确，德国的行动——我指的是针对我们的行动——其形式和方法简直是蛮不讲理，”沙皇给他的母亲写信道，“我们不会忘记的。”[24]至于塞尔维亚，它正式承诺“放弃对吞并所持的抗议和反对态度……以便今后在睦邻友好的基础上”与哈布斯堡帝国相处，最后通牒还要求它将咄咄逼人的民族自卫组织转变成一个无伤大雅的文化社团。但 1914 年 7 月 23 日奥匈帝国向塞尔维亚王国发出的那份更无耻的最后通牒，其中就包括要求塞尔维亚“立即着手解散民族自卫组织”。[25]

波斯尼亚危机是通往第一次世界大战的曲折道路上一个重要的路标。最重要的是，它标志着从未痊愈的奥俄关系出现了裂痕。[26]具有讽刺意味的是，与这一政治后果关系最密切的哈布斯堡领导人，也就是埃伦塔尔和他的继任者贝希托尔德，都是从驻圣彼得堡大使做起的。在那里，他们考虑过恢复三皇联盟（1873 年 /1881 年至 1887 年），该联盟使俄国、德国和奥匈帝国不得不“考虑到各自在巴尔干半岛的利益”。[27]俄国之友和该联盟的头号支持者，莫过于弗朗茨·斐迪南了。然而，这种同情是得不到回报的：俄国现在唯一想要的联盟，是一个反奥斯曼帝国、最终还是要反哈布斯堡帝国的巴尔干联盟。

埃伦塔尔有德国撑腰的霸凌行为，也产生了更加广泛的影响。协约国领导人对维也纳日渐屈从于柏林感到担忧。一些人认为，吞并“只是预示”奥匈帝国军队会“向萨洛尼卡进军”。[28] 波斯尼亚青年也壮起了胆子，开始接受“将政治暴力作为一种合法的斗争手段”，反抗那些违反国际法的统治者。[29] 意大利也对此感到愤怒，认为奥匈帝国践踏了达尔马提亚和克罗地亚—斯拉沃尼亚的意大利少数民族的权利。它要求得到补偿——在奥地利控制的的里雅斯特建立一所意大利语大学，或者在弗留利（Friuli）地区调整边界。埃伦塔尔把这个问题搪塞了过去，但也没有对软弱的意大利人做得太绝，没让他们退出三国同盟。但他们在 1914 年保持中立的种子在 1908 年就已种下，为支持其坚定自信的外交政策而进行军事改革的需求，也是在这个时候开始萌生的。[30]

当然，吸取教训最多的国家非俄国莫属。多亏了“惊人的”经济复苏，军事拨款增加了，也导致了军队的重组：动员计划更有效率了；获得了最新的军备；法国对俄国铁路的投资加倍，以便使部队能够迅速赶到边境。到了 1910 年年底，德军总参谋部注意到了东方“更强大的威胁”，而奥匈帝国的情报机构指出，“军队实行了如此大规模且彻底的改革，这在其他任何地方都是不可能发生的”。恐慌尚未达到最大。一场全面的军备竞赛直到 1912 年才开始，俄国则直到 1913 年秋天才启动其国防开支的“大计划”。但正是奥德在吞并危机中的威压，才制造出了这种紧迫感。[31]

对于蒸蒸日上的塞尔维亚来说，波斯尼亚危机是其与奥匈帝国关系的一个转折点，尽管在此之前，两国的关系也没好到哪里去。列强在柏林会议上承认了塞尔维亚的独立，代价就是它实际上要成为北边这个庞大君主国的附庸国。在经济上，这意味着必须给哈布斯堡政权好处，以获得修建铁路穿过其领土的许可，以及其他商业特许权。然而，在国际关系领域，塞尔维亚受到的压力最大，被迫出卖民族魂。米兰·奥布雷诺维奇（Milan Obrenović，1868—1889 年在位）时期，这个国家在一项秘密协定（1881 年）中同意抑制针对帝国（即波斯尼亚—黑塞哥维那）的“任何政治、宗教或其他阴谋”，并避免在未经奥地利批准的情况下与第三方议定条约。作为回报，君主国承诺协助塞尔维亚向南争取领土（即马其顿）。这笔交易双方都不亏，因为维也纳可以利用贝尔格莱德，阻止俄国通过其附庸国保加利亚实现在巴尔干地区的野心，而保加利亚也在觊觎奥斯曼帝国的马其顿；塞尔维亚也找来了一个大国作为担保人，无论奥匈帝国充当这个角色显得多么别扭。[32] 这也让米兰大公成了志得意满的话事人。奥德联盟不仅将他的巴尔干封地抬高成了一个完全够格的欧洲王国，米兰国王（从 1882 年起的头衔）——一个“目不识丁的粗野猪农”的孙子——例行访问维也纳和柏林期间，也受到了皇家礼遇。[33]

这种礼节与 19 世纪末塞尔维亚“朴素原始”的条件形成了鲜明对比。[34] 19 世纪 50 年代，当一个更加古老的王国——皮埃蒙特—撒丁王国——开始在稳定的民族统一过程中将控制权延伸到意大利其他国家时，它是“[半岛上]最繁荣的地区，比其他地区强太多”，拥有重要的工业部门、高效的官僚机构和不断扩大的中产阶级。[35] 塞尔维亚民族主义者可能也把他们的新生国家打造成了巴尔干的“皮埃蒙特”——命中注定要吞并塞族人所在的全部地区，不论这个地区要如何定义，也不论他们居住在哪个国家——但世纪末的塞尔维亚在很大程度上还是一个贫穷的农民社会，几乎没有工业或资产阶级。事实上，在这个以大规模城市化为标志的世纪结束时，塞尔维亚的 250 万人口中只有 14% 生活在 2 000 人以上的城镇。贝尔格莱德的人口只有可怜的 69 000 人，比工业化前的曼彻斯特还要少。[36]

人口统计数据并不是这个刚刚起步的首都所面临的唯一困境。作为塞尔维亚民族主义的中心，它与诺维萨德（Novi Sad）和萨格勒布不相上下。可是与这些文化和物质上更富裕的奥匈帝国城市相比，贝尔格莱德就像一个用木头盖房子的奥斯曼帝国边境小镇。它缺少下水道系统和定期的垃圾收集作业，有很多猪和牛，与被人类学家安德烈·西米奇（Andrei Simić）称为“进城农民”的居民在闹市区的街道上摩肩接踵。大部分牲畜的去向是萨瓦河 / 多瑙河交汇处对面的奥匈帝国市场，而贝尔格莱德这座堡垒就建在此处。塞尔维亚缺乏足够的设施来进行肉类加工，所以很依赖这些销路。[37]

认为一个国家需要达到一定的经济成熟度才能开始扩张，这种假设可能是错误的。毕竟，19 世纪的民族运动往往基于农民种族的纯粹，而塞尔维亚为了波斯尼亚和黑塞哥维那而进行的斗争，旨在将其农民从数个世纪的农业奴隶制中解放出来，这一点很令人钦佩。此外，塞尔维亚也在进行迟来的经济现代化（例如，小企业正在投资新的电力技术），而它的首都正在增添像米兰国王的宫殿那样的宏伟建筑、一所大学（1905 年）和一些学校，更不用说最早的路灯和停车标志了。塞尔维亚也已经开始组建复杂的政府机构和强大的军事力量，这是相对于该国较小的体量而言。[38]

然而，这个王国的国家野心常常超过它的自然发展——这对它的人民很不利。像其他巴尔干国家和奥斯曼帝国一样，塞尔维亚是一个债务国，非常依赖外国贷款，以至于把来自铁路、印花税和其他赔上了主权的特许权的收入都抵押了。借来的钱“大头”被挥霍在军事上，而不是投资在本国的工业、农业效率和教育上。尽管 1883 年颁布了免费义务教育法令，但在 1900 年，塞尔维亚儿童的入学率只有三分之一，这其中只有一半由受过训练的教师授课。低识字率、高死亡率和飞扬跋扈的军事文化是可想而知的结果。有人说，这样做的后果就是，塞尔维亚人体验了现代事物，但他们理解世界的方法依然是前现代的。[39]

培育对更辉煌的往昔的神话叙事，塞尔维亚人当然不是唯一这样做的民族。在某种程度上，所有民族都围绕着一个共同的故事来构建身份认同，这个故事要简化并巩固他们对合法性的主张和对主权的叫嚣，即便不包括对霸权的渴望。就19世纪的塞尔维亚而言，摆脱了数个世纪的占领和排斥之后，这个故事已经深深地嵌入了大众文化和集体记忆。尽管奥匈帝国已经管理这个多样化的地区30年，但对其吞并波斯尼亚—黑塞哥维那的狂怒表明，在塞尔维亚人的民族意识中，有一种比政治更强大的力量：复兴帝国。

这个神话源于一个基本事实：斯拉夫民族在6世纪首次侵入巴尔干地区，西方信仰天主教的“克罗地亚人”和东方信仰东正教的“塞尔维亚人”（斯洛文尼亚人、黑山人、马其顿人和保加利亚人就更不用说了）之间的文化和信仰差异逐渐固化。挤在他们之间的波斯尼亚，就是这两种传统大量混合的地方。大约在1180年，斯拉夫部族首领斯特凡·尼曼雅（Stefan Nemanja）从拉什卡（Raška）地区（塞尔维亚西南部）出人头地，建立了塞尔维亚的第一个王朝。尼曼雅在巴尔（Bar，位于当今的黑山）的教区出生，并受洗成为天主教徒。在君士坦丁堡坐牢期间，他被拜占庭文明深深吸引，回到拉什卡后重新接受了东正教的洗礼。因此，尼曼雅的遗产不仅在于将领土从拉什卡扩张至亚得里亚海，还在于建立了记忆的陈列室：赏心悦目的塞尔维亚修道院和教堂，在沿多瑙河而下至色萨利的风景中星罗棋布。[40]

当然，尼曼雅无法预见他的王朝会有多么短命，因此也无法预见其宗教机构长期的重要性。尽管出现了家族统治中常见的内斗和皇位之争，但他的次子（也叫斯特凡）在1217年成为“首位被加冕的”塞尔维亚人的国王。到1355年杜尚（Dušan）“大帝”驾崩时，尼曼雅帝国已经囊括阿尔巴尼亚全境、马其顿的大部分和当今希腊的很大一部分。当然，中世纪的塞尔维亚和中世纪的欧洲其他地方一样，绝非19世纪末的“统合民族主义者”盲目崇拜、20世纪的纳粹残酷培植的那种民族成分单一的国家。杜尚被加冕为“塞尔维亚人和希腊人”的国王，后来又将保加尔人、意大利人、伊利里亚人和弗拉赫人加在他的胸甲上。他的帝国还制定了一部值得称道的法典，确立了独特的文化和东正教自主教会，使其成为近两个世纪以来最强大、最统一的巴尔干国家。[41]

然后，土耳其人带来了悲剧。巩固了对拜占庭大部分地区的控制后，骑在马上的奥斯曼人冲出小亚细亚，进入东南欧，首先夺取了加利波利（1354 年），然后策马北上，奔向哈德良堡（Adrianople），于 1360 年将其攻陷。11 年后，在马里查河（Maritsa River）的一次决定性冲突中，马其顿的大部分地区、保加利亚和塞尔维亚南部都被奥斯曼人收入囊中。然而，最令人难忘的是 1389 年 6 月 28 日（Vidovdan，即圣维特日）发生在科索沃的军事冲突，奥斯曼军队与塞尔维亚人、波斯尼亚人、阿尔巴尼亚人等军队交战。塞尔维亚大公拉扎尔（Lazar）和土耳其苏丹穆拉德（Murad）都在这场战役中殒命，所有人都认为这场战役的结果充其量是平局，除了塞尔维亚民族主义者，他们将科索沃战役作为独立的塞尔维亚悲惨的终点来纪念。要到 4 个世纪后，塞尔维亚人才开始从奥斯曼帝国的统治中解放出来，要到 500 多年后，他们才在第一次巴尔干战争中夺回了科索沃，也就是普林西普渴望参加的那场战争。[42]

虽然中世纪的塞尔维亚帝国是实实在在的，但科索沃神话就比较异想天开了。它已经超出了夸大一场军事失利的程度，而是把殉难作为民族复兴的一种手段来加以褒扬。有一种说法是，拉扎尔大公必须在世俗国度和天国之间做出抉择。他选择了后者，于是他的军队被击溃，他本人被杀害，土耳其人接管了他的国家。但由于站在了神的一边，塞尔维亚人的道德完善取得了胜利，同样取得胜利的还有拉扎尔大公和塞尔维亚帝国他日必将归来的希望。科索沃传说的另一种阐释，则是用一处微妙的偏差再现了“最后的晚餐”：战役前夕，拉扎尔召集他的 12 名“使徒战士”后，他麾下被指控为叛徒的“科索沃犹大”米洛什·奥比利奇（Miloš Obilić）潜入苏丹的营帐，与之同归于尽。[43]

塞尔维亚人当然不是唯一在民族神话中对殉难另眼相看的民族。然而，科索沃长期以来一直是他们祖传文化的核心。[44]1603 年，英格兰的史料编纂中收录了一些“乡村歌谣”，它们吟诵着奥斯曼征服基督教世界过程中的背叛。[45]19 世纪 40 年代，德国历史学家利奥波德·冯·兰克（Leopold von Ranke）写到了“人们甚至从婴儿时期就耳熟能详的”民族赞美诗，以及用单弦乐器“古斯莱”（gusle）伴奏、让听众怆然泪下的史诗。[46] 在波斯尼亚—黑塞哥维那，阿瑟·埃文斯注意到，当东正教农民聆听科索沃传说中歌颂英雄的歌词时，“含混不清的喜悦低语”在他们的圈子里泛起声浪：“在被奴役的日子里，这些是塞尔维亚人民引以为傲的唯一传家宝。”[47] 或者像另一位学者所写的那样：“重要的是，史诗给了塞尔维亚人民作为一个民族的历史与文化认同感。”[48]

并不需要 19 世纪的浪漫派民族主义者给塞尔维亚人灌输一种共同的历史意识。毋宁说他们的作品是要补充一种始终存在的民间伦理，并利用这些激情来达成一种政治愿景。由目不识丁的猪农卡拉乔尔杰（“黑乔治”）领导的第一次塞尔维亚起义（1804—1813 年）证明了奥斯曼人并非不可战胜后，这一过程就在迅速进行，即便塞尔维亚人并没有取胜。反而是在 1814 年，语言学家武克·卡拉季奇（Vuk Karadžić）凭借其备受赞誉的史诗集，使塞尔维亚声名远扬。[49]

随之而来的是更多诗集，以及 1815 年的第二次起义。这次起义打出了中世纪塞尔维亚的旗号，由另一名勇猛的猪农米洛什·奥布雷诺维奇（Miloš Obrenović）煽动。奥布雷诺维奇比卡拉乔尔杰更愿意与奥斯曼人妥协，在 1829 年成功建立了一个自治公国（从而成为塞尔维亚的第一位国君），同时清除了他的前指挥官和主要争权者：黑乔治流亡归来后被斩首。[50] 塞尔维亚现在有了敌对的王朝主张者（卡拉乔尔杰并非无嗣而亡）、一支大范围征募的军队，以及大量涌现的爱国艺术作品、文学著作和歌曲。最著名的是黑山采邑主教彼得二世·彼得罗维奇-涅果什（Petar II Petrović-Njegoš）的《山地花环》（*The Mountain Wreath*），它是现代的战争号令，这场战争以东正教与伊斯兰教殊死一搏的姿态出现。[51] 听到这样的诗句，哪个饱受压迫的塞尔维亚农民不想效仿圣徒般的奥比利奇呢：

> 无论怎样我们绝不该抱其他希望，
> 除去我们的双手和上帝的力量。[52*]

这首诗在1847年问世后，贝尔格莱德政府奖给涅果什一笔年度津贴。《山地花环》很快被收入教育课程。学生诗人加夫里洛·普林西普对这2 819个诗行中的很多烂熟于心。[53]

涅果什的贡献在于塞尔维亚人的精神觉醒，武克·卡拉季奇则在于语言。他编写了一套南斯拉夫各个民族普遍都能理解的语言标准，这其中也包括奥匈帝国的大多数克罗地亚人和达尔马提亚人。因此，卡拉季奇在语言学上的劳动果实就有了政治支撑：他认为，所有讲南斯拉夫"什托方言"（štokavian）的人，无论其宗教或地域认同为何，实际上都是"塞尔维亚人"。[54] 对于贝尔格莱德来说，这并不是意识形态上的飞跃。贝尔格莱德在1868年采用了卡拉季奇的标准，不过它在1844年就制定了一份"草案"（Načertanije），要在预期会发生的奥斯曼帝国崩溃和随后与塞尔维亚的"永世之敌"哈布斯堡帝国的对抗后，在巴尔干地区进行扩张。[55]"草案"由捷克人弗兰蒂谢克·扎赫（František Zach）撰写，"作为大塞尔维亚的蓝图"，并由塞尔维亚内政大臣伊利亚·加拉沙宁（Ilija Garašanin）校订（尽管很久以后才公开）。它的前提条件是通过重新建立杜尚的帝国，防止俄国和奥地利夺取奥斯曼帝国预计会在巴尔干地区留下的残骸（包括波斯尼亚—黑塞哥维那）。加拉沙宁将这一计划呈献给了亚历山大·卡拉乔尔杰维奇大公（Prince Aleksandar Karađorđević），后者的家族在米洛什之子米哈伊洛（Mihailo）于1842年被赶下台时取代了奥布雷诺维奇家族。无论哪个王朝当政，甚至无论"草案"长期看来是否妥当，政治/军事精英全都在讨论

---

* 引用自白一堃译本。——译者注

“散落各地的塞尔维亚人的统一”，而民族认同也在被不断地灌输给大众。加拉沙宁亲自在波斯尼亚—黑塞哥维那和其他预期会得到的领土上建立了一个特工网络。[56]

除了没有一个经济发达的塞尔维亚之外，塞尔维亚民族主义还缺乏政治稳定性，这个不利条件沉甸甸地压在萨拉热窝阴谋之上。1868 年米兰大公掌权之前，经过王朝之争，米哈伊洛·奥布雷诺维奇已于 1860 年复位。他在 8 年后被谋杀。米兰本人挺过了他的军队面对奥斯曼人的大败（1876 年）、农民叛乱（1883 年）、与保加利亚的鲁莽战争（1885 年）、糟心的离婚，以及巨额债务。但米兰国王在 1889 年退位的一个主要原因是他的亲奥地利取向，这不仅与民族主义和商业利益越发水火不容，与东正教神职人员，以及由深得人心的未来首相尼古拉·帕希奇（Nikola Pašić）领导、以农业为基础的新激进党，也越发难以相容。这两拨人都将俄国视为塞尔维亚理所当然的担保人，将波斯尼亚—黑塞哥维那视为塞尔维亚的合法领土。[57]

科索沃战役 500 周年的那一年，统治者的更迭再次激励了塞尔维亚民族主义者和他们在军方的积极倡导者。群众现在可以无拘无束地高喊“打倒奥地利”，新闻界也公开谴责哈布斯堡王朝在波斯尼亚的统治。[58] 然而，塞尔维亚的政治问题仍然存在。米兰之子亚历山大（Aleksandar）生性专制，令人深恶痛绝。他的父亲下台时，他也只有 12 岁。4 年后（1893 年），父子俩筹划了一场政变，逮捕了摄政团，并断断续续地共同统治到 1900 年。米兰整顿了庞大的常备军，亚历山大却似乎铁了心要与之反目，对待塞尔维亚的大多数人，就更不用说了。他蔑视宪法，废除了不记名投票、新闻自由，甚至近乎废除了激进党。他试图将帕希奇免职，并最终废黜了米兰。后者告诫自己的儿子，他“正在把塞尔维亚推向深渊”，之后死在了流亡奥地利的途中。[59]

专制对亚历山大的殒命起到了决定性作用，但最终灭亡奥布雷诺维奇王朝的，是一个名声不佳的女人，名叫德拉加·马欣（Draga Mašin）。这位年轻的君主有待婚配，引起了欧洲社交界的极大兴趣，在这个圈子里，一桩般配的婚姻仍然具有重要的政治含义。还有什么比哈布斯堡—奥布雷诺维奇家族联姻更能加强摇摇欲坠的奥塞关系呢？果不其然，亚历山大另有人选。他迷上了母亲曾经的侍女，一个比自己大 10 岁的女人，据说她不能生育，和塞尔维亚上流社会中的一半人上过床。可他不顾父母的恳求和大臣们的请愿，决定与马欣结婚。丑闻也随之而来，皇帝弗朗茨·约瑟夫拒绝在宫廷接待他，人们对这对王室夫妇避而远之，他们几乎自闭在贝尔格莱德的宫殿里。同时，亚历山大加强了政治镇压，并继续着亲奥地利的议程，这就削弱了“塞尔维亚民族解放的势头”。[60] 即使他没有清洗军队、大幅削减军事预算、拖欠军官的收入，军队也可能会因为他给塞尔维亚民族带来的耻辱而反对他。[61]

恰恰是军队造反的凶残和带来的后果，才使塞尔维亚历史上的这段插曲与萨拉热窝阴谋产生了如此密切的关联。1903 年 6 月 11 日凌晨，军官们在贝尔格莱德的王宫里横冲直撞，发现亚历山大和德拉加躲在卧室里一面隐蔽的屏障后面，便用子弹和刺刀把他们弄成了筛子，然后把他俩的尸体从阳台上扔了下去。尽管这次策划已久的弑君行动捂得很严实，但还是有一些政客获悉了这个阴谋，其中就包括激进党领袖尼古拉·帕希奇。帕希奇是一名很有本事的政治工作者，农民出身，热衷于民族主义。当亚历山大国王把他牵扯进一个波斯尼亚人对前国王米兰拙劣的谋刺时，他好不容易才逃过一死。然而，在奥布雷诺维奇王朝时代，他并没有逃过流放、入狱和经常被骚扰的命运——这些经历无疑塑造了此人老奸巨猾的政治行为。1914 年 7 月，身为首相的他将不得不对另一名波斯尼亚刺客负责。

在接下来的 10 年里，帕希奇担任了 4 届首相，他的政党控制着国民议会，他必须对这些弑君的军官负责。虽然这些所谓“不负责任分子”马不停蹄地宣布了卡拉乔尔杰维奇王朝的回归，由彼得一世作为“真正的塞尔维亚立宪国王”来统治国家，但他们仍然深陷在塞尔维亚的政治生活和军事事务中。他们对君主有影响力，自诩为“国家救星”，因此，对于像帕希奇这样的政客和在巴尔干地区有利益关系的外国势力来说，主要问题是这将如何影响塞尔维亚与哈布斯堡帝国令人堪忧的关系。[62]这场政变残忍至极（却完全不受惩罚），不但起不到任何积极作用，反倒授人以柄，正好符合假仁假义的西方对巴尔干地区民智未开的刻板印象。英国自己就在刚刚过去的布尔战争中运行了骇人听闻的集中营，却在1906年6月赫然与塞尔维亚断交。包括奥匈帝国在内的其他国家也联合抵制卡拉乔尔杰维奇的宫廷。[63]

至于帕希奇，则是通过补充军费、拒绝审判弑君者、给高级军官发放养老金让他们退休、加强政府的独立机构来对抗好斗的阴谋者，以此证明了自己的政治才能。他的“成功”非常模棱两可。从1903年到1914年，塞尔维亚小心翼翼地培育了一种议会政治文化，采纳了一部自由宪法，扩大了选举权，做大了经济，增加了人口，扩充了新闻自由和公共领域，以至于有人说它步入了一个“黄金时代”。然而，与合法立法者相抗争的，是不受约束的军国主义者网络，他们坚持不懈地推动国家议程，顽固地追求政治权力。萨拉热窝阴谋就是在塞尔维亚文官政府和军方派系之间公开的紧张状态下成形的。[64]

对于与塞尔维亚的这些新摩擦，奥匈帝国的政治领导人试图泰然处之。[65]毕竟，出生在匈牙利*的卡拉乔尔杰维奇承诺过会与维也纳共事，尽管这位国王在1875年冒险前往叛乱的波斯尼亚时，满脑子都是民族主义。他的自由主义倾向（他把约翰·斯图尔特·密尔的《论自由》一文翻译成了塞尔维亚语），以及长期居住在西欧的经历，都令人备受鼓舞。同样振奋人心的还有塞尔维亚已经破产的事实，它可能会向维也纳的银行乞求另一笔大额贷款。时局也给了哈布斯堡帝国承认这个脱胎于军队的政权所需的信心：1903年8月，奥斯曼治下的马其顿发生了一场计划不周的起义，使塞尔维亚民族主义势力聚焦在南方，而不是波斯尼亚—黑塞哥维那。[66]

---

* 原文如此，但实际上他出生在贝尔格莱德。——译者注

尽管如此，王朝的更迭还是进一步损害了二元君主国控制塞尔维亚的能力。1904 年，维也纳就军火和资金开出了强硬的条件：3 000 万第纳尔的贷款，要求塞尔维亚把所有的军备订单下给波希米亚的斯柯达公司，并通过将国有铁路出售给一个由哈布斯堡官员监督的有限责任公司来确保资金到位。在米兰·奥布雷诺维奇的统治下，这可能是常规操作，但除了对奥地利陡增的敌意外，贝尔格莱德还有一个新的理由来拒绝这个提议：斯柯达的火炮比不上保加利亚购买的法国造武器。维也纳有所不知，贝尔格莱德和索非亚已经停止了在马其顿问题上的对抗，开始谈判了，这将使他们在 1912 年能够共同向奥斯曼人发动战争。1905 年 12 月，这个崭露头角的巴尔干同盟以保加利亚和塞尔维亚关税同盟的形式呈现在世人面前。[67]

联盟的消息突然曝出，弗洛伊德所在的维也纳陷入了一阵歇斯底里。维也纳报纸怒斥这场“经济闹剧”“鲁莽的巴尔干阴谋”、欧洲和平的祸害。左倾的《新自由报》屈尊纡贵地提醒塞尔维亚人，他们对哈布斯堡的市场有多么依赖，贝尔格莱德离哈布斯堡的炮舰有多么近。政府冻结了商业谈判和贷款协议，直到联盟被废止。[68]

奥匈帝国的决策者们很清楚，塞尔维亚和保加利亚的联合，并不仅仅是贸易权利和关税减免的问题。他们对俄国插手的怀疑也是正确的，即便有所夸大。虽然帝国的冲动做法导致了对联盟协议的一些修改，但法国还是拿到了塞尔维亚的火炮和贷款业务，塞尔维亚人则遭到了贸易禁运。这次贸易禁运持续多年（1906—1911 年），永久性地损害了二元君主国在巴尔干的地位。所谓“猪战”（Pig War）并没有像奥地利新闻界预测的那样，把塞尔维亚“闷死在自己的猪油里”，而是逼迫它为自己的猪肉和其他产品寻找新的市场。许多国家抓住了这个商机，其中就包括奥匈帝国的盟友德国。与此同时，塞尔维亚也建造了肉类加工设施，绕开这个飞扬跋扈的邻国。[69]

“猪战”对维也纳来说是毁灭性的，使它失去了与塞尔维亚 60% 的贸易和大部分影响力。奥地利人的狂妄自大和塞尔维亚人的足智多谋也产生了更广泛的影响。一个影响是它在双方之间激起了强烈的敌意（1909年，克族—塞族联盟的代表在两次引起轰动的审判中被指控为塞尔维亚从事间谍活动，而审判却是基于伪造的证据，这进一步加深了双方之间的敌意）。[70] 另一个影响是塞尔维亚人由此产生了权利意识，变得胆大妄为。他们不仅与一个大国正面对抗，还尝到了甜头：经济独立性增强；西方对奥匈帝国的同情减弱（在上文提到的“弗里德永”* 和“萨格勒布叛国罪”审判的助攻下）；1903年关于奥斯曼帝国在巴尔干地区改革的《米尔茨施泰格协定》（Mürzsteg Agreement）削弱了奥俄合作；君主国两个半边之间的关系越发紧张，因为维也纳试图结束禁运，遭到了匈牙利农业从业者的阻挠。[71] 弑君事件使那些渴望最终以奥地利为代价扩张塞尔维亚的人掌握了权力，自那以后，塞尔维亚民族主义运动的实力显著增强。经济纠纷大大加剧了这股冲力，以至于1907年夏天，奥匈帝国外交大臣埃伦塔尔指示派往塞尔维亚的新特使，他的“首要任务”之一就是监督塞尔维亚人的民族主义，并明确表示帝国对波斯尼亚—黑塞哥维那的占领已是“尘埃落定”。因此，吞并危机是在塞尔维亚和奥匈帝国之间的怀疑加深、忧虑加剧、经济战正在进行的情况下出现的。具有讽刺意味的是，在这越发不妙的局面中，唯独缺少争议省份本身。[72]

这些省份被吞并之前就已经由奥匈帝国管辖了，而奥匈帝国从1878年

* 海因里希·弗里德永（Heinrich Friedjung）是奥地利的一名历史学家和记者。他利用外交部提供的伪造文件撰写了一篇指控克族—塞族联盟叛国的文章，发表在1909年3月25日的《新自由报》上。——译者注

至 1908 年在波斯尼亚—黑塞哥维那的所作所为，对于我们理解各界对吞并的反应和暗杀的策划至关重要。哈布斯堡总督对待这些新的省份，是和其他大国对待它们在亚洲和非洲获得的土地一样——作为物质富足和军事优势（更不用说民族自豪感）的来源？还是说，奥地利对这些毗邻的欧洲土地的占领，更多的是教化而非剥削，是仁慈开明而非腐败殖民？[73]

争论的关键在于土地改革和民族敌对。列强在柏林会议上承认，波斯尼亚的不稳定源于过时的土地租佃制度，这种制度将三个主要民族分化，有失公允。安德拉希伯爵亲口宣布他的政府打算终结这一制度。然而，帝国所面临的紧急事态，让奥地利忍了下来，没有去刺激作为少数派的穆斯林地主（及其远多于此的教友）。正是他们的封建特权，造就了“该省份动乱的主要源头”和东方危机的基础。[74]

奥匈帝国的“现代化改造者”为何将农民置于与土耳其人统治时一样糟糕的农村环境中？这与僵化的“分而治之”政治策略有很大关系。[75] 哈布斯堡官员习惯性地保守，往往认为将他们的法律与先前奥斯曼人的法律相协调比较好，而不是冒着造反的风险打破传统。于是，拥有土地的“贝伊”和“阿迦”保留了他们的封建特权，但失去了政治权力，更难欺压农民了。他们也无法阻止新的统治者将学校、伊斯兰教法法庭、丰富的伊斯兰慈善捐赠（瓦合甫）、神职人员的任命和军队征兵等官僚化——所有这些措施都不仅限于穆斯林。即使是在波斯尼亚传统上属于方济各会的天主教徒，也没能从与他们同一种信仰的征服者那里获得他们所期望的地位，还要面临新的压力，来自劝人改宗的耶稣会。[76]

此外，波斯尼亚—黑塞哥维那军团还戴着菲斯帽。考虑到 1882 年全体波斯尼亚人反对征兵的叛乱，这似乎具有象征意义，表示政府有意识地将波斯尼亚的近 50 万穆斯林与皇帝绑定，以抵消往往将穆斯林视为自己同族的塞族和克族民族主义。[77] 同样地，维持封建制度，也能使帝国更好地控制被视为最不忠诚的那部分人口——塞族人。他们占全体农民的四分之三，还可以依赖国界另一边独立的塞尔维亚国家。[78]

奥地利想方设法要统治波斯尼亚—黑塞哥维那，这必定与民族主义政治脱不开干系，正如1908年埃伦塔尔所处的情况。1878年时，那里的经济并不发达。新占领省份的面积为19 702平方英里，只有总长559英里的公路（路况还大多很糟糕）、一条窄轨铁路，以及一家被纳入奥匈帝国关税体系后不久就停工了的制铁工厂。[79] 到了1914年，哈布斯堡官员已建起一个交通网络，包括总长4 350英里、路况大为改善的公路和总长621英里的铁路，除了客运职能，还将煤、铁和其他矿石从新建的矿场运送到新成立的化工企业。[80] 此外，奥地利人还投资食盐、啤酒和烟草生产；将尚未开发的木材工业推向全球市场；使萨拉热窝实现了现代化和电气化；还设立了农业“站”，传授更赚钱的耕作法。1884年，哈布斯堡领导人甚至帮忙成立了一个协会，以创办波斯尼亚和黑塞哥维那国家博物馆。[81]

虽然这些措施给该地区带来了“真正的永久性收益”，但波斯尼亚人从这天降的善行中又受益了多少呢？答案取决于这些改良措施的开销是如何支付的，从扩增的产业中获利的都是些什么人，以及公路和铁路实际上通到哪里。尽管投资资本大量涌入，但哈布斯堡官员仍然受制于1880年2月22日的帝国诏书。为确保奥地利和匈牙利在波斯尼亚和黑塞哥维那具有同等的影响力，诏书规定行政开支“由当地自身的收入支付”。换句话说，国家不会掏钱来管理这些贫穷的省份。因此，在二元君主国治下，赋税经常增加，可这又背离了二元君主国最重要的努力：通过经济发展来争取新的臣民。[82]

“我不知道还有什么比带领这片土地走上有益于……其人民……的改良之路更光荣。”[83] 波斯尼亚首席行政官本亚明·冯·卡洛伊伯爵（Count Benjamin von Kállay）在1882年开始担任联合财政大臣时是这样说的。此时，改善波斯尼亚的状况既符合帝国的安全利益，也符合其臣民繁荣发展的需要。如果有人能胜任这项工作，那么这个人就是卡洛伊。他曾是驻奥布雷诺维奇大公宫廷的领事，写过一本很受重视的塞尔维亚历史著作，能说一口流利的塞尔维亚语，而且对君主国非常关心。[84]

卡洛伊和手下公务员们的诀窍是游走在良政和自我扩权之间，助长经济机会而不炫耀文化优越性。在这方面，通过对农村劳动者征税来资助国家支持的工业化，只会削弱这些劳动者的原动力，同时加深他们对哈布斯堡当局的仇恨。[85] 匈牙利人担心解放斯拉夫农民会煽动起自己这边那些被剥削的农村劳动力，奥地利人则小心翼翼，唯恐国家出现普遍性的动荡。夹在两者中间的波斯尼亚农民经历了经济上的微小进步和文化传统的巨大变化，特别是专横跋扈的哈布斯堡官僚机构破坏了氏族的财政和家族纽带。1879 年至 1913 年间，约有 41 500 名农民获得了自由，但在 1910 年发生了一次大规模农民起义，而在 1914 年，还有超过 93 000 个受契约束缚的氏族在耕种三分之一的可耕地。日渐衰败的普林西普氏族仍处在穷困潦倒的农民阶层中。[86]

波斯尼亚的工业化更难剖析，因为提供生产资料的主要是非波斯尼亚人，他们也是从中获取财富最多的。此外，由于民族问题，要确保许多公路和铁路主要用于军事目的。然而，波斯尼亚经济发展的所有障碍中，最大的还是匈牙利的蓄意阻挠。有许多例子可以说明奥地利和匈牙利的企业是如何在该地区争夺特许权的，这其中最重要的就是通往亚得里亚海的铁路。至少从威尼斯人控制达尔马提亚以来，波斯尼亚—黑塞哥维那就一直是它的经济腹地。然而，尽管卡洛伊怀着将这些省份与奥地利的西部铁路网连接起来的“宏图”，但波斯尼亚的这位“无冕之王”无法阻止布达佩斯对通往达尔马提亚和克罗地亚西部的铁路建设横加阻拦。匈牙利人害怕失去他们从阜姆（里耶卡）港获得的哪怕一丁点儿利润，因此阻止波斯尼亚市场的扩张，这反过来也抑制了处于困境的农民的购买力。[87]

当然，波斯尼亚—黑塞哥维那反抗哈布斯堡统治的一贯风气，不是哪一个民族或哪一种行为可以解释的。此外，表面上看，从 1881 年到 1913 年，工业年均增长率为 12.4%，出口额高达 2 800 万美元，工业劳动力超过 65 000 人，包括工厂女工，这些数字看上去很了不起。[88] 可农村的苦难是真真切切的，加夫里洛·普林西普和他的同志们都很清楚。仅仅是发展不平衡的经济情况，并不能充分说明普通的波斯尼亚人是如何理解他们的殖民地境况的。

哈布斯堡治下的波斯尼亚显然是没有民主的，除了完全没有选举产生的领导人、在任何一个议会（维也纳或布达佩斯）都没有法定代表权以外，1902 年的行政部门也几乎 90% 都是非本地人（大多是忠诚的天主教徒）。[89] 从“克族人”和“塞族人”这类民族称谓在公开演讲和协会中的正式用法，到学生组建社团（包括体育社团）的权利，南斯拉夫民族主义和卡洛伊的新专制主义确保了对个人自由的充分限制。[90] 甚至连使用塞族人偏爱的、在奥斯曼时期都得到了批准的西里尔字母，也要受到奥地利人的限制。[91] 审查制度特别严格——学生写作文要受到监督，多种日报被禁止发行。其中很多在贝尔格莱德发行，例如《团结》（*Jedinstvo*）、《民族思想》（*Narodna Misao*）和《新塞尔维亚》（*Nova Srbija*），还有那些被认为“攻击性和倾向性”太强、不宜在波斯尼亚讲授的教科书。但也有一些刊物和教科书来自帝国内部的南斯拉夫人大本营（尤其是克罗地亚、达尔马提亚和伏伊伏丁那），那里的民族主义者和南斯拉夫主义者拥有更多的自由来反对君主制，传播他们的意识形态。[92]

奥地利对波斯尼亚的 40 年改革努力，另一个污点在于教育领域，尤其是“低到令人发指的识字率和入学率”。[93] 文化传统起了作用。哈布斯堡当局设立了数以百计的公立学校，为对帝国友好的教会学校提供补贴，为中等和高等教育提供不菲的奖学金，还创办了技术和教师培训学院，例如加夫里洛·普林西普和达尼洛·伊利奇就读的学院。但许多农民认为把孩子送到这些学校没有意义，真正能毕业的大学生也寥寥无几。如果不是普林西普的母亲意志坚定，他也会留下来务农。奥匈帝国给了普林西普受教育的机会，奥斯曼时代的波斯尼亚塞族人基本上得不到这样的机会。然而，君主国在 1911 年才开始推行初等义务教育，警察局的数量是学校的 5 倍。[94]

1908 年，15% 的波斯尼亚儿童上了小学，而根据 1910 年的人口普查，文盲率为 88%，在这个没有大学的国家，只有 30 名波斯尼亚人受过高等教育，因此很容易认为愚民是哈布斯堡政策的重要组成部分。[95] 但对波斯尼亚的改良是一项复杂精细的长期工作，需要的不只是教育和经济；培养民族认同也是至关重要的。Bošnjaštvo，即“波斯尼亚人群体”，是卡洛伊政府对“波斯尼亚”民族的统称，这个民族由共同的历史和地理环境塑造，而非由宗教划分。因此，从 1883 年起，当地语言被命名为“波斯尼亚语”；1889 年，推出了旗帜和盾徽，将波斯尼亚人与声称他们属于自己的塞尔维亚和克罗地亚民族主义者区分开来；政府还资助了一份报纸《波斯尼亚人报》(*Bošnjak*)，用来传播卡洛伊的多教派民族主义。[96] 这个蹚了巴尔干的浑水、想要引诱当地人远离南斯拉夫民族主义的帝国，通过这些方法，把敌人的意识形态变成了加强自身的诱饵。

但波斯尼亚人并没有上钩。虽然少数穆斯林试图将其宗教身份纳入这个生造出来的 Bošnjaštvo 概念，但大多数穆斯林与他们的东正教和天主教同胞一样，将宗教和文化放在第一位，怀有排他的民族意识，不服从奥地利的统治。因此，波斯尼亚—黑塞哥维那的民族建构，在很大程度上是沿着教派路线进行的，即便这阻碍了土地问题的解决。[97]

到了 1901 年，由于认识到了这些萌芽状态的波斯尼亚民族主义，以及 Bošnjaštvo 计划的破产，帝国的束缚放松了，审查的力度减轻了，教育和文化方面的自主权也扩大了。很快，穆斯林民族组织（1906 年）、塞族民族组织（1907 年）和克族民族联盟（1908 年）出现了——这些波斯尼亚本地的机构都有自己的报纸杂志。这并没有使它们互相敌对。例如，1908 年青年土耳其党人革命期间，塞族和穆斯林组织就搁置了它们在土地方面的意见分歧，共同呼吁制定宪法。然而，这确实也让它们接触到了民族思潮，无论是来自帝国的其他地方，还是来自独立的塞尔维亚。对于被亲君主国的《萨拉热窝日报》(*Sarajevoer Tagblatt*) 热烈鼓吹成哈布斯堡统治标志的那种进步包容来说，这可不是什么好兆头。[98]

当然，这些波斯尼亚社团既不能代表所有波斯尼亚人，也并非完全致力于通过推翻君主国来解决它们的问题。[99] 事实上，“自治”运动及其政治支派往往更倾向于在帝国内部实现自决，正如一位波斯尼亚塞族名流所言，只要包含“根据国家的主权精神和人民的需要，为有益、有利的行为奠定足够坚实的基础”这一前提条件即可。[100] 塞族、克族和南斯拉夫人的各个派别，以及激进青年，确实都很活跃，官方的塞族和穆斯林组织也“强烈反对”这次“非法”吞并。[101] 但大多数波斯尼亚人都坦然接受了，包括一些城市塞族精英在内的许多人都公开支持吞并。危机刚一平息，各个民族组织就全都派领导人到维也纳向皇帝宣誓效忠。这一幕还将在 1914 年 7 月重演。[102]

弗朗茨·约瑟夫也投桃报李。除了授予更大的跨境旅行自由外，他还在 1910 年 3 月命令新任联合财政大臣布里安·伊什特万（István Burián）启动一个程序，使东正教农奴可以买下他们的农场。比起大多数波斯尼亚塞族人想要的强制解放农民，抑或是三大民族全都在为之而努力的“按照君主的圣意……实现完全自决”，还是差得太远了。然而，这总归是朝着正确的方向迈出了一步，还是皇帝亲自完成的。他颁布了一部宪法，宣布波斯尼亚—黑塞哥维那是“一个统一的、独特的行政管辖区”，其人民“在法律面前平等”。这些是一个殖民霸主的夸夸其谈吗？或许是。但它们在实践中得到了支持，那就是议会的建立。[103]

1910 年 6 月 15 日，皇帝对萨拉热窝的隆重访问过去两周后，总督马里扬·瓦雷沙宁宣布波斯尼亚和黑塞哥维那第一个“自由”选举产生的议会开幕，这座首府再次洋溢着希望与喧嚣。[104] 他离开典礼时，波斯尼亚学生波格丹·热拉伊奇差一点就杀了他。热拉伊奇以一种足以载入塞尔维亚史诗的壮烈姿态，用最后一颗子弹射穿了自己的脑袋，据说他在此之前说的是：“就让塞尔维亚民族为我报仇吧。”对于反思哈布斯堡在波斯尼亚的统治，瓦雷沙宁到底有没有走下马车，踢踹、咒骂这具血淋淋的尸体，终究不如这个故事本身的存在来得有意义。[105]

与科索沃的英雄们一样，波格丹·热拉伊奇也在仪式和诗句中享有不朽的名声——只是没有立刻享有。当波斯尼亚官方报纸痛批这个“丧心病狂”的自杀刺客时，波斯尼亚的革命青年——后来被称为“青年波斯尼亚”——被吓得服服帖帖。德拉戈斯拉夫·柳比布拉蒂奇写道：“我们做梦也没想过，这样的事情会发生在我们自己的城市。”但“变化来得非常快……仿佛青年突然之间睁开了眼睛”：年轻人开始在经过热拉伊奇自杀的桥时脱帽致敬；总部设在维也纳的塞尔维亚学生评论刊物《黎明》(*Zora*)在刊头恭恭敬敬地留下了这位行刺未遂的刺客的名字。[106] 尽管萨拉热窝警察偷偷把热拉伊奇埋在了游民公墓，但地点很容易就被波斯尼亚青年找到了，经常有人去祭扫。普林西普时常去那里朝圣，并在受审时宣称：“荣耀归于热拉伊奇！”他在墓地洒了一把“自由塞尔维亚的泥土”。[107] 自由塞尔维亚的主要日报疯狂歌颂热拉伊奇。[108]

在纪念热拉伊奇这件事情上，没有人比得上他的同窗、来自黑塞哥维那一个东正教家庭的狂热塞尔维亚民族主义者弗拉迪米尔·加契诺维奇。1910 年 11 月，加契诺维奇以假名发表了三篇文章中的第一篇，断定当代波斯尼亚的状况已经堕落到只有通过民族及其个体的脱胎换骨才能改变了。[109] 加契诺维奇劝诫道，他的人民被几个世纪的奴役压迫着：“我们已经变得软弱、狭隘、畸形。波斯尼亚的年轻人没有发言权，没有魄力；他们已经头脑僵化了。我们作为最年轻的一代，必须开创新的历史。我们需要与悲观、绝望和倦怠决一死战。”[110] 在第二篇受尼采影响的文章《绝望的呐喊》（1912 年）中，加契诺维奇煽动着那些还“没有觉醒”的年轻人，称之为“我们全面复兴的先知——个人、社会和政治的复兴”。[111]

“年轻的塞尔维亚英雄”波格丹·热拉伊奇指明了前路。他通过一个革命性的举动——“知识分子的舍生取义”——激励了“当下的塞尔维亚人”，证明了他的人民没有被驯服，并展示了一个人如何能够超越道德原则，成为正义斗争的“光荣榜样”。[112] 在致老朋友的最后也是最著名的颂诗中，加契诺维奇重申了民族复兴的主题，尽管他是在直接呼唤热拉伊奇——“一个有行动力、有活力、充满生命力和美德的人；那种开启新纪元、引人深思、修复一颗颗悲苦之心的人”。加契诺维奇的小册子起了一个知难而上的标题，即《英雄之死》(*Death of a Hero*)，于 1912 年 2 月匿名发表在贝尔格莱德的塞尔维亚民族主义杂志《皮埃蒙特》(*Pijemont*) 上，部分在 1914 年 10 月对刺客们的审判中被大声朗读。毫不夸张地说，写《英雄之死》就是为了“在塞族青年的灵魂和思想中引爆革命”。它哀叹自热拉伊奇自杀以来，波斯尼亚再也没有了“伟大、崇高的姿态”。[113] 那些新时代的“传道者”和正直的“实干家”都在哪里？达尔马提亚城市扎达尔（Zadar）的一个秘密社团发行了一份周刊，副标题是“尽管这是一个没有英雄的时代”。[114] 加契诺维奇不再满足于歌颂这位单打独斗的自杀刺客，他要用热拉伊奇来激励波斯尼亚人采取类似的行动：“塞尔维亚民族的年轻人啊，从当前这种狼狈、迷惘的状态中振作起来的你们，会生养和培育这样的人民、这样的青年吗？”[115]

随着加契诺维奇的小册子流入波斯尼亚，“刺激”并“吸引”着那里的青年，萨拉热窝出现了支持克罗地亚学生的示威活动，他们抗议匈牙利在反布达佩斯政党取得选举胜利后进行的严厉镇压。[116]1912 年 2 月 18 日，波斯尼亚学生焚烧匈牙利国旗，警察挥舞着刺刀驱散人群，一名 15 岁的穆斯林受了致命伤，很快便受到了克族和塞族的一致称赞。[117] 在这场混战进行到最激烈的时候，加夫里洛·普林西普躲过了逮捕，却没有躲过警察的军刀。他的衣服被撕碎，决心也变得更加坚定。他在学校里横冲直撞，“用指虎威胁所有对即将到来的新一轮示威活动摇摆不定的人”。到了 3 月，整个地区的南斯拉夫人都在集会，南斯拉夫人的民族主义——南斯拉夫这个概念——也在发展中。[118]

意识形态和时局一同发展。那一年的 4 月，大约 160 名克罗地亚学生在贝尔格莱德受到了著名的塞尔维亚民族主义者和其他反哈布斯堡抗议活动支持者的热情接待。[119] 他们的领袖之一、克罗地亚诗人丁·乌耶维奇（Tin Ujević）刚刚发行了一本小册子，尽管标题是“为自由而斗争的克罗地亚”，但他呼吁“塞族—克族人民”使用暴力、煽动革命来推翻奥匈帝国。乌耶维奇认为：“主动出击好过被动挨打。”他的朋友、波斯尼亚塞族革命家和早期南斯拉夫主义者迪米特里耶·米特里诺维奇（Dimitrije Mitrinović）和他意见完全一致。在为一个塞族—克族青年俱乐部成立而写的《民族统一》(1912 年 4 月）中，米特里诺维奇祈求，在统一南斯拉夫各民族、削弱哈布斯堡势力的斗争中，要有一种“骑士精神”和“斗志昂扬的喜悦”。他断言，在一个“非议会制国家”，“为了走议会道路而付出无谓的努力”，永远不足以赢得我们的自由：“自由是血腥味的，它渴求这鲜红的气味。”[120]

早在萨拉热窝事件之前，流血事件就已发生。1912 年 6 月 8 日，在萨格勒布求学的波斯尼亚克族人卢卡·尤基奇（Luka Jukić）向匈牙利任命的克罗地亚总督（ban）斯拉夫科·楚瓦伊伯爵（Count Slavko Cuvaj）开枪。他的准头和热拉伊奇一样糟糕，不过他对一名政府官员造成了致命伤，导致警察对他展开了疯狂追捕。这样一来，不仅多死了一名官员，波斯尼亚人和克罗地亚人也有了新的烈士。扎达尔周刊在头版一首献给“L. J.”的诗中欣喜若狂：“荣耀归于您，我们向您脱帽致敬，在您面前的黑土地上鞠躬。”“今天，尤基奇试图刺杀楚瓦伊，”波斯尼亚的塞族—克族进步组织第一任主席伊沃·安德里奇写道，“我兴高采烈地期待着更多干大事的日子……死在人行道上的人万岁，他们被愤怒和火药击倒，厌倦了我们共同的耻辱。”[121]

安德里奇对尤基奇毫无保留的热情，在他那一代人中并不罕见。驱策这名刺客向前的是一些青年团体，它们偏向于将直接行动作为一般策略，针对哈布斯堡政府中的具体目标下手。一个达尔马提亚秘密社团甚至把自己的杀手派到了萨格勒布，不过这位杀手把事情交给了坚毅的尤基奇来办。当这个 25 岁的波斯尼亚人和 11 名学生因为这场阴谋而被判刑时，警方的搜捕行动也在广泛展开——从维也纳、布拉格和的里雅斯特，到斯普利特（Split）和萨拉热窝。尽管这些社团的联系很松散，但它们无一例外都致力于解放自己的人民。在尤基奇和普林西普的英勇行为之间的两年里，有过几次失败或者被哈布斯堡当局挫败的暗杀行动，这些行动全都发生在“南斯拉夫问题的关键枢轴”克罗地亚。1913 年 8 月，克罗地亚人卢卡-卢约·阿利诺维奇（Luka-Lujo Aljinović）在萨格勒布被捕，因为他准备杀死大公——“这个限制我们民族抱负的废物”。[122]1914 年 5 月 20 日，19 岁的雅各布·舍费尔（Jakob Schäfer）因涉嫌意欲行刺克罗地亚总督伊万·什凯尔莱茨（Ivan Skerlecz）被萨格勒布警方逮捕。他和一个熟人被认为参与了一个大塞尔维亚（或者说是“南斯拉夫”）阴谋。[123]

弗拉迪米尔·加契诺维奇、丁·乌耶维奇、迪米特里耶·米特里诺维奇等人推动了反对奥匈帝国的斗争，加快了波斯尼亚缓慢的发展速度，但提倡政治谋杀这种极端手段的并非只有他们。[124] 和任何地方的年轻人一样，波斯尼亚人没有那么多耐心，而且似乎比年长的伙伴——包括塞族、克族和穆斯林民族组织中的那些人——更热衷于变革。然而，他们对未来的构想和实现的方式，既不是一成不变的，也不能免于当时的政治、文化和思想潮流的影响，更不用说他们逐渐演变的个人情感了。只有在这种情况下，我们才能讨论萨拉热窝刺客产生的土壤——青年波斯尼亚（Mlada Bosna）。一些人称之为运动，而另外一些人仅仅称之为社会环境。

青年波斯尼亚的名字取自青年意大利（Giovine Italia），他们的愤怒来自农业方面的困境，灵感源自意大利民族主义者朱塞佩·马志尼（Giuseppe Mazzini），捷克思想家/政治家托马什·马萨里克（Tamáš Masaryk），社会政治理论家—革命家巴枯宁、克鲁泡特金（Kropotkin）和马克思，哲学家费希特、叔本华、尼采和柏格森，以及巴尔干地区固有的抵抗传统。青年波斯尼亚成员讨论文学，创作诗歌，并为名为“波斯尼亚精灵”（Bosanska vila）、“自由”（Sloboda）和“黎明”这样的杂志撰写政治小册子。青年波斯尼亚与其说是一个等级制社团，更像是一种“思想倾向”，既是“情感”，也是归属，被自身的一名成员定义为一场“文学运动”。它当然不是一个集中领导的协会，也没有纲领性的政治议程和实现它的单一策略。换句话说，想要理解青年波斯尼亚，绝不能只看其恶名昭彰的成员加夫里洛·普林西普的行为。[125]

在莫斯塔尔一所高中（gymnasium）最早的示威活动中，青年波斯尼亚成员被捷克人“进步”、世俗、循序渐进的民族主义所吸引。捷克人的青年运动胜过波斯尼亚人自己的，也影响了帝国的克罗地亚人，尤其是在马萨里克所强调的南斯拉夫人团结一致（南斯拉夫概念）方面。[126] 由于波希米亚的经济领先于波斯尼亚，这种影响“使南斯拉夫学生能够将他们民族的反叛与这个时代的‘现代主义’精神联系在一起”。[127] 无论青年波斯尼亚成员多么渴望从奥匈帝国独立，帝国的存在都能使他们痛苦地意识到，与中欧的帝国权力中心相比，他们自身是多么穷困。

当然，现代化并不能激励所有人，尤其是农民，他们痛恨资本家势力通过更鲜明的社会分层、更高的利率和新贵的土地收购给氏族带来的致命打击，进一步削弱他们低下的地位。普林西普本人就很讨厌萨拉热窝新兴资产阶级社会的出现，他曾经说过，如果他能把城市的商业区塞进一个火柴盒，他会高高兴兴地把它点燃。[128] 一些苦大仇深的青年波斯尼亚成员转向了无政府主义，以反击不公平的资本主义秩序和侮辱性的殖民地处境，其中就包括投掷炸弹的查布里诺维奇。

总的来说，青年波斯尼亚成员在意识形态上受到的影响，在那个时代是不难预料的——法国的革命传统（和1789年的自由主义思想）、未来主义（直接行动）、社会主义、民族主义，以及到1914年最为明显的南斯拉夫主义。后一种关于南斯拉夫联盟的构想，源于19世纪初的伊利里亚运动（Illyrian movement），该运动认为克罗地亚人、塞尔维亚人、斯洛文尼亚人等说的是同一种语言，系出同一个民族（古伊利里亚人），因此是同一个国族。[129] 在其核心的塞尔维亚—克罗地亚选民之外，什么人有资格称为南斯拉夫人？如何将该地区的各种宗教传统、民族习俗和历史经验纳入建国事业？作为结果产生的政治实体，是该依附奥匈帝国，还是制定一条自治路线，或许还能与已经解放的塞尔维亚结合？这些问题盘踞在南斯拉夫主义者心头，他们对南斯拉夫统一的"模糊方案"，经常通过跨文化交流和国际活动被重新塑造。[130]

青年波斯尼亚成员思考着这些意识形态潮流和政治困境，为剥夺他们尊严的压迫寻求真正的解决方法。由于他们当中有如此之多的东正教徒，塞尔维亚民族主义起初具有很强的吸引力，自由塞尔维亚的魅力就更不用说了，尤其是对于那些在贝尔格莱德工作或学习的人来说。在那里，查布里诺维奇和普林西普这样的人接触到了为塞尔维亚而战的波斯尼亚非正规军（komite），有时还能接触到拥护塞尔维亚扩张的民族主义社团。[131] 同样地，人数较少的波斯尼亚克族人，也倾向于他们在哈布斯堡治下的达尔马提亚和克罗地亚—斯拉沃尼亚的同族。他们所设想的，往往是一个由克族主导的南斯拉夫，并不一定要包括塞尔维亚。[132] 至于青年波斯尼亚中的穆斯林，他们所期望的政治未来，部分取决于塞族和克族同胞的影响力。这些同胞可能会把他们视作"土耳其人"而加以排斥，但一般情况下还是会努力争取这些伊斯兰化的斯拉夫人，视其为自身日趋成熟的国族中的捣蛋分子。[133]

从这层意义上说，南斯拉夫主义既是推进青年波斯尼亚事业的合作途径，也是摆脱以宗教为导向的前辈们分裂对立的现状的可行办法。前辈们从未在废除了种族隔离的教室里上过课，甚至很少与自己的族裔群体以外的人交往。[134] 南斯拉夫主义也使他们自发地关注起了波斯尼亚—黑塞哥维那，它本身就是整体化的南斯拉夫概念一个复杂的缩影。同谋的学生特里夫科·格拉贝日（Trifko Grabež）在对萨拉热窝刺客的审判中说："我没有受塞尔维亚引导，而是完全受波斯尼亚引导。"[135] 查布里诺维奇表示："我的理想是建立一个单独的南斯拉夫共和国。" 达尼洛·伊利奇大声质问，如果德国人可以生活在一个民族国家里，凭什么塞尔维亚人、克罗地亚人和斯洛文尼亚人就不可以？[136] 这些波斯尼亚被告一个接一个地戳破了奥匈帝国的塞尔维亚人中心阴谋论叙事（虽然并没有破除后来的学者将他们塞尔维亚化的目的论倾向，特别是 20 世纪 90 年代的南斯拉夫战争以来）。[137] 受到指控的阴谋者们并不像文献中经常描绘的那样，是某个大塞尔维亚国家可靠的斗士，而是自豪地宣称自己是为自由的波斯尼亚和拥有主权的南斯拉夫而战的战士。普林西普宣称："我是一个南斯拉夫民族主义者，立志联合所有的南斯拉夫人，无论其政治形态如何，并将他们从奥地利解放出来。"[138]

这并不仅仅是为 1914 年 10 月被政治化的法律程序故作姿态。虽然大多数波斯尼亚塞族青年是在排斥其他民族的"激进"团体中开始意识形态生活的，但包括普林西普在内，许多人在 1911 年加入了新的塞族—克族进

图 3.2 受审的波斯尼亚阴谋者们（1914 年 10 月）

图片来源：Hulton Archive/Stringer, via Getty Images.

步组织。还有更多人投身于其后继组织——塞族—克族民族主义青年组织。该组织是在 1912 年 2 月 18 日萨拉热窝的学生示威活动将塞族人、克族人和穆斯林团结在一起之后成立的，“因为我们是一体的，”米洛什·皮亚尼奇在《黎明》上写道。[139] 受克罗地亚的弗拉诺·苏皮洛（Frano Supilo）和塞尔维亚的约万·斯凯尔利奇（Jovan Skerlić）这类人的影响，各种出身的波斯尼亚青年和求学在外的南斯拉夫人越发信奉南斯拉夫主义的政治纲领。哈布斯堡外交部的穆苏林·冯·戈米列男爵（Baron Musulin von Gomirje）在 1913 年夏天回到家乡克罗地亚时，他注意到，“塞族人和克族人之间的差异，在受过教育的阶层中已经基本消失了”[140]。那时，萨拉热窝阴谋者瓦索·丘布里洛维奇和青年波斯尼亚成员、两次大战期间编年史学家博里沃耶·耶夫蒂奇（Borivoje Jevtić）等激进派坚持称自己是“南斯拉夫民族主义者”“民族主义青年”，或者干脆就是“民族主义者”。[141] 刺杀楚瓦伊伯爵未遂的刺客卢卡·尤基奇，也从领导反塞族示威活动，变成了认为克族—塞族的团结一致是南斯拉夫解放的必要条件。他的行刺甚至被解释为完成了热拉伊奇那次未遂的刺杀：

> ［波斯尼亚］塞族人的子弹被克族人的子弹所回应……在这次圆满的行动中，我感受到了我们有两个名字的民族共同的愿望最美妙的表达。我们要创造成千上万的尤基奇和热拉伊奇；我们要培养、教育他们，使他们伸出左手作为［塞族—克族］和解的姿态，用右手射杀［共同的敌人］。[142]

南斯拉夫主义从来都不是青年波斯尼亚唯一的信条，正如暗杀也从来不是其认可的手段。然而，到了 1914 年，青年波斯尼亚成员之间的合作，已经超过卡洛伊通过 Bošnjaštvo 计划所实现的。严格来说，青年波斯尼亚或许更应该被理解为一种代际现象，而非政治现象。和历史学家罗伯特·沃尔（Robert Wohl）的经典专著《1914 年一代》（*The Generation of*

1914）中的欧洲青年一样，青年波斯尼亚成员精神不安，社会对他们怀有恶意，自身受到的教育又很特殊，这就刺激他们采取比长辈们更有集体性、更好斗的办法来解决困境。[143] 青年波斯尼亚的民族解放志向处在“民族主义浪漫主义与社会主义国际主义之间、反现代主义与现代主义之间、大塞尔维亚主义与南斯拉夫主义之间的十字路口”，从未明确到足以对哈布斯堡的统治构成切实的威胁。[144] 他们的网络由热心读者和受到感召的作者、即便没受过系统教育却很聪明的反传统者组成，有时还包括生活清苦、完全戒酒的无神论者。他们怀有的愤怒，足以掀起反对奥匈帝国的斗争。他们尚不具备的，是将这些情绪转化为革命力量所必需的组织和协调。[145]

年轻的刺客们是从这种很容易受到感染的社会环境中走出来的，这一事实很符合当代的我们对恐怖主义的感受，令人不安。于是，一些学者也受此影响，用“学生恐怖团体”、“准军事”组织和“现代恐怖活动小组”等措辞来描述这个松散的青年运动集团。[146] 然而，除了缺乏组织性，青年波斯尼亚也绝不是为了发泄集体暴力和破坏国际秩序。这些年轻人的地方意识中，只有解放他们的家园，以及铸就某种安全且拥有主权的南斯拉夫国家。他们的挫败感和他们的南斯拉夫主义一样，是从内部发展成熟的，这就使其更难控制。这种情况在普林西普这样的农民身上体现得最为真实，他们从未离开过该地区，并与达尼洛·伊利奇等出国扩张事业版图的人渐行渐远。《英雄之死》的作者弗拉迪米尔·加契诺维奇悲剧性的人生轨迹充分说明了这一点，他对青年波斯尼亚的影响力也越来越淡薄。[147]

如果不是因为在莫斯塔尔高中遇到的青年社团，加契诺维奇很可能会

图 3.3 摆出战争的姿势：1912 年至 1913 年的巴尔干战争中的波斯尼亚青年志愿兵。照片是在照相馆中站着拍的：弗拉迪米尔·加契诺维奇（档案照片中用 × 标记）、韦利科·西莫维奇（Veljko Simović，用 × × 标记）和施皮罗·索尔多（Špiro Soldo，用 × × × 标记）

图片来源：已获许可——Edin Hajdarpasic, *Whose Bosnia?* Cornell University Press，来自 Archive of Bosnia-Herzegovina, Sarajevo。

子承父业，成为一名东正教神父。这所由奥地利人在 1893 年创办的学校，成了这个被占领省份表达意识形态的知识温床。加契诺维奇在萨拉热窝附近组织了一个秘密社团，并且在波斯尼亚危机期间加入了塞尔维亚军队。在那之后，十八九岁时，他去了贝尔格莱德继续学业，并扩大他的颠覆活动。随后，他靠塞尔维亚的奖学金进入了维也纳大学。1911 年回到贝尔格莱德后，加契诺维奇不但加入了民族自卫组织，还加入了一个更新、更好斗的塞尔维亚民族主义社团——“统一或死亡”（Ujedinjenje ili smrt，更为人所熟知的名字是黑手会）。与此同时，他还在克罗地亚和波斯尼亚建立爱国青年集团，撰写政治小册子，与波斯尼亚的追随者和大塞尔维亚活动家通信，并与社会革命党人建立了联系。他甚至短暂地参加了巴尔干战争。[148]

到了 1913 年年中，23 岁的加契诺维奇已经入读洛桑大学，并在这座城市的左翼流亡精英中站稳了脚跟，其中就包括俄国社会民主工党的重要人物。他可能在瑞士见过列宁，和列夫·托洛茨基也很熟，以至于被这位布尔什维克描述为“似乎注定要让体面人难受的那种人”。对这个黑塞哥维那人来说，这些日子令人陶醉，他努力调和着自己本能的塞尔维亚民族主义，与他正在慢慢接受的、理论上不分民族的社会主义。加契诺维奇犹犹豫豫地转向了南斯拉夫主义——对于一个加入塞尔维亚民族主义社团黑手会时宣过誓、还曾警告说不要把“克罗地亚人的水倒进我们塞尔维亚人的纯正红酒”的人来说，这个步子迈得很大。事实上，《英雄之死》是明明白白写给“塞尔维亚民族的年轻人”的；1912 年 9 月，加契诺维奇还帮忙创办了萨拉热窝周刊《塞尔维亚青年》(*Srpska Omladina*)。但是在 1915 年，他对这份刊物的称谓只剩下了《青年》(*Omladina*)，这也证实了他后期的意识形态转变。[149]

加契诺维奇的策略是否变得成熟了，则是另一回事。萨拉热窝暗杀事件发生时，他还在瑞士，也不愿意在哈布斯堡军队中服役。1917 年秋天布尔什维克在俄国夺权前不久，他就去世了。加契诺维奇的死因仍然成谜，一如其私人书信的去向。但在战争初期，这位黑手会的信徒、《英雄之死》的作者给一名波斯尼亚同胞写了封充满忧思的信，可以说是一份有力的证据：

> 我对萨拉热窝暗杀事件感到惊讶：我最好的朋友们实施了这一行动……然而，这个政治时刻欺骗了他们，这个骇人听闻的事件也并非轰轰烈烈的开场，而是一个灾难的日子，一个民族受难牺牲的日子……[他]们做梦也不会想到，他们高昂的热情竟意味着塞尔维亚民族要自取灭亡——天真的塞尔维亚孩子们啊。[150]

这一段暗示他还不是一个坚定的南斯拉夫主义者，甚至没有参与萨拉热窝阴谋。在这段话中，加契诺维奇认为青年波斯尼亚成员最大的错误在于年轻气盛。

弗朗茨·斐迪南的问题则完全相反。他很快就接连有了三个孩子，之后的波斯尼亚危机期间，他已经年满 45 岁——倒也不能说是上了年纪，不过考虑到他虚弱的身体状况和老皇帝令人钦佩的精气神儿，这个岁数也不算小了。他在 1896 年的奥托事件中很无礼地流露出了对统治的渴望——当时，人们都以为他活不成了，这促使朝臣们支持他的弟弟。他的这份渴望并没有减弱，但这也并非他的敌人所称的权欲熏心。事实上，弗朗茨·斐

图 3.4 作为明信片出售的官方家庭照。弗朗茨·斐迪南与妻子索菲，以及他们的 3 个孩子（从左到右）：恩斯特、马克西米利安和索菲

图片来源：Amalthea Publishers.

迪南曾将他的哈布斯堡继承权称为“荆棘王冠”，只有天生享有它的人才应该戴上。这句难听的评论是在回应基督教社会党的一项提案，该提案要求颁布法令，废除大公为了与索菲伯爵小姐结婚而立下的弃权誓言。这份誓言于 1900 年 6 月 28 日签署，它确保了大公夫妇的子女会继续留在霍恩贝格家族——那是弗朗茨·约瑟夫为提高索菲的地位作为结婚礼物赐予她的家族名——而不是哈布斯堡家族中。事实上，这位骄傲的父亲对此毫不介意，他为他们的未来所做的打算，应该可以堵住那些说他计划收回誓言并把国土重新分配给自己后代的流言蜚语。[151]

弗朗茨·斐迪南不仅渴望戴上这顶带刺的王冠，还密切参与了继承的策划。最重要的是，这意味着要为这个二元制国家制定一个政治改革方案。在他看来，由于伯父的顽固和长寿，这件事情越发紧迫了。一个同时代人写道，“注定无能为力”的大公“只能眼睁睁地看着……而皇帝的拖延政策……只是让君主国国内的状况逐渐乱下去”。[152] 在 1902 年写给驻俄大使埃伦塔尔的信中，弗朗茨·斐迪南说奥匈帝国的政治气氛“乱七八糟”。他一心想要缓解这种政治气氛，把拿破仑肢解哈布斯堡统治的神圣罗马帝国后重新巩固了政权的弗朗茨一世皇帝（1804—1835 年在位）当成了榜样。[153] 在他的“改朝换代方案”中，皇储确认自己将以弗朗茨二世的尊号登基，而不是弗朗茨·斐迪南一世。[154]

最受公认的一点是，大公打算通过降低难以驾驭的匈牙利人的地位，来加强国家的中央权力。[155] 这意味着其他民族的自治权会相对提高，“其他民族”本身就能让人联想到不安分的、在不同程度上受到压制的斯拉夫人，他们占帝国居民的近一半。和埃伦塔尔一样，弗朗茨·斐迪南也把注意力集中在南斯拉夫人身上，认为一旦保证他们“安居乐业、受到公平待遇”，他们的政治运动就会偃旗息鼓。虽然他“并不是亲斯拉夫派”，只是漫不经心地考虑了塞尔维亚—克罗地亚 / 斯洛文尼亚人的构想，也就是把这个二元制国家转变为一个三元制的奥地利—匈牙利—南斯拉夫国家，许多南斯拉夫改革者居然把这位继承人视为他们的私人盟友。然而，对于大公和他的顾问来说，“三元制”可能从来都只是一块通往一个更加强大、更加中央集权（匈牙利的中心地位也更弱）的帝国的垫脚石。[156]

大学教授奥雷尔·波波维奇（Aurel Popovici）提出的“大奥地利合众国”也是这套路数。[157] 弗朗茨·斐迪南最初对联邦制产生兴趣，可能是在环球旅行中访问美国时。而这位出生在特兰西瓦尼亚的罗马尼亚人的计划，就是基于民族将帝国划分为 15 个“州”。这似乎是抚慰民族渴望的合理手段，同时又能维持强大的中央集权政府，至少对那些非匈牙利人来说是这样。马扎尔人支配着这个王朝的一半，不愿意吐出哪怕一丁点儿，这经常是改革难以进行的关键因素。大公几乎不掩饰他对建立了二元君主国的 1867 年折中方案的厌恶，一如他通常对匈牙利人的态度。“我一直这么说，以后也会一直这么说，所谓‘正派的匈牙利人’，根本就不存在。”[158] 皇储在 1907 年 6 月公开表露了他的偏见，当时，他的伯父命令他出席在布达佩斯举行的折中方案 40 周年纪念仪式。大公公然指责“这帮人”是“王朝、帝国、军队、一切”的“叛徒”之后，履行了自己的职责，然后就匆匆回家了。[159] 继承人对联邦制感兴趣，无非因为它能助力自己削弱马扎尔人，维护这个权力国家（Machtstaat）。[160]

如果说弗朗茨·约瑟夫“认为君主国太复杂、太脆弱，经不住猛药，那么弗朗茨·斐迪南则觉得只有大手术才能解决它的问题”。[161] 如果这意味着推迟加冕为匈牙利国王，还要对马扎尔人动武，那么这个政策就只是一种可能。但某种和平的手段也是可能的，正如大公在他从来没有机会发表的登基演讲中所强调的那样：“我们帝国的所有民族都应在参与国家的共同事务方面享有平等的权利，[而]这种平等就要求保证每个种族在帝国的共同利益框架内的民族发展权利。”[162] 因此，内政大臣克里什托菲·约瑟夫（József Kristóffy）可以向他的马扎尔同胞保证，虽然弗朗茨·斐迪南的继承权“把大多数匈牙利政客吓得魂不附体”，但他最终还是会寻求通过宪法手段来重塑二元制。[163] 无论如何，“最终目标”都是“一片统一的经济领土上众多解放的、自治的、平等的民族的统一，有一支强大的联合军队，君主是哈布斯堡皇帝”。[164]至于弗朗茨·斐迪南到底有没有可能实现这一目标，人们要争论到永远了。

奥地利随笔作家卡尔·克劳斯在大公死后对他的评价是“Kein Grüßer”——并非和蔼的“亲民派”。[165]虽然弗朗茨·斐迪南正确认识到了公众舆论的重要性，也结交了保守的新闻界，但他这样做更多是为了宣传自己的政治理念，而不是为了提高个人声誉。[166]谈到自己顽固、粗暴的形象时，他曾说过：“了解我的人绝不会相信这些，而其他人总有一天会了解我的。”[167]由于那一天从未到来，这些刻板印象和污蔑也一直阴魂不散，历史上的大公更像是公众想象中那个多疑、无礼的人，而不是他的核心圈子所尊敬的那位精明、热情、有改革思想的政治家。

这就很遗憾了，因为弗朗茨·斐迪南“可能是欧洲最有影响力的继承人”。对于从纯粹的宪法角度来看并没有什么权力的人来说，大公发挥的决策作用是很大的，特别是在他人生中的最后几年，主要是在政治领域。[168]具有讽刺意味的是，他能做到这一点还是因为大权在握的皇帝。1906年，皇帝授权在下美景宫设立一个非正式的军事办公厅，这里也成了继承人的指挥基地——“一个货真价实的智囊团”，一些人认为这就是一个实质上的“影子政府”。[169]它拥有广大的外交和军事资源网络，每年要处理多达一万份公文，通过一大群友好的记者宣传大公的思想理念，抬举他在政界和军界的亲信，同时打压他的对手，排挤马扎尔分离主义者，为制定政策、策划改革方案提供一个合法的平台。[170]办公厅由能力极强的总参谋部军官亚历山大·布罗施·冯·阿雷瑙（Alexander Brosch von Aarenau）少校领导，由一个“聪明高效的精英集团”组成。它引导着继承人去投入精力，也提高了他的威望。弗朗茨·斐迪南曾经抱怨说，自己对国家事务的了解，和“美泉［宫］里地位最低的仆人”没什么两样。[171]可他一路走来，直到形成这样一种事态，让人“经常必须在美泉宫和美景宫之间小心游走，处理政府方面的问题。我们现在不仅有两个议会，还有两位皇帝”，奥地利前首相埃内斯特·冯·克贝尔（Ernest von Koerber）在谈到维也纳和布达佩斯时抱怨道。[172] 德国驻奥匈帝国大使海因里希·冯·奇尔施基（Heinrich von Tschirschky）完全赞同："大公的影响力无处不在，不只在陆军和海军，而是每一个部、总督办公室和外国代表团都能感受到。"[173]

不过那种影响也是有限度的，尤其是在国际关系领域。弗朗茨·斐迪南的外交政策在很大程度上来自他改良主义的国内议程，而这首先就需要保持帝国远离冲突。1913 年 2 月 1 日，他在给外交大臣贝希托尔德的信中写道："经过了深思熟虑，并与身边几位头脑非常清晰的人士交流了想法之后，我只想再次强调，我比以往任何时候都更加坚定地相信我的和平理念……我们应当竭尽全力维护和平，为了我们自己！"到了这时，他的核心圈子几乎不再需要什么提示了。[174]

事实上，这位继承人非常愿意"做出牺牲""鸣金收兵"，而不是去冒最终"大难临头"的风险——一场"与俄国的大战"。对于殖民征服，特别是在巴尔干地区，他也毫无兴趣。要求对塞尔维亚进行军事清算的压力越来越大，对此，他反驳说，"即便假设没有人插手，我们又将从中得到什么呢？只是又一群小偷、杀人犯和无赖，外加几棵李子树，"更何况"这还是一个债台高筑的国家"。"上帝保佑，我们可别吞并塞尔维亚，"继承人起誓道，"我们可能往里面砸进去几十亿，面对的却还是一块噩梦般的沦陷区"。至于与俄国的战争，他补充说，那将是"我们的死期。奥地利皇帝和沙皇难道要把对方赶下皇位，为革命扫清道路吗？"弗朗茨·斐迪南颇有先见之明的"信仰声明"，归结起来就是：君主国进行国内改革之前，"没有能力推行野心勃勃、咄咄逼人的外交政策"。[175]

皇储并不是和平主义者。他会很谨慎地选择战争——始终优先考虑帝国的内部利益，绝不冒俄国干涉的风险。尽管他对便装的偏爱让人耳目一新，却是"一名彻头彻尾的军人"，他曾说过："谁在军队问题上跟我过不去，就是跟我这个人过不去。"这位未来总司令的行动也证实了这一点。在 1913 年 8 月被任命为武装部队监察长之前，他对陆军进行现代化改造，加强海军，打击马扎尔独立派地方分权的努力，从而拔去了他们的獠牙。在

图 3.5 兴致高昂的弗朗茨·斐迪南，身着海军上将制服
图片来源：维也纳军事史博物馆（Heeresgeschichtliches Museum）。

这些方面，他做得可能比哈布斯堡王朝的任何一位继承人都要多。对弗朗茨·斐迪南来说，军队是“帝国的命脉，王朝跳动的心脏”。[176]

然而，大公更多是从维护国内和平而非对外战争的角度来看待军队的。他一定明白，为了继续保持大国地位，奥匈帝国需要在国际上表现自己。1900 年 8 月，他批评政府没有派兵到中国镇压义和团，“而像比利时和葡萄牙那样的小破国家”都派兵了。[177] 但对外侵略并不是他的志向所在。倒不如说正统主义才是他的志向，这在外交政策上则体现为通过恢复哈布斯堡、罗曼诺夫和霍亨索伦三个王朝的三皇同盟，与俄国再度结盟。长期以来，三皇同盟一直致力于在不诉诸武装斗争的情况下解决东方问题，自 1887 年以及德国与奥匈帝国之间的两国同盟（1879 年）订立以来，几乎已经作废。它是俾斯麦召开柏林会议的基础。事实上，它的第一条就要求缔约国在其中一个国家“与第四个大国（即法国或英国）交战时”保持中立。弗朗茨·斐迪南非常希望恢复这个同盟。他死后，德皇威廉说他是俄国“最好的朋友”。[178]

我们很容易将这个外交目标视为大公的专制倾向和返祖的理想主义的又一个例证——毕竟，自 1903 年以来，他甚至没有与俄国沙皇见过面。如果说这位继承人果真如冯·克贝尔所挖苦的那样，“更靠近 17 世纪而不是 20 世纪”，那么，一个让人回想起后拿破仑时代的神圣同盟（1815 年），而不是反映 20 世纪头十年那个世俗、民族、民主世界的联盟，似乎进一步证明了大公与时代脱节。[179] 然而，弗朗茨·斐迪南的外交政策观点并非独一无二。奥匈帝国在世界大战前的两位外交大臣也对与俄国的关系持有类似看法。第一位就是阿洛伊斯·埃伦塔尔。

1906 年 10 月，埃伦塔尔被任命为外交大臣，令大公欣喜若狂。埃伦塔尔也是拥护君主制的坚定保守派，完全相信帝国的未来，理解进行全国性改革的需要，知道这必须限制匈牙利人，并且将南斯拉夫问题视为国家稳定的关键。此外，埃伦塔尔还有一个恢复三皇同盟的“私心计划”。[180] 两人的这些观点是一致的，在埃伦塔尔担任驻俄大使期间还经常通信，因此，这位新任外交大臣告诉德国宰相，自己与弗朗茨·斐迪南“关系非常好”，并盼望着将他引入政治事务，也就不足为奇了。[181]

令人惊奇的是，他们的关系很快就破裂了。大公过于心急，想要影响外交政策的方方面面，又不能接受“自己的人”要对那个老人（弗朗茨·约瑟夫皇帝）效忠。他对埃伦塔尔非常恼火，很快就把这位接任者完全排除在决策过程之外。埃伦塔尔也因此遭到了皇室一员的痛恨，而这个人易怒的天性可是出了名的。在通过遏制匈牙利民族主义和加强中央权力来确保帝国安全这件事情上，他们也许意见一致，却在如何做到这一点上起了冲突。埃伦塔尔是一名老练的外交官，比坚持原则的皇储更愿意做出让步。后者则宁愿等待时机，直到掌权，也不想多给讨厌的匈牙利人一点儿关税权利以换取对方批准军事预算，或者支持“两面派”的意大利人在一所奥地利大学建立母语教学的法学院。[182]

弗朗茨·斐迪南最终会以“向匈牙利屈服”“讨好意大利”和其他“罪过”为由，试图逼迫埃伦塔尔下台。[183] 最大的问题莫过于波斯尼亚了，因为它预示着与俄国的关系会非常不妙。大公不出所料反对吞并，在 1908 年 8 月 6 日给外交大臣写信说："鉴于我们严峻的国内形势，我原则上无条件反对这样的强压。"[184]继承人的问题在于，埃伦塔尔有这个权力。而在 10 月 6 日，他完美地运用了这个权力，在不把帝国卷入战争的情况下吞并了波斯尼亚—黑塞哥维那。

然而，在埃伦塔尔狡猾的巴尔干行动之后不久，大公就给他写信说："我不禁对您如此漂亮地处理了吞并问题表示最热烈、最诚挚的祝贺。我们再次向欧洲展示，我们仍然是一个大国，而这都是您的功劳！干得漂亮！"[185]过了几个月，塞尔维亚屈服后，继承人再次向埃伦塔尔致以"最诚挚的祝贺，祝贺您的重大外交胜利"。弗朗茨·斐迪南曾反对其政策，而且很快就会对其发动猛烈的攻击。对于这样一个人，弗朗茨·斐迪南怎么会大加赞赏呢？

对于这姗姗来迟的态度转变，个人心理是一个因素，因为埃伦塔尔的外交胜利进一步将弗朗茨·斐迪南排除在了外交事务之外。俄国人对帝国的敌意增加了，这一点关系更大。军事办公厅的许多人认为，埃伦塔尔任职时，这种敌意根本无法减轻。然而，吞并危机的胜利结果却与弗朗茨·斐迪南避免战争的强烈愿望不谋而合。尽管大公有"严重的自卑情结"，但他还是堂堂正正地承认了这一点。[186]

当然，战争不到 6 年就发生了，而且其规模远远大于 1908 年至 1909 年可能发生的任何事情，因为彼时俄国还很弱，法国和英国又坚决不愿提供支持。那么，奥匈帝国为何不趁此机会，利用力量的不平衡，除掉塞尔维亚呢？毕竟，总参谋长康拉德·冯·赫岑多夫像着了魔似地恳求这样做。[187]事实上，弗朗茨·斐迪南在危机后称赞埃伦塔尔，一个重要原因在于，他扛住了康拉德及其"好战随从"的压力，其中就包括未来的波斯尼亚总督奥斯卡·波蒂奥雷克，以及德军总参谋部的大部分人。是否可以说那些喊着"狼来了"的将军终究是正确的呢？1908 年至 1909 年是否应该作为一个错过的机会载入史册呢？本可以利用这个机会，让哈布斯堡和塞尔维亚进行决定性的清算，甚至可能让奥地利和德国入侵“几乎毫无防备”的俄国，那样的话，就没 1914 年什么事儿了。[188]

这个反事实的问题在于，吞并成功就成功在避免了战争。虽然康拉德和他的德国同行赫尔穆特·冯·毛奇预计，由于俄国失了脸面，欧洲“迟早得打一场全面战争”，但弗朗茨·斐迪南并不是唯一为和平解决感到庆幸、同时对未来保持谨慎乐观的人——欧洲的大多数君主、政治领袖和普通人也是如此。[189] 从这层意义上说，波斯尼亚危机完成了两件互相矛盾的事情：从积极角度看，它表明欧洲的“武装阵营”可以从战争的边缘退缩，跨越联盟的界线进行合作。虽然这场危机仅仅是以战争威胁结束，但它促使法国和英国增强了俄国的克制力，并且在迫使贝尔格莱德让步后，对塞尔维亚做出了前所未有的赔偿承诺。它还为超越了联盟分歧的“谈判提供了决定性的推动力”（例如，法德就摩洛哥的商业项目达成了协议，俄德就奥地利在巴尔干地区的目标和德国的巴格达铁路项目进行了很有诚意的商讨）。因此，法国政治家安德烈·塔迪厄（André Tardieu）可以在其 1910 年关于“均势之争”的书中断定，“还没有什么能证明糟糕的情况必将越变越糟”[190]。

至于波斯尼亚危机造就的均势的消极方面，在于它激起了俄国和塞尔维亚共同的仇怨，加强了两国关系，并启动了德国和哈布斯堡君主国之间的联合军事会谈。[191] 对于一位专家来说，1908 年意义重大，至少是“第一次世界大战拉开序幕的年份”。[192] 毕竟，这场危机“打破了俄国与奥匈帝国之间［追溯到 1903 年《米尔茨施泰格协定》］的缓和关系，引发了德国和俄国之间的敌对，使两大集团之间出现了第一次直接对抗，……［并且］让‘一种新的、几乎不考虑后果的外交风格’尝到了甜头”（最后通牒）。[193] 然而，这些进展虽然很危险，却并没有推进埃伦塔尔吞并这些省份的主要目的：在匈牙利的支持下，通过整合一个由三部分组成的南斯拉夫实体（达尔马提亚；克罗地亚—斯拉沃尼亚；波斯尼亚—黑塞哥维那），来稳定帝国并消解民族统一主义。这个意义深远的改革计划从未实现，部分是因为埃伦塔尔在任上早逝，而弗朗茨·斐迪南又一贯抗拒助长匈牙利的霸权。因此，波斯尼亚危机从未真正结束。[194]

对这一点认识得最清楚的，基本上不外乎两个人。其中一位是皇储，他在这场外交大戏中始终坐镇后台。另一位则是这部戏主要的反派，俄国外交大臣亚历山大·伊兹沃尔斯基。正是由于前者在波斯尼亚首都遇刺，哈布斯堡的新任外交大臣贝希托尔德伯爵才壮起胆子，选择与塞尔维亚开战，不管俄国会作何反应。具有讽刺意味的是，恰恰是这次暴行，除掉了这种军事活动的一个可能的障碍——弗朗茨·斐迪南大公。

至于伊兹沃尔斯基，1914 年 7 月，他收到俄国动员的消息时，正待在被降职之后的驻巴黎大使岗位上。据称，他欣喜若狂："这是我的战争！"[195]

第四章
“史诗级”大阴谋！

关于萨拉热窝暗杀事件的著述，十有八九都是无用的垃圾，经不起推敲，只因人们下定决心非要在某个地方发现一个精心策划的阴谋。

——A. J. P. 泰勒：《纽约书评》（1966 年 10 月 20 日）

很显然，一切都始于报纸上一篇宣布弗朗茨·斐迪南大公访问波斯尼亚和黑塞哥维那的文章（没人能确定是哪一篇）、波斯尼亚中部城市泽尼察（Zenica）的一个邮政信箱（哪一个并不重要），以及三名否则都不会在历史上留名的波斯尼亚青年：约万·瓦拉吉奇（Jovan Varagić，诗人）、米哈伊洛·普沙拉（Mihajlo Pušara，办事员）和约沃·绍希奇（Jovo Šošić，律师）。1914 年 3 月或 4 月的某个时候，在萨拉热窝的某个地方，诗人注意到了这则新闻，拿给办事员和律师看，他们共同决定通知在贝尔格莱德的朋友。于是他们把文章剪下来，粘贴在一张白纸上，放进了一个普普通通的信封。办事员很警惕，为避开在萨拉热窝好管闲事的哈布斯堡当局眼皮底下邮寄剪报，特意去了泽尼察邮寄。邮票上的弗朗茨·约瑟夫皇帝毫无戒心地凝视着前方。[1]

如果说这个平平常常的信封有什么可疑之处，那就是它的收件地址，贝尔格莱德绿花环市场的一家小餐馆：金鲟。青年波斯尼亚成员，以及年长一些、通常没有工作、在巴尔干战争中作为反抗的非正规军（komite）作战后来到塞尔维亚首都的人，都是这里的常客。[2] 收件人的名字也应该引起警觉——毕竟，这位“查布里诺维奇”曾在 1912 年因参加印刷工人罢工被奥匈帝国当局逮捕。他被逐出他的出生地萨拉热窝5年，由于人脉关系，他的判决被提前撤销了。收到这条匿名投送的新闻报道后，不出数月，内德利科·查布里诺维奇就回到了波斯尼亚首都，不是为了在印刷厂干一份新工作，而是像他在刺客审判中所讲述的那样，为了报复“来到这个国家[并]把我赶出家乡的外国人”。[3]他的报复方式是在1914年6月28日向哈布斯堡继承人投掷炸弹。炸弹没有命中，但没过多久，另一个人射出去的子弹就正中目标。查布里诺维奇最先把这篇文章拿给一些人看，其中就有他——加夫里洛·普林西普。

关于萨拉热窝阴谋是如何开始的，有一个古老的说法，但它无从考证。以上就是它的背景。法庭用它来给刺客们定罪，而自豪的青年波斯尼亚成员们也完全接受这种说法：阴谋的动力来自他们自身。然而，大多数关于大公遇害案的叙述都认为，主动权在于据信向波斯尼亚刺客提供了武器和后勤支持的塞尔维亚民族主义集团：“统一或死亡”（黑手会）。[4]经常被描述为塞尔维亚军官“秘密社团”的黑手会，也包括文职人员，并且对其目标直言不讳：把“塞尔维亚民族”——意即生活在任何有塞族人存在的土地上（马其顿、黑山、科索沃，当然还有塞尔维亚，但也包括奥匈帝国境内的波斯尼亚—黑塞哥维那、克罗地亚、伏伊伏丁那和达尔马提亚）的南斯拉夫人——统一成一个大塞尔维亚或者说南斯拉夫国家。[5]“统一或死亡”公开发行一份名为“皮埃蒙特”的反哈布斯堡报纸，这个名字取自那个在19世纪60年代统一了意大利的意大利王国。然而，黑手会在其创刊号（1911年9月3日）上并没有拿奥匈帝国当靶子，而是向“塞尔维亚的整个政治体制”宣战，因为它在民族主义事业上动作太慢——特别是首相帕希奇的激进党，以及通常意义上的议会政体。黑手会并不是偷偷摸摸，完全是杀气腾腾，没有藏着掖着，以至于国内领导人害怕它，外国官员监视它。[6]

该社团之所以有行事隐秘的名声，是因为喜欢搞阴谋——此外就是源自共济会的神秘入会仪式。虽然黑手会直到1911年5月才成立，但它包括了参与 1903 年弑杀奥布雷诺维奇王朝君主的人。该组织最年轻的领导人之一德拉古廷·迪米特里耶维奇（Dragutin Dimitrijević，化名“阿皮斯”，取自古埃及的宽肩公牛神）中校，在那次野蛮的突击中身中三枪。1914 年，阿皮斯还领导着塞尔维亚总参谋部的情报处，于是某些人毫无根据地认为，这足以证明“世界大战的第一枪是奉［塞尔维亚］政府之命”，由“国家支持的恐怖分子”打响，而这些人是由“塞尔维亚国家”武装的。[7] 然而，在大多数作者看来，阿皮斯是以“统一或死亡”不择手段的“长官”的非官方身份，为萨拉热窝阴谋“招募”波斯尼亚刺客的。[8]

这场现代最为重大的政治谋杀案已经过去了一个多世纪，暴行的起源是不可能有定论了。我们知道 1914 年 6 月 28 日跟踪弗朗茨·斐迪南的 7 名波斯尼亚青年的身份。我们知道在贝尔格莱德、波斯尼亚和奥塞边境帮助他们的大多数人。我们还可以板上钉钉地说，在 6 月的某个时候，塞尔维亚政府及其首相尼古拉·帕希奇发现有阴谋正在酝酿，并努力去阻止刺客将武器偷运到波斯尼亚，只是为时已晚。然而，并没有确凿证据表明帕希奇下令或组织了对弗朗茨·斐迪南的政治谋杀，想要证明是拥有大量军官的黑手会干的，就更不可能了。[9]

诚然，塞尔维亚军队在巴尔干战争后需要休养和重组，而不是冒险与哈布斯堡君主国发生冲突。[10] 有证据表明，俄国人也是这么认为的——毕竟，大公被杀时，他们的国防开支“大计划”还没怎么开始，这就削弱了俄国驻贝尔格莱德武官维克托·阿尔塔莫诺夫（Victor Artamonov）是阴谋的幕后黑手一说。[11] 其他的说法——说这是一个奥地利、匈牙利、德国、共产主义者或无政府主义者的阴谋——所依赖的经验证据太过薄弱，经不起推敲。自从德迪耶尔出版《通往萨拉热窝之路》以来，已经过了很久，但他关于六组可疑煽动者——包括内部情报机构（相当于现今无所不能的中情局）、国际共济会，甚至是鲁道夫皇储的私生女——的四个章节，还是可以归结为一个问题：杀害弗朗茨·斐迪南的阴谋是自上而下还是自下而上发起的？是由塞尔维亚黑手会歃血为盟的成员，还是由在贝尔格莱德勉强维持生活的一帮组织松散的青年波斯尼亚成员发起的？[12]英国记者兼历史学家马克斯·黑斯廷斯（Max Hastings）近来写道：“在没有确凿证据的情况下，无论哪种观点都站得住脚。”[13]

令人疑惑不解的是，英国外交大臣爱德华·格雷爵士所说的“完美政治谋杀”仍未得到解答；意大利历史学家路易吉·阿尔贝蒂尼声称此案“永远不会彻底查清”，这句话在今天看来和1937年一样真实，彼时，他的助手试图采访所有与暗杀事件有关系的人，无论是什么样的关系。这次彻底的调查显示出这个阴谋是多么令人费解，阴谋的登场人物阵容和编年史在阿尔贝蒂尼的巨著《1914年战争的起源》（*The Origins of the War of 1914*）中足足占了80页。30年后，德迪耶尔承认：“这一行动的煽动者是谁，这个问题仍然是萨拉热窝故事中最令人困惑的部分。”历史学家戴维·弗罗姆金（David Fromkin）在2004年苦恼地说：“到头来，我们只能确定是普林西普开的枪。”[14]

谁促成了这场政治谋杀重要吗？毕竟，刺客获取武器并没有什么困难，反过来，黑手会招到杀手也没有什么困难。再者，哈布斯堡外交大臣贝希托尔德在暗杀发生后不久就决定对塞尔维亚开战了，并得到了他的部门、军方、大多数政府领导人和皇帝本人的全力支持。[15]弗朗茨·斐迪南下葬当天（7月4日），贝希托尔德的特使亚历山大·奥约斯伯爵（Count Alexander Hoyos）正在前往柏林的夜车上，为的是确保德国的支持（“空白支票”）。即使在外交部调查员从萨拉热窝报告称完全“没有证据”证明塞尔维亚政府参与了暗杀阴谋之后，共同大臣会议和皇帝弗朗茨·约瑟夫仍要继续走交战路线。[16]如今，大多数学者认为，柏林并没有强迫维也纳与塞尔维亚开战。帝国对南斯拉夫问题“严厉的军事解决方案”，也并不一定会被俄国干预的威胁所制止。如果说奥匈帝国就是一心想要摧毁南边这个民族统一主义的对手，那么我们为什么还要费心去琢磨最初是谁构思了这个阴谋呢？这基本上属于刑事方面的问题了。[17]

答案在于，它是一个本质上很有趣的问题，也是一个被严重歪曲的问题。那些把暗杀说成是青年波斯尼亚所为的作家，低估（和夸大）了阿皮斯据称代表黑手会发放武器的动机，这种情况很有代表性。他们经常几乎是将这场政治谋杀浪漫化为一个饱受压迫的民族的“孤注一掷”——与共同敌人“你死我活”的斗争。[18]对战后的南斯拉夫作者来说，他们为自己同胞反抗哈布斯堡殖民统治而欢呼，或许还情有可原。然而，这也渗入了最近各种各样的作品，这些作品在努力去理解刺客的同时，往往对他们近乎同情。

与此相对的趋势更为盛行，也更有吸引力，那就是坚决认为阴险的黑手会“恐怖分子网络”在操纵这个阴谋，招募年轻的波斯尼亚“傀儡”为自己的大塞尔维亚理念卖命。[19]这些作家主要从战间期历史学家路易吉·阿尔贝蒂尼和悉尼·费伊（Sidney Fay）那里获取线索，而这两位更依赖关于阿皮斯的活动略显粗浅的二手证词，而不是刺客们自己的供述。最重要的是，阿尔贝蒂尼对谋杀给出了一个即便支撑薄弱却也合理的动机：担心继承人的政治改革会给予帝国的南斯拉夫人更大的自主权，阻碍大塞尔维亚的实现（这正是埃伦塔尔在1908年希望达成的）。[20]还有一些人与两次大战期间的塞尔维亚历史学家斯塔诺耶·斯塔诺耶维奇（Stanoje Stanojević）观点一致，认为阿皮斯采取行动，是因为他“确信”，弗朗茨·斐迪南去波斯尼亚莅临军事演习，是要为入侵塞尔维亚做准备。[21]但阴谋自上而下论支持者的主要着眼点，在于“统一或死亡”的极端塞尔维亚民族主义动机，而不是可能会被阿皮斯招进来的人的明显动机——对这些哈布斯堡臣民来说，大公只不过是一个“外国”压迫的象征，这是直接把一个活靶子送到他们眼前了。

萨拉热窝暗杀事件绝非那样简单，在审判中，甚至普林西普和查布里诺维奇都隐约提到了继承人的改革方案。重新评价这起政治谋杀案之所以重要，既是为了确认其中的不甚明确之处，也是为了弄清楚这件事情的意图。如果说事实上弗朗茨·斐迪南的改革会加强他们在君主国中的自治权，那么青年波斯尼亚为什么还要（用塞尔维亚的武器）瞄准他呢？不论这个阴谋是不是阿皮斯发起的，他为什么要向从未谋面的波斯尼亚新手提供实施政治谋杀的方法呢？毕竟，这件事情如果查到贝尔格莱德头上（确实也很容易），将会直接威胁到塞尔维亚的存在。这些问题的答案并不会改变关于第一次世界大战起源的历史学问题。不过这些答案会使萨拉热窝阴谋看起来不那么像“一桩清清楚楚的诛杀暴君案”，或者“一个明确的恐怖组织”犯下的恶行，而更像是看上去最合理的情况：普通人由于鲁莽而做出的异乎寻常的行为。[22]

历史记载中充斥着这样的行为，不过像德皇威廉二世那样掌握着无上权力的个人动辄做出这样的行为，还是很罕见的。用来形容他的词语多种多样，“轻率”“冲动”“好战”“自负”，历史学家克里斯托弗·克拉克更是将德皇的行为比作“德国国家行政机构核心的抽动症”。前一分钟，威廉还在提醒自己不要发表任何政治敏感言论；后一分钟，他就向比利时国王献上了法国的勃艮第全境，只要后者支持德国。[23]

但威廉真就是一个“积习难改的战争贩子”，决心确立德国的主导地位吗？“毫无疑问，”克拉克写道，“他那咋咋呼呼、咄咄逼人、漫不经心的言辞”——威胁要“粉碎”“摧毁”“消灭”任何他认为妨碍了德国的东西——让人觉得是。他的行动也是一样，比如1896年，他祝贺独立的德兰士瓦（南非）总统在正在进行的布尔战争中击退了英国人的进攻，此举引爆了英国舆论。1914年，英国驻柏林大使一针见血地指出，这是日益升级的英德对抗的开始。[24]

随着德国推行了与其经济和文化实力相称的“世界政策”，更多的冒犯也随之而来。当然，这个新国家完全有权在亚洲和非洲争地盘。毕竟，连小小的比利时都占有了刚果，而英国和法国更是分别在印度和阿尔及利亚获得了它们王冠上的宝石。威廉以一种放肆无礼、公然与英国作对的方式着手建立帝国、扩充海军，引起了英国外交部的担忧。1898 年访问君士坦丁堡期间，他向苏丹及其 3 亿穆斯林臣民承诺永世交好，就好像英国一个多世纪以来并没有支持这个政权，俄国在这里也没有利益似的。一年后，在汉堡，皇帝对社会达尔文主义历史观表示赞成："旧帝国会消失，新帝国正在形成。"德皇就这样想象着他的半个祖国的衰落，让自己疏远了家人，也让英国疏远了德国。未来的国王爱德华七世责备他的外甥："威廉大帝需要认识到，他生活在 19 世纪末，而不是中世纪。"[25]

20 世纪的开端也没有什么不同。1900 年，在中国义和团运动期间，威廉建议德国军队瓜分中国。1903 年，他宣称"拉丁美洲是我们的目标"，并下令制定入侵古巴、波多黎各和纽约的计划。[26]1905 年，他乘船驶入摩洛哥的丹吉尔。由于法国巩固了对该国的所有权，他要来考验一下英法协约（1904 年）。结果他反而巩固了协约，使原本是世仇、又是帝国争霸对手的英国和法国开始举行军事会谈。3 年后，伦敦的《每日电讯报》（*Daily Telegraph*）披露，德皇嘲笑英国人害怕"德国爱国人士天经地义的雄心"——"你们疯了，彻彻底底地疯了！"——由此引发了一场"风波"。就这些德国人而言，他们担心像这种"国家最高元首的言论和行动，只能导致一种情况——灾难"。英国外交大臣爱德华·格雷爵士也很担心："德皇……就像一艘战舰，蒸汽在升腾，螺旋桨在运转，却没有舵，总有一天会撞上什么东西，酿成灾难。"[27]

皇帝要为发生在 1914 年的灾难负主要责任吗？他是"带领"欧洲步入世界大战的"世界历史之劫"吗？威廉的"折腾"严重损害了外交关系，这一点是没有争议的。然而，考虑到他的计划总是前后矛盾、反复无常，他对政策的实际掌控，学者们提出了质疑。毕竟，这些计划都没有走很远，他的政治密友也把他描绘成一个飞扬跋扈，同时也容易受影响的人——"一位积习难改的地缘政治幻想家”，而不是一名严肃的政策专家。[28]

考虑到他面对外国侵犯时的态度，德皇威廉实际上想要或者蓄意促成欧洲战争的观点是很值得怀疑的。他亲自挑起了第一次摩洛哥危机，他的军事领袖将其作为预防性战争的借口不断施压。然而，就在这场危机进行到最紧张的时候，威廉却以国内社会主义者的骚动为由，放弃了海外交战。一年后，他对英王爱德华七世与法国外交部前部长会面的消息做出了回应，告诉他的宰相，德国还没有做好战斗准备。1911 年的第二次摩洛哥危机中，德国也派了一艘炮舰驶入阿加迪尔，回应法国对摩洛哥主权的侵犯，因而使危机升级。在这场危机期间，他也没有做好使用武力的准备。这一次，德皇告诉他那些好战的顾问，“他不会同意任何他认为可能导致战争的措施”[29]。对法国驻柏林大使来说，“看到这个人言语上如此出乎意料、鲁莽冲动，行动上却谨小慎微、充满耐心”，实在是很不可思议。[30]

大多数情况下，威廉满脑子都是那个意气风发的自己，以至于每当他炫耀起武力或者穿上军装，都是因为担心德国受到攻击，无论这攻击有多么虚无缥缈。许多同时代人将德皇视为一个“爱好和平的人”，并不是“天生热爱战争”，也不“喜欢战场”，正如比利时驻柏林公使的评论。人脉广泛的德国记者特奥多尔·沃尔夫（Theodor Wolff）坚决认为威廉缺乏“战魂”；皇帝随从中的另外一些人则强调他的“和平意向”。军队中有许多人对这些情况深感忧虑。[31] 美国实业家安德鲁·卡内基（Andrew Carnegie）被德皇的仁慈深深打动，称其为欧洲的“和平传道者”。1914 年，诺贝尔和平奖委员会差点把当年的奖项颁给了他。[32] 如果说考虑到五年后第一次世界大战的胜者协约国要求公开起诉威廉的国际罪行，所有这一切似乎都很值得怀疑，那在一定程度上是因为，强调《每日电讯报》事件和摩洛哥危机等攻击性行为时，往往忽略了利比亚。然而，1911 年 10 月 3 日在利比亚对北非的奥斯曼人无缘无故发动征服战争的，是意大利而非德国。成为两次巴尔干战争诱因的，是的黎波里而非丹吉尔。两次巴尔干战争通过进一步削弱奥斯曼帝国在欧洲外围的势力，完全颠覆了控制着该地区、刚好保持平衡的地缘政治体系。[33]

第一次世界大战是以第三次巴尔干战争的形式开始的；历史学家对此基本达成共识。[34]那么，为什么这么多关于第一次世界大战起源的论述都对意土战争（Italo-Turkish War）轻描淡写，或者完全忽略呢？毕竟，利比亚和巴尔干之间的联系再直接不过了。罗马向君士坦丁堡发出最后通牒的当天（1911年9月28日），塞尔维亚外交大臣就警告说，一场旷日持久的战争将产生区域性影响。冲突才进行了一个月，塞尔维亚和保加利亚就签订了军事条约，对抗已经身陷重围的奥斯曼人。1912年5月，当意大利军队侵占希腊海域的佐泽卡尼索斯群岛（Dodecanese Islands）时，这两个国家正式敲定条约。1912年10月，奥斯曼人在瑞士洛桑签字放弃了利比亚，当时他们正遭到巴尔干同盟部队——黑山、塞尔维亚、保加利亚和希腊——的攻击。东方问题被摆上了台面。[35]

责任在谁呢？欧洲的势力均衡，依靠的是安抚每一个人，使冲突和危机达到可控的程度。意大利也不例外，它有自己的帝国野心和面对列强时的自卑情结。特殊之处在于，它得到了协约国的认可，这也有助于解释为什么利比亚战争会被忽略。1902年，法国和意大利同意接受彼此各自对摩洛哥和利比亚的主张，英国也重申了1887年的承诺，支持意大利在这个奥斯曼省份的利益。俄国通过1909年的拉冈尼基协定（Racconigi Bargain）与之达成一致，为罗马在的黎波里开了绿灯，以换取意大利支持自己打通土耳其海峡。[36]

到了1911年，波斯尼亚—黑塞哥维那已落入哈布斯堡之手；青年土耳其党的军人集团在君士坦丁堡安坐；法国几乎锁死了摩洛哥。在帝国争夺战的这个后期阶段，长期以来努力避免破坏奥斯曼帝国稳定的意大利领导人，很难对狂热殖民主义者恢复罗马治下的阿非利加行省、最终夺取利比亚的呼声置之不理。[37]然而，这样做需要外交手腕，意大利的试探集中在协约国身上，它们发出的信号是不会干涉。另一方面，意大利的奥地利和德国盟友却警告称，入侵利比亚会在其他地方产生“不良后果”。“[这种侵略］的结果是不确定的，”德国外交大臣对法国大使说，“一旦爆发，就不可能阻止保加利亚、塞尔维亚和希腊”，更不用说避免“全面战争”了。[38]然而，最终德国还是支持了意大利，明显漠视了奥匈帝国对区域性民族运动威胁自身多民族国家的忧虑。巴尔干战争期间，德国自始至终都更关注维护欧洲的和平，以及改善与英国的关系，而不是照顾盟友日益增长的不安全感。[39]

长期以来，英国为了保护奥斯曼帝国不受俄国侵害而为它撑腰，可它为什么放任意大利进攻利比亚呢？德国如何看待自称的奥斯曼帝国新盟友这一角色呢？俄国是指望土耳其进一步衰弱，以便自己可以在法英的同意下打通土耳其海峡吗？意大利对三国同盟是负有义务的，可它与协约国达成了谅解，这意味着什么呢？结果却是，意大利将在 1915 年加入协约国；奥斯曼人将在德国的军事支持下与英国人交战；而俄国和英国甚至成了盟友，这比最近英国和法国成为盟友更让人难以想象。意土战争不仅引爆了东方问题，也动摇了联盟体系。

利比亚战争的迁延日久助长了这一结果。夺取的黎波里和海岸线，对意大利人来说易如反掌。但意大利军队在向内陆推进的过程中停滞不前，便转向了东地中海，在那里，他们几乎消灭了奥斯曼帝国的海军力量。意大利的“速”胜花了一整年时间。相比之下，因它而生的两次巴尔干战争几乎终结了奥斯曼人在东南欧 500 年的存在，可仅仅几个月就结束了。

虽然巴尔干战争被称为第一次世界大战的“序曲”，却完全没有使后者成为必然。[40]此外，巴尔干战争的爆发实际上在几个月前就已成定局，与

1914年7月形成了鲜明对比。列强在1912年万万没有想到，奥斯曼人的败北来得如此迅速，巴尔干地区会发生如此翻天覆地的变化。相比于19世纪70年代的东方危机，彼时列强还在召开会议，冷静地解决问题，而巴尔干战争在当地迅速制造了新的现状，以至于很难协同响应。[41]

自获得独立以来，希腊、塞尔维亚、保加利亚和罗马尼亚开始在互有重叠的地区代表“自己”的民族维护自己的权利，无论如何定义这里的民族。鼓励像马其顿和阿尔巴尼亚这种仍在奥斯曼帝国控制下的地区的基督徒同胞进行抵抗，大致是少不了的。随着1908年青年土耳其党人的登场，以及他们在巴尔干地区收复奥斯曼帝国失地的计划，大希腊、塞尔维亚、保加利亚和黑山的事业变得更加紧迫，并且一意孤行，对列强的地缘政治需要毫不在乎。一位保加利亚政治家质问道，既然你们那么想维持现状，怎么奥地利吞并波斯尼亚、意大利夺取利比亚时，就闭口不谈现状了呢？

> 这样的欧洲，竟然对我们说教，要适可而止，要克制……你们的外交官……倒是不会反对让巴尔干定格在这里，再过上10年……在我们这个新时代，让外界来指引巴尔干地区的命运，是越来越不可能了，他们怎么就不明白呢？我们在成长，在获得自信，在变得独立。[42]

这刚刚萌生的自由，有一个重要的例外：俄国。它将巴尔干国家视为抵御德奥扩张的堡垒，而塞尔维亚人和保加利亚人在战略问题上有时还是要寻求俄国的首肯。和其他大国一样，沙皇政权并不想破坏巴尔干地区的稳定，也不想冒战争的风险，因为自己还没有准备好。因此，按照俄国的设想，原本的巴尔干同盟是要包括奥斯曼帝国的，英国外交大臣对此也表示赞许。可塞尔维亚和保加利亚在这件事情上犹豫不决。考虑到两国还在争夺对马其顿的所有权，它们也不是很想与对方合作。利比亚的战争消除了这层芥蒂，索非亚的亲俄政府，以及贝尔格莱德热烈亲塞的俄国大使尼古拉·哈特维希男爵（Baron Nikolai Hartwig），也起到了同样的作用。后者使俄国外交大臣谢尔盖·萨宗诺夫（Sergei Sazonov）转而支持他的巴尔干同盟计划，以对抗奥匈帝国，并遏制奥斯曼人。然而，塞尔维亚和保加利亚的联盟暗藏着“一个危险因素——将其用于进攻的诱惑”。[43]

俄国驻索非亚大使有这样的担忧，驻贝尔格莱德的哈特维希却没有。1909年秋天来到贝尔格莱德后，这位外交部门的叛徒开始将他对奥匈帝国的、具有泛斯拉夫主义色彩的敌意转化为亲塞尔维亚立场，这让他变得“比塞尔维亚人更像塞尔维亚人”。很快，哈特维希就“在贝尔格莱德的政治生活中拥有了无与伦比的影响力”。[44] 此外，他传达出来的意思始终如一，同时也很极端：塞尔维亚可以指望俄国的支持。尽管萨宗诺夫敦促要适可而止，塞尔维亚的领导人也在寻求捍卫他们“顽强不屈的独立”，可哈特维希却在力劝帕希奇将大塞尔维亚计划推行到极致。[45]

巴尔干战争显示出他做得有多么过火，纵使他的上司在希腊和黑山加入塞尔维亚—保加利亚的巴尔干同盟时就已经很恐慌了。[46] 黑山于1912年10月8日带头进攻，不出6个星期，事情就差不多结束了——在色雷斯、马其顿、科索沃、阿尔巴尼亚和新帕扎尔桑贾克（Sanjak of Novi Pazar），奥斯曼人被赶走了。只有希腊人遭受了挫折，他们没能夺取马其顿南部的比托拉［Bitola，即莫纳斯提尔（Monastir）］。但塞尔维亚人帮了他们一把，比托拉于11月18日陷落。在色雷斯东部，奥斯曼人被逼退到离君士坦丁堡20英里的恰塔尔贾（Çatalca）一线。1912年12月3日签署停战协议时，恰塔尔贾以西的奥斯曼据点只剩下了被围困的哈德良堡（色雷斯东部）、约阿尼纳（Ioannina，阿尔巴尼亚南部）和斯库台（Scutari，阿尔巴尼亚北部）。

这些城市的坚守也只是昙花一现。青年土耳其党人于1913年1月23日通过政变夺回了权力，一周后，他们宣布中止停战协议，重新开始了敌对行动。3月，约阿尼纳落入希腊人之手，保加利亚人夺取了“君士坦丁堡的门户”哈德良堡。斯库台（Shkodra）的情况更加棘手，因为一支塞尔维亚—黑山部队已经包围了这个以阿尔巴尼亚人为主的城镇和地域。与塞尔维亚人征服的科索沃不同，前者是塞尔维亚人历史神话的核心，并且有相当多的塞尔维亚少数民族，而占据阿尔巴尼亚北部则是一种战略优势：从这里可以通往亚得里亚海的港口都拉斯（Durrës，即 Durazzo）。

这几乎足以引发一场欧洲战争，因为奥匈帝国反对塞尔维亚拥有海港，担心它会被俄国海军利用。1912 年 11 月 12 日，维也纳向贝尔格莱德和采蒂涅（Cetinje，黑山首都）发出最后通牒：结束对斯库台的围困，离开阿尔巴尼亚领土。圣彼得堡已于 9 月 30 日宣布在（与奥匈帝国和德国接壤的）华沙军区进行“试验性动员”，此时正在考虑采取更具攻击性的行动。与此同时，二元君主国加强了在（与俄国接壤的）加利西亚的驻军，并将波斯尼亚和达尔马提亚的部队置于备战状态。英国和法国也加强了军事准备。[47] 如果不是“英国外交大臣爱德华·格雷爵士巧妙的安抚性干预，萨拉热窝在历史上的恶名就要让给都拉斯和斯库台了”。[48] 这多少有些言过其实，因为俄国强迫军方缓和局势，德国和英国更是下定决心要结束这场僵局，而不是为了巴尔干半岛参战。德皇威廉说：“[他]在任何情况下都不会考虑为了阿尔巴尼亚和都拉斯而向巴黎和莫斯科进军。”[49]

与 1914 年 7 月形成鲜明对比的是，弗朗茨·约瑟夫皇帝和外交大臣贝希托尔德在 1912 年 12 月选择了和平，尽管对战争的恐慌一直持续到 1913 年 3 月，彼时，伦敦的大使会议暂时敲定了阿尔巴尼亚的边界。甚至到了那时，塞尔维亚都还保持着围攻状态，直到列强用一场令人生畏的海军力量展示封锁了黑山的港口。另一方面，黑山还是在 4 月 23 日夺取了斯库台。庆祝活动在采蒂涅、贝尔格莱德和圣彼得堡相继上演；柏林和维也纳重新开始军事准备；俄国则做出了保护“小伙伴”的姿态。不幸中的万幸是，俄国外交部拒绝承认黑山对“纯粹的阿尔巴尼亚城镇”的要求，而一份新的最后通牒说服了尼古拉国王撤退。1913 年 5 月 30 日，《伦敦条约》签署。一个独立的阿尔巴尼亚缓冲国由此诞生。但巴尔干地区的和平仅仅持续了一个月。[50]

对第二次巴尔干战争的标准解读是，胜利者为争夺战利品而反目成仇。一种有失公允的解释是，塞尔维亚违反巴尔干同盟的条款，吞并了“保加利亚区域”的马其顿部分地区，并拒绝就这一问题进行谈判。[51]确实，塞尔维亚部队为比托拉和马其顿的其他地区做出了相当大的牺牲。保加利亚是这场战争中的大赢家，极大地扩张了领土。但这两个国家在马其顿问题上的冲突，已经再也无法被它们因投机结成的联盟所控制了，双方各执一词，都声称那里有自己的“国民”。1913年6月29日，保加利亚入侵了马其顿的希腊人和塞尔维亚人据点。6个星期后，它失去了在第一次战争中获得的大部分土地，在东北方还有另外一些领土落入罗马尼亚人之手。1913年8月10日签署《布加勒斯特和约》时，明确的胜利者是塞尔维亚王国。除了保加利亚之外，还有一个懊丧的失败者，那就是哈布斯堡帝国。它作为旁观者，只能眼睁睁地看着对手的国土面积几乎翻了一番，人口也增加了130万，包括其垂涎的科索沃的全部。[52]首相帕希奇在1914年初告诉沙皇尼古拉，塞尔维亚以外的主要沦陷区，现在位于伏伊伏丁那、克罗地亚、达尔马提亚和波斯尼亚—黑塞哥维那，仍有600万“塞尔维亚—克罗地亚人”被困在二元君主国。[53]

巴尔干战争就这样结束了：签署了两份国际和平条约；民族国家进一步巩固；塞尔维亚从土耳其人的“奴役”中“复兴”；[54]波斯尼亚青年热血沸腾；穷凶极恶的暴行，特别是针对巴尔干穆斯林的，新成立的卡内基国际和平基金会委托对此进行了调查；而东方问题却没有得到解决。保加利亚和土耳其是受害的参战国；奥斯曼人在爱琴海岛屿问题上与希腊交恶；被陆地包围的塞尔维亚仍然没有得到满足。1913年秋，塞尔维亚派兵进入阿尔巴尼亚北部，据称是为了击退阿尔巴尼亚对科索沃的入侵，并再次面对奥匈帝国挑衅的最后通牒。[55]“机不可失！”德皇威廉给贝希托尔德写信说：“日后必将在那里建立和平与秩序！”塞尔维亚不情不愿地遵从了，顶着民族主义派系的内部压力，在10月25日撤出了军队。德国也出了一份力，站在鲁莽的盟友一边，同时进一步牺牲了英国对其有能力控制奥匈帝

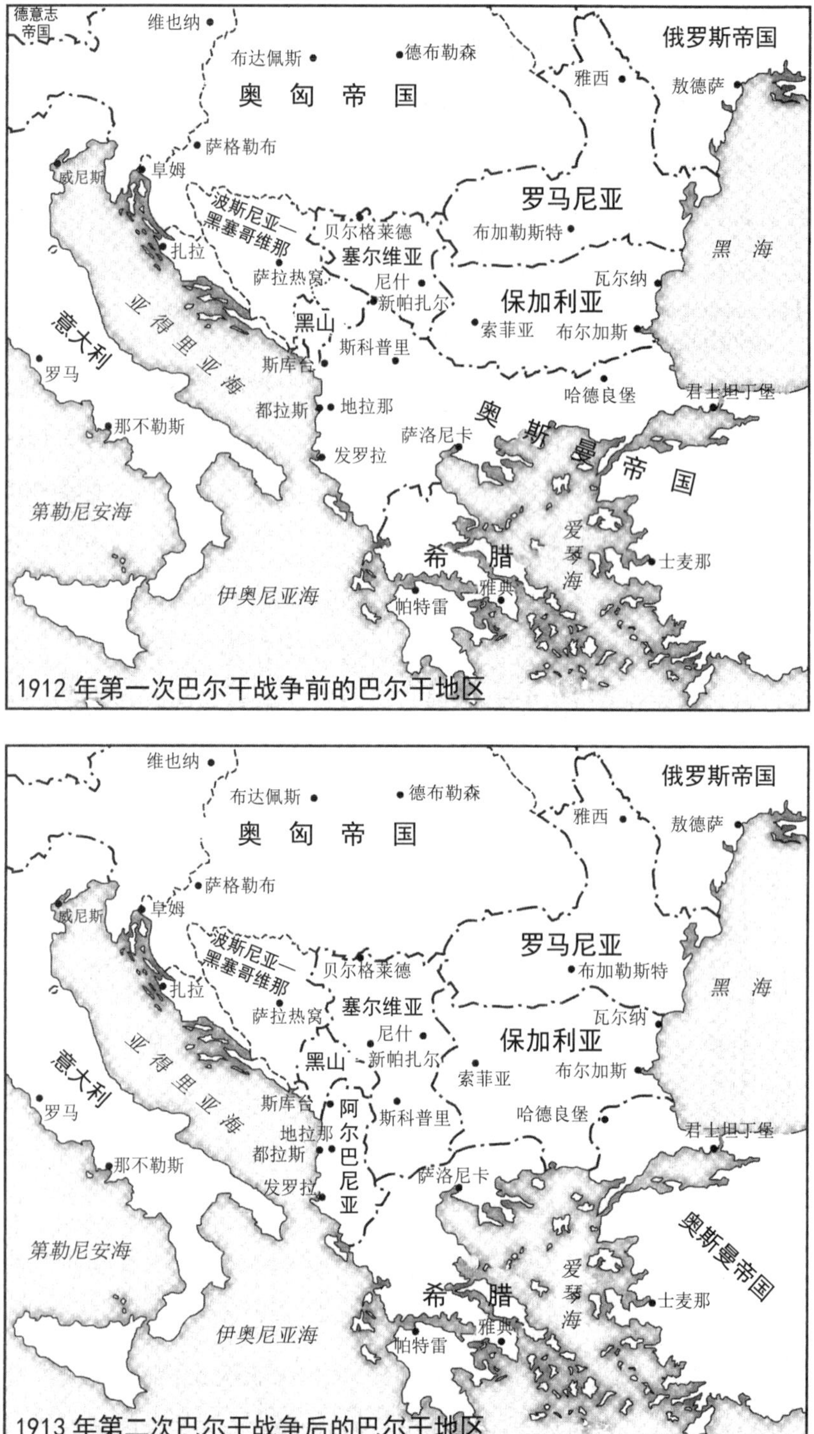

图 4.1 巴尔干战争之前和之后的巴尔干地区（1912—1913 年）

图片来源：John Zametica, *Folly and Malice*(London, 2017), xiv，经 Shepheard-Walwyn (Publishers) 许可使用。

国的信心。俄国发挥了自己的作用，拒绝约束塞尔维亚，不过最终还是勉强承认贝尔格莱德做得太过分了，也没有给最后通牒制造障碍。维也纳欢欣鼓舞。贝希托尔德受到了称赞。东方快车恢复了穿越巴尔干半岛的班次。和平再次占据上风。[56]

但巴尔干战争带来了惨痛的教训，因为最后通牒无论多么灵验，都是要冒战争风险来解决问题的，而这些问题对哈布斯堡帝国的影响甚于其德国盟友。塞尔维亚也认识到，有了更大的军队和俄国的支持，威胁恐吓奥匈帝国是多么容易。而这种支持现在更加坚定了，因为保加利亚屡屡败北，随后又接受了德国的大笔贷款来筹措资金，这就促进了外交上的一次反转：贝尔格莱德取代索非亚，成为俄国在巴尔干地区新的堡垒，这种效忠关系的变化完全由地缘政治而非“斯拉夫人的亲缘关系”所驱动。这对塞尔维亚的影响令人沉醉。1914 年 2 月，帕希奇从俄国回来后对哈特维希说：“在贵国沙皇的每一句话中，”

> 我都能感受到陛下对塞尔维亚独有的仁心……在我们看来，沙皇的善意也是对塞尔维亚光明未来的保证，如果没有俄国在道义上鼎力相助，塞尔维亚将无法克服邻国那个君主国的刁难，它始终对塞尔维亚怀有敌意，事事都要找我们的麻烦。[57]

距离君主国的下一任统治者遭遇政治谋杀，还有 4 个月时间。

弗朗茨·斐迪南在第一次巴尔干战争期间施行了一种特殊的行动方略

（démarche），1912年年底，他为单方面攻击塞尔维亚寻求德国的支持和俄国的克制。这位皇位继承人几乎凭借一己之力激起了“巴尔干战争期间多瑙河君主国最危险的战争恐慌”。[58]皇帝、他的外交大臣和德国外交大臣最终拒绝进行这场令人心动的清算。不过我们也要问，君主国在巴尔干战乱中的军事投入，是否会把俄国和其他大国也拖进来？或者说它的时机、目标和理论根据，是否会像大公所期望的那样抑制这场冲突？具有讽刺意味的是，他的倡议本可以避免世界大战，而不是他的遇刺推动了世界大战。[59]

虽然像这样推测起来的话就没完没了了，但在这件事情上，没有证据表明“萨拉热窝事件”是一场策划已久的军事攻势寻觅已久的借口。换句话说，帝国并非一心想要通过攻击行为来解决南斯拉夫问题。巴尔干战争后，帝国积极寻求的是让德国相信情况变化的严重性。在1913年8月1日到1914年6月24日间的一系列备忘录中，哈布斯堡领导人强调了塞尔维亚和君主国之间“永远无法化解”的敌意，以及约束这个小王国、防止自己被俄法领导的巴尔干同盟（塞尔维亚、黑山、罗马尼亚、希腊，最后还有保加利亚和土耳其）包围的极大必要性。即便总参谋长康拉德·冯·赫岑多夫和陆军大臣亚历山大·冯·克罗巴廷（Alexander von Krobatin）再三恳求进行“预防性战争”，文官还是在努力挽救他们与罗马尼亚的联盟（罗马尼亚不仅有一块落在匈牙利的沦陷区和一个仇奥的精英集团，还在第二次巴尔干战争期间与“不共戴天之敌”塞尔维亚结了盟），并违背仇视斯拉夫人的柏林的意愿，与受到伤害的保加利亚结成了牢固的联盟。哈布斯堡政府没有制定战争目标，谋划领土扩张就更无从谈起。大公本人就很不客气地说，除了“一些猪和猪倌”，帝国从塞尔维亚什么也得不到。[60]然而，一个大塞尔维亚却能让它失去一切，这一点维也纳比柏林更清楚。[61]

弗朗茨·斐迪南可能确实缺乏外交手腕，但他在战前可是个大忙人。从波斯尼亚危机结束到访问波斯尼亚，其间皇储参与了与匈牙利续订折中方案的商谈、政府的人事任（免）、减轻了他的反英偏见的几次英格兰之旅，还有其他许多事情。[62]在这样的背景下，弗朗茨·斐迪南和德皇威廉照常于1914年6月12日至14日的周末在前者的科诺皮什切（波希米亚）城堡进行了备受瞩目的会面。议程的焦点是罗马尼亚与三国同盟的渐行渐远，以及大公对匈牙利民族主义的持续关切。威廉试图缓解他的朋友对马扎尔分离主义的恐惧，并借城堡壮观的玫瑰园来恭维他。但没有任何证据表明，他们展望了欧洲战后的重组，将各个王国分配给弗朗茨·斐迪南的儿子们；或者密谋让继承人在萨拉热窝假装遇刺，之后入侵塞尔维亚（查布里诺维奇则是奥地利警察的密探！）。那都是哈布斯堡批判者的阴谋论幻想。[63] 尽管有迹象表明，善变的德皇对奥塞外交有效性的态度发生了转变，他的政府也重申了对这个缺乏安全感的盟友坚定不移的支持，但科诺皮什切的会面还是“平淡无奇、乏善可陈”，并不是某些带有倾向性的解读中那场险恶的“军事会议”。[64]

萨拉热窝暗杀事件也是同样的道理——明明是可以预料到的行为，却常常被描绘成一个史诗级大阴谋；这就是一连串乱七八糟的事情，恰似生

图4.2 1914年6月12日至14日，德皇威廉二世在科诺皮什切（波希米亚）问候大公的妻子霍恩贝格女公爵

图片来源：Hohenlohe Family Archives. 承蒙卡尔·霍恩洛厄（Karl Hohenlohe）供图。

活本身。弗朗茨・斐迪南或许是哈布斯堡王朝历史上最有政治意识的继承人，已经得到预先警告。暗杀的危险无处不在，而且并不仅仅来自南斯拉夫人，意大利民族统一主义者、匈牙利反对者和泛德意志民族主义者都在密谋对大公不利。1912 年 6 月，贝尔格莱德的奥地利情报机构报告了一个将民族自卫组织与维也纳的塞尔维亚学生俱乐部“黎明”联系起来的阴谋。其后，一个名叫米洛什・斯坦科维奇（Miloš Stanković）的人在因斯布鲁克（Innsbruck）被捕，因为他自吹自擂称计划杀死“离皇帝最近的那个人”。1913 年年初，的里雅斯特的一个意大利人交代，他被一个秘密社团派去谋杀大公，这促使贝希托尔德联系了罗马政府。同年晚些时候，克罗地亚人卢卡–卢约・阿利诺维奇在萨格勒布被捕，也引起了外交大臣的关注。[65]

对继承人访问波斯尼亚的警告，贝希托尔德也是知情的。政府中的每个人都知情，因为这些警告来自四面八方——萨拉热窝、布达佩斯、柏林、贝尔格莱德、哈布斯堡军事当局、克罗地亚的一所塞尔维亚教师学院，甚至是美国。弗朗茨・斐迪南已经在 1911 年取消了一次旅行，因为在一次调查之后，波斯尼亚克族领导人约瑟普・苏纳里奇（Josip Sunarić）坚决反对这次出行。他对大公的顾问加伦（Galen）神父说：“我了解塞族人，我知道他们会像杀人犯一样埋伏起来。”1914 年，苏纳里奇再次提醒政府领导人，要注意弗朗茨・斐迪南在萨拉热窝会遭遇的严重危险。[66]

那么，为什么大公敢去波斯尼亚—黑塞哥维那，更何况还要带上妻子同去呢？据他的医生说，他更希望皇帝派别人去视察陆军第 15 军和第 16 军的演习。他的伯父在那年春天抱恙，弗朗茨・斐迪南便与大内总管蒙特诺沃亲王（Prince Montenuovo）研讨，推迟了这次旅行。5 月 21 日，蒙特诺沃建议：“殿下首次访问该国，如果仅仅是以监察官的身份，没有［符合皇帝身份的］盛大排场，或许不太合适，特别是对于这些东方民族而言。”[67]

为了解决这个问题，皇储在 6 月初觐见了伯父。关于他们的会谈，一个被普遍引用的说法是，大公试图逃避这次旅行，因为暑气对他饱受摧残的肺部有害。据称皇帝的回答是“请便”。弗朗茨・斐迪南把这句话理解为命令，请求皇帝允许自己把妻子也带上。弗朗茨·约瑟夫同意了，于是一些作家就仅从这一段没有出处的对话断言，大公在帝国内部进行国事访问时，想要把索菲带在身边，所以注定要命丧于此。历史学家 A.J.P. 泰勒写道：“大公就这样为爱情赴死。”[68] 这是文学的夸张——女公爵已经在他们一同前往英国和罗马尼亚的公务旅行中得到过这份荣耀了，不仅如此，哈布斯堡武装力量监察长也对士兵有着高度的责任感，无论他多么爱自己的妻子，多么希望有机会让她陪伴在自己身边。[69]

至于这个时代的“弑君幽灵”，大公是亲身经历过的：1906 年 5 月 31 日，他目击了西班牙国王阿方索十三世（Alfonso XIII）在马德里举行婚礼期间遭遇的一次未遂刺杀。当天有 23 人被杀。非要说的话，弗朗茨·斐迪南更多的是听天由命，而不是害怕。他对他的法律顾问说：“恐惧和预防措施会麻痹你的生命。”他在另一个场合补充说，他宁愿相信上帝，也不愿活在“钟形罩里”。[70] 皇储又在 1913 年 4 月 8 日重复了这一信条：“我们的生命时刻处于危险中。”他对谨慎的幕僚长说：“我们只需要相信上帝！”[71]

弗朗茨·斐迪南太过相信上帝，没有反复强调波斯尼亚之行的安保防范措施。这大概比业余的阴谋更致命。德迪耶尔列举了七项疏漏，包括无效的边检、不完善的护照检查，以及在查布里诺维奇、格拉贝日和普林西普这种被列入黑名单的波斯尼亚人从塞尔维亚回国登记时毫无作为。警方密探在开往萨拉热窝的火车上认出了查布里诺维奇，还与这位前科犯谈到大公访问在即，却没有拘留他或者任何居住在贝尔格莱德、6 月初到达首府的波斯尼亚人。皇帝 1910 年来到萨拉热窝时，许多可疑分子一直被拘留到典礼结束。[72] 轮到弗朗茨·斐迪南，当局甚至没有派警察监视热拉伊奇的墓地。6 月 27 日，查布里诺维奇、普林西普和其他阴谋者还去进行参拜。

到了游行当天，安保措施近乎“过失犯罪”。数千名士兵坐镇萨拉热窝郊区；几个“人手不足的连队”驻扎在城里，没有一个在查布里诺维奇的炸弹爆炸后被召唤过来。皇帝的游行队伍穿过萨拉热窝时，士兵排成了两条警戒线。为了保护他的继承人，大约有 179 名安保人员混在 4.3 英里长的路线两边的人群中。也难怪指责哈布斯堡内部集团策划了这起谋杀的阴谋论会迅速出现。[73]

出错的原因也都平淡无奇——傲慢自大、缺乏责任心、"狭隘的官僚和政治斗争"，以及纯粹的马虎。萨拉热窝和维也纳的组织者更关注大公对午后宴会上红酒的口味，而不是他前往那里的路线。波斯尼亚—黑塞哥维那作为奥地利和匈牙利皇室领地的独特地位，使准备工作变得复杂。在这些省份拥有管辖权的联合财政大臣莱昂·冯·比林斯基（Leon von Biliński）声称，他甚至不知道军事演习后的民间活动安排，总督波蒂奥雷克也没有告诉他警力不足。这倒也不太可能。阿尔伯特·冯·马尔古蒂（Albert von Margutti）将军写道，安保方面的不足"简直无以名状"，他的这句话也反映出了所有人的失望。[74]

尽管如此，但罪魁祸首毫无疑问就是波蒂奥雷克。他在 1914 年 2 月承诺过，会"对殿下的这样一次旅行负全责"。他遵守了承诺，即便没有保持理智。波斯尼亚的文职政府首脑卡尔·科拉斯男爵（Baron Carl Collas）向波蒂奥雷克报告了波斯尼亚青年的危险活动，却被斥责为竟然害怕"小孩子"。1914 年 5 月下旬，萨拉热窝警长埃德蒙·格尔德（Edmund Gerde）建议给予警察更大的权力入户搜查，并由军队守卫游行路线，同样被总督斥责为"疑神疑鬼"。就在 6 月 28 日的几天前，波蒂奥雷克又一次傲慢地回应了波斯尼亚内政大臣特奥多尔·祖鲁尼奇（Teodor Zurunić）对安保的关切，指出大公是"以将军的身份"来访，因此他的安全只用"军队来操心"。这可能也解释了，在格尔德提示可能存在针对皇储的阴谋时，他为什么不采取行动——因为军官团已经掌控了一切。就大公每天要面临的危险而言，萨拉热窝警方的瓦迪斯瓦夫·格卢克（Władysław Gluck）得出了与大公相同的结论："6 月 28 日的安保措施全凭天意。"[75]

业余的阴谋者甚至有机会接近弗朗茨·斐迪南，这完全是因为无能，而不是天意。至于暗杀的威胁有多严重，还有进一步的证据。据称，大公曾对布拉干萨公爵说："我知道，给我准备的子弹已经射出，不过职责要求我去波斯尼亚。”[76]怀着这样的觉悟，他和索菲亲吻了他们的孩子，离开了他们在赫卢梅茨（Chlumetz，位于波希米亚）的庄园，并且很快就遭遇了挫折：豪华车厢的车轴过热，他们被迫坐在火车车厢的隔间里。弗朗茨·斐迪南表示：“好吧，我们的旅程一开始就出现了不祥之兆。”他们从维也纳出发，分头前往萨拉热窝——索菲乘火车经由布达佩斯，大公从亚得里亚海上走。但在他驶向港口城市的里雅斯特的火车车厢里，电灯又出了故障，弗朗茨·斐迪南被迫点蜡烛照明。“又是一个预兆，”他打趣道，“这难道不像在坟墓里一样？”[77]

南行的其他方面都很顺利。6月24日，弗朗茨·斐迪南穿着海军上将制服，登上了“联合力量号”战列舰（Viribus Unitis）。第二天早上，波蒂奥雷克在内雷特瓦河（Neretva River）河口与他相会，他们又从那里乘坐游艇前往黑塞哥维那的梅特科维奇（Metković）港。然后两人乘火车前往莫斯塔尔，莫斯塔尔市长盛情接待了他们，还新建了一座“弗朗茨·斐迪南公共浴场”。到了下午3点，大公已经在萨拉热窝城外的温泉小镇伊利扎（Ilidža）的波斯尼亚酒店（Hotel Bosna）与妻子相拥。然而，这对夫妇并没有躲起来过夜，而是在人流密集的市中心临时造访了一位有名的地毯商。人群聚集在一起，呆呆地望着他们；一些人高呼“živio!”（万岁——这是在祝他长寿！）；而普林西普本人可能也在场。两天后的6月27日，大公给他的伯父拍电报说，尽管下着大雨，但演习的进行让他“极为满意”。索菲也对她在波斯尼亚学校和宗教机构（除了塞族人的那些）的参观非常满意，以至于在游行前夕的宴会上，曾经就“大塞尔维亚沦陷区”的危险两次发出警告的约瑟普·苏纳里奇向她鞠躬并行吻手礼时，她还温和地嗔怪道：“亲爱的苏纳里奇博士，您终究还是错了……无论我们走到哪里，包括塞族人在内的每一个人，都以如此的友善、热诚和真正的温情来迎接我们，我们对此感到非常愉快。”苏纳里奇的回答很不吉利：“殿下，我向上帝祈祷，如果我有幸明晚见到您，您还能向我重复这些话。届时，我心里的一块石头，一块大石头，才算是落了地。”[78]

甚至在斐迪南大公对波斯尼亚的访问宣布之前，“年轻人所渴望的，就只有炸弹、暗杀、爆炸物了”。写下这句话的前塞族大臣十分清楚，在热拉伊奇射偏的五颗子弹和普林西普射中的两颗子弹之间，还有好几个针对哈布斯堡领导人的阴谋。[79] 卢卡·尤基奇刚刚因 1912 年 6 月开的那几枪被奉为英雄，普林西普和朋友们——至少是那些还没有入狱的人——就开始讨论起暗杀目标了。弗朗茨·约瑟夫皇帝、莱昂·冯·比林斯基、奥斯卡·波蒂奥雷克，以及随便哪个奥地利警察，都榜上有名。1912 年 12 月 5 日，波蒂奥雷克在日记中写道：“好几份关于有计划的政变、行刺的情报（也有针对我的）。”[80] 此后不久，当局首次讯问了普林西普。[81]

到了 1913 年 5 月，正值斯库台的战争恐慌，波斯尼亚—黑塞哥维那的局势已经十分严峻，该省的行政长官比林斯基终于允许波蒂奥雷克采取“非常手段”了。民事法庭被关闭；公民权利被剥夺；塞尔维亚语刊物被查封；对叛国罪（例如唱塞尔维亚歌曲或侮辱皇帝陛下）进行公审，1910 年宪法的关键条款也被暂缓实施。实际上，该地区已经处于军事统治之下。在实践中，波斯尼亚塞族人首当其冲，他们所有的文化和教育协会都是镇压目标。要说有什么事情能够反映出 1913 年至 1914 年的紧张环境，那就是莫斯塔尔高中——青年波斯尼亚的思想和骚动的温床——被关停了整整一年。[82]

内德利科·查布里诺维奇不是学生，不过他也在为自己对哈布斯堡政府“令人苦恼”的愤恨寻找发泄口。在 1913 年 8 月 31 日的一封信中，他怒斥他的波斯尼亚朋友博里沃耶·耶夫蒂奇表现得“仿佛我们并非生活在周围这一切正在发生的时代”，而此时距离一名克罗地亚裔美国人试图谋杀马扎尔人在萨格勒布的新总督还没过多久。查布里诺维奇当时在的里雅斯特的一家印刷厂工作，正在想方设法搞到枪。他在 10 月初带着一把枪离开时，据称他对同事说，他们很快就会听说“与他有关的大事”。他没有让人失望。[83]

达尼洛·伊利奇也没有让人失望。这位曾经在萨拉热窝与普林西普同住的革命者一路漂泊，即便1914年之前还在摇摆不定。1913年春，波蒂奥雷克的镇压开始后不久，伊利奇决定除掉他。他可能在去瑞士时与弗拉迪米尔·加契诺维奇讨论了自己的计划，据推测，他是带着“[帝国]最重要的人物之一必须人头落地”的使命回来的。[84]他肯定将这些计划告知了普林西普，后者证实，据自己“最好的朋友”伊利奇称，头号目标就是波蒂奥雷克。[85]

法国的图卢兹（Toulouse）看上去不太像是一个对刺杀奥地利官员进行密谋的地方，但战后的一些消息来源显示，1914年1月7日至2月3日的某个时候，那里举行过一次会议。在场的有加契诺维奇，以及一位穆斯林地主之子穆罕默德·穆罕默德巴希奇，他自我认同为塞族人，解放了家里最后的佃农来支付旅费。这次集会没有任何记录。事情的存在本身，包括由阿皮斯组织这般站不住脚的说法，都取决于这些招供的人物互相矛盾的证词。穆罕默德巴希奇说，他的任务是用一把毒匕首干掉波蒂奥雷克。但在开往波斯尼亚的火车上，当宪兵开始搜查车厢（其实是为了抓一个小蟊贼）时，他惊慌失措，把武器丢进了厕所。到达黑塞哥维那的家乡后，穆罕默德巴希奇找到了一把枪，并前往萨拉热窝，于3月26日在那里与伊利奇会面。然而，到了那时，更大的计划已经开始酝酿了。[86]

当身在贝尔格莱德的查布里诺维奇读到宣布斐迪南大公来访的文章时，他用完了午餐。然后他去了橡子花环餐馆，点了一杯咖啡，读报，看普林西普打牌。他告诉我们，“牌局结束时”

> 我想起了那份剪报，拿给［他］看。［普林西普］读了，什么也没说。我并不是真的认为那则新闻有多么重要，尽管我曾想过暗杀。我确实没有想到，那则新闻会在我的生命中扮演重要角色。

但那天晚上，在贝尔格莱德的一个公园里，普林西普提议，他们要刺杀哈布斯堡继承人。查布里诺维奇告诉主审法官，“短暂的犹豫后”，他同意了。[87]

为什么会犹豫？对这些波斯尼亚青年来说，弗朗茨·斐迪南是什么人？如果杀害他的阴谋是下面的人构思的，那么，作为皇权令人生畏的象征，这个个体真的重要吗？青年波斯尼亚成员肯定对这位皇位继承人有所耳闻，尽管在此之前，他们的计划针对的是波蒂奥雷克和波斯尼亚本土的其他哈布斯堡官员。查布里诺维奇甚至说，他本来以为会去刺杀“某个议会要员”，也许是奥地利在波斯尼亚议会（Sabor）中的一个南斯拉夫傀儡。这可能是他犹豫的原因：这名投弹者为派他去了结大公的契约而握手时，几乎不知道大公是什么人。[88]

不过他们有足够的时间去弄清楚。如果说除了弗朗茨·斐迪南傲慢的访问，波斯尼亚人还需要更多的行凶动机，那么他们确实提到了另一个动机：政治改革。在审判中，普林西普含含糊糊地声称，这位“未来的君主……会通过实行某些改革来阻碍我们的联合”。查布里诺维奇明确指出，大公“打算建立一个包括塞尔维亚和黑山在内的联邦制奥地利”，这并不准确。[89] 那么，这是否如阴谋自上而下论者经常声称的那样，是青年波斯尼亚和黑手会行刺的主要根据呢？这种见解是不得要领的——不是因为证据稀少，而是因为刺客们说了很多，其中有些内容与这些关于联邦制改革的模棱两可、漏洞百出的供述完全矛盾。普林西普、格拉贝日、查布里诺维奇和瓦索·丘布里洛维奇也都表明了，他们把弗朗茨·斐迪南定为目标，因为他是“斯拉夫人之敌”。[90] 然而，正是人们以为的大公对君主国斯拉夫臣民的同情——另一名被告伊万·克拉尼切维奇（Ivan Kranjčević）在诉讼程序中强调了这一点——塑造了传说中的三元制方案，激怒了他的对手。至于普林西普，他一再坚称，政治谋杀的动机是奥匈帝国对波斯尼亚人民做的“恶”，特别是对贫困的农村地区的人民：“他们一贫如洗；他们被当成牲口对待。农民被抛弃了，被他们彻底毁了。”[91]

查布里诺维奇对阴谋起源的描述直言不讳，也能说得通。然而，南斯拉夫爱国者阅读的许多报纸都报道了大公的这次访问。对一些人来说，军事演习明显是在耍花招，为的是与巴尔干战争中坚定自信的胜利者塞尔维亚算账。这是特里夫科·格拉贝日的设想，他在波斯尼亚因殴打老师被学校开除后，在贝尔格莱德继续学业。格拉贝日的证词中只说，自己与普林西普很抽象地谈到了他们“作为波斯尼亚人‘欢迎’[弗朗茨·斐迪南]的责任”。但那是在他回家过复活节并得知皇室访问的原因——军事演习——之前。此时，特里夫科已经“十分确信，必须灭掉他”，免得继承人灭掉塞尔维亚。他又将此事报知加夫罗，后者说自己已经“铁了心”要采取行动。“我也是。”来自帕莱（Pale，萨拉热窝附近）的神父之子回应道。“查布里诺维奇也准备好了，”普林西普补充说，“整装待发。”[92]

至于这位刺客，他说，在查布里诺维奇读到那篇文章之前，自己已经在德国报纸上读到了皇位继承人来访的消息。普林西普还声称，自 1912 年 2 月支持克罗地亚人的暴力示威以来，他就一直在考虑政治谋杀。那年 9 月，坦科西奇少校拒绝他参军，这个时机来得正好，使他对这项任务更加坚定了。他“彻夜”在热拉伊奇墓前“反思我们的悲惨处境”，这些经历也起到了同样的作用。他作证说，在那里，“我发誓要和他做同样的事”[93]。

普林西普的目的性是毫无疑问的。他在 1914 年年初回到贝尔格莱德时，怀揣着比通过考试更宏大的计划：同久罗·沙拉茨（Đuro Šarac）这样的退役非正规军一起，过上波斯尼亚反叛者的生活。后者曾因谴责吞并而服刑，之后逃到了塞尔维亚。[94] 在审判中，普林西普是被告中最慷慨激昂、从容不迫、不知悔改的。他声称，自己还没有收到来自任何人的情报时，就决定实施这个阴谋了。虽然武器来自塞尔维亚，但他坚称，计划方案自始至终都是波斯尼亚人的。他甚至自夸，就算没有身为民族自卫组织成员的塞尔维亚海关官员的协助，他也可以轻而易举地将弹药运过奥塞边境。民族自卫组织是一个名义上的文化组织，在吞并危机期间为鼓励民族统一主义而创立。[95]

关于萨拉热窝阴谋开端的上述几种设想，除了司法证词中的证据基础外，还有一个共同点，就是它们都是在青年波斯尼亚成员那里开始的——不是什么秘密的恐怖分子集团，而是两名学生和一名排字工人。没有什么狂热的“潜伏特工”在耐心等待高层的命令，而是心怀不满的青年三人组决心自己动手处理问题——波斯尼亚的问题。这并不是要看轻普林西普、格拉贝日和查布里诺维奇——往萨拉热窝运送武器的“贝尔格莱德三人组”——踏入了不断扩大的革命者圈子这一事实。[96] 也不是要低估他们在塞尔维亚的武器来源——与伤天害理的黑手会有关联的激进民族主义者——的重要性。毋宁说是要重申，组织并执行了这个阴谋的波斯尼亚人并不需要外界的刺激，只需看看他们悲惨的生活和祖国，愤怒便油然而生，进而决定实施谋杀。[97]

历史学家罗宾·奥基（Robin Okey）强调，青年波斯尼亚并不“仅仅是塞尔维亚民族统一主义的工具”。更具体地说，它并非“黑手会的分支”，“‘统一或死亡’的外延”，与“统一或死亡”“有关联，并得到其支持”，“完成黑手会交代的任务”，“代表一个以贝尔格莱德为基地、暗中活动的极端民族主义网络行事”，甚至都不是被黑手会“招募”或“拉拢”来“推动其自身的极端塞尔维亚民族主义议程”的。[98] 此外，也没有确凿证据表明普林西普和伊利奇是黑手会成员，正如一位学者和一部学术纪录片最近的主张。[99] 相反，奥基继续道，“青年运动的整个要义就是拒绝接受督导”，这就违背了“统一或死亡”筹划杀害大公的“传统对立观点”。[100] 从查布里诺维奇的第一次受审，到他们互有出入的法庭供词，刺客们始终坚称，是他们策划了这个阴谋。案发后，达尼洛·伊利奇在警察的大举搜捕中落网。他作证称，普林西普曾经从贝尔格莱德给自己写信，讲述其与查布里诺维奇和格拉贝日正在筹划的阴谋。据称，普林西普——不是阿皮斯，也不是黑手会的任何人——还给伊利奇派了一项任务，要他再招募 3 名刺客。事后，查布里诺维奇很内疚，为被他的炸弹炸伤的旁观者感到由衷的悔恨。他试图将责任推给他们所处的过于民族主义的氛围。在这样的氛围中，“常常一言不合就暴力相向”。可即便到了这时，刺客们还在坚持这种说法，普林西普也自豪地承认：“但凡暗示阴谋的发起者另有其人，就一定是在撒谎。这是我们的主意，执行暗杀的也是我们。”[101]

波斯尼亚的阴谋策划者既不是大塞尔维亚的“工具”，也不是“傻子”，但这一事实并不意味着他们的说法绝对可靠。关于最先得知继承人来访的是谁，以及阴谋是何时、在哪些人之间决定下来，各种说法都有出入。在查布里诺维奇读到那篇文章之前，普林西普和伊利奇也许已经开始谋划了。路易吉·阿尔贝蒂尼和悉尼·费伊揪着这些矛盾之处不放，认为阴谋来自阿皮斯和“诡秘的”黑手会那些好战的塞尔维亚民族主义者，而非热情洋溢的青年波斯尼亚成员。阿尔贝蒂尼不愿相信刺客们的话，而是信赖阿皮斯的外甥米兰·日瓦诺维奇（Milan Živanović）。后者声称，阴谋的产生，是因为弗朗茨·斐迪南所谓的亲斯拉夫政治改革，而他的舅舅担心这些改革会威胁到大塞尔维亚事业。[102] 至于费伊，他相信了著作颇丰的塞尔维亚外交官米洛什·博吉切维奇（Miloš Bogićević），认为黑手会是图卢兹会议的后台，而阴谋据称就是在这场会议中形成的。两位作家都对青年波斯尼亚成员与生俱来的愤怒没有疑问。然而，对这两位来说，主要的推手是阿皮斯（黑手会），其动机是大公的“三元制 / 联邦制”（阿尔贝蒂尼）和“唤醒哈布斯堡国土上的斯拉夫人”（费伊）。[103]

在这些学者的带动下，形成一股风气，无论是学者还是非专业人士，通常都把萨拉热窝阴谋归因于“无法无天的”黑手会中的大塞尔维亚民族主义者。当今也有许多人不假思索地将阿皮斯与“基地”组织、将萨拉热窝事件与“9·11”事件相提并论，正如“1914年6月28日”成了1934年刺杀南斯拉夫国王亚历山大和1963年刺杀约翰·肯尼迪总统的参照。[104]例如，克里斯托弗·克拉克强调了这场政治谋杀“生猛的现代性”——一个具有牺牲精神的“自杀式炸弹袭击者小队”，背后站着“一个明确的恐怖组织”。同时，历史学家玛格丽特·麦克米伦也认为，“很难不把［青年波斯尼亚］与一个世纪后宗教激进主义者中的极端组织相提并论，例如‘基地’组织。”[105]另外一些作家则依靠“恐怖分子的壮举”和“年轻的塞尔维亚恐怖分子突击队”等措辞。[106]还有不那么委婉的，一部学术专著的封面用了一张裂成两半的图像，一边是萨拉热窝暗杀事件，一边是世贸中心的熊熊烈火；一本匈牙利的恐怖分子辞典以“从加夫里洛·普林西普到奥萨马·本·拉登”为副标题；最近的一篇英国论文给普林西普贴上了“现代恐怖分子的海报偶像”标签。[107]教科书上对这起政治谋杀案的叙述中，也经常会冒出这种失之偏颇的修辞。[108]

问题当然在于有目标的政治谋杀和对普通平民的大规模杀戮是截然不同的。[109]毕竟，据称，特里夫科·格拉贝日曾写道，他“无法实施暗杀，因为许多无辜的人会因此丧命”。[110]查布里诺维奇供述称，要是能认识到世界大战的风险，“我会坐到炸弹上，让它把我炸得粉身碎骨”。这听起来完全不像是一个狂热的“基地”组织特工，热衷于通过杀害尽可能多的无辜者来引发全球的混乱。[111]来自他的“恐怖分子”共犯茨韦特科·波波维奇的这份证词亦然：

> 一个人如果不了解存在于波斯尼亚的特殊状况，就无法理解暗杀为何发生，以及如何发生……如果我们知道会导致第一次世界大战，暗杀就不会发生……［但是］我们没有想到全世界，或者任何其他国家。这是我们的问题，我们是在用自己的方式解决它。[112]

这并不是要淡化萨拉热窝刺客的“恐怖手段”和“行为”，也不是要掩

图 4.3 德拉古廷・迪米特里耶维奇・“阿皮斯”中校（画面中间者）
图片来源：Creative Commons.

盖他们在 19 世纪的背景下自称“恐怖分子”的事实。[113] 普林西普在法庭上还说，要“通过恐怖活动”实现他的目标，即“杀死上位者，消灭那些阻碍［南斯拉夫］统一的恶人”[114]。可问题在于，有一种将刺客神话化的趋势，认为他们在 19 世纪末就相当于当今的宗教激进主义者，而这恰恰源于这样一种倾向，就是将他们视为阿皮斯的黑手会的工具。迪米特里耶维奇无疑是一个诡计多端、人脉广泛、凶神恶煞的特工，对大塞尔维亚（或者说南斯拉夫）死心塌地，并且与俄国领事关系密切。尽管缺乏可靠的证据证明这场政治谋杀是他下的命令，但对于阴谋的起源，这种经不起推敲的解释比我们在这里提出的解释更让人着迷。更何况这位黑手会成员可能一开始就让波斯尼亚青年获得了武器，他这样做肯定是有某种动机的。[115]

关于德拉古廷・迪米特里耶维奇・“阿皮斯”的民族主义目标和对阴谋的爱好，能说的有很多，即便具体细节仍不清楚。例如，阿皮斯是想要让军队拥有禁卫军那样的政治权力，还是满足于通过威胁、阴谋和党派压力来进行操纵？他所预见的国家形态是什么——是塞尔维亚人凌驾于广大南斯拉夫人之上的霸权，还是“统一或死亡”少数派那种比较温和、民主的南斯拉夫主义？阿皮斯在统一南斯拉夫人方面有功吗？还是说他的行为对南斯拉夫主义有害，即使第一次世界大战结束时成立了塞尔维亚人、克罗地亚人和斯洛文尼亚人王国（Kingdom of Serbs, Croats, and Slovenes）？[116]

这些问题与阿皮斯的崇拜者和诋毁者之间更大规模的辩论是分不开的。后者把他诋毁成“冷酷无情、不择手段”的反动分子，缺乏政治洞察力，无法抑制对权力的渴求，他的支持者则把他捧成南斯拉夫的“精神建筑师”，为解放南斯拉夫人的战争巧妙地调配军事资源。在这两个极端之间，有一个全然的共识，那就是阿皮斯是一位天生的领袖，具有蛊惑人心的卓越天赋。正如一名信徒的证言：“他不仅仅是一个普通人，而是某种神秘力量，让我不得不让听候他的差遣。”这种“近乎不可思议”的魅力，使阿皮斯能够成为塞尔维亚政治生活中一个举足轻重的人物。[117]

这在外交和国内政策方面都适用。阿皮斯以南斯拉夫版皮埃蒙特的名义，帮助组建军事团体（所谓 čete，即游击战士），捍卫塞尔维亚在马其顿的利益；与塞尔维亚彼得国王和他的儿子们建立联系（伤害的是可恶的激进党）；对军队进行改良；以及在 1908 年成立民族自卫组织，反对吞并波斯尼亚。1914 年 7 月，奥匈帝国在给塞尔维亚王国的最后通牒中，就要求立即解散民族自卫组织。

这还不能充分说明问题——并不是因为这个改组后的“文化”组织从来没有从事过反哈布斯堡活动，而是因为漏掉了在这方面更重要的罪犯：黑手会。阿皮斯在马其顿问题上受到帕希奇政府的阻挠，无法阻止波斯尼亚—黑塞哥维那被吞并，无法改变民族自卫组织的温和作风，又因激进党不愿意提供符合民族抱负的军事支持而急躁难耐，于是在 1911 年 5 月帮助成立了“统一或死亡”组织。这本质上是一种煽动行为，因为社团成员把他们作为民族主义者的忠诚看得比作为军官的责任更重要。[118] 新成员要在一个黑暗的房间里，面对一个蒙面人，发誓会按照黑手会的要求，为大塞尔维亚“肝脑涂地”，并将组织的秘密带到坟墓里。该组织的标记就能证明其残忍的手段：炸弹、匕首、毒药瓶和骷髅 / 交叉骨图案。根据一项估计，约有 2 000 人宣誓效忠，但另一位权威人士认为黑手会成员最多时也只有 517 人，“主要是下级军官”和弑君者。[119]

不论规模大小，这个“高度机密”的社团很快便为人所知，在政治上也活跃了起来[120]——“几乎就是塞尔维亚外交部的一个工具”。贝尔格莱德小餐馆里的人们偷偷谈论着它，塞尔维亚和国外的政治 / 军事官员对它也忧心忡忡。入会仪式迅速增多，对这帮“禁卫军”的广泛报道和对帕希奇政府的压力也在激增。亚历山大王储向阿皮斯的《皮埃蒙特》杂志捐款 25 000 法郎，就是在直接支持一份对议会民主制充满敌意的刊物，这敌意尤其针对“叛国”的激进党“将政党政治置于神圣的民族目标之上的作风”。如果说外交部认为它可以将黑手会的力量引导到与奥斯曼人达到顶点的冲突上，那么阿皮斯则是寻求从内部瓦解。1911 年 11 月和 1912 年 1 月，哈布斯堡和英国驻贝尔格莱德的公使报告说，帕希奇及其政党是黑手会的主要仇恨目标。他们声称，该社团的直接目标就是把激进党赶下台。[121]

那是巴尔干战争之前的情况。随着塞尔维亚在军事上节节胜利，这个国家不仅扩张了版图，民族自豪感也在膨胀。此时的黑手会遭到了亚历山大的军官盟友（白手会）的强力反对，在守住来之不易的领土并从那里招募士兵的问题上，也与激进党政府发生了冲突。帕希奇在阿尔巴尼亚问题上向奥匈帝国屈服，而保加利亚人在马其顿重启冲突时，他又对与之全面开战犹豫不决，这激起了《皮埃蒙特》上对首相的叛国指控。黑手会深入奥斯曼帝国占据的领土执行高风险的侦察任务，为此付出了高昂的代价，但这无济于事。该社团在巴尔干战争中损失惨重，却也因“报了科索沃之仇”而受到公开的赞扬。[122] 1913 年 8 月，阿皮斯——他本人也在阿尔巴尼亚一次勇敢的任务中因马耳他热*而病倒——成为塞尔维亚总参谋部情报处长官，这使他能够接触到民族自卫组织在波斯尼亚的军事间谍网，以及6个新的边防哨所，在这些哨所执勤的都是身为黑手会成员的情报官。[123]

现在争论的问题是如何统治新吞并的地区。军队以国家的安全关切为由，提出实行多年军管。政府渴望政治和经济权力，寻求自己的势力范围。两边拉扯的过程中，军事预算暴增，激进党则企图通过拒绝赦免一名重要的军官成员来削弱黑手会的力量，此人在第一次巴尔干战争期间公然杀害了一名不服从指挥的士兵。英国驻贝尔格莱德公使写道，塞尔维亚官方终于对阿皮斯的派系下手了。由于陆军大臣在大赦事件中支持黑手会，政府于1914年1月逼走了他。然而，就接替这个位置的人选，政府挑起了一场恶斗，并以失败告终。这个人选就是内政大臣斯托扬·普罗蒂奇（Stojan Protić），“黑手会的梦魇”。他指责军队怀有“天理难容的禁卫军野心”，利用警察阻止军官参与政治，并强迫阿皮斯的“禁卫军”在最近赢得的土地上接受文官统治。[124]

随着1914年3月21日公布的优先权法令，事情到了最危急的关头。该法令宣称政府在新省份拥有优先权，导致黑手会和激进党斗得你死我活——《皮埃蒙特》用“行尸走肉”来形容这个据称正在摧毁政府和军队之间一切信任的政党。大多数军官（包括从前的弑君者）拒绝遵守这样一项法令，该法令规定，他们在这些领土的官方活动中要屈居腐败成性的公务员之下。甚至连不属于黑手会的军官都与阿皮斯联合。至于内政大臣普罗蒂奇，则是将违反者调到塞尔维亚本土，以公然抗法为由给斯科普里（Skopje）的军事指挥官发养老金使其退休，就《皮埃蒙特》从中获利的财务交易调查军官互助会，并阻止该报在马其顿发行。到了5月中旬，阿皮斯已经在考虑联合激进党的政治反对派发动政变了，后者同情军方，在投票前就已经开始脱离议会了。由于无法通过立法，也无法说服国王解散国

* 即布鲁氏菌病。——译者注

民议会，帕希奇于6月2日辞职。黑手会占了上风，《皮埃蒙特》上蹿下跳地炫耀着胜利，只可惜高兴得太早了。[125]

“塞尔维亚危在旦夕”，而“做事滴水不漏”的阿皮斯感觉除掉激进党的时机已到：他计划在马其顿发动军事政变，之后向贝尔格莱德进军。政府的计划同样狠厉：当地的宪兵部队接到了杀死政变领导人的命令。然而，高级军官坚持他们的宪法誓言，反对军队非法夺权，尽管仍然蔑视优先权法令，却还是抛弃了阿皮斯及其好战的信徒。6月11日，彼得国王要求帕希奇组建新内阁；6月23日，国民议会被解散；国王于次日退位；选举预定于8月14日举行。[126]帕希奇战胜了他的死对头阿皮斯，不过还没有完全打败黑手会。清算还要等到1917年的萨洛尼卡公审，彼时，战时政府以莫须有的叛国指控处决了迪米特里耶维奇·阿皮斯。

阿皮斯是否在1914年5月底同意向波斯尼亚三人组提供武器，“以对抗帕希奇和激进党”？这是阿皮斯的同伙坦科西奇少校在7月23日被捕后声称的，由此将萨拉热窝阴谋置于塞尔维亚文官与军人之争的背景中。坦科西奇是众所周知的一身反骨，他要么是招募了这些波斯尼亚人执行政治谋杀，要么是在他们自主获取武器的过程中充当了联系阿皮斯的中间人。后一种情况，即阴谋自下而上的观点，与坦科西奇的声明更相符，这也很合理，主要是因为时间问题，塞尔维亚驻维也纳前公使约万·约万诺维奇（Jovan Jovanović）在1933年写道：“与塞尔维亚政府剑拔弩张的［阿皮斯］在1914年5月想尽一切办法推翻帕希奇政府。”[127]在阿皮斯于6月初诉诸政变之前，先尝试用塞尔维亚的武器去刺杀哈布斯堡的继承人，事情很可能就成了。

这其中有一些关键问题：阿皮斯是否预期甚至是盼望刺杀会成功？仅仅是企图行刺，难道还不能引起一场足以推翻帕希奇的奥塞外交丑闻吗？因此，这些波斯尼亚青年即便外行，却是满腔热忱，在五月危机中是一个诱人的机会。[128] 历史学家芭芭拉·耶拉维奇（Barbara Jelavich）在一篇题为《哈布斯堡政府对黑手会了解多少》（What the Habsburg Government Knew About the Black Hand）的文章中提出了这个问题：为什么无论是奥匈帝国在暗杀事件后的外交信函，还是对塞尔维亚的最后通牒，都没有提到黑手会。她的答案不在于该社团的所谓“隐秘性”，而在于这样一个事实：从1911年11月到1914年6月的每一份外交报告，都把关注点放在了“统一或死亡”对激进党政府的严重威胁上，而不是对二元君主国的直接威胁。[129] 如果说奥地利人明明很担心隐藏在塞尔维亚军队中的塞尔维亚民族主义“秘密”社团，却没有把他们关于黑手会的情报与针对弗朗茨·斐迪南的阴谋联系起来，那或许是因为阿皮斯的动机比我们所以为的更具政治性，阴谋色彩也更淡。

有几个因素支持这一点，包括阿皮斯对1914年与奥匈帝国开战的担忧。[130] 这有时被拿出来作为他筹划这次暗杀的原因（确实，这个原因是阿皮斯在1917年的萨洛尼卡叛国罪审判中亲口道出的，只是为时已晚）——担心君主国的军事演习是攻击塞尔维亚的试验。[131] 但是，一个追根溯源到塞尔维亚的成功阴谋，更有可能挑起战争，而不是防止战争，无论阿皮斯是否像大多数塞尔维亚人（以及一些塞尔维亚历史学家）一样，误认为斐迪南大公属于维也纳的“主战派”。[132] 帕希奇明白这个道理，所以才会在6月10日试图阻止武器偷运进波斯尼亚，并在6月24日命令陆军大臣对阿皮斯和边防部队“鲁莽且荒唐”的活动展开“严密调查”。[133] 黑手会的高层也明白这个道理——听闻向三人组交付武器的消息后，他们似乎让阿皮斯叫停这个阴谋。巴尔干战争之后，塞尔维亚最不想要的就是再来一场冲突，更何况对方还是被自家报刊上发布的、激烈的反哈布斯堡宣传严重冒犯的大国。德拉古廷·迪米特里耶维奇·阿皮斯中校也明白这个道理，这名职业军人已经在新征服的科索沃和马其顿忙得不可开交。他只是没那么谨慎。[134]

阿皮斯可能也明白，这个阴谋不太可能成功，正如之前在当地筹划的那些阴谋，全都失败了。[135]阿皮斯如果想让刺客们成功，完全可以招募专业人士，并积极主动地帮助他们。至少他可以与这些住在贝尔格莱德的波斯尼亚人见上一面，因为他们实在太缺乏经验了。“这次谋杀真的能说是大阴谋家阿皮斯尽力了吗，还是说仅仅是对哈布斯堡统治一次近乎漫不经心、胡乱为之的顺带攻击呢?”[136]1914 年 7 月，阿皮斯向他的弑君者同僚安东尼耶·安蒂奇（Antonije Antić）中校吐露道，自己低估了这些波斯尼亚人的决心。据称，他还告诉安蒂奇，自己只是希望他们能吓唬一下弗朗茨·斐迪南。[137]在这一点上，阿皮斯差点儿就成功了。

安全是决定性因素。阿皮斯之所以愿意向波斯尼亚人提供武器，很可能是因为他既指望他们的决心，同时又对安保措施有着自己的判断。据黑手会创始成员切多米尔·波波维奇（Čedomir Popović）上校称，阿皮斯认为“这样的暗杀不可能成功，甚至可能不会发生……凭奥地利皇位继承人受到的警卫和保护，是不会有事的；最多只会发生某件小事，提醒他和他周围的人……进攻塞尔维亚很危险”。阿尔贝蒂尼不相信这个 1915 年的说法，因为按照这种说法，阿皮斯还试图叫停这个阴谋，而“这个人从来不知犹豫为何物，一旦做出决定就不会改变主意”。[138]但这样的心理画像很难推翻前文引用的说法。如果说迪米特里耶维奇·阿皮斯决定提供武器，是为了通过奥地利人的仇怨来“对抗帕希奇”，并且认为波斯尼亚人成功的希望很渺茫，那么这些关于安全的假设就顺理成章了。[139]这些假设也迫使我们重新思考阿皮斯被浪漫化的形象：高明的幕后策划者，招募了“波斯尼亚塞族七人暗杀小组”来执行他的“跨国恐怖主义阴谋”。[140]一切有说服力的证据都直接指向这些波斯尼亚青年，他们才是萨拉热窝暗杀事件的发起者和组织者。近来，一位历史学家写道，贝尔格莱德三人组绝非“阿皮斯手底下‘有用的白痴’”，而是成功实施了针对自己国家未来统治者简单粗暴的阴谋，同时也欺骗了黑手会的领袖。[141]

被骗的迪米特里耶维奇·阿皮斯使一连串把世界变得更糟的事件成为可能。尽管阿皮斯享有诡计多端的政治工作者的美誉，但他在做这些事的时候，很可能事先并没有考虑太多——据说阿皮斯告诉波波维奇，自己给坦科西奇交付武器的许可（也是据说）时，是“不假思索”的。[142]坦科西奇就波斯尼亚人寻求武器杀害弗朗茨·斐迪南一事与阿皮斯交涉时，到底发生了什么，我们无从知晓。但认为阿皮斯（乃至恶汉坦科西奇）主动招募这些未经训练的外行去执行一项如此重要、如此冒险的任务，这种想法着实令人费解。更有可能的情况是，三人组通过他们的波斯尼亚塞族熟人米兰·齐加诺维奇（Milan Ciganović）和久罗·沙拉茨接触到了他们。前者在巴尔干战争中表现出众，普林西普知道他在战争中囤积了炸弹。普林西普可能不知道的是，这位塞尔维亚国有铁路雇员是黑手会成员，因此可以通过他从前的军队指挥官坦科西奇少校接触到阿皮斯，而沙拉茨与坦科西奇也有很深的交情。某人（可能是沙拉茨）与坦科西奇说起了这件事，然后坦科西奇可能又去找了阿皮斯商议。过了几天，三人组得知，他们将得到 4 把左轮手枪和 6 颗炸弹。[143]普林西普马上给伊利奇写信，让他招募更多人。[144]

三人组从贝尔格莱德到萨拉热窝的“神秘之旅”（按照普林西普对它的称呼）的浪漫故事，只是进一步证明了整个行动的潦草。他们于 5 月 28 日早 7 点出发。4 天前，特里夫科·格拉贝日在齐加诺维奇的陪同下，与坦科

图 4.4 波斯尼亚阴谋者在贝尔格莱德的卡莱梅格丹公园（Kalemegdan Park）密谋，1914 年 5 月（从左到右：特里夫科 · 格拉贝日、久罗 · 沙拉茨、加夫里洛 · 普林西普）

图片来源：Amalthea Publishers.

西奇少校进行了一次简短的会面（5 月 24 日），后者主要了解到的情况就是这名未来刺客甚至连开枪都不会。然而，这似乎一点儿也没有困扰到坦科西奇。反而是普林西普和格拉贝日在一座城市公园里练习了打靶（5 月 25 日），并从齐加诺维奇那里领到了少得可怜的 130 第纳尔。普林西普当掉了自己的外套，还求一个朋友帮忙筹措这段长途跋涉（170 英里）的路费。[145] 但即便所谓黑手会“主谋”没有为阴谋出钱，它的一些成员还是参与了将刺客带入波斯尼亚，然后在前往萨拉热窝的途中避开哈布斯堡官员这一系列过程。[146] 跨境武器走私，以及与波斯尼亚革命青年的密切联系，对“统一或死亡”来说并不新鲜。它控制着一个由边境情报官和民族自卫组织成员组成的网络，这些人实际上让边检脱离了政府的掌控。齐加诺维奇甚至教这些波斯尼亚人躲开塞尔维亚宪兵，紧跟阿皮斯的渠道（kanal）里“信得过的特工”，这里的“渠道”指的是从贝尔格莱德到萨拉热窝的秘密铁路。三人组起初对“渠道”的概念一头雾水，查布里诺维奇从字面上理解，还以为是从塞尔维亚到波斯尼亚的一条长隧道，这件事可以说是很有代表性了。[147]

对于阴谋的严重性，查布里诺维奇大体上也是糊里糊涂的。刺客们刚开始沿着萨瓦河往上游方向走，他就开始和一名塞尔维亚宪兵说话。对他的同伙来说，幸运的是，这次谈话没捅出什么篓子，他们平平安安地与第一个联系人接上了头。此人是边防部队的拉德·波波维奇（Rade Popović）上尉，他的上司是黑手会成员。波波维奇没有收到过关于这些波斯尼亚人的通知，但建议他们在位于西南 40 英里处、塞尔维亚和波斯尼亚的界河德里纳河（Drina River）畔的洛兹尼察（Loznica）过境。普林西普很机灵地问起了付车费的事情，之后他甚至给他们开出了铁路通行证。查布里诺维奇就没那么机灵了。到了洛兹尼察，三人组要等待时机，而他们的下一个联系人还在寻找最合适的过境地点。可查布里诺维奇不仅话多，还写了一些充满愁绪的明信片，写自己望着德里纳河对面波斯尼亚的青山，甚至引用了一首塞尔维亚民间诗歌。普林西普和格拉贝日忍耐到了极限。他们没收了查布里诺维奇的武器（不过并没有没收同样由坦科西奇提供的氰化物），让这个感情过分外露的朋友单独前往图兹拉（Tuzla，位于波斯尼亚），他们将在那里再次聚首。[148]

剩余旅程中的变故，主要是因为恶劣的天气、沉重的武器和醉酒的农民。6月1日至2日的那一夜，在农民走私者、民族自卫组织信使雅科夫·米洛维奇（Jakov Milović）的带路下，他们在暴风雨中艰难跋涉，抵达了普里博伊（Priboj）村，与他们在“渠道”里的下一个联系人、教师韦利科·丘布里洛维奇（Veljko Čubrilović）接上了头。丘布里洛维奇是个已婚男人，刚当上父亲，也是民族自卫组织的心腹。他们向他展示了随身携带的武器，并道出了这些武器的用途。“他们把命都豁出去了，所以我们必须为他们保密。”他告诉农民米塔尔·凯罗维奇（Mitar Kerović），而此人将会把阴谋者带到图兹拉。米洛维奇、丘布里洛维奇、凯罗维奇与其子内乔（Nedjo）都将因协助阴谋而死。

他们首先狂欢了一番。普林西普虽然没有喝酒，但也加入了这场欢闹，挥舞着他的枪，若无其事地亮出炸弹。在法庭上被问及那晚他灌下了多少李子白兰地时，凯罗维奇的回答让刺客审判的气氛一下子轻松了下来：“我喝酒时不算计，能喝多少喝多少。”[149]

米什科·约万诺维奇（Miško Jovanović）倒是在算计，因为他要失去的太多。这位三人组的下一个联系人新婚不久，是图兹拉最著名的市民之一——除了拥有这座城市的第一家电影院，约万诺维奇还是东正教平信徒会议和塞尔维亚银行董事会成员。他在君主国混得风生水起，或许正因如此，当这些地位低下的农民和学生意想不到地出现在他家，把藏着的武器拿出来，请他带到萨拉热窝去以免遭到怀疑时，约万诺维奇一点儿也高兴不起来，尽管他与黑手会和民族自卫组织都有联系。受到普林西普的威胁后，约万诺维奇方才同意藏匿这些武器。达尼洛·伊利奇在6月15日去取走武器，此时，另一个让人哭笑不得的小插曲差点搞砸了这次拙劣的行动。为了维持阴谋家的派头，伊利奇要求约万诺维奇在前往多博伊（Doboj）火车站的途中交出包裹严实的武器。但他们走岔了，约万诺维奇寻找伊利奇时，把包裹放在了车站候车室的大衣下面（一位作家对这个故事加以渲染，说有一只猫睡在上面，但这并没有证据[150]）。由于无法追踪到伊利奇，整个人又很忐忑，约万诺维奇把包裹寄存在当地的一名裁缝那里，伊利奇在那里找到了它。到了晚上，武器已经完好无损地躺在普林西普在萨拉热窝的床底下。

由于奥地利当局的无能，三人组从图兹拉到首府的火车旅行波澜不惊。很有代表性的一件事是，查布里诺维奇与一名警探公开谈论了斐迪南大公的访问，这个炸弹投掷者甚至暴露了他的旅伴加夫里洛·普林西普，可这位警探没有产生丝毫怀疑。6 月 15 日，伊利奇带着武器回来；同一天，6 月 4 日与查布里诺维奇和格拉贝日一起抵达的普林西普在警局进行了居留登记。在萨拉热窝，阴谋者们大多数时候独来独往。伊利奇已经选定了第二个三人组，不过他并没有向贝尔格莱德三人组透露那些人的身份。查布里诺维奇和家人住在一起，傻乎乎地吹嘘这趟“神秘之旅”。格拉贝日大部分时间都在萨拉热窝附近的家中低调行事。与此同时，普林西普则是在努

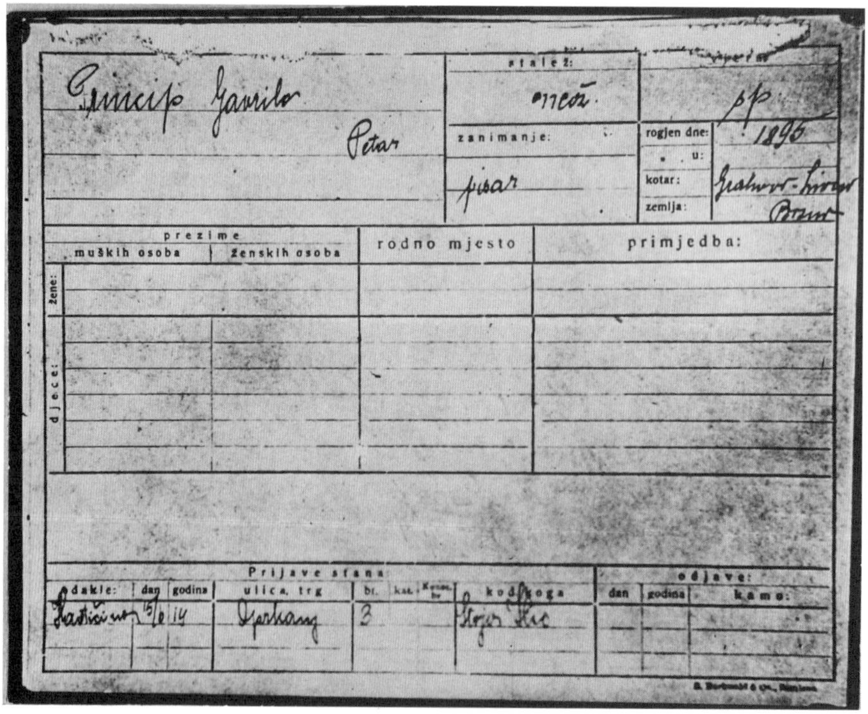
Princip Gavrilo
Petar
stalež:
zanimanje:
pisar
rogjen dne:
1896
u:
kotar:
zemlja:
prezime
muških osoba
ženskih osoba
rodno mjesto
primjedba:
žene:
djece:
Prijave stana
odakle:
dan
godina
ulica, trg
br.
kat
kod koga
Oprkanj
3
odjave:
dan
godina
kamo:

图 4.5　普林西普在警局登记的资料显示，他住在萨拉热窝 Oprkanj 街 3 号
图片来源：萨拉热窝历史档案馆（Historijski Arhiv Sarajevo）。

力工作还债。[151]

关于刺客们在6月28日之前的活动，我们都所知甚少，最重要的是为了取消这个阴谋而付出的努力。伊利奇不仅是阴谋在当地的招募者和年长的共犯，还对暗杀整体上的政治效益严重存疑。他的良心危机可能是1913年春天在瑞士生根的，当时，他听到了加契诺维奇及其俄国社会党朋友讨论政党政治的重要性。那年秋天，伊利奇与普林西普就谋杀波蒂奥雷克的计划发生了争吵，并创办了一份周报，准备成立一个政党。假以时日，他可能会完全摒弃暴力活动，退出萨拉热窝阴谋。可事与愿违，伊利奇只能孜孜不倦地劝说普林西普等人，想要让他们认识到，在这个时间点上进行政治谋杀对南斯拉夫事业不利。他们的意见分歧在最后这几天十分激烈，以至于在审判中也体现了出来。伊利奇本人表示自己曾反对暗杀，格拉贝日也承认自己被阴谋的指挥者说服了。但普林西普就是不听，伊利奇也没有坚定到可以背叛他“最好的朋友”。[152]

在萨拉热窝阴谋这最后的几周中，黑手会参与到了什么程度呢？阿皮斯可能允许坦科西奇利用沙拉茨和齐加诺维奇来武装波斯尼亚三人组，但他显然既没有联系伊利奇，也没有与“统一或死亡”的其他领导人商议。在5月的政府危机中，阿皮斯是在利用一个扳倒帕希奇的绝佳机会，而不是策划某个复杂的计谋。他是独立行动的，也就是说，并不代表失势的黑手会。

对此还有进一步的证据，即便零零碎碎，那就是“统一或死亡”的其他领导人一得知波斯尼亚人在萨拉热窝“恭迎”弗朗茨·斐迪南的阴谋，便让阿皮斯阻止他们。6月16日，阿皮斯亲自派久罗·沙拉茨到边境城镇波斯尼亚布罗德（Bosanski Brod）与伊利奇会面，下达叫停阴谋的指示。当时，武器已经送达，两个三人组都做好了行动准备。本地三人组的成员之一茨韦特科·波波维奇描述称，他“彻夜思索这次暗杀，连做梦都是”，并且饱受一个念头的“困扰”：失败。[153] 与沙拉茨会面后，伊利奇与之配合，为终止这个阴谋做出了最后一搏，主张政治谋杀“对南斯拉夫人弊大于利”。沙拉茨亲自给普林西普去了几封信，敦促他停手，“因为这将重创塞尔维亚”；此外，还有证据表明，另一名与阿皮斯关系密切的特工拉德·马洛巴比奇（Rade Malobabić）前往萨拉热窝阻止暗杀。甚至在6月28日上午，伊利奇不情不愿地分发武器时，还在鼓动他们放弃行动。但普林西普特别劝说他的朋友和青年波斯尼亚的同伴们不要变卦。萨拉热窝阴谋刚一开始，就掌握在他们手中，而不是黑手会手中。[154]

第五章
“世界历史不堪近观”

在柏林，我感受到一种紧张的状态。一阵颤栗传遍整个欧洲。毫无疑问，人们同情悲剧的受害者，对这场骇人听闻的暗杀感到惊恐。但使人们的血液瞬间凝固的，并不是对这对很少公开露面的夫妇的同情，也不是对这场骇人听闻的暗杀的惊恐。而是别的东西，一个突然摆在世人面前、令人毛骨悚然的疑问。

——特奥多尔·沃尔夫:《本丢·彼拉多的战争》(1934)

同大多数英国人一样，我读到萨拉热窝凶案的消息时，并没有想到它会对这个国家的命运产生影响。这在巴尔干半岛的风俗中似乎已经见怪不怪，接下来无非就是进行外交通信，逮捕一两个人，我们的报纸再浮光掠影地报道一场审判。它确实产生了直接影响，那就是由于宫丧，白金汉宫的一场舞会被推迟，但也仅此而已了。

——巴兹尔·汤姆森:《可疑之人》(1922)

在1914年6月28日创造历史之前，内德利科·查布里诺维奇确保他会有相片流传后世。领到炸弹后，他与朋友托莫·武契诺维奇（Tomo Vučinović）一起拍了照。查布里诺维奇平静地坐着，托莫的手搭在他的右肩上。他穿着深色的西装，打了领带，里面是白色硬领，还留着修剪整齐的小胡子。炸弹在他的口袋里藏得严严实实，波斯尼亚塞尔维亚语报纸《人民报》(*Narod*) 却从口袋里支了出来。该报对大公的访问只字未提，反

图 5.1 内德利科·查布里诺维奇与友人托莫·武契诺维奇在照相馆拍摄的一张照片，摄于查布里诺维奇向大公的汽车投掷炸弹前不久

图片来源：Chris Ware/Stringer, Hulton Archive, via Getty Images.

而在头版专门报道了圣维特日——标志着塞尔维亚帝国走上末路的科索沃战役（1389 年 6 月 28 日）纪念日。[1]

尽管在刺客们知悉皇室游行的确切日期之前，萨拉热窝阴谋就已经在进行，但查布里诺维奇表示，他和普林西普“就［圣维特日这个时间点］专门商讨过”。事实上，前者对审讯官说，这个场合“激发了我行刺的热情”，然后他还详述了米洛什·奥比利奇杀害穆拉德苏丹的“民间传说”。“明天是圣维特日，”查布里诺维奇给一个朋友写信说，还引用了奥比利奇的话：“忠奸自见。”他有太多需要证明的了。从贝尔格莱德出发的这段旅途中，查布里诺维奇受到了严重的侮辱。此外，那天早上，他还和父母就举哈布斯堡旗帜一事发生了争吵。有传言说他的父亲是奥地利的线人。当地的社会主义者指责查布里诺维奇自己就是间谍，正如奥比利奇被指为叛徒一样。[2]

阴谋者们作为生活在外国统治下的南斯拉夫人的身份，比包括大塞尔维亚民族主义和圣维特日传说在内的任何一种意识形态学说都更能刺激他们。然而，在所有对萨拉热窝谋杀案产生影响的失策中，最引人注目的莫过于日期的选择。虽然学者们对在圣维特日举行游行的决定有多种解释，认为是“过分愚蠢”，“纯属偶然”，但没有确凿证据表明这是“蓄意挑衅”，甚至无法证明在游行前夕考虑到了这一点。[3] 确实有一名萨拉热窝官员向政府当局提出了这个问题，却被驳回了。[4] 历史学家 A. J. P. 泰勒写下了这句名言：在波斯尼亚首府游行，“选在 1914 年 6 月 28 日科索沃纪念日那天，其鲁莽程度就好比乔治五世国王决定在 1917 年的圣帕特里克节访问都柏林！”[5] 这比鲁莽还要严重——这样的行程安排傲慢无礼，不顾及他人感受，充分说明了哈布斯堡领导人是如何看待这个地区（尤其是这里的塞族人）的，以及为什么这么多波斯尼亚人利用暴力来与之斗争。[6]

然而，这种冒失的时间选择，并不比叠加在一起、为普林西普提供近身射击机会的诸多其他因素更能确保萨拉热窝阴谋的成功。真正的“萨拉热窝事件的戏剧性”，不在于选错了日子，打错了方向盘，而在于事后采取了错误的行动。[7]

开场戏发生在现代历史上最光辉灿烂的一个早晨。从关于大公遇害案的众多通俗叙述中可以看出，这至少是人们对 1914 年 6 月 28 日星期日天气的印象。[8]“在欧洲各地，”记者埃德蒙·泰勒（Edmond Taylor）在畅销书《王朝的陨落》（*The Fall of the Dynasties*）中写道，

那轮曾经在萨拉热窝照耀……的烈日，也照耀着无忧无虑的人群，

已有多日，且将延续下去，幸存的欧洲人事后带着怀旧之情回想起来，那是最不可思议的一个夏天。[9]

6月28日“艳阳高照”的天气是萨拉热窝神话的一部分，在那之前则是“1914年的美好时光”。[10] 事实上，这一年的气候潮湿阴冷，降水量高到秋收都被推迟了，动员计划也因此受到了影响。一位地理学家写道：“科学数据和文学修饰之间的矛盾非常明显。”但学术写作也很容易受到这种修饰的影响。[11] 一位历史学家写道：“这一天，整个欧洲阳光明媚，是1914年那个灿烂夏天的典型代表。”其资料来源是小说家斯蒂芬·茨威格的回忆录《昨日的世界》，书中将“万里无云”的天空与“一个如此宜人的日子”捏合在了一起。[12]

6月26日至27日在波斯尼亚举行军事演习期间，反常的阴冷潮湿天气与气象记录是一致的。星期日早上终于出太阳了，这无疑让皇室一行人欢欣鼓舞。在前一天晚上的盛大宴会上，他们还在激烈地讨论，差点儿取消这一天的仪式。但总督波蒂奥雷克的副官埃里克·冯·梅里齐（Erik von Merizzi）中校坚持认为，这将严重冒犯自己的上司。波蒂奥雷克像英国殖民地总督一样统治着波斯尼亚，如果不给他与下一任皇帝一起巡行首府的机会，他会觉得自己是一个被吓怕了的官吏。波蒂奥雷克优先考虑的是盛大的游行，以及自己可能会晋升为总参谋长。就此而言，这确实是一个美妙的日子。[13]

即使弗朗茨·斐迪南在1914年6月28日感到紧张，他也没有在照片中表露出来。作为信仰、家庭和国家的赤诚信徒，皇储参加了清晨弥撒，给女儿口授了一封感人的电报，然后和妻子动身前往萨拉热窝履行职责。他们的时间表已经广泛传播开来：视察完军营后，他们将在沿着米里雅茨河（Miljacka River）的阿佩尔码头路北向行驶，在市政厅停下来，出席一场官方仪式。然后，8辆车组成的队伍将沿阿佩尔码头返回，在弗朗茨·约瑟夫街右转，继续前往波斯尼亚国家博物馆，之后他们将在波蒂奥

图 5.2 游行即将开始，弗朗茨・斐迪南和妻子坐在后座上
图片来源：奥地利维也纳军事史博物馆（Heeresgeschichtliches Museum）。

雷克的官邸（Konak）享用饯别午宴。[14]

查布里诺维奇的炸弹迫使计划出现了第一个变化，不过他并不是沿着阿佩尔码头排开的 7 名刺客中的第一人——七人中有六人装备了武器，无精打采的伊利奇则在他们中间游荡。第一人的荣誉属于一个因拒听奥地利国歌而被高中开除的学生——瓦索・丘布里洛维奇（17 岁），他的哥哥韦利科曾帮忙将武器运送到萨拉热窝。就他本人而言，瓦索感到太过“心烦意乱，对于杀害［大公］一事，以至于无法掏出炸弹或左轮手枪”。[15] 近旁的波斯尼亚穆斯林穆罕默德・穆罕默德巴希奇（生于 1886 年）曾试图用毒匕首袭击波蒂奥雷克，但失败了，这次他也呆立在了原地。他再次将自己缺乏勇气归咎于一名逼近的宪兵。欧洲黑暗的 20 世纪，将首先因一名基督徒而非穆斯林的“恐怖袭击”而黯淡下来。[16]

与此同时，大公受到了萨拉热窝各族人民的热烈欢迎。根据大多数人的说法，围观的人群都是些体面人士，许多人家挂出了哈布斯堡旗帜，礼炮声响彻周围的山冈。波蒂奥雷克如鱼得水——在零星喊出的“万岁”声

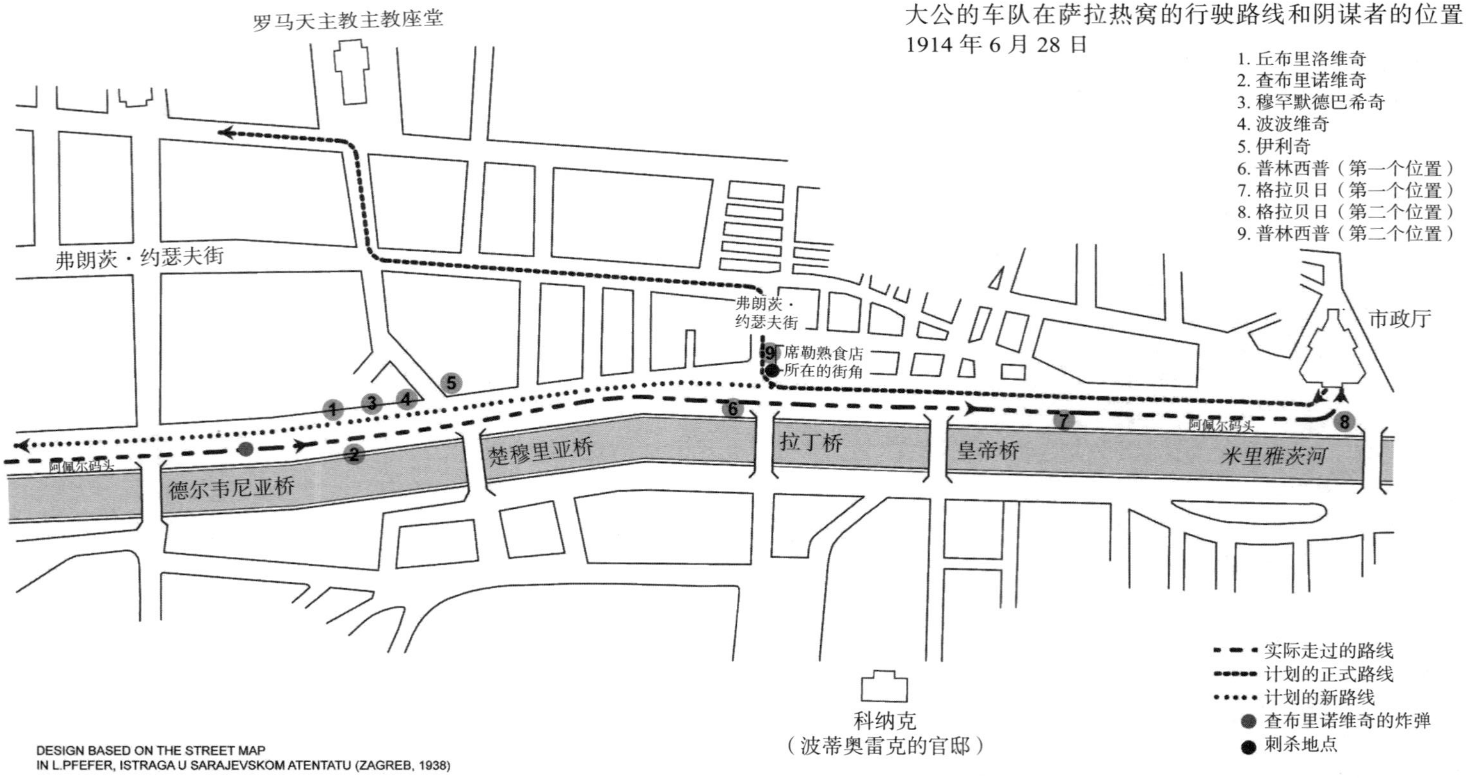

图 5.3　萨拉热窝游行路线

图片来源：John Zametica, *Folly and Malice*(London: Shepheard-Walwyn, 2017), vi. 经作者约翰·扎梅蒂卡恩准使用。

中指点着城市景观！就在这时，一种新的声音扰乱了当下的盛景：查布里诺维奇的炸弹引信发出的嘶嘶声。伴随着一声响亮的“砰”，他在石堤墙边装好了炸弹，扔向了皇室的第三辆车。根据一则“不实的谣言”，这辆车的司机、那个著名的“打错方向盘”的利奥波德·洛伊卡，在看到有嘶嘶作响的东西向他们飞过来时加速行驶，救了皇室夫妇一命。在奥地利作家偏爱的一个更加胡编乱造的版本中，大公勇敢地挡开了炸弹。目击者看到的情况则不然。洛伊卡确实加快了速度，但已经是在炸弹落在汽车的折叠顶上（在弗朗茨·斐迪南和妻子身后）又摇摇晃晃地落到马路上之后的事儿了。爆炸炸破了一名旁观者的鼓膜，还使其他许多人受了重伤。受害者名单上首当其冲的是波蒂奥雷克忠实的副官梅里齐，曾在前一天晚上力挽狂澜的他，此时正坐在已经被炸毁的第四辆车上。[17]

随后发生的事情为第二次尝试做了很好的铺垫——意思是，如果这个阴谋是认真组织的，而且距离最近的“恐怖分子们”没有开溜的话。大公的汽车继续前进，而梅里齐的汽车仍然动弹不得。皇储即便脸色惨白，却还是很冷静地命令自己这辆车的车主、同在车上的弗朗茨·哈拉赫伯爵（Count Franz Harrach）调头，检查“死伤情况”。这样一来，这对夫妇就有几分钟是完全暴露在危险中的。然而，瓦索·丘布里洛维奇和近视的茨韦特科·波波维奇（18 岁）都没有靠近那辆一动不动的汽车，前者给出的理由是索菲也在场：“我觉得对不起她。”波波维奇则承认自己缺乏行动力。他没有通过杀死弗朗茨·斐迪南来实现自己的梦想，而是把炸弹藏了起来，逃走了。[18] 波波维奇熬过了牢狱生活，长期任职于大公再也没有机会参观的国家博物馆。至于丘布里洛维奇，他成了塞尔维亚科学与艺术学院一名杰出的历史学家。[19]

爱读书的普林西普也可能过上出人头地的生活，但他是个狠人。听到爆炸声后，他向爆炸的方向走去。在那个场合的混乱中，他和他的目标一样冷静。他可能看到汽车在前面停了下来，不过他无法弄清楚大公是否已经死亡。然后，哈拉赫从爆炸地点回来了，他们把车开走了，速度太快，普林西普无法行动，与汽车的距离太远，他听不到弗朗茨·斐迪南那句自负的话语："我一直盼着这种事呢。"与此同时，查布里诺维奇在米里雅茨河的浅滩上被抓住了，他吞下坦科西奇提供的氰化物后跳进了这条河里。他这一跳没死成，化合物（以及愤怒的人群）也没有杀死他。普林西普眼看着自己的同谋被宪兵拖走，而他早上拍的照片已经寄出。见此情形，普林西普可能决定要自己动手了。但警察正在阿佩尔码头清场，普林西普被迫往回走。他在某一时刻穿过街道，最终在莫里茨·席勒熟食店前、也就是码头和皇帝弗朗茨·约瑟夫街的拐角处就位。按照预先的安排，那里正是皇室一行在市政厅短暂停留后转弯的地方。[20]

简而言之，普林西普出现在那里并非偶然。当大公的车"碰巧"开过来时，他也并没有在席勒熟食店"用三明治犒劳自己"（事实上，萨拉热窝的民族主义青年经常对他们市中心这家德意志人的产业搞破坏，而不是去光顾）。[21] 然而，自从 BBC 纪录片《震撼世界的日子》（*Days That Shook the World*，2003）告诉观众，普林西普"刚刚吃了一个三明治，而且……完全是出于偶然，命运把刺客和他的目标拉近到距离 10 英尺以内"，普林西普的三明治和纯属偶然的故事就渗入了严肃和通俗著作。[22] 历史学家布赖恩·A. 帕夫拉克（Brian A. Pavlac）在他的《西方文明简史》（*Concise History of Western Civilization*）中收录了这个故事。[23] 2014 年美国全国公共广播电台（National Public Radio）的一次采访中，采访者很认真地问剑桥大学学者克里斯托弗·克拉克爵士关于这个三明治的问题。[24] 如今，学生是这样学的，学者也向我们保证，当"命运"降临，那辆"受到诅咒"的汽车"突然"停在他面前时，普林西普"正在街角游荡"，或是"无所事事地旁观"，或是"漫无目的地兜圈子"，或是正在走出面包店，要不然就是正坐在餐馆里吃着三明治。[25]

没有了三明治和偶然性，真相的戏剧性也丝毫不减：此时，在斐迪南大公和平平安安回家的旅途之间，普林西普是唯一的、荷枪实弹的阴谋者。离市政厅最近的格拉贝日在炸弹爆炸后的喧嚣中失去了勇气，和丘布里洛维奇、穆罕默德巴希奇以及波波维奇一样，差一点就临阵脱逃了。他为自己的迟疑搬出了各种借口：女公爵在场，据说警探就在他身后，人群中还有妇女和儿童。[26] 普林西普没那么多顾虑，还有一把枪和一颗手榴弹。可他不知道市政厅发生了什么。皇室一行人聚集在那里，盛大的官方欢迎仪式此时也被查布里诺维奇的炸弹搅和了。不管怎样，市长费希姆·埃芬迪·丘尔契奇（Fehim Effendi Ćurčić）还是在照本宣科——“我们对这次亲切访问感到十分高兴……”——直到弗朗茨·斐迪南大发雷霆：“这简直无法无天，是一种耻辱，竟然有人扔炸弹。来到萨拉热窝，难道是为了这个？”索菲让丈夫冷静了下来，狼狈不堪的市长也总算是念完了词。之后大公也从容应对，由衷地感谢了迅速壮大的人群“热烈的欢呼声”——“特别是我在他们身上看到了对刺杀失败的喜悦之情。”[27]

刚进市政厅，就发生了如此超现实的一幕：做出的决策竟然是让皇室夫妇乘坐同一辆敞篷汽车（已经被查布里诺维奇的炸弹炸坏）回到萨拉热窝街头，而就在大约15分钟前，弗朗茨·斐迪南还在跟哈拉赫伯爵打趣：“今天有几颗子弹在等着我们呢。”关于决策过程，几乎没有任何两位目击者的说法是一致的。实际上，在同时代人关于这些事件的四种说法中，有三股动力浮现了出来：波蒂奥雷克在展示民众对哈布斯堡统治的忠诚时，个人遭受了“巨大的”失败，之后，傲慢自大、追名逐利的他便拼命争取亡羊补牢；大公虽然被这名总督气得火冒三丈，但基本上还是认可他的领导能力的；而这整个仓促构思、尽量大事化小、完全不负责任的计划，则是人的境况的产物。市政厅里面没有人想让大公和女公爵死，但他们也不能僭越在帝国等级制度中的角色，与皇储唱反调。一旦波蒂奥雷克保证萨拉热窝的街道十分安全，皇储就只剩下了一个固执的愿望：去军医院探望梅里齐。[28]

大公怀着颇有骑士风范的决心，要去看望一名为他效劳才受了伤的军官，由此签署了自己的死刑判决吗？令人遗憾的是，这可能正是波蒂奥雷克想要让人看到的结果。事实上，如果历史学家约翰·扎梅蒂卡是正确的，那么在大公死后，这位总督竭尽所能把弗朗茨·斐迪南刻画成市政厅里“至关重要但不讲道理的决策者”。毕竟，按照包括他自己在内的所有人的说法，波蒂奥雷克向大公保证，走阿佩尔码头去医院（避免按原定计划拐进弗朗茨·约瑟夫街）是“绝对安全”的。有一点波蒂奥雷克没有说，但他的传记作者和扎梅蒂卡都强烈怀疑，那就是他支持这个冒险的决定，为的是与梅里齐上演“英雄戏码”——迅速复出，重新赢得弗朗茨·斐迪南的恩宠。因此，总督不仅没有试图劝阻大公不要在街道安全之前继续乘车出行，一再保证“不会发生其他事情了”（根据其他旁观者的说法），而且还毫不迟疑地支持去医院探望的主意，说“行刺发生后，‘绝对’需要给城里的居民一些‘惩罚’”。鉴于这种所谓的惩罚仍然需要沿着阿佩尔码头原先公开的路线行驶一小段路，波蒂奥雷克考虑的显然不只是大公的安全。[29]

Programmässigen Weg einhalten——总督用这三个德语单词给萨拉热窝警长格尔德下达指令，要求“坚持原定的计划路线”。波蒂奥雷克说出这句话时，女公爵正从二楼下来，她在那里会见了身着东方华服的当地穆斯林贵妇，心情也平静了下来。格尔德则是刚刚主持了与文官的会议，他们强烈建议皇室一行留在市政厅等待，直到警察把附近的阿佩尔码头清场。然后他们就可以安全地跨过最近的桥，到波蒂奥雷克的官邸用早午餐并离开。保罗·赫格（Paul Höger）少校也提出了类似的建议，用军队给街道清场。普林西普预计的正是这样。问题出在波蒂奥雷克身上，他被哈布斯堡皇室受到万民景仰的盛景和自己晋升为总参谋长的仕途（这在很大程度上取决于弗朗茨·斐迪南）迷住了心窍，所以当满怀崇拜之情的人群被驱散时，他不能在市政厅里畏畏缩缩。听到他坚持原定计划的指令，格尔德目瞪口呆。[30]

有一点波蒂奥雷克显然故意没有告知格尔德，那就是他已经调整了路线。总督没有遵循原来的日程安排，而是计划让大公的车沿着阿佩尔码头直奔医院（之后他们仍要参观国家博物馆），而前面两辆没有接到通知的车（包括第二辆车上的格尔德）将按照事先安排，拐入弗朗茨·约瑟夫街。这是典型的“声东击西”，旨在让“潜在的刺客对大公的行踪”捉摸不定。而

图 5.4 离开市政厅

图片来源：萨拉热窝城市档案馆（Arhiv grada Sarajeva）。

这只取决于一点：弗朗茨·斐迪南的司机不要去做他本该做的事——跟着前面的车。[31]

我们永远不会知道洛伊卡到底为什么要打转向，尽管可能的原因很少，即便阴谋论很多。没有证据表明奥地利内部有针对大公的阴谋，更没有证据表明洛伊卡有犯罪意图。至于他为什么没有在阿佩尔码头继续行驶，用人为过失来解释，也许无法让人满意，却是最难以反驳的，无论是像大多数作家声称的那样，波蒂奥雷克完全“忘记”通知司机了（考虑到他自己这个计划的高风险和他在汽车转弯时的诧异反应，可能性极低），还是洛伊卡误解了他的新指令。扎梅蒂卡指出，问题在于这些命令的性质，以及发出这些命令的那个人“巨大的”自我意识。波蒂奥雷克没有向“一个卑微的司机”透露自己声东击西的诡计，他更有可能命令洛伊卡“继续沿阿佩尔码头直行”。洛伊卡并不知道领头的汽车会在弗朗茨·约瑟夫街改变路线，他只不过是在跟着它们，这也情有可原。[32]

图 5.5 《小日报》(1914 年 7 月 12 日）描绘这场暗杀的标志性插图

图片来源：Stefano Bianchetti/Contributor, Corbis Historical Collection, via Getty Images.

在波蒂奥雷克喊出那句“哎呀，你走错路了!”，洛伊卡奉命开回码头之后，汽车停在了普林西普的正前方，可他恰恰是很难射准的。然而，对于接下来发生的事，与其纠结于无穷无尽的“假如”，我们不妨仔细端详一下《小日报》(1914 年 7 月 12 日）中描绘这次暗杀的标志性插图。图中，受了致命枪击的弗朗茨·斐迪南昏倒在离普林西普最近的车侧，他的妻子扶住了正在倒下的他（自己也因此中弹)。实际上，大公是坐在对侧（左侧）的，哈拉赫伯爵在高处遮着他，这无疑是 19 世纪贵族最后的英勇壮举之一——离开市政厅时，哈拉赫冲动之下决定站在汽车的踏板上，将他未来的君主与街道的近侧隔开，加以保护。所以说，这幅画抹除了伯爵（徒劳）的骑士精神，将死状浪漫化，同时也将刺客的攻击行动理想化了。普林西普深色的身形向被击中的受害者倾斜，黑色的帽子遮住了脸，他几乎是用手枪直接抵着皇储。因此，《小日报》对萨拉热窝暗杀事件的描绘也符合塞尔维亚人和波斯尼亚塞族人的民族神话。他们将加夫里洛·普林西普视为英雄，甚至为他树立纪念碑，以他的名字命名街道和学校。

事实真相不仅没那么浪漫，更是悲哀且荒唐。弗朗茨·斐迪南的汽车绕过转角，随即突然停在了“人群密集的人行道”边，这时普林西普直接朝它开枪。索菲在这一边，因此子弹穿过车体，嵌入了她的身体。如果说有“第一次世界大战的首位受害者”这份荣衔，那么它属于一个女人，大公忠实的妻子。她也是刺客们希望放过的唯一一人，以及几个人给出的没有采取行动的理由。查布里诺维奇甚至还向失去父母的孩子们乞求基督徒的宽恕。而在审判中，他说所有刺客都认为杀害伊丽莎白皇后（弗朗茨·约瑟夫的妻子“茜茜”）的意大利无政府主义者路易吉·卢切尼（Luigi Lucheni）是一个“粗野的罪犯”。[33] 普林西普自己也说，他非常后悔杀了索菲——“谁会想杀一位母亲呢?”他对一名狱警说。“子弹不长眼。”当然，瞄准枪口是有用的。但正如普林西普坦白的那样，他已经“紧张”到无法瞄准了:“于是我拔出左轮手枪，朝汽车举了起来，没有瞄准。我甚至在开枪时扭过头去。”[34]

于是，他们就成了民族英雄、“冷酷无情的恐怖分子”和“狂热的斯拉夫民族主义者”。[35]然而，即使普林西普看起来与《小日报》中那个冲上前去的人有几分相似，他可能也不知道自己有没有击中目标，而这并不只是因为他立刻被人群抓住了。诡异的是，大公和女公爵纹丝未动。他们直挺挺地坐在并没有受伤却失去了行动能力的波蒂奥雷克身边，几乎没有被击中的迹象，直到汽车倒车，索菲慢慢倒向她的丈夫。“索菲，索菲，不要死在我身边，”生命垂危的大公恳求道，“为我的孩子们活下去。”普林西普的第二枪并没有瞄准，产生这样的结果是后坐力的缘故，而非优异的枪法。毕竟，弗朗茨·斐迪南在汽车的另一侧，而子弹正中他的脖子。[36]

一些专家对大公这种颈静脉破裂的情况下是否有可能说话表示怀疑。但哈拉赫在私人日记和官方证词中都转述了大公那句勇敢且越发微弱的回答。他关心地问道：“殿下一定很难受吧？”他听见大公说：“没有，不要紧，不要紧，不……”直到鲜血涌出，皇储失去知觉。[37]这句遗言的讽刺意味几乎让人不堪忍受。刺客实现了目标，即便他心慌意乱到无法瞄准，之后直到战争爆发，一切的一切也都是因为决心和惶恐混杂在一起，一点就爆。[38]在其关于萨拉热窝暗杀事件的热门歌曲中，摇滚乐队弗朗茨·斐迪南（*Franz Ferdinand*）高唱着副歌：“砰，砰，历史完结了。”实际上，“历史”还有 31 天才会完结，任何事情都可能发生。[39]

贝尔塔·冯·祖特纳无缘得知这个消息了。在萨拉热窝暗杀事件发生的一周前，贝尔塔·费利西·索菲·冯·祖特纳男爵夫人，婚前是布拉格的金斯基伯爵小姐，在维也纳的家中去世，享年 71 岁。她是陆军元帅的女儿、骑兵队长的孙女、1905 年诺贝尔和平奖获得者。在该奖项的官方网站上，祖特纳被描述为“贵族社会的产物，她在前半生毫无异议地接受了这个社会的军国主义传统，在后半生则积极反对”。这种反对包括写下那个时代的畅销反战小说《放下武器》；在欧洲和美国鼓动和平运动；参加了两次海牙和平会议（1899 年和 1907 年）；并协助筹备计划于 1914 年 9 月在维也纳举行的第 21 届世界和平大会。[40] 然而，维也纳另有打算。

虽然我们无法知晓这位“和平运动的总司令”对来自萨拉热窝的消息会作何反应，但在她的祖国奥匈帝国于 7 月 23 日向塞尔维亚发出最后通牒后，她一定会站在积极反战的前线。遗憾的是，她的行动对七月危机的恐怖后果不会造成任何影响。这是因为，斐迪南大公遇害后，高阶政治完全脱离了公众舆论，包括像德国的卡尔·李卜克内西（Karl Liebknecht）和法国的让·饶勒斯（Jean Jaurès）这样具有相当社会地位的和平主义者、社会主义国际（Socialist International）的反军国主义领袖的舆论。大多数人，无论社会地位如何，都完全无法想象“一个王子的死会直接导致数百万仍然活着的人死去”。至于社会主义政党，“和其他所有人一样，似乎无法相信……萨拉热窝事件能够衍生出一场欧洲战争，或者其他任何类型的战争”[41]。饶勒斯对谋杀案轻描淡写，称其“只不过是给巴尔干半岛上一直在空自流淌的血河增添了一条小溪”。他的奥地利同行弗里德里希·阿德勒（Friedrich Adler）继续计划着预定于 8 月在维也纳举行的社会主义国际大会。[42] 然而在奥匈帝国外交部，甚至没等继承人和他的妻子下葬，他们就已经在制定决策了，为了清算塞尔维亚民族主义，用欧洲的和平做了赌注。

萨拉热窝神话最突出的一个方面，是暗杀的消息给人们留下了心理学家的所谓“闪光灯记忆”，即对惊心动魄的消息最初传来的确切时刻和环境的生动回忆。一位历史学家最近认为，正如约翰·肯尼迪 1963 年在达拉斯遇刺一样，“萨拉热窝谋杀案就是这样一个事件，它的主光捕捉到了一瞬间的人和地点，并将其烙印在记忆里”。然而，即使在哈布斯堡君主国内部，大多数同时代的记述也并没有证实这一点。确实，这则“令人瞠目结舌”的简讯抢占了头版头条，激起了人们的同情心，这与那个时代其他许多经常见报的人物遇刺时的情况没什么两样，其中就包括奥匈帝国的伊丽莎白皇后（“茜茜”）（1898 年），法国和美国的总统（1894 年和 1901 年），意大利、葡萄牙和希腊的国王（1900 年、1908 年和 1913 年），两位西班牙首相（1897 年、1912 年），以及塞尔维亚国王亚历山大·奥布雷诺维奇（1903 年）。维也纳自由思想家罗莎·梅雷德（Rosa Mayreder）在德累斯顿一家百货商店的橱窗里发现了这则简报。另外一些人则是通过电话收到了死讯，例如奥地利作家阿图尔·施尼茨勒（Arthur Schnitzler）。但私下和公开的哀悼很难被解读为不祥之兆。施尼茨勒更是在当天的日记中写道：“谋杀案‘最初的冲击’很快就淡去了。”[43] 同样，在德国的弗赖堡（Freiburg），这则消息造成了“一时的轰动”，可之后“城里的生活很快就恢复了正常”。对捷克人来说，弗朗茨·斐迪南的人气还不足以让居民太过动情：“他的死亡很快就被人遗忘了。”伤感回忆录《青春誓言》（*Testament of Youth*）的作者薇拉·布里顿（Vera Brittain）感觉敏锐，却把杀人的方式记错了——“一枚塞尔维亚炸弹，从欧洲的另一端掷向一位奥地利大公”——这一事实也加强了她的预感，即此事不可能影响她秋季入读牛津的计划。它当然没有改变英国作家约瑟夫·康拉德（Joseph Conrad）前往故土波兰的计划行程，战争爆发后，他暂时被困在了那里。[44]

在英国，一般来说，精英圈子之外对谋杀案的反应相当平淡。伍德罗·威尔逊的特使爱德华·豪斯上校在伦敦写道，这一消息“所产生的影响并不比锅炉车间里的男高音独唱更响亮”。确实，一位奥地利大公很难与妇女参政论者和因爱尔兰自治问题而正在酝酿的内战抢风头，更何况“恰逢社交季的最后几周”。正如《晨邮报》（*Morning Post*）所说，“刺客的子弹不会影响任何事情”，好争论的英国新闻界在这一点上几乎众口一词。次日，《国家报》（*Nation*）指出，“议会花在一个世界性帝国的外交事务年检上的时间……与花在珀利（Purley）和克罗伊登（Croydon）之间的地方纠纷上的时间相差无几”[45]。

美国学者查尔斯·西摩（Charles Seymour）宣称，人们的态度相对冷淡，一个原因在于“很少有英国人听说过大公”，尽管他曾在1913年11月与索菲一起访问英国，取得了圆满成功。熟悉那个“地方首府（萨拉热窝）”的人“就更少了”。[46]英国作家E. F. 本森（E. F. Benson）也赞同西摩的看法，他回忆起与一位朋友的闲聊：

> “嘿，”他说，“昨天一位大公被暗杀了。是弗朗茨·斐迪南。”
>
> “太可怕了！”我说，“他是谁？在哪里被杀的？”
>
> “他是奥地利皇帝的继承人，”他说，“他当时正在萨拉热窝出席军事演习。”
>
> “从没听说过这件事。”

“仅此而已：我们没再谈及这件事。”[47]一位英国贵族写道：“一位奥地利大公（大公可太多了，我们一个都不认识）在一个叫萨拉热窝的地方（同样不怎么熟悉）遇害的消息，在我们心中并没有留下什么印象，除了我们翘首以盼的宫廷舞会不得不取消这一事实。”[48]

当然，对于受邀参加那场舞会的大多数上流社会人士和王室宫廷来说，遥远的双重谋杀是一场痛彻心扉的悲剧。不仅是大公和女公爵深受爱戴，他们的国家及其“可怜的、威严的老”皇帝也一样，“惊恐”和流露出来的同情都清楚地说明了这一点。然而，吊唁中几乎看不到可能的国际后果。外交大臣爱德华·格雷爵士和首相赫伯特·阿斯奎斯发表了感人的悼词，曾两次招待皇太子夫妇、原定于当年秋天在科诺皮什切与他们相会的国王乔治五世，也下令进行一段时期的宫丧，并且未经事先通知便造访了奥地利大使馆。其他领导人和精英向长期供职、颇得人心的奥匈帝国驻伦敦大使阿尔伯特·门斯多夫伯爵（Count Albert Mensdorff）寄去了令人感动的信。[49]但格雷仍然认为，没有理由因为弗朗茨·斐迪南取消钓鱼之旅，法国总统雷蒙·普恩加莱（Raymond Poincaré）在大奖赛期间得知这一消息时，同样认为没有理由离开隆尚（Longchamp）赛马场。[50] 6月30日，格雷的常务次官阿瑟·尼科尔森爵士（Sir Arthur Nicolson）在给英国驻圣彼得堡大使的信中写下了这句令人久久难以忘怀的话："我相信，刚刚在萨拉热窝发生的悲剧不会导致事情进一步复杂化。"[51]

大多数德国人也都秉持着这种时代精神。当时正在巴特基辛根（Bad Kissingen）进行矿泉疗养的俄国将军阿列克谢·勃鲁西洛夫写道，居民"厌恶这种恐怖主义行为，但没有人怀疑这次暗杀会给大家期待却畏惧的、令人毛骨悚然的世界大战提供借口"。勃鲁西洛夫进一步指出，和他一起浸浴的人"依旧泰然自若，继续进行治疗"，一如这位1916年"勃鲁西洛夫攻势"的发起者本人。[52] 在弗赖堡大学，哲学系学生路德维希·马库塞（Ludwig Marcuse）听到政治谋杀的消息时，"心情毫无波澜"。[53] 德国编辑弗朗茨·舍恩贝尔纳（Franz Schoenberner）在其回忆录《一个欧洲知识分子的自白》（*Confessions of a European Intellectual*）中表明，他和他在慕尼黑的朋友"几乎没有留意这样一个事实：在巴尔干半岛的某个地方，一位奥地利大公被塞尔维亚爱国者杀害了"。[54] 考虑到马库塞和舍恩贝尔纳的受教育程度，我们可以认为，欧洲的大多数中产阶级和工人阶级也依旧气定神闲。

1914年6月28日，并没有"一阵颤栗传遍整个欧洲"。《柏林日报》主编特奥多尔·沃尔夫或许生活在德国的公共和政治生活中心，但这里引用的他的这句话，是世界大战之后过了很久才构思出来的文学修饰。在本章的题记中，沃尔夫突如其来的恐慌和英国情报官巴兹尔·汤姆森（Basil Thomson）带有讽刺意味的镇定形成了对比，而这种对比并不是说对大公遇害的这两种反应是同样妥当的。绝大多数欧洲人得知这一消息时都很平静，并继续正常生活。在这方面，英国与德国没什么两样，尽管后者与奥匈帝国结了盟，威廉皇帝与大公也很亲近。事实上，当消息爆出时，两国正在基尔舰队周上称兄道弟，气氛一片祥和。在那里，德皇穿着英国海军上将制服登上了一艘英国军舰，来自敌对国家的水手们像老朋友一样狂欢，而非眼看就要成为敌人。那是“一个热热闹闹的星期六晚上，渐渐没入萨拉热窝的星期天”。[55]

“转眼间，”暗杀事件就改变了喜庆的气氛，但并没有改变德国和英国士兵之间的团结。宴会被取消，下半旗志哀，仿佛“严厉化身”的德皇离开了他的游艇，前往柏林。总而言之，德国官员在尊重死者方面表现得和白金汉宫一样端庄。[56] 至于水手，他们“要么醉得太厉害，要么太过冷漠，甚至都没有注意到”。[57] 美国记者弗雷德里克·威廉·怀尔（Frederic William Wile）写道，海军军官们热烈地讨论着这项“遥远的重罪”，“但我十分肯定，我们中没有一个人认为自己能够想象得到……英国和德国将在5个星期后兵戎相见”[58]。美国大使詹姆斯·杰勒德（James Gerard）也完全同意：“我在下午和晚上见到的所有外交官和名人似乎都认为，萨拉热窝的悲剧不可能导致战争。”[59]

这位大使还发现，德国首都没什么变化。相反，“接下来的这段时期风平浪静。似乎没有人认为萨拉热窝谋杀案会对世界产生任何影响”。之后的那个周末，杰勒德在西里西亚的一场狩猎会上目睹了同样悠闲的气氛。[60] 7月7日，他给豪斯上校写下了这封很随意的短函：

> 在基尔，德皇曾请我和他一起乘坐他的赛艇参加比赛，
> 但由于在波斯尼亚发生的谋杀案，我无法与他共度这样的一天。
> 我的字迹潦草得难以辨认，是打网球造成的。
> 您何时起航？……
> 柏林像坟墓一样安静。[61]

另一位观察家指出，“水面上没有一丝涟漪，天空中也没有一朵暴风云”，在这种时候，柏林人又何必中断暑假。[62] 萨拉热窝暗杀事件的可怕之处，并不在于它是一个“闪光灯事件”，而在于几乎没有人眨眼。

当然也有例外，不过它们往往是在证明这种说法。6月29日，《苏格兰人报》(*The Scotsman*)称这次暗杀是“一个威胁到世界和平的欧洲事件”。然而这份报纸只把警告刊登在了第八版。[63] 法国作家克莱尔·德普拉茨（Claire de Pratz）“灵光乍现”，觉得“这桩罪行将是一场大灾难的开始”，尽管她认为这“与欧洲全面战争的想法相去甚远”。[64] 在意大利，作家康普顿·麦肯齐（Compton Mackenzie）的一位意大利朋友来访时宣称：“没什么新闻。三天不能放烟花，某位奥地利公爵在某地被杀了。”之后，他“灵机一动……顿觉这桩谋杀案将意味着一场欧洲战争”。回到伦敦后，他注意到，“我遇到的人无一认为欧洲战争有哪怕一丝一毫的可能性”[65]。萨拉热窝的消息传到他们的沙龙时，英国作家 H. G. 威尔斯（H. G. Wells）正在与《每日快报》主编 R. D. 布卢门菲尔德（R. D. Blumenfeld）饮茶。威尔斯惊呼：“这将点燃整个世界。”但那位新闻工作者与普通人接触更多：“我不明白这个世界为什么要为了一个疯子的行径而打仗。”他坚持认为，阿尔斯特“仍然是最要紧的”[66]。同样，当俄国政客弗拉基米尔·古尔科（Vladimir Gurko）预言“欧洲正处于严重事件的前夕”时，他的听众“表示极度诧异”，竟然有人认为萨拉热窝事件是“具有国际意义的事件”。[67] 据一位哈布斯堡高级官员回忆，当他的妻子问他“这岂不是意味着战争？”他甚至“笑了出来”。[68]

事实上，有不少人持有相反的态度，认为大公之死是和平的征兆，因为他的改革政策具有挑衅性，本人也“明显不得人心”。[69] 根据奥地利武官的记录，巴黎的舆论是“一个持续动荡的源头随着殿下的薨逝而消失了”。在意大利，英国大使报告称，“虽然当局和新闻界表面上一直在强烈谴责这一罪行，对皇帝满怀同情，但很明显，人们普遍认为已故的大公死得正是时候”。意大利外交大臣对一位大使说：“世界和平不会变得更糟了。”[70] 同样，在圣彼得堡，“这件事大体上给人的感觉似乎是如释重负，如此危险的人物终于被移出了王位继承顺序”[71]。英国驻奥斯曼帝国大使感觉到，他的外交官同僚把弗朗茨·斐迪南视为一个“愚蠢的教士……对欧洲和平的真正威胁”[72]。大公最坚定的支持者之一、耶稣会神父安东·蓬蒂加姆（Anton Puntigam）于7月7日在维也纳奥古斯丁教堂对5 000名教区居民说：“皇室夫妇的流血身亡可能开启了一个更美好的时代。”[73]当远方的谋杀案从一份更关注墨西哥革命而不是巴尔干半岛的美国报纸头版撤下时，一位作家挖苦地评论道：“对这个世界来说，或者对一个国家来说，一位大公大抵还是无关紧要的。”[74]

然而，弗朗茨·斐迪南并不是普通的大公。对于重构政权并与俄国重新结盟的计划，他的政治参与度相当高，因此，他的猝然离世不可能不动摇极度惊恐的君主国的统治权。此外，这位继承人戒备森严的私生活和乖戾的个性，使我们很难概括奥匈帝国人对他遇刺的反应。是像政客约瑟夫·雷德利希（Josef Redlich）在日记中所记录的那样，“维也纳人普遍无动于衷！”因为大多数人对皇室夫妇很“反感”？还是像另一个同时代人所指出的、全国各地的悼念活动也证实的那样，人们陷入了“深深的丧亲之痛”？[75]根据新闻报道，当消息传到维也纳街头时，“麻痹性休克”盖过了愤怒、悲痛甚至是宽慰的表达。“生活凝固在一种沉滞的哀悼中，”《新自由报》报道称，“维也纳沉默了。没有剧院开张，没有音乐从夏日的花园传出。”[76]事后看来，“华尔兹时代”的结束，已经成为大公遇害一个煽情的比喻说法。[77]

这些说法与斯蒂芬·茨威格《昨日的世界》中经常被引用的一段话相冲突。在这段话中，他——在近30年后——回忆起自己当时正在公园里读书，音乐在小节半道戛然而止，他书里的句子也只读到一半。说到奥地利人对萨拉热窝暗杀事件的反应，如果茨威格是唯一的向导，那么继承人并没有掀起什么波浪，无法毁掉一个美妙的星期天。这位作家令人安心地表示，尴尬的片刻过去后，音乐重新开始了。法国大使阿尔弗雷德·迪迈纳（Alfred Dumaine）同样很惊讶，因为“民众非但没有感到诧异或震惊”，反而很快便回到林荫道上，“和往常一样到处看热闹（badauderie）”。[78]英国大使夫人伯塔·德·本森（Berta de Bunsen）倒是很震惊，因为那天晚上在人民公园（Volksgarten）用餐的同伴们看上去“非常快活”。[79] 还有雷德利希，他虽然批评弗朗茨·斐迪南的政见，却痛斥“普拉特［公园］没有哀悼的气氛……那两天到处都有音乐！”6月28日，他在日记中一针见血地写道：“这一天发生的是世界历史上的一件大事。它会让奥地利越来越好，还是越来越糟，现在没人能说得准。哈布斯堡家族的决定性时刻即将来临。”[80]

暗杀事件——“我们的君主国所面临的最严重的事件，”奥匈帝国驻英国大使在7月2日写道——发生后，一个常用的修辞就是“命运”，正如德语中Schicksalsschlag（命运的打击）这一说法。[81]“仿佛……历史用血红的笔在一个新纪元写下了可怕的自明之理。”[82] 在全城哀悼的布拉格，捷克大学教授约瑟夫·佩卡日（Josef Pekař）对他的学生说出了不祥之语，称大公之死“以‘深刻且出乎意料的方式’损害了君主国”。同样地，西格蒙德·弗洛伊德也执迷于“令人惊异”的谋杀案出乎意料的后果。在南斯拉夫问题十分尖锐的克罗地亚首府萨格勒布，据说那里的居民“目瞪口呆，憎恶之情油然而生……因为我们所有人都信任［弗朗茨·斐迪南］，无论这信任是对还是错”[83]。

说到底，是一个与敌对的塞尔维亚有关系的波斯尼亚塞族人，杀害了一位有改革意识并且有能人为其出谋划策的皇储。对于像《帝国邮报》编辑弗里德里希·丰德这样的人来说，这无异于终结了他们毕生所追求的一切。6月29日，丰德写道，奥地利未来的“很大一部分希望”躺在了棺材架上。“现在一切都结束了。”[84] 继承人在罗马的可靠代理人、历史学家/神学家路德维希·帕斯托尔（Ludwig Pastor），也将两人的死亡称为国家“军事、政治和宗教革新”的“重大损失”……“现在一切都破灭了”[85]。弗朗茨·斐迪南的军事办公厅能力出众的初代领袖布罗施·冯·阿雷瑙少校，将这种惋惜表达得最为动人：“希望不再。大势已去。对我来说，生命本身已经失去了意义……奥地利完了！（Finis Austriae！）”[86]

虽然关于大公会是帝国的“救世主”还是“掘墓人”的争论还将一直

激烈进行下去，但重要学者和政治权威人士对他的死亡感到的那种纯粹的、由衷的绝望，却是不容置疑的。[87] 社会主义者的《工人报》(*Arbeiter-Zeitung*）称，继承人是独一无二的“能量源”，他的遇害“让所有的憧憬和梦想戛然而止”。[88] 在特兰西瓦尼亚，报纸用世界末日般的口吻描述着“降临在我们身上的这场灾难”和它瞬间粉碎的“美好希望”。[89] 历史学家、南斯拉夫拥护者 R. W. 西顿-沃森也写下了类似的话：“我曾把对未来的所有希望寄托在［继承人］身上……他代表了当今欧洲的一种进步思想，他的死是整个欧洲的损失。”[90] 但引起最大轰动的，是尖酸的维也纳评论家卡尔·克劳斯写下的讣告《弗朗茨·斐迪南与才能》。克劳斯以抨击僵化的“旧政权”而闻名，称大公是这个“人类普遍痛苦的时代”和“虚伪个性”的对立面——一位天生的统治者，能够调和“奥地利的腐朽势力”，是一个“顶天立地的人”。与皇帝宫廷的对比实在太过鲜明。[91]

确实，皇帝身边的大多数人如释重负，因为君主国的未来永远不会由弗朗茨·斐迪南来掌舵了。尽管如此，最初得知侄子遇害的消息后，弗朗茨·约瑟夫还是大惊失色，有人无意中听到他说，有一种“更高级的力量”恢复了他自己一个人无法恢复的秩序。其他人的言论则更加冷漠，特别是匈牙利人，因为这个公开的对头、对二元制的威胁死了，他们的满足简直快要藏不住了。[92] 然而，正是因为大公在这个多样化君主国背景下的复杂性，人们对他遇害的反应也很混乱。此时，外交大臣利奥波德·冯·贝希托尔德的决定比皇帝以外的任何人都重要，他写道：“无论人们想要如何看待他，”

> ［弗朗茨·斐迪南］都是一个真男人。而君主国需要这样一个人……［他］就是罗盘的刻度盘，古老的奥地利所依赖的一切，以及对光荣的哈布斯堡君主国的未来还抱有希望的人，都已经开始用它来定位了。[93]

贝希托尔德6月29日从总参谋长康拉德·冯·赫岑多夫那里收到的信息，不出所料是“战争、战争、战争”。在谋杀案当天写给情人的信中，赫岑多夫坚持认为，谋杀“分明具有塞尔维亚民族的特性”。他还怀着沉痛的心情预料到，如有必要，会上演一场“无望的”斗争，“因为一个如此古老的君主国，一支如此高尚的军队，不能丢人现眼地倒下”[94]。波蒂奥雷克没那么悲观，不过他也“完全确信”塞尔维亚与萨拉热窝阴谋有牵连。在6月29日给陆军大臣的电报中，这位波斯尼亚总督越级建议“在外交政策领域采取坚决行动，[以]恢复波斯尼亚—黑塞哥维那的和平与常态”。奥地利驻塞尔维亚代办也在6月29日出言支持上司贝希托尔德：“我暂时还不会鲁莽到指责贝尔格莱德[政府]直接参与了谋杀，但它一定是间接犯了罪，策动者不仅在未受教育的群众中，也在[塞尔维亚]外交部宣传司，在那些多年以来散播仇恨、现在又收获了谋杀之果的塞尔维亚大学教授和报纸主笔中。”[95]

思想很重要，而且有很多证据表明，反哈布斯堡的意识形态灌输是存在的，通过塞尔维亚新闻界和奥匈帝国外交部长期以来都有记录的其他来源进行。[96]然而，想要充分证明贝尔格莱德是萨拉热窝阴谋的共谋，需要的不仅仅是民族主义宣传和“塞族杀人犯”普林西普令人叹为观止的革命文献藏书（警察在他哥哥位于哈季契[Hadžići]的家里发现的）。[97]刑侦结果和实际的塞尔维亚人的态度也很重要。可这两方面的结论都很暧昧，令人沮丧，也正因如此，人们对第一次世界大战的起源普遍感到困惑。

当然，如果共谋的“黑手会恐怖分子”提供的氰化物真的起了作用，情况可能还会变得更加暧昧。但这反倒更加证明了阴谋的脆弱性。患了病、挨了打却还活着的查布里诺维奇和普林西普，从愤怒的人群中被救出后，马上就受到了审讯。不出所料，前者首先崩溃了：6月29日，他承认普林西普是自己的同伙，武器来自贝尔格莱德的“前游击队员”（比利时勃朗宁手枪是得到塞尔维亚的许可制造的，但炸弹可能属于非正规军，而不是直接从塞尔维亚国有兵工厂带出来的）。[98] 他还把米兰·齐加诺维奇牵连了进来，称其为坦科西奇和贝尔格莱德三人组之间的纽带。

然而，根据调查法官利奥·普费弗的说法，是达尼洛·伊利奇供出了案情的内幕。伊利奇与通常嫌疑人和以塞尔维亚人为主的许多无辜者一起被围捕，他以为当局知道的情况比他们实际知道的更多。他也担心自己的性命，以及在这场大搜捕中被捕的那些清白的波斯尼亚人。因此，伊利奇招供了，希望能被“从轻”发落。短时间内，除了穆罕默德巴希奇（他越过黑山边境逃走了），波斯尼亚的所有刺客和从犯都被捕了。[99]

伊利奇这边还没完。他供出了塞尔维亚的武器供应者坦科西奇少校，使调查凶险地逼近了阿皮斯，后者不仅是黑手会成员，还是塞尔维亚军事情报部门的首领。然而，阴谋的线索在这里土崩瓦解。不知是因为刺客们在串供方面“才华横溢”，还是因为他们根本不了解坦科西奇的人际关系（这种可能性更大），总之没有提到“统一或死亡”。唯一卷入这场阴谋的塞尔维亚组织是民族自卫组织，其作用是为武器走私提供便利，而不是提供武器本身。[100]

与此同时，在塞尔维亚本土，普通人正在庆祝“喜庆的圣维特日”时，萨拉热窝传来的消息打断了他们对最近收复科索沃的得意之情。一些人跑出来高喊：“这是对吞并的报复！”许多人把暗杀视为“英雄事迹”。在科索沃，哈布斯堡领事描述了“狂热的群众”“野兽般的”纵情表达。然而，也有一些报道提到了塞尔维亚人的“惊愕”、对老皇帝的同情，以及情绪低落的“恍惚”。他们对可能会发生的事情感到恐惧，也是理所当然的。[101]

塞尔维亚首相很谨慎，知道不该对奥匈帝国幸灾乐祸——这个帕希奇所说的“令人遗憾的事件”，可能会给他的国家带来可怕的后果，公民领袖对此也十分清楚。因此，政府在 6 月 28 日迅速采取了正确的行动，命令所有公共集会场所在晚 10 点前关闭，关停娱乐场所，并取消了一场纪念米洛什·奥比利奇的仪式。它进一步宣布举行为期一周的国丧，并向外交大臣贝希托尔德和奥匈帝国驻贝尔格莱德公使馆致以“深切哀悼”。次日，执政的激进党公报《自治》(*Samouprava*）谴责了杀人行为，表达了同情，并将凶手描述为“精神错乱的年轻人”。其他塞尔维亚报纸也纷纷效仿。[102]

然而，这些正派行为却被大行其道的民族主义新闻界抵消了，他们大量炮制文章，赞美刺客，并指责“老朽的君主国”在波斯尼亚—黑塞哥维那实施暴虐统治，人被杀是自找的。黑手会的《皮埃蒙特》领导了这场炮轰，称赞普林西普是一位保卫塞尔维亚同胞、反抗哈布斯堡侵略的“年轻烈士”。[103] 虽然贝尔格莱德试图压制这些挑衅性的激烈言论，但新闻战是一把“双刃剑”——奥匈帝国为其“不受爱戴的”皇储流下了“鳄鱼的眼泪”，可塞尔维亚人对这个“落后于时代*的国家”的每一次恶毒攻击，都只会让整个帝国和全欧洲的刊物将奥匈帝国描述为“塞尔维亚杀人幽灵”的受害者，而这个“塞尔维亚杀人幽灵”的根源就在于“野蛮的”奥布雷诺维奇弑君事件。[104] 在奥地利新闻界，对战争的呼唤——“进军贝尔格莱德！”——并不罕见，普林西普也经常被他们贴上“塞尔维亚人”的标签。[105] 一位作家怒喝：“自由并不是一定要放任别人用炸弹或左轮手枪攻击他们。”鲁道夫·梅赫（Rudolf Merkh）中校在《因斯布鲁克新闻》(*Innsbruck News*）上以社会达尔文主义的口吻坚称：“一个健全的国家不讲求和平，它寻求战争；它知道，只有通过战争，它才能存在。”[106]

战争会来的，但首先要与“[塞族]颠覆分子”狠狠地算账。暗杀当晚，在萨拉热窝非塞族人的怂恿下，波斯尼亚克族人和穆斯林团伙高喊着“打倒君主国的敌人！”向欧罗巴酒店（Hotel Evropa）的窗户投掷石块。那里是波斯尼亚塞族政客的集会场所，业主是杰出市民格利戈里耶·耶夫塔诺维奇（Gligorije Jeftanović）。次日早上，举着黑旗（纪念死者）和皇帝肖像的示威者“几乎对整个城市的塞族人商店和住宅发动了一场小规模战

---

* 原文为“anarchistic”，意为“无政府主义”，但此处逻辑上不通，疑似为“anachronistic”的拼写错误。——译者注

争”。写下这些的地方官员未能阻拦对塞族人学校、商店和住宅（包括查布里诺维奇家族拥有的两处）的攻击，对一家塞族人银行和《塞尔维亚语》办公室的洗劫，对欧罗巴酒店的掠夺，以及对都主教官邸投掷石块的行为。甚至连警察也参与了行动——逮捕塞族神父、商人、知识分子和政客（例如耶夫塔诺维奇，他的女婿是塞尔维亚驻俄大使），尽管萨拉热窝城里的大部分塞族精英很瞧不起暗杀行为，东正教主教还为遇害的夫妇举行了动人的祷告仪式。[107]

破坏者从街头散去时，街道上散落着密密麻麻的私人财产，两人死亡，数百人受伤。6 月 30 日的《帝国邮报》记录，萨拉热窝看起来“像是经历了一场大屠杀”。[108] 这种愤怒也并不局限于犯罪现场和“犯了罪的”塞族人。在波斯尼亚、克罗地亚和奥匈帝国其他的南斯拉夫人地区，各地都爆发了针对“塞族人”及其资产（如东正教堂）的暴力行径、暴民私刑、多次逮捕（包括任何同情塞尔维亚人或南斯拉夫民族主义的人）、示威和焚烧

图 5.6 反塞族骚乱之后的萨拉热窝街景

图片来源：奥地利国家档案馆（Österreichisches Staatsarchiv），ÖSTA/Kriegsarchiv Bildersammlung Alben Nr. L III 23 Bild Nr. 68。

国旗行为（例如在维也纳的塞尔维亚大使馆外）。正如许多人所了解的那样，仅仅是诋毁哈布斯堡王朝，或者已故的大公，都可能遭到长期监禁。事实上，仅仅是身为波斯尼亚塞族农民都很危险，军事监狱里普林西普和查布里诺维奇的窗户正下方，就绞死了好几个人。[109] 这个主意是想恐吓刺客们，让他们开口。但奥匈帝国这样的国家行为，看上去更像是把萨拉热窝暗杀事件归咎于塞尔维亚民族。

幸运的是，波斯尼亚、克罗地亚和斯洛文尼亚的温和派人士谴责了南斯拉夫同胞的“非克族人的”“非伊斯兰的”或非南斯拉夫人的行为。[110] 他们还和塞族人一起痛斥哈布斯堡官员在“拿钱办事的群众”“灭绝”他们的时候“袖手”旁观。在萨拉热窝和其他地方，当地警察确实很少干预，往往是在暴民大肆破坏一通后才出现。同样，总督波蒂奥雷克一直等到 6 月 29 日夜幕降临，才宣布波斯尼亚和黑塞哥维那进入戒严状态。1920 年，在暗杀事件后被捕的波斯尼亚塞族历史学家弗拉迪米尔·乔罗维奇（Vladimir Ćorović）出版了一本很有说服力的“黑皮书”，指责哈布斯堡当局处置暴乱时“完全是消极对待”。[111] 贝尔格莱德的《政治报》（*Politika*）认为，调查完成之前，奥匈帝国就在助长塞尔维亚是萨拉热窝阴谋的同谋这一“谎言”，他们的这种做法把自己变成了杀害塞族人的凶手，即便不是间接杀害大公的凶手。[112]

这后一种指控并非荒诞不经，即便最初是基于明目张胆的误报。6 月 30 日，贝尔格莱德的《新闻报》（*Štampa*）以造谣中伤的手段报道称，塞尔维亚驻奥匈帝国大使约万·约万诺维奇已经向贝希托尔德传达了萨拉热窝阴谋的细节，后者向他道了谢，并将情报转发给了皇帝和继承人。虽然文章标题中“被忽视的警告”，本意是想批评哈布斯堡领导人的疏忽，但它也暗示了塞尔维亚政府知道这个阴谋。因此，如果不是维也纳操之过急地指责塞尔维亚是同谋，或者说是间接尝试要挟帕希奇，那么这篇文章就毫无意义了。自从暗杀事件发生后，贝尔格莱德向维也纳发出“警告”的疑问就一直是一个令人烦恼的问题，无论这样做的潜在动机是什么，而最近的一项研究很可信地断定，警告实际上是由阿皮斯发出的。[113]

确实有一份警告，但它既不是关于波斯尼亚人的阴谋，也没有传达给与约万诺维奇关系不睦的贝希托尔德。约万诺维奇是一位“头脑冷静的大臣”，尽管民族主义倾向严重，还与“统一或死亡”有着“所谓联系”。[114]毋宁说约万诺维奇的警告是给波斯尼亚和黑塞哥维那联合财政大臣/首席行政长官莱昂·冯·比林斯基的。至少可以说没有特定对象：约万诺维奇在1924年写道，“据我所能记起的”，“6月5日前后”，我“主动”告诉比林斯基，在德里纳河的军事演习中，某个塞尔维亚青年“可能会给他的步枪或左轮手枪装上实弹，而不是空包弹，然后开枪。而子弹可能会击中挑衅者”。他随后意有所指地建议大公避开波斯尼亚。因此，虽然这份警告的来源和对象非同小可，但它的表述却是大公每天都能听到的那套说辞，此外还把演习地点误说成了奥塞边境附近。比林斯基在回忆录中提到了这一警告，并答应约万诺维奇会将其转告，可能也遭遇了波蒂奥雷克表现出的那种妄自尊大的无所谓态度。无论实际情况如何，塞尔维亚官方从来没有表达对斐迪南大公此次行程的忧虑，除了那几个至今悬而未决的问题：帕希奇政府知道些什么？什么时候知道的？对待这些情报（无论多么抽象），它又做了哪些能够被证实的事情？[115]

至于塞尔维亚首相对来自萨拉热窝的消息的反应，历史学家马克·康沃尔的描述是震惊与困窘兼而有之。塞尔维亚还没有做好又一场战争的准备，此外，谋杀案发生时，帕希奇似乎正准备改善与奥匈帝国的关系。将铁路控制权移交给塞尔维亚的谈判正在进行，自从帕希奇度过优先权危机后，新的选举也在进行。6月24日，彼得国王将权力交给了王储亚历山大，后者曾在首相与阿皮斯领导的黑手会的斗争中支持首相，并创建了军人社团白手会，与军队中的禁卫军分子斗争。简而言之，塞尔维亚政府正在尽力让国家稳定下来。此外，帕希奇和拉多米尔·普特尼克（Radomir Putnik）将军都在调查阿皮斯对参与向波斯尼亚走私武器的边境官员的控制。帕希奇在给内政大臣斯托扬·普罗蒂奇的信中写道，必须阻止这种

“过境”，“因为这对我们非常危险”。普罗蒂奇这封信标注的日期是 6 月 15 日，贝尔格莱德三人组早已穿越边境。[116]

与约万诺维奇的“警告”一样，帕希奇政府在 6 月 28 日之前为夺回对边境的控制权并铲除阿皮斯的武器贩运业务（将这位军事情报首长免职会造成影响，不能冒这个险）而做出的努力，似乎也证明塞尔维亚官方已经听到了一些风声。虽然哈布斯堡官员在 7 月 23 日向塞尔维亚发出最后通牒之前从未听说过这些行动，但帕希奇首相发现自己如履薄冰，一边要配合君主国对谋杀的调查，另一边还要反击君主国对塞尔维亚参与同谋的自以为是的推测。无论人们如何评价他——帕希奇受到的谴责，既有“几乎没有做任何事情来阻止奥地利的行动方略”，也有“割肉饲虎”——首相毕竟是在国内险恶的政治背景下工作的，哈布斯堡政治家对此缺乏了解。除此之外，他也有所隐瞒。[117]

1924 年，世人终于得知了帕希奇可能知道的或者仅仅是听说的关于萨拉热窝阴谋的事情。“我不记得是 5 月底还是 6 月初了”（即公历 1914 年 6 月的第二个星期），1914 年的塞尔维亚教育大臣柳巴·约万诺维奇（Ljuba Jovanović）语焉不详地开口道，

> 一天，帕希奇先生对我们说……有人准备去萨拉热窝杀死弗朗茨·斐迪南……正如他们后来告诉我的那样，这个阴谋是由一群秘密组织的人在贝尔格莱德的波斯尼亚—黑塞哥维那爱国学生圈子里策划的。帕希奇先生和我们中的其他人都说，他应该向德里纳河的边防当局发出指示，拒绝那些已经为此目的从贝尔格莱德出发的青年入境，而且［内政大臣斯托扬·普罗蒂奇］也赞成。但边防“当局”本身就属于该组织，并没有执行斯托扬的指示，而是向他报告称……命令下达到他们那里时已经太晚了，因为这些年轻人已经越过……
>
> 就这样，政府阻止阴谋实施的努力失败了，我国驻维也纳公使［约万·］约万诺维奇先生在与比林斯基大臣的会谈中主动劝大公放弃

他所考虑的致命旅行，这次努力也失败了。

这是情报，而非对谋杀阴谋的深入了解。它可能的来源是雅科夫·米洛维奇，就是普林西普和格拉贝日前往图兹拉途中的那位民族自卫组织信使。这些细节太少、太粗略，无法让维也纳警惕起来。此外，考虑到弗朗茨·斐迪南对波斯尼亚爱国者来说是一个多么诱人的目标，帕希奇很容易就能猜到有人在酝酿行刺。他的问题并不是这个由奥匈帝国臣民组织的、不清不楚的阴谋本身，而是它与塞尔维亚的关联。具体来说就是，对于帕希奇在1914年6月调查阿皮斯、获得边境控制权的努力，一方面，好战的哈布斯堡官员是如何理解的？另一方面，将刺客作为民族英雄来歌颂的塞尔维亚选民又是如何理解的？[118]

面对这一困境，帕希奇采用了政治幸存者屡试不爽的策略：保持低调。他知道他的政府在萨拉热窝阴谋中是清白的，全然否认事先知情，并希望维也纳把塞尔维亚官方和激进民族主义者的秘密活动区分开来，对于后者，帕希奇本人也在奋力约束。然而，他忽略了哈布斯堡领导人一心想着的大局——塞尔维亚与暗杀事件的关系，再怎么是捕风捉影，都表明了长期以来为了使帝国失去合法性并在其南斯拉夫民族中挑起动乱而做出的努力。尽管两国之间的不信任之前就存在，但首相如果不忍气吞声，表现出些许与奥匈帝国合作揭开贝尔格莱德在大公遇害案中的幕后角色的意愿，风险就太大了。1914年7月，塞尔维亚作为一个“法治国”（Rechtsstaat）的合法性，既要依靠在很容易升级为一场欧洲战争的情势下保持一定程度的

“独立与尊严”，同样也要依靠帕希奇安抚其受到冒犯的对手的能力。[119]

然而，塞尔维亚没有进行调查。坦科西奇和齐加诺维奇——被刺客们作为在贝尔格莱德的联系人供出——没有被逮捕；反奥地利宣传继续从塞尔维亚报刊倾泻而出；塞尔维亚高官在这场凶险的危机中发表了鲁莽的反哈布斯堡评论。奥匈帝国7月23日给塞尔维亚王国的最后通牒共有十点，这就占了四点。这份文书与一些论断相反，很克制地没有指责塞尔维亚官方对萨拉热窝谋杀案负有责任。[120] 帕希奇太害怕内部调查可能出现的结果，同时又对新选举中的国内民族主义舆论太敏感，没有太过怀柔，而是沉默，甚至是搪塞。因此，在7月3日大公的安魂弥撒期间，他口头上表示会进行调查（帕希奇对奥匈帝国驻贝尔格莱德大使馆的威廉·冯·施托克［Wilhelm von Storck］说，我们将把此事“当成关乎我们自己统治者的事情”对待），之后却没有贯彻下去。相反，他的政府只是责成首都警方彻查刺客在当地的联系人。但一个星期后，他们甚至没有证据证明“齐加诺维奇”的存在。施托克问塞尔维亚外交部秘书长斯拉夫科·格鲁伊奇（Slavko Gruić），塞尔维亚警方是否正在调查萨拉热窝与贝尔格莱德的联系，格鲁伊奇给出了否定的回答，并无礼地反问这是否为正式请求。施托克只是认为这样的调查是一个“文明”法治国的标准作业程序。[121]

考虑到塞尔维亚王国和二元君主国国力悬殊，塞尔维亚官员本应注意他们对受到侵害的邻居大国的措辞。然而，许多人对帝国发表了鲁莽的言论，并公开谈论他们对南斯拉夫人的同情。约万诺维奇大使甚至在传达官方慰问时，还不忘表达他的国家上上下下对建立阿尔巴尼亚以阻止塞尔维亚出海的愤怒。其他官员将不受约束的民族主义新闻界与奥匈帝国自己的愤怒喉舌进行对比，以此来支持前者，仿佛被杀的是塞尔维亚王储。虽然帕希奇只能援引宪法的紧急权力来禁止新闻自由，也因此疏远了他的民族主义选民基础，但他并不需要对君主国报纸上的恶言挑衅和不实指控喋喋不休，以此将自己的勉为其难合理化。帕希奇没有用花言巧语来哄人，而是大肆渲染他的国家骄傲的独立，甚至提醒奥匈帝国官员，塞尔维亚也有军队和盟友。[122]

塞尔维亚在圣彼得堡还有一个“精神错乱”的大使。米罗斯拉夫·斯帕拉伊科维奇（Miroslav Spalajković）认为，波斯尼亚人是“塞尔维亚民族中最高贵的部分”。他指责维也纳“虚构”了反哈布斯堡社团，威胁要进行军事入侵，并质疑刺客是在贝尔格莱德被武装起来的既定事实。这种全然的捏造——“塞尔维亚与萨拉热窝的暗杀事件毫无瓜葛”——成了俄国人的一种反叙事，他们以此拒绝接受君主国对大公遇害理所当然的反应。斯帕拉伊科维奇还认为，弗朗茨·斐迪南会通过建立一个“奥地利—匈牙利—南斯拉夫”三元制国家来破坏塞尔维亚的主权。虽然像这样散布阴谋对他来说已经不是什么新鲜事了，但在1914年7月那些紧张的日子里，这又是一个帕希奇未能正视的公关问题。[123]

一些学者质疑，在斐迪南大公遇刺后，这位首相是否还能做些什么来改变奥匈帝国的敌对方针。然而，在向哈布斯堡官员保证自己政府的合作意愿方面，他做得少之又少，这一点几乎没有争议。随着危机迁延日久，帕希奇还对审慎的结果抱有一丝希望。对于展开调查、训诫蛮横的塞尔维亚新闻界，或者是抢先达成维也纳一定会提出的解散泛塞尔维亚社团的要求这些善意劝告，他则一概拒绝。他还继续在首都以外从事竞选活动，为即将到来的选举做准备，仿佛这个国家除此之外一切安好。如果帝国预计采取的行动方略到头来让塞尔维亚无法接受，那么帕希奇就指望协约国来出面阻止了，而这才是最冒险的，即便是合理的。当然，俄国的军事支持永远都有得谈。这种支持是否曾经在七月危机中的哪个时间点敲定，至今仍有争议。无论如何，首相就是在不服不忿地打着这些牌。

在这方面，一个很不凑巧的事件尤其能够说明问题。7月10日，热烈亲塞的俄国驻贝尔格莱德大使尼古拉·哈特维希造访了奥匈帝国大使弗拉迪米尔·吉斯尔男爵（Baron Wladimir Giesl）的办公室，以澄清关于俄国公使馆没有在7月3日为弗朗茨·斐迪南的安魂弥撒降半旗的报道。吉斯尔和蔼地接受了同僚的解释，就在他们正要讨论更切中要害的事情时，哈特维希突然晕倒，死于心脏病发作。这让帕希奇陷入了艰难处境，因为社会上有一种顽固的迷信，认为哈特维希才是“贝尔格莱德的主人，帕希奇做任何事都要征求他的意见”，弗朗茨·约瑟夫皇帝和其他哈布斯堡领导人也对此信以为真。然而，首相并没有尽力制止关于吉斯尔谋杀其俄国同僚的谣言，这谣言虽然离谱，却流传甚广。相反，他为哈特维希举行了一场“空前隆重”的国葬，更是加剧了人们对俄国与大塞尔维亚事业相勾结的猜疑。[124]

整个七月危机期间，帕希奇坚持不变的头等要务是抵抗哈布斯堡君主国对塞尔维亚主权的侵犯。在第一次世界大战期间，他的国家将为这个光荣的目标付出高昂的代价，尽管在务实的合作和卑怯的屈服之间做出的选择，是否真的像政府认为的那样黑白分明，还是很值得商榷的。1914 年 7 月，事实证明帕希奇无法调和调查贝尔格莱德与萨拉热窝阴谋的关系这一国际义务，与来自黑手会和塞尔维亚其他充满活力的民族主义势力的危险——首先，正是因为他们提供的武器，谋杀才有了实现的可能。

帕希奇的装模作样与维也纳的情况截然相反。事实上，如果他知道贝希托尔德及其球场广场的鹰派幕僚决定与塞尔维亚开战时有多么迅速和果断，首相的行为可能会更加服软。但像这样缺乏了解，才是七月危机以及普遍意义上的国际外交的情形，也就是那些影响决策的“不言而喻的假设”和有限度的感知。[125]这不是在为以下事实找借口：第一次世界大战并不能明确说是长期的社会经济转变、国内社会主义者的动乱、猖獗的军国主义、愈演愈烈的英德对抗、俄国的帝国主义、危机四伏互相找补的联盟体系、南斯拉夫 / 东方问题、“对阳刚之气的崇拜”甚至是普林西普的两声枪响所引起的，终究还是由一小撮人的决定累积在一起所引起的。这些人大权在握，即便鲁莽且实际，其中最关键的就是尼古拉·帕希奇和利奥波德·冯·贝希托尔德。他们所有人都遵循着一份剧本，把民族自豪感和保家卫国放在首位，使国际大决战成为可能。

1914 年 7 月，没有一个大国直接就想要世界大战，但是在萨拉热窝暗杀事件发生后，马上就有唯一一个国家故意决定采取军事行动——“甚至完全不排除世界大战的风险”。[126] 对哈布斯堡君主国来说，在与一个民族国家的长期世仇中，这就是“最后一根稻草”，而那个国家似乎天生就一门心思要通过其民族野心使帝国陷入危险。[127] 或者正如历史学家洛塔尔·赫贝尔特（Lothar Höbelt）言简意赅的说法，“奥匈帝国会发动战争，是因为它认为自己再也经不起武装的、不确定的和平”[128]。另一位学者所谓球场广场“走投无路的蛮勇”，十分贴切地表达了众人对战争绝对必要性的一致信念，这其中不仅包括赫岑多夫将军、波蒂奥雷克将军和陆军大臣克罗巴廷，还有像比林斯基这种长期以来与南斯拉夫民族建立起了良好关系的官员。[129] 短暂的犹豫过后，外交大臣贝希托尔德违背了自己审慎的本性，“决定……利用萨拉热窝的骇人行径，对［君主国］与塞尔维亚陷入绝境的关系实行军事解决”。唯一的问题是多久开始。[130]

七月危机期间，这个问题自始至终都在纠缠着哈布斯堡领导人，特别是因为俄国对塞尔维亚的支持不断加码，尽管外交大臣萨宗诺夫很有谨慎意识。[131] 事后回想起来，我们很容易抨击他们“目光短浅”，做出的战争决定“鲁莽得令人难以置信”。然而，就在谋杀案发生的前几天，同样是这些看似失去理性的人，却就他们在巴尔干问题上的立场掏出了另一份并不好战的文件。[132] 与其前身一样，这份《马切科备忘录》（Matscheko Memorandum）强调了该地区正在形成的、看上去很不妙的联盟：罗马尼亚转向俄国的势力范围（并与塞尔维亚日益团结）、法俄在巴尔干地区“侵略性”的“干涉”，以及塞尔维亚充满自信的扩张。然而，尽管这份文件看起来或许很偏执，但它提出的补救办法是务实且和平的：使德国认识到其较弱的盟友和普遍意义上的德国利益所面临的形势之严峻；逼迫罗马尼亚公开声明，是加入三国同盟，还是投奔协约国；与保加利亚搞好关系，以抵消俄国转向塞尔维亚带来的后果；向塞尔维亚提供经济优惠，以减轻其对哈布斯堡意图的猜疑，并压制其民族主义社团。外交部官员弗朗茨·冯·马切科男爵（Baron Franz von Matscheko）对最后一个目标极其存疑，但他和那些不胜其烦的同僚还是决心利用加了杠杆的外交，来处理问题尚未解决的巴尔干地区新的现实情况，无论代价有多么高昂。[133]

大公遇害并不只是一场有预谋的战争的“借口”。正如对战争“必然性”的断言一样，后见之明也蒙蔽了这样一个事实，那就是在萨拉热窝事件之前，大多数哈布斯堡领导人几乎没有表现出与塞尔维亚开战的心理准备或意愿。除了1914年6月下旬《马切科备忘录》的“古典外交”之外，缺乏侵略性的战争计划或目标，赫岑多夫对军事行动接连不断的请求习惯性地遭到拒绝，赫岑多夫的政治生命不及弗朗茨·斐迪南的阳寿，这些事实也都支持这一点。[134]可如果二元帝国真的铁了心想要找个充分的理由与塞尔维亚交战，它为什么还要花上如此漫长的时间，去回应继承人被塞尔维亚提供的武器暗杀这个看似无懈可击的理由呢？对毫无防备的塞尔维亚实行迅速的、局部的、不宣而战的打击——把目标限制在调查阴谋与贝尔格莱德的关系，并对该王国实行相应的惩罚——完全可以达到目的，也不会使包括俄国在内的其他大国感到不满或暴怒，何苦过了三个多星期才发出那份不可能被接受的最后通牒呢？7月24日，也就是最终发出最后通牒的次日，罗马尼亚首相正是这样说的。[135]他不知道的是，柏林从一开始就是这样说的。

德皇威廉二世并不是战争贩子，尽管他在公开场合经常贻人口实。然而，作为弗朗茨·斐迪南及其家人的私人朋友和盟友，波斯尼亚的谋杀案使他哀痛不已、怒火中烧，以至于他以前对塞尔维亚保持克制的建议彻底转变了，打了驻哈布斯堡大使一个措手不及。6月30日，海因里希·冯·奇尔施基报告称，在维也纳，即使是“清醒的”领导人，也抵挡不住“与塞尔维亚彻底算清这笔账的愿望”。他还令人安心地补充说，他已经“平静但非常断然且严肃地”警告贝希托尔德“不要采取这种冒失的办法”。他甚至屈尊提醒外交大臣，罗马尼亚、保加利亚和意大利的忠诚度还拿不准。公报于7月2日送达德国皇帝。威廉一如既往地冲动，在齐尔施基的公文上潦草地写道：“谁授权他这么做的？简直愚蠢到家了！这不关他的事，因为［决定］自己的打算完全是奥地利的事……是时候对塞尔维亚人进行大清扫了。”通常情况下，德国外交部可能会无视这种好战的旁注，可此时它却责成大使停止劝阻维也纳进行决定性清算，并开始酝酿对萨拉热窝暗杀事件积极、迅速的回应。[136]

在沙皇政权的大量军事投资得到回报之前，在对英国拒绝介入仍抱有希望之时，德国领导人是否已经在考虑与俄国进行更大规模的清算了呢？有证据表明，早在 7 月 1 日，德国外交部就认为时机有利于“促成重大决定”，正如德国政治评论家维克托·瑙曼（Victor Naumann）对贝希托尔德的办公厅主任亚历山大·奥约斯伯爵所说的那样。瑙曼与德国外交大臣戈特利布·冯·雅戈（Gottlieb von Jagow）关系密切，他坚持认为，如果奥匈帝国不利用这一时机，它作为王朝和大国的地位就“到此为止”了，这与哈布斯堡领导人的说法别无二致。[137] 然而，尽管如此，以及后来的种种迹象表明德国对一场欧洲战争持开放态度，为的是加强其面对俄国时的地位，并压制可怕的“斯拉夫之祸”，但柏林从未指挥维也纳在 1914 年 7 月的行为。二元君主国想要的，无非通过从塞尔维亚那里得到满足来实现巴尔干地区的稳定——一场决定性的局部战争，作为对萨拉热窝事件明智的惩罚，反正大家都预料到会有这一出。弗朗茨·约瑟夫皇帝在 6 月 30 日与贝希托尔德会面时就同意了这件事，那时柏林还没有发表意见。如果是德国推动了七月危机，那么这场危机可能在 6 月就结束了。

最重要的是，谋杀案的调查进展缓慢，君主国的行政机构无比迟钝。政治分歧也减慢了动员的速度。皇帝拘泥于程序，这意味着共同大臣会议的全体成员必须就军事行动达成一致。然而，匈牙利首相蒂萨·伊什特万伯爵（Count István Tisza）不仅担心战争会扩大化，还担心罗马尼亚与俄国刚刚开始结盟，会影响匈牙利控制的特兰西瓦尼亚地区大量罗马尼亚人口的战时同情心。此外，对包括蒂萨及其自由党在内的大多数马扎尔人来说，大公之死与其说是帝国的损失，更多地意味着匈牙利在帝国中的特权地位暂时得以保全，因为继承人的结构性改革可能会削弱马扎尔精英，从而在整体上损害匈牙利人的霸权。[138] 蒂萨作为哈布斯堡正统派、特兰西瓦尼亚贵族和坚定的爱国者，1913 年秋天还曾主张军事干预第二次阿尔巴尼亚危机，此时却对决定性行动造成了不小的阻碍。

但蒂萨也并不是最大的阻碍。奥匈帝国之所以没有在受到世人同情的时候迅速采取行动，与军事准备不足有很大关系，这一点的重要性至少不亚于蒂萨的反抗、政府的笨拙，当然还有调查的不充分。在 6 月 30 日这个忙碌的日子里，康拉德·冯·赫岑多夫告诉贝希托尔德，尽管自己不断请求“立即出击”，但总参谋部还需要 16 天才能完全动员。甚至连这都说少了——军队正在休“夏收假”，士兵要到 7 月 25 日才会归队。[139] 七月危机就这样拖着，一方面在于哈布斯堡领导人坚定致力于最初入侵塞尔维亚的决定，他们对此几乎达成了一致，还有人认为这在国际上也站得住脚，另一方面则在于他们这样做要花很长时间。

7 月 1 日，贝希托尔德修改了《马切科备忘录》，迈出了关键性的一步。奥匈帝国如果要入侵塞尔维亚，就需要确保德国的支持，同时也必须把蒂萨拉过来（前者会促进后者）。在这个新的版本中，萨拉热窝事件提供了“君主国和塞尔维亚之间难以逾越的分歧不容置疑的证据”。[140] 再者，想要把德国拉下水，更广阔的巴尔干视角是不可或缺的。因此，外交大臣有力地重申了俄法的目标，那就是用它们的新盟友（塞尔维亚，还有更令人不安的罗马尼亚）“包围”帝国，并削弱德国在该地区的政治和商业优势，更不用说三国同盟本身了。这样的危言耸听是否合理，还有待商榷；显然，德国领导人已经察觉到一个机会，可以在军事上先发制人地打击正在崛起的俄国，阻挡令人畏惧的“斯拉夫浪潮”，并阻止协约国抱团。然而，从君主国较为狭隘的巴尔干视角来看，最重要的是，更新后的备忘录为其塞尔维亚政策带来了“彻底的转变”：从外交到交战。[141]

接下来的 7 月 2 日晚间还发生了另外一件事，它本可以节省时间，使愈演愈烈的危机变得更加清晰：弗朗茨·斐迪南和他贵庶通婚的妻子索菲·冯·霍恩贝格的遗体抵达维也纳，准备举行国葬——这似乎是大国之间谈判交涉的绝佳机会。但与萨拉热窝事件有关的所有讽刺中，最可悲的或许是它所引发的危险的外交慌乱并没有反映在受害者的葬礼仪式上。由于索菲身份低微，皇帝的宫务大臣蒙特诺沃亲王（Prince Montenuovo）又固守宫廷礼仪，从火车站到宫廷礼拜堂的路上并没有正式的军队游行。事实上，多亏了卡尔大公（弗朗茨·斐迪南的侄子、新的继承人）的干预，弗朗茨·约瑟夫才同意批准在这个小礼拜堂举行两人的葬礼。卡尔亲自在火车站台迎接灵柩，不顾蒙特诺沃的安排，引领着由两辆宫廷灵车组成的朴素的游行队伍，拉车的是六匹黑马，前面是两个提灯的男仆。尽管天色已晚，还是有很多维也纳人在街道两侧为大公送行。[142]

次日的葬礼上，他们没有看到外国领导人。哈布斯堡官僚以安全考虑和年迈的皇帝健康状况不佳为由，甚至通知友邦的首脑都要留在国内，就这样浪费了平息国际局势的机会——历史学家和同时代人都认为这是“大错特错”。[143]他们为这对夫妇举办了一场非正式的葬礼，限制公众瞻仰，仪式仓促匆忙，甚至连三个孩子都不能参加（他们私下里瞻仰过了），这难免引起人们的愤慨。维也纳新闻界特别愤怒，因为大公的棺材上装点着哈布斯堡王子和军官的徽章，而他妻子的棺材上只有白手套和一把扇子，有人认为这象征着她曾经的侍女身份，是在贬低她。[144]这场“三流葬礼”让没有受到邀请的德国皇帝格外恼火，他刚刚和弗朗茨·斐迪南一家在科诺皮什切度过了一个美妙的周末，此时却只能给失去双亲的孩子们写一封吊唁信。《柏林日报》主编在回忆录中写道：“虽然不想让［威廉二世］出席葬礼，却指望他出兵。”[145]

这才是问题的核心——大公在维也纳被授予最后荣誉和些许恶毒侮辱的当天（7 月 3 日），外交部正准备向柏林派出一名密使，以确保倘若俄国干预二元君主国对塞尔维亚的坚决进攻，己方会得到德国的支持。7 月 4 日，也就是弗朗茨·斐迪南和妻子被安葬在他们位于下奥地利的阿茨特滕（Artstetten）城堡（而不是维也纳的皇家墓穴，索菲不被允许葬在皇陵）的那一天，奥约斯伯爵登上了开往柏林的夜车。他的包里有两份文件：弗朗茨·约瑟夫皇帝给德皇威廉二世的一封手写信，以及修改后的《马切科备忘录》。信中说，他“可怜的侄子”遇害，是“俄国和塞尔维亚的泛斯拉夫主义煽动的直接后果，其唯一目标就是削弱三国同盟并摧毁我的帝国”。信中强调，唯一的解决办法就是“打残［ausgeschaltet，字面意思是“关掉”］作为巴尔干地区大国”的塞尔维亚：有了“决定性的支援”，是时候“扯开［奥匈帝国的］敌人想要用来扼杀它的网绳了”。弗朗茨·约瑟夫进一步恐吓说：“只要贝尔格莱德这个犯罪煽动的核心继续逍遥法外，欧洲所有君主奉行的维护和平政策就会有危险。”这封信的意思是毫无疑问的：与塞尔维亚开战，使巴尔干地区不再成为俄国对君主国存在的威胁——一了百了。德皇威廉及其大权在握的宰相特奥巴尔德·冯·贝特曼-霍尔韦格为盟友的“积极措施”提供“全力支持”，也没有半点犹豫。7 月 5 日，奥匈帝国驻柏林大使瑟杰尼伯爵（Count Szögyény）告知维也纳，贝特曼-霍尔韦格“认为我们要立即介入，对抗塞尔维亚，这是解决我们的巴尔干问题最有效、最彻底的办法”。介入绝不可能立即开始。然而，一旦签了字，哈布斯堡帝国就一心只想兑现德意志帝国的“空白支票”了。[146]

奥约斯此行的重要性，无论如何强调都不为过：德国通过鼓励其盟友与塞尔维亚交战，大大增加了欧洲战争的风险，而且是存心这样做。柏林是否利用奥塞危机，加快了包括贝特曼-霍尔韦格和外交大臣雅戈在内的大多数政治和军事精英都确信即将到来的情况：斯拉夫人与条顿人一决雌雄，最好是在沙皇的军队变得甚至对德国军队来说都太过强大之前？这里不是要摊派第一次世界大战的最终责任，但有必要重申的是，大公遇害之后，股票市场还很坚挺，公众也没怎么恐慌时，德国领导人就已经在考虑这样一场冲突了。至少，柏林认为，鉴于对“斯拉夫人之祸”——巴尔干战争以来俄国的迅速发展和（能够察觉到的）地区影响力——的恐惧不断增加（并且种族化了），支持盟友在巴尔干交战，是值得承担的、“掂量过的风险”。贝特曼-霍尔韦格在 7 月 7 日为“预防性战争”辩护时表示，“未来属于俄国”。当天，他甚至还说“对塞尔维亚的行动可能导致一场世界大战”。[147]

简而言之，柏林带有种族色彩的地缘政治焦虑，与维也纳因塞尔维亚民族主义而起的生存忧虑殊途同归。[148] 这是一种非常危险的融合，正如德国宰相在 7 月 14 日冷冰冰地说出的那句“不计后果”。[149]

7 月 7 日在维也纳举行的共同大臣会议上，蒂萨伯爵最担心的正是这样一场冒险。贝希托尔德报告了在柏林的成功会谈，并承认与塞尔维亚的交战可能导致与俄国的冲突之后，蒂萨对“当前情况下一场欧洲战争的可怕灾难”提出了警告。他一再催促采取外交手段而非军事手段，提出“坚决但并非无法实现”的条件。其他大臣予以反驳，坚持认为对付像塞尔维亚这样的国家，即使是“完完全全的外交胜利”也“不足取”，因为这是软弱而非强大的表现。他们虽然敏锐地意识到了一场欧洲战争的可能性，却只看到了一个摆脱区域困境的办法：“武力威胁”。首先向塞尔维亚发出正式照会（最后通牒）的决定无损于这一立场，也无法安抚蒂萨，因为贝希托尔德及其内阁明确要求，其中的条件要让任何有自尊心的主权国家都不可能接受。外交大臣本人多次为最后通牒加码，因为他担心塞尔维亚可能真的会屈从。换句话说，这份著名的“照会”无异于哈布斯堡帝国对塞尔维亚王国的宣战书，无论协约国那边有何动作。[150]

那么，为什么又过了 16 天才递交这份 1 600 字的最后通牒呢？事实上，其中的要点在 7 月 12 日就确定下来了。7 月 13 日，德国外交副大臣阿图尔·齐默尔曼（Arthur Zimmermann）已经充分掌握了个中条款，并敦促维也纳迅速采取行动。7 月 14 日，蒂萨同意，“君主国必须达成积极有效的决议，以证明它的魄力，并最终了结东南方无法忍受的状况”[151]。他同意了这份限期 48 小时的苛刻照会，条件是政府不得吞并塞尔维亚的领土。就这样还是过去了一个多星期，在此期间，关于维也纳计划的谣言在欧洲政治家之间流传，而公众普遍把弗朗茨·斐迪南抛之脑后，对他们的领导人即将跳下的陡峭悬崖浑然不觉。

这段长时间的“暴风雨前的宁静”一直持续到 7 月 23 日，它既有理智的方面，也有误导的方面，而后者使七月危机成为现代历史上最令人不安的外交欺诈的例子之一。由于最后通牒是由大公遇害推动的，球场广场派法律专家弗里德里希·冯·维斯纳（Friedrich von Wiesner）前往萨拉热窝细审证据。7 月 13 日，他言之凿凿地报告称："没有任何东西表明塞尔维亚政府是指挥暗杀或准备暗杀的共谋……甚至也没有任何东西能让人作此推测。"不过这并无大碍，因为最后通牒只是大胆指责塞尔维亚官方"纵容"了"各个联盟和协会直接针对君主国的犯罪活动"，而不是在阴谋中实际串通。事实上，最后通牒中首要的法律论证，是说塞尔维亚王国政府未能镇压一个旨在分裂君主国领土的颠覆运动集团（民族自卫组织被点名），"完全没有履行"1909 年 3 月 31 日结束波斯尼亚危机的宣言中所阐明的正式义务。这确实说得过去，亦如对塞尔维亚王国的进一步指责，称其纵容"新闻界不受约束的言论、对行刺者［例如波格丹·热拉伊奇］的美化、军官和官员参与颠覆阴谋……公立教育中的不良宣传，以及……最后是一切可能骗塞尔维亚人民去仇视君主国、蔑视其机构的表现"。然而，所有这一切在萨拉热窝事件之前早就有据可查，因此，在维斯纳报告、蒂萨同意之后还要一拖再拖，唯一的解释就是军队没有准备好。对于这样一个国家来说，这简直不可原谅。它自诩为大国，即将向一个军力贫瘠、只有自己十分之一的国家宣战，而总参谋长康拉德·冯·赫岑多夫在过去的五年里曾经 25 次要求与之战斗。[152]

奥匈帝国毅然决定以武力对抗塞尔维亚，可具有讽刺意味的是，本来打算展示一下力量，到头来却暴露了帝国的弱点。欧洲领导人焦急地等待维也纳采取行动时，哈布斯堡官员们却表现得好像球场广场一切"如常"——把皇帝送回他位于巴特伊施尔（Bad Ischl）的避暑地，让康拉德将军和克罗巴廷将军去度年假；压制新闻界的反塞尔维亚言论；用调查正在进行的蹩脚借口来搪塞各国大使；把 7 月 19 日共同大臣会议的第二次会议弄得鬼鬼祟祟的，以至于代表都要乘坐没有标记的汽车到达未公开的地点。没有人真的上当，不过也很少有人知道维也纳到底要干什么。法国军事特勤局在 7 月 17 日做出判断，"［奥地利人］眼下就是在拖时间"。"首先，他们安抚市场情绪。接着，他们努力避免干扰旅游季，波希米亚、蒂罗尔和其他阿尔卑斯山地区的温泉浴场接待了无数游客。然后，他们要收庄稼。而他们一边拖拖拉拉，一边还在力求培养一种有利的国际舆论。”该作者估计，这段毫无诚意的“间歇期，用等待调查完成作为借口，还能再拖上 4 个月”[153]。

这份报告于 7 月 22 日送达法国外交部，也就是吉斯尔大使向塞尔维亚王国递交奥匈帝国最后通牒的前一天。他最后还要了一个花招，递交的时间定在下午 6 点整，正好是在法国总统雷蒙·普恩加莱预定结束与俄国高层的会议、离开圣彼得堡之后。哈布斯堡领导人非常清楚他们要做的事情有多么重大，因此设法使法俄这两个协约国没有机会协调对他们这份挑衅性照会的回应。英国外交大臣爱德华·格雷爵士惊呼：“这是有史以来一个独立国家对他国发出的最可怕的文件。”他的俄国同行谢尔盖·萨宗诺夫的反应更加简单明了：“这是欧洲战争！”这场 20 世纪悲剧形成过程中的闪光灯时刻，与其说是 1914 年 6 月 28 日的大公遇害，不如说是 7 月 23 日的最后通牒。[154]

“世界历史不堪近观”——斯蒂芬·茨威格如此描述欧洲和平的消泯。[155] 当然，最后通牒并不能保证一定会有战争，更不至于像德国近来一直忧心忡忡的总参谋长赫尔穆特·冯·毛奇在 7 月下旬设想的那样，“将在未来的几十年里摧毁几乎整个欧洲的文化”。[156] 正如萨拉热窝暗杀事件中的众多迂曲和（错误的）转向一样，世界历史上的未来几日，充斥着复杂的外交行动和反制行动、变化无常和犹豫踌躇、希望和绝望、苦恼、奋发，以及最终在灾难面前不屈不挠的坚毅。大战既是众望所归，只能闷头向前，又让人提心吊胆，想都不敢想。事实上，关于七月危机写得最好的那些书，都给人这样一种印象，即大决战在最后一刻来临前都是可以用某种方法避免的——例如，英国外交大臣格雷诚心诚意地试图组织一次四大国会议，在贝尔格莱德和维也纳之间进行仲裁；紧张到极点的沙皇尼古拉二世没有签署最初的动员令，称“我不会为一场恐怖的大屠杀负责”，直到他的将军们担心德国更快地部署，再次逼他签字，然后砸烂了他的电话；德皇威廉二世支持一份退无可退的提案，想要让哈布斯堡军队“止步于贝尔格莱德”，然后在国际监督下调停他们与俄国的分歧；抑或是皇帝表亲“威利”和“尼基”在 7 月下旬诚挚的通信，尽管他们巨大的私人权力无法战胜他们深陷其中的时局，更不用说他们自己政府和军队的迫切要求了。

然而，透过萨拉热窝暗杀事件来看的话，第一次世界大战那极其复杂的多极起源，就会被浓缩为关乎存在的焦虑和自我中心的敌意之间的双重冲突——哈布斯堡帝国对即将变得无足轻重的恐惧，以及塞尔维亚自私自利的过度扩张。因此，这两个对手就像他们所依赖的那些更大的欧洲同盟一样，以灾难性的方式互相制衡着。奥匈帝国在最后通牒的第五点和第六点中坚决要求“帝国政府机关”与塞尔维亚合作，“镇压针对君主国完整性的颠覆运动”，并对“可能在塞尔维亚境内发现的每一个 6 月 28 日阴谋参与者”提起司法诉讼。果不其然，塞尔维亚为侵犯其国家主权的行为划清了界限，致使这些规定并没有被全盘接受。事实上，帕希奇政府已经被逼无奈地同意了最后通牒中的所有其他条件，包括审查怀有敌意的出版物和公立教育、解散民族自卫组织、逮捕齐加诺维奇和坦科西奇并罢免所有煽动反哈布斯堡宣传的军官和官员，但这对维也纳来说无足轻重（然而德皇威廉二世却天真地为此感到庆幸：“所有的战争理由都消失了！”）。7 月 25 日下午 6 点，吉斯尔大使粗略地瞟了一眼塞尔维亚的答复后，便与帕希奇握手，断交，与家人和工作人员一同前往火车站。很明显，甚至在首相呈递该国对最后通牒的答复之前，塞尔维亚政府和武装部队就已经开始撤离首都，军官也被召回了指挥部。[157]

在更多装得好像那么回事儿的虚晃之后，哈布斯堡帝国于 1914 年 7 月 28 日下午 2 点对塞尔维亚王国宣战。当天晚上，俄国终于确定支持塞尔维亚，临近午夜时分，奥匈帝国的火炮向贝尔格莱德打响了第一次世界大战的第一炮。

结语
“事情的真相”

> 这起事件，这起萨拉热窝行刺事件［暗杀］，在这些矛盾之处倒是很贴切的生命象征：它漫无目的，它编排了一个密合的模式，并固执地追求其目的，它不可预测、不合常理，它遵循从原因直通结果的路线，它有好有坏。它表明人的意志无所不能，它表明偶然性包揽一切。它表明，如果人一定要获取知识，就会为一项徒劳的事业而丢弃平和的心境，因为人们对这次暗杀了解得越多，它就越让人难以理解。
>
> ——丽贝卡·韦斯特：《黑羊与灰鹰》(1941)

为了弄清楚萨拉热窝暗杀事件，法国作家布莱兹·桑德拉尔（Blaise Cendrars）在其半虚构广播剧《萨拉热窝》(*Serajevo*)［原文如此］中下的工夫，可以说比许多真正的历史论著还要多。然而，从来没有人引用过这部晦涩难懂的20世纪50年代作品，因为对于理解杀害弗朗茨·斐迪南的阴谋来说，它对这一主题的处理方式太过抽象和哲学化，特别是老生常谈又极其重要的责任和动机问题。桑德拉尔拒绝重述“铤而走险”、灰心丧气的年轻人对一个“过时的”“压迫的”甚至连自己的继承人都无法保护的帝国发泄他们有理有据的愤怒这样一个浪漫故事。他也没有给我们端上来一个由“狂热的斯拉夫恐怖分子”领导的“史诗级”阴谋，这些人在歃血为盟的仪式中献身于他们那份需要全身心投入的世俗事业——作为民族的至高利益、人类和大众的一种现代宗教的大塞尔维亚，即便他们中的大多数人还只是勉强糊口、穷得可怜的农民。“哼!”阿皮斯向普林西普吹嘘，“我可以带着一千头大象穿过［塞尔维亚—波斯尼亚］边境，神不知鬼不觉。”武装刺客越境前，要说有什么“绝妙”的阴谋，也不过如此了。桑德拉尔笔下的主角们，与其说是怀有崇高理想和更崇高目标的虔诚游击队员，不如说是一场世界历史大戏中的龙套角色，他们还没怎么理解这场大戏，但漫长生命中的每一天，他们都在与之格斗。他们为弄清“事情的真相”（le fin fond de la chose）所做出的痛苦努力，也是本书一个贯穿始终的主题。[1]

80岁的弗拉尼奥·萨迪洛（Franjo Sadilo）和他“平平无奇的妻子”安盖拉（Angela）是“被告囚笼”（cage des accusés）的幸存者——被指控参与暗杀大公的波斯尼亚人中活到最后的。然而，虽然他们逃出了监狱，在自己的祖国被奉为英雄，却因为1914年6月28日的事情以及他们在其中的作用而饱受煎熬，并且不断地互相折磨。她指责丈夫帮助刺客，把武器藏在了他的五斗柜里。弗拉尼奥则反驳称，那天他出去买黄瓜了，还责怪自己不在家，没能阻止他的“白痴”小姨子运送装有枪和炸弹的包裹。安盖拉为她的妹妹辩护，说她“智力低下”，却在政治谋杀“是好是坏”的道德问题上张口结舌。毕竟，在他们的有生之年，萨拉热窝已经有了两座纪念碑，一座悼念受害者，另一座赞扬暗杀者。考虑到有那么多游客渴望了解他们的故事，弗拉尼奥和安盖拉是不是也应该有一座纪念碑呢？或者，他们也许应该责怪那辆受到诅咒的汽车——“命运”才是这场世界性惨剧中真正的魔鬼。在他们无休无止的争论中，“白痴”始终在场，伴随着她不由自主喊出的叠句：“大公，轰隆隆！”她也放不下过去，智障有智障的方式。[2]

这部剧以更响亮的“轰隆隆”——原子弹——开场，之后通过第一次世界大战以来所有制造大规模死亡的恐怖手段，回溯到萨拉热窝（“死气沉沉的城市”）。桑德拉尔的戏剧就这样划了一条直线，从普林西普的子弹，穿过两次世界大战，到当代的冷战，由此呈现出对揭露“问题真正核心”（le vrai fin fond de la chose）的追寻。这与其说是为了解释这场政治谋杀，不如说是为了安抚主角们不安的良心。因此，阴谋论被赋予了与这部悲喜剧的罪犯——青年波斯尼亚、民族自卫组织和黑手会——同等的分量。这部剧中执拗的合唱（吟诵时配着塞尔维亚单弦乐器古斯莱）简直是在嘲笑演员们，暗示这场暗杀是为了报复所谓鲁道夫皇储1889年在梅耶林被杀；或者说国际共济会是幕后黑手；或者说发动世界大战完全就是各大帝国的本性。但并不是，合唱团讥讽道，真正的罪犯是“巧合”，这就解释了那些被忽视的警告和“错误的转向”，更不用说开枪竟然不可思议地命中目标这一事实了：“大写的巧合……巧合揽下了一切。”[3]

然而，“巧合”——历史偶然性的另一种说法——与对暗杀的许多其他解释一样，并不能宽慰弗拉尼奥和安盖拉。这条路走不通，他们就转向内在，转向自身的持续存在，作为理解世界的唯一途径。在这个世界上，死亡是唯一真正的必然之事，无论它是自然发生的，还是核武器造成的，甚至是一个波斯尼亚农民没有瞄准的两枪及其令人迷惑的回弹造成的。“可是我们呢，”弗拉尼奥·萨迪洛在当地酒吧又泡了一天，向游客讲述1914年的故事，仿佛萨拉热窝事件不过是马戏表演，之后，他对“平平无奇”的妻子说：

> 可是我们呢，包裹在我们的卑劣中，隐藏在我们的无知里，什么都不知道，什么都不明白，就像激流中的石头，水在上面流过，不会打扰到它们，我们忍耐了下来，我们还要忍耐。这就是我所说的生活……这就是我所说的问题真正的核心之所在。[4]

弗拉尼奥所说的“我们”，当然指的是我们所有人，继续过着我们那幸福茫然的生活，同时试图不让外界过多地干扰。1914年夏天世界大战的爆发，就是现代历史上绝佳的例子，说明政治局势可以在如此之多的地方如此突然、恐怖、明确地扰乱如此之多的人，毁灭性的余震贯穿了整个世纪。它从一场外交危机发展而来，这场危机源于“遥远的”巴尔干“穷乡僻壤”萨拉热窝的一场业余的政治谋杀，而不是“文明开化的”伦敦或柏林的一场专业的恐怖袭击，这一事实完全违背了我们对这种国际紧急情况应该如何产生的根深蒂固的预期和偏见。因此，它急需得到澄清，或者是拍板定论——这个孤立事件竟能释放出如此不可思议的力量，要用某种内在逻辑来揭示那些令人提心吊胆的原因。比如说，在“满是污泥的”萨拉热窝发生的一起谋杀案，和泥泞中的索姆河战役——在那场战役中，第一天就有 19 240 名士兵死亡——至少，这两者之间颇具讽刺意味的失衡，需要将如此大的痛苦归咎于某人或某事：“引爆‘巴尔干’火药桶的男学生”；“疯狂的波斯尼亚—奥地利农民子弟的恶行”；[5] 怀恨在心、残暴野蛮的巴尔干民族；偶然性、命运和“恐怖分子网络”中的“狂热塞尔维亚民族主义者”；或者是那个异想天开的观点，认为萨拉热窝暗杀事件单纯只是借口，战争无论如何都会到来。忘掉那些在 1914 年 7 月面对危机的实际决策者吧——像这样一笔带过，好处在于简单易懂，令人安心，可这与实际历史恰恰相反。

本书和桑德拉尔的戏剧一样，努力在叙事结构中阐明这类解释性概念，无论它们以何种形式出现——大量的反事实和阴谋论；将暗杀呈现为由阿皮斯“极端秘密的”黑手会发起并组织的“史诗级阴谋”的倾向（这样一来，难免与当今的恐怖主义有了类似性）；异想天开的虚构，比如患有肺结核、吃着三明治的刺客；抑或是更巧妙的，像“闪光灯时刻”“现代历史上最重大的［日子］”和“第一次世界大战最初的受害者”这般迷人的措辞。它们以无数种方式决定了我们如何审视这场政治谋杀，又如何按照设定好的程式，去思考战争“必然的”爆发中能动性、偶然性和结果之间不合逻辑的联系。[6]

当然，这些通常的解释都是源于现实的——“错误”的转向确实发生了，即便按照日程表那才是正确的（而且是右转）；刺客确实站在了一家熟食店前（尽管当时店里是否提供“三明治”都还不确定，要说他在吃三明治，就更是无稽之谈了）；1914 年 6 月 28 日星期日，萨拉热窝的天确实很蓝，但那个夏天的天气远远称不上好，美好时代也绝非对每个人来说都美好。普林西普在特雷津监狱的恶劣条件下死于肺结核，这也是事实。不过如果他已经到了可以被处死的年龄，那么，患有肺结核的青年波斯尼亚成员们这个似是而非的故事，可能永远都不会有吸引力。此外，由于一些黑手会成员也属于共济会的各个分会，并将其入会仪式纳入了“统一或死亡”的仪式，因此，在1914年10月对刺客的审判中，共济会的问题也被详细讨论。在1917年的萨洛尼卡审判中，战时的塞尔维亚政府为了完全铲除黑手会禁卫军，诬告阿皮斯大逆不道，阴谋反对摄政王亚历山大，迪米特里耶维奇·阿皮斯则利用诉讼程序，对萨拉热窝的暗杀行动写下了一份精心策划的自白书（尽管他先前予以否认）——毕竟这位“大阴谋家”已经性命难保，这样做不会有什么损失，而为塞尔维亚民族顶罪好处多多。阿皮斯后来被他自己的政府处决，也只是为这个“史诗级”阴谋再添一笔而已。[7]

那么很显然，我们有充分的理由偏向某种解释，甚至不假思索地将一种妥帖的解释性虚构、表达或比较与我们的叙事需要相捆绑。这是我们研究历史的方式方法的重要组成部分，因此，历史学家也不能免俗，当然也并不是说这样就是有缺陷的学者了，因为我们也常常在不知不觉中把这种广为传播的谎言、欺骗性的修辞和误导性的类比纳入我们更大规模的分析。同样的道理，毋庸置疑，如果桑德拉尔是在当下写作的，那么，考虑到这个关于历史偶然的、荒谬而又引人入胜的故事是如何潜入批评文献、大学课本和人类意识的，他会把普林西普的三明治作为另一个可以想象得到的“问题核心”。如今，我的学生经常问起这个，同样地，他们也经常认为即使没有萨拉热窝事件，战争也不可避免，或者是很熟悉普林西普、黑手会和弗朗茨·斐迪南（后者得益于那支同名摇滚乐队），却从未听说过贝希托尔德、康拉德、帕希奇、贝特曼-霍尔韦格，甚至皇帝弗朗茨·约瑟夫，更不用说其他任何重要的欧洲决策者了，威廉二世和尼古拉二世这两位皇帝可能是例外。

这完全不是说历史记录迫切需要纠正，这本“英勇”的书已经火速赶来营救它了。我从来都没有为萨拉热窝暗杀事件制定正确“真相”的意图，纵使这本书对这段历史中最流行的夸张说法提出了异议——例如弗朗茨·斐迪南与他贵庶通婚的妻子在帝国公开游行的决心、“肺结核”刺客们的“孤注一掷”、普林西普在“命运”的街角“意外的”就位，以及这次谋杀与末日战场的同义关系——并通过批判那些将黑手会及其青年波斯尼亚“工具人”置于中心的解释，对阴谋的起源提出了另一种没那么多阴谋意味的看法。本书也没有发起什么坚决的运动，想要根除那种扣人心弦的措辞。人们去了解历史，往往一开始都是受到了那种措辞的吸引。尽管弗朗茨·斐迪南和他的妻子肯定不是任何字面意义上的“第一次世界大战最初的受害者”，但我很难指望这种激动人心的表述会从文献中抹去（更不用说从奥地利的纪念碑上抹去）。换句话说，这份对萨拉热窝谋杀案的叙述，绝不是居高临下地哀叹迄今为止的写作方式，也不是对普遍意义上的历史写作恶言谴责。

那样就太没意思了，本书大体上还是试图让人们注意到这段历史的各种传达方式，至此，我们是时候谈一谈“萨拉热窝神话”了。大公的政治谋杀案，通过夸张的文字（“现代史上最关键的时刻”）、老套的修辞（命运、偶然）、诱人的杜撰（身患绝症的青年波斯尼亚成员和狂热的“塞族”“恐怖分子”）、反事实的固着、（与几乎每一场惨剧的）简单类比，以及最重要的，对这个“史诗级”阴谋及其“闪光灯”效应的过度解读，体现了作为神话特征的那种无忧无虑的朴素和“无比幸福的明晰”。这不是历史“好”与“坏”的问题，而是表达我们如何解释和处理这段极具讽刺意味、令人绝望不安的过去的一种手段。

弗拉尼奥·萨迪洛在促成20世纪的重大事件方面起到了微小的作用，对他来说，接受和理解它的唯一方法就是把生活继续下去，这是一种存在主义的解决方案，如果真的有解决方案的话。当然，他的慰藉没有那么充分，不及下述方式：将1914年6月28日奉为一个美好世界的终点和一个恐怖世纪的开端（萨拉热窝则是它的罪恶之都）；用博物馆来纪念青年波斯尼亚和弗朗茨·斐迪南，为普林西普建造纪念碑，制作正在离开市政厅的大公和女公爵真人大小的模型；将刺客的脚印固定在人行道上的确切位置，他正是在那里转过头来，开枪正中那辆“受到诅咒的”汽车，无意中杀死了继承人的妻子；在博物馆里展出大公的血衣和被子弹打穿的汽车；在张灯结彩的“开启 20 世纪的街角”附近，为外国显贵举办盛大的 100 周年“和平企划”，[8] 维也纳爱乐乐团演奏音乐，人们可以与扮演大公的“演员‘同乘’皇室汽车的复制品，费用也不高”；[9] 或者是萨迪洛自己还在世时，在据说是这些生活清苦的刺客会面的地方，向渴望了解这段历史的游客兜售他的故事。与之相反的是，没有人去维也纳参观那间位于球场广场的雅室，正是在那里，在 1914 年 7 月 7 日这个没有被纪念的日子里，威风的哈布斯堡帝国的共同大臣会议决定对塞尔维亚王国采取军事行动，无论欧洲的其他大国作何反应。[10]

本书开篇就表明了一个类似的观点，关于在 1910 年波斯尼亚学生波格丹·热拉伊奇刺杀皇帝弗朗茨·约瑟夫未遂的历史中，人们强调什么，

图 C.1　萨拉热窝 1878—1918 博物馆（Muzej Sarajevo，1878—1918）中弗朗茨·斐迪南和索菲真人大小的模型

图片来源：作者拍摄。

图 C.2 “开启 20 世纪的街角”（2014 年）

图片来源：作者的收藏。

图 C.3 球场广场（维也纳）

图片来源：版权所有：© *Bwag/Commons.* https://en.wikipedia.org/wiki/Ballhausplatz#/media/File:Wien_-_Bundeskanzleramt1.JPG。

从而将其神话化。在那个案例中，问题更具理论性：为什么我们忘记了热拉伊奇，却抬高普林西普？明明前者的半途而废对历史的影响可以说并不亚于普林西普传说中的手枪射击。虽然这个问题显然可以通过他们的结果（普林西普杀死了皇储；热拉伊奇只杀死了自己）来回答，但更大的争论在于这类可能转折点的数量是无穷无尽的，包括1914年4月老皇帝差点死于肺炎这件事。反事实的思想实验可能更有助于我们认识确实发生过的历史，但我们要如何设计这些实验，可就没完没了了。相比于萨拉热窝暗杀事件，甚至是热拉伊奇的无所作为，我们更可以回溯到年轻的大公与肺结核的殊死搏斗，或者是婴儿加夫里洛·普林西普出乎意料的存活。如果阿皮斯在1903年弑杀亚历山大·奥布雷诺维奇国王的事件中死于枪伤，残忍无情的坦科西奇在与土耳其人的战斗中身亡，或者是塞尔维亚人在巴尔干战争中被奥斯曼人或保加利亚人击败呢？再或者，如果奥匈帝国在波斯尼亚危机中利用俄国的孱弱，在1908年至1909年或者在1912年和1913年的阿尔巴尼亚危机中击溃塞尔维亚呢？

那么，我们也可以迅速推进到7月7日，问"如果"贝希托尔德和奥匈帝国共同大臣会议听从了蒂萨的意见，再次挫败总参谋部，并坚持以严厉的外交手段而非军事手段来解决他们的塞尔维亚问题，情况又将如何呢？当然，如果没有6月28日的谋杀案，7月7日的会议就不会发生，不过考虑到热拉伊奇对刺客们的影响之大（包括普林西普在内的其中几人，在行动前夕参拜了他无人看守的墓地），我们也可以说，如果没有热拉伊奇的自杀，萨拉热窝暗杀事件就不会发生。我们需要回溯多远，或者往前走多远，才能触及"事情的真相"呢？"[20]世纪这场影响深远的大灾难"，究极原因是什么？既然其他人在1914年7月的战争爆发中起到了更直接的作用，为什么普林西普被神话化为世界历史上的关键人物？简而言之，"问题真正的核心"是什么，我们又为何要寻求这么一个核心？

在桑德拉尔创作这部广播剧的大约20年前，第二次世界大战和核武器首次爆炸的前夕，英国作家丽贝卡·韦斯特（Rebecca West）访问萨拉热窝时，思考的就是这些问题。如同弗拉尼奥·萨迪洛勉强承认的那样，理解萨拉热窝暗杀事件向来只有一种办法，就是继续生活下去，她的回答也全无诗意。这里面没有慰藉，没有诱人的解释、表达或借口，因为这场政治谋杀之“谜”，无论多么悲惨，都会产生如此巨大的破坏性反响。韦斯特写道，事实上，“普林西普所设想的壮举”，那项被制造出这么多神话的壮举，“从未发生过”。

> ［相反，］它从最初的那一刻起，就与另一种行为纠缠在一起，一场似乎根本没有人充分设想过的谋杀，但它作为一种幻想，却是很可怕的存在，因为它是这样一些人所向往的：他们受人尊敬的原因完全在于他们的现实品质，而当他们误入幻想的领域，就抛开了所有的约束。在这两种行为中，有一种强大到杀死了数百万人，并对我们文明中的所有生物都造成了某种程度上的伤残。[11]

萨拉热窝暗杀事件既不是真正的壮举，甚至也不是“问题真正的核心”。相反，它实际上“不要紧”——弗朗茨·斐迪南这样说他的致命伤，很勇敢，即便很讽刺——如果没有那些“现实的”、不受约束的人的话。而他们想出的路通往幻想境域：第一次世界大战。

注　释

导　言

1. *Sarajevski List*, May 28—31, 1910; “Der Kaiser in Sarajewo,” *Neue Freie Presse*, June 1, 1910, 5, 7. 这场大雨持续了一个半小时，见 *Die Neue Zeitung*, June 1, 1910, 2。
2. “Ein Wort des Kaisers,” *Reichspost*, June 1, 1910, 7.
3. Vasilj Grđić, “Iz mojih uspomena: Posjeta Franje Josipa Bosni. Zadnji moj razgovor sa Žerajićem,” *Pregled: Časopis za politički i kulturni život* 1, no. 1 (January 7, 1927): 8.
4. 虽然英语中的“太子”(crown prince）指的是一个君主国（例如奥匈帝国）的王位或皇位继承人，但更准确的德语词是“Thronfolger”，即“皇位继承人”。
5. Robert Payne, *The Life and Death of Trotsky* (New York: McGraw-Hill, 1977), 133; Marcel Defoin, *1914: Les feux de l'été* (Bruxelles: Éditions Publimonde, 1964), 25—26; René Gourdiat, *Le casus belli: Sarajevo 28 Juin 1914* (Thionville: Thionvillois, 1920), 24—25; David Fromkin, *Europe's Last Summer* (New York: Vintage, 2004); Sean McMeekin, *July 1914: Countdown to War* (New York: Basic Books, 2013), 23; Stefan Zweig, *Die Welt von Gestern: Erinnerungen eines Europäers* (Stockholm: Bermann-Fischer, 1942), 246.
6. John Zametica, *Folly and Malice: The Habsburg Empire, the Balkans, and the Start of World War One* (London: Shepheard-Walwyn, 2017), 520.
7. Johann Christoph Allmayer-Beck, “Sarajevo 1914 oder das Ende des Alten Europa,” in *Militär, Geschichte und Politische Bildung: Aus Anlaß des 85. Geburtstages des Autors*, ed. Johann Christoph Allmayer-Beck and Peter Broucek, 115—39, 118 (Wien: Böhlau, 2003), 最初是在 Hans Fronius, *Das Attentat von Sarajevo* (Graz: Styria, 1988), 87—123。
8. 关于这一问题，见 Vahidin Preljević, “Das Attentat von Sarajevo: Helden, Apokalypse, Opferkult. Kulturwissenschaftliche Einführung in die Poetik eines geschichtlichen Ereignisses,” in *“The Long Shots of Sarajevo” 1914: Ereignis, Narrativ, Gedächtnis*, Band 22, ed. Vahidin Preljević and Clemens Ruthner, 27—56 (Tübingen: Narr Francke Attempto, 2016)。
9. Amédée Dunois, “Il y a vingt-quatre ans à Serajevo ... Le Plus tragique fait divers de l'histoire,” *Le Populaire de Paris (Organe Central du Parti Socialiste)* 21, no. 5614 (June 29, 1938): 1—2; Benjamin P. Tyree, “Trigger of History,” *Washington Times*, December 31, 1999, 16; “The Man Who Started the First World War,” *The Telegraph*, August 30,

2013; Tim Butcher, "The Man Who Started World War I," *CNN*, June 29, 2014; "Who's the Most Important Person of the Twentieth Century?," 访问于2021年1月20日，http://users.erols.com/mwhite28/20c-vip.htm，来自网站创作者、自称"暴行学家"的 Matthew White, *The Great Big Book of Horrible Things: The Definitive Chronicle of History's 100 Worst Atrocities* (New York: W. W. Norton, 2011), 346; Steven Pinker, *The Better Angels of Our Nature: Why Violence Has Declined* (New York: Penguin, 2011), Kindle (Locations 4687, 4691, 4697); Iain Macdonald, "Sarajevo: When a Teenager with a Gun Sent the World to War," *London Times*, June 28, 1974, 18; Henrik Rehr, *Gavrilo Princip: El Hombre que Cambio el Siglo* (Rasquera, Spain: Ponent Mon, 2016). For a sarcastic take, see Geoffrey Wheatcroft, "Hello to All That!," *New York Review of Books*, June 23, 2011, 30—32。

10. Harlan K. Ullman, *A Handful of Bullets: How the Murder of Archduke Franz Ferdinand Still Menaces the Peace* (Annapolis, MD: Naval Institute Press, 2014); Andrew Barker, "Austria: Nationality and the Borders of Identity," in *The Frontiers of Europe*, ed. Malcolm Anderson and Eberhard Bort, 68 (68—74) (London: Pinter, 1998). 关于萨拉热窝事件直接导致了世界大战的观念，见 Claus Gatterer, "Das Attentat von Sarajewo," in *Attentate, die Österreicher erschütterten*, ed. Leopold Spira, 47—49 (Wien: Löcker, 1981); Džemal Sokolović, "Sarajevo 1914—Ursachen und Folgen," in *"Long Shots of Sarajevo" 1914*, ed. Preljević and Ruthner, 125—48。
11. A. J. P. Taylor, *The First World War: An Illustrated History* (London: Hamish Hamilton, 1963), 14; Friedrich Würthle, *Die Spur führt nach Belgrad: Sarajevo 1914* (Wien: Fritz Molden, 1975), 9.
12. Lela Moore and Jessica Anderson, "'2016 Was Our Archduke Franz Ferdinand,' " *New York Times*, December 30, 2016.
13. Lawrence Sondhaus, *World War One: The Global Revolution* (Cambridge: Cambridge University Press, 2011), 59; Samuel R. Williamson, *Austria-Hungary and the Origins of the First World War* (New York: Macmillan, 1991), 189; Gigi Beutler, *Die Kaisergruft, bei den PP Kapuzinern zu Wien (Kupzinergruft)* (Wien: Beutler-Heldenstern, 2008), 85.
14. Gerhard Herm, *Der Balkan: Das Pulverfaß Europas* (Düsseldorf: ECON, 1995).
15. John Micklethwait and Adrian Wooldridge, "From Sarajevo to September 11: The Future of Globalization," *Policy Review* 117 (February—March 2003): 49 (49—63); Paul Miller, "The Sandwich that Sabotaged Civilisation," *New Perspectives on the First World War*, Oxford University (January 10, 2013), 访问于2021年1月23日，http://podcasts.ox.ac.uk/sandwich-sabotaged-civilisation-video; Günther Kronenbitter, "Schock und Erwartung," in *"Long Shots of Sarajevo" 1914*, ed. Preljević and Ruthner, 569—80, 570。
16. Bruce Hoffman, "Terrorism in History," *Journal of Conflict Studies* 27, no. 2 (2007): 8—28; Michael Howard, *The First World War: A Very Short Introduction* (Oxford: Oxford University Press, 2002), 13—14; BBC World Wide Americas, *World War: The Deaths of Franz Ferdinand and Adolf Hitler* (Princeton, NJ: Films for the Humanities & Sciences, 2003).
17. Hall Gardner, *The Failure to Prevent World War I: The Unexpected Armageddon*

(Farnham, Surrey, UK: Ashgate, 2015), 202; David James Smith, *One Morning in Sarajevo* (London: Weidenfeld & Nicolson, 2008), 2; Edward Kern, "The Vials of Wrath Were Ready to Break," *Life* 56, no. 1 (January 3, 1964): 46—61, 58.

18. "The Assassination of Archduke Ferdinand," *Days That Shook the World*, BBC Two (September 17, 2003); Niall Ferguson, *The War of the World* (New York: Penguin, 2006), 73; Christopher Clark, *The Sleepwalkers: How Europe Went to War in 1914* (London: Allen Lane, 2012), 376—77; Roland Barthes, *Mythologies* (Paris: Seuil, 1957), 252.
19. Fromkin, *Europe's Last Summer*; Hendrik Willem van Loon, *The Story of Mankind* (Radford, VA: Wilder, 2008), 284—85; Cvijeto Job, "Yugoslavia's Ethnic Furies," *Foreign Policy* 92 (Autumn 1993): 52—74.
20. Zweig, *Welt von Gestern*, 247. 将暗杀事件作为从前的欧洲世界的断点，这种观念在许多文献中大行其道，包括 Gilberto Forti, *A Sarajevo il 28 giugno* (Milano: Adelphi, 1984)。见 Luigi Reitani, "'Ein dunkler knatternder Marsch von Elfsilbern,' " in *"Long Shots of Sarajevo" 1914*, ed. Preljević and Ruthner, 517—25。
21. Robert J. Donia, "Iconography of an Assassin: Gavrilo Princip from Terrorist to Celebrity," in *Prilozi/Contributions* 43, ed. Husnija Kamberović (2014), 57—78; Gerard J. de Groot, *The First World War* (New York: Palgrave, 2001), 16. 另见 Slobodan G. Markovich, "Anglo-American Views of Gavrilo Princip," *Balcanica* 46 (2015): 273—315; Almir Bašović, "Literarische Bilder von Gavrilo Princip," in *"Long Shots of Sarajevo" 1914*, ed. Preljević and Ruthner, 355—87。
22. 无论是严肃著作还是通俗著作，都充斥着对黑手会的这类描述——尤其是"秘密"社团这一点（见第四章）。对于前一类著作，随便找一个最近的例子，见 Marie-Janine Calic, *The Great Cauldron: A History of Southeastern Europe* (Cambridge, MA: Harvard University Press, 2019), 388; 至于后一类著作，Henry Gilfond, *Black Hand at Sarajevo: The Conspiracy That Plunged the World into War!* (New York: Bobbs-Merrill, 1975), x—xi。
23. John Gunther, *Inside Europe* (London: Hamish Hamilton, 1936), 354.
24. Richard West, "Martyr Princip," *New Statesman and Nation* 47, no. 1216 (June 26, 1954): 824; Hermann Wendel, *Die Habsburger und die Südslawenfrage* (Leipzig: G. Kohn, 1924), 61; Edith M. Durham, *The Serajevo Crime* (London: George Allen & Unwin, 1925), 55. 其他反映出对巴尔干地区的负面刻板印象的作品，包括 Miron Rezun, *Europe and War in the Balkans: Toward a New Yugoslav Identity* (Westport, CT: Praeger, 1995); Robert D. Kaplan, *Balkan Ghosts: A Journey Through History* (New York: St. Martin's Press, 1993)。
25. H. A. L. Fisher, *A History of Europe*, vol. 2 (London: Eyre & Spottiswoode, 1935), 1211, 1213.
26. Margaret MacMillan, "The Great War's Ominous Echoes," *New York Times*, December 14, 2013, A23. 对巴尔干地区的刻板印象，见 Maria Todorova, *Imagining the Balkans* (New York: Oxford University Press, 2009 [1997]); Vesna Goldsworthy, *Inventing Ruritania: The Imperialism of the Imagination* (New Haven, CT: Yale University Press), 1998; Andrew Hammond, ed., *The Balkans and the West: Constructing the European Other, 1945—2003* (London: Ashgate, 2004); Dušan I. Bjelić and Obrad Savić, eds.,

Balkan as Metaphor: Between Globalization and Fragmentation (Cambridge, MA: MIT Press, 2002)。

27. 波斯尼亚—黑塞哥维那从未成为奥匈帝国的皇室领地（Kronland），“而是一直作为帝国的某种附件存在”。见 Clemens Ruthner, “Sleeping Beauty’s Awakening: Habsburg Colonialism in Bosnia and Herzegovina, 1878—1918,” in *Imagining Bosnian Muslims in Central Europe: Representations, Transfers and Exchanges*, ed. František Šístek, 83 (76—91) (New York: Berghahn Books, 2021)。
28. Leonard Raven-Hill (artist), “The Boiling Point,” *Punch Magazine*, October 2, 1912.
29. Holly Case, *The Age of Questions* (Princeton, NJ: Princeton University Press, 2018).
30. Mark S. Micale, “France,” in *The Fin-de-Siècle World*, ed. Michael Saler, 99 (New York: Routledge, 2015).
31. Peter Gay, *Education of the Senses: The Bourgeois Experience, Victoria to Freud* (New York: Oxford University Press, 1984), 47.
32. Ivo Andrić, *The Bridge on the Drina* (Chicago: University of Chicago Press, 1977), 266.
33. 最近的一个学术实例是 Mark Cornwall, ed., *Sarajevo 1914: Sparking the First World War* (London: Bloomsbury, 2020)。选取的一些实例包括 Tim Butcher, *The Trigger: Hunting the Assassin Who Brought the World to War* (London: Chatto & Windus, 2014); Tyree, “Trigger of History”; Robin S. Doak, *Assassination at Sarajevo: The Spark that Started World War I* (Minneapolis, MN: Compass Point Books, 2008); Stewart Ross, *Assassination in Sarajevo: The Trigger for World War I* (Chicago: Heinemann Library, 2000), 9, 11; Benjamin Preston, “The Car that Witnessed the Spark of World War I,” *New York Times*, July 10, 2014; Fareed Zakaria, “The Dangerous Chip on China’s Shoulder,” *Time Magazine*, January 12, 2011。
34. Gordon Martel, *The Month That Changed the World: July 1914* (New York: Oxford University Press, 2014).
35. Tony Fabijančić, *Bosnia: In the Footsteps of Gavrilo Princip* (Edmonton: University of Alberta Press, 2010); Butcher, *The Trigger*; Greg King and Sue Woolmans, *The Assassination of the Archduke: Sarajevo 1914 and the Romance That Changed the World* (New York: St. Martin’s Press, 2013); Roger Cohen, “Orlando and Trump’s America,” *New York Times*, June 13, 2016; Roger Cohen, “The Unlikely Road to War,” *New York Times*, March 17, 2014; Margaret MacMillan, *The War That Ended Peace: The Road to 1914* (New York: Random House, 2013), 546—47.
36. “Erster Weltkrieg,” *Der Spiegel*, January 18, 1999, 3.
37. 迪斯雷利 1865 年 5 月 1 日在议会下院说了这句话，HC Deb 01 May 1865 vol. 178 cc1242—7，访问于 2021 年 2 月 17 日，http://hansard.millbanksystems.com。
38. Willis John Abbot, *The Nations at War: A Current History* (New York: Syndicate Publishing, 1914), 3; Joseph Roth, “Where the World War Began,” in *Joseph Roth Werke 2: Das journalistische Werk, 1924—1928*, ed. Klaus Westermann, 731—33 (Köln: Kiepenheuer & Witsch, 1990); Edmund Stillman, “The End of Innocence,” *Horizon* 6, no. 3 (1964): 5 (5—13). 另见 André Durand, *De Sarajevo à Hiroshima* (Genève: Institut Henry-Dunant, 1978); Joan Hoff, “The American Century: From Sarajevo to Sarajevo,” *Diplomatic History* 23, no. 2 (Spring 1999): 285—319。

39. Robert Kann, *A History of the Habsburg Empire, 1526—1918* (Berkeley: University of California Press, 1974), 417.
40. Edward Grey, *Twenty-Five Years, 1892—1916* (New York: Frederick A. Stokes, 1937), 298; Vladimir Dedijer, *The Road to Sarajevo* (New York: Simon and Schuster, 1966), 18. 德迪耶尔经典之作最新的两卷本，见 *Sarajevo 1914* (Beograd: Prosveta, 1978)。
41. *Neue Freie Presse*, June 29, 1914, 4.
42. Richard F. Hamilton and Holger H. Herwig, *Decisions for War, 1914—1917* (Cambridge: Cambridge University Press, 2004), 46.
43. Zweig, *Welt von Gestern*, 15.
44. Zametica, *Folly and Malice*, 555—58.
45. Ferguson, *War of the World*, 104, 107. 克里斯托弗·克拉克也指出，塞尔维亚是一个“流氓国家”(*Sleepwalkers*, 452); Sondhaus, *World War One*, 59。
46. Joachim Remak, “1914—The Third Balkan War: Origins Reconsidered,” *Journal of Modern History* 43, no. 3 (September 1971): 353—66. Reprinted in H. W. Koch, ed., *The Origins of the First World War: Great Power Rivalry and German War Aims* (London: Macmillan, 1984), 86—100. 在巴尔干战争期间观察到的塞尔维亚令人印象深刻的军力，见 Günther Kronenbitter, “The Perception of the ‘Wars Before the War’ in Austria-Hungary,” in *The Wars Before the Great War: Conflict and International Politics Before the Outbreak of the First World War*, ed. Dominik Geppert, William Mulligan, and Andreas Rose, 190—203, 197—99 (London: Cambridge University Press, 2015)。
47. Howard, *First World War*, 14; Robert Paxton, *Europe in the Twentieth Century*, 4th ed. (Belmont, CA: Thomson Wadsworth, 2005), 45; Clive Ponting, *Thirteen Days: Diplomacy and Disaster—The Countdown to the Great War* (London: Pimlico, 2003), 47.
48. 按顺序：奥匈帝国政府、德国外交部、俄罗斯帝国外交部、法国外交部和英国外交部。
49. Lily Lynch, “How to Write About the Balkans,” *Balkanist*, August 27, 2013.
50. Dunois, “... Le Plus tragique fait divers de l’histoire.” 关于萨拉热窝暗杀事件“意料之外的后果”，见 Keith Wilson, “Hamlet—With and Without the Prince: Terrorism at the Outbreak of the First World War,” *Journal of Conflict Studies* 27, no. 2 (2007)。关于政治暗杀的“黄金时代”，见 Gareth Stedman Jones and Gregory Claeys, eds., *The Cambridge History of Nineteenth-Century Political Thought* (Cambridge: Cambridge University Press, 2011), 247。
51. Henry Grabar, “Ghosts of an Assassination: The Chaotic History of Franz Ferdinand’s Demise,” *Salon*, June 29, 2014.
52. Smith, *One Morning*, 292.
53. 1913 年 4 月 8 日，弗朗茨·斐迪南对他的参谋长说：“我们的生命总是有危险。”“只有相信上帝！” 见 Carl Freiherr von Bardolff, *Soldat im alten Österreich: Erinnerungen aus meinem Leben* (Jena: Eugen Diederichs, 1938), 131—32; Wladimir Aichelburg, *Erzherzog Franz Ferdinand von Österreich-Este 1863—1914: Notizen zu einem ungewöhnlichen Tagebuch eines außergewöhnlichen Lebens*, Band 2: 1900—1914 (Wien: Berger Horn, 2014), 1015。

54. Paula Sutter Fichtner, *The Habsburgs: Dynasty, Culture and Politics* (London: Reaktion Books, 2014), 257—.
55. Paul Fussell, *The Great War and Modern Memory* (New York: Oxford University Press, 1975), 7—8.
56. John Keegan, *The First World War* (New York: Knopf, 1999), 3; Niall Ferguson, *The Pity of War: Explaining World War I* (London: Penguin Press, 1998), xxxii—xliii, 462; Taylor, *Illustrated History*, 16.
57. Jay Winter and Antoine Prost, *The Great War in History: Debates and Controversies, 1914 to the Present* (Cambridge: Cambridge University Press, 2005), 29.
58. George F. Kennan, *The Decline of Bismarck's European Order* (Princeton, NJ: Princeton University Press, 1979), 3.
59. R. J. W. Evans, "The Habsburg Monarchy and the Coming of War," in *The Coming of the First World War*, ed. R. J. W. Evans and Hartmut Pogge von Strandmann, 35 (New York: Oxford University Press, 1988).
60. John Gunther, *Inside Europe* (London: Hamish Hamilton, 1936), 354; Lyn Macdonald, *1914* (New York: Atheneum, 1988), 8; Holm Sundhaussen, *Sarajevo: Die Geschichte einer Stadt* (Wien: Böhlau, 2014), 232; Harry Elmer Barnes, *The Genesis of the World War: An Introduction to the Problem of War Guilt* (New York: Knopf, 1929), 157—58; Ferguson, *Pity of War*, 146; Ferguson, *War of the World*, 72; Jelena Subotić, "Terrorists Are Other People: Contested Memory of the 1914 Sarajevo Assassination," *Australian Journal of Politics and History* 63, no. 3 (2017): 369—81; Arthur J. May, *The Passing of the Habsburg Monarchy, 1914—1918* (Philadelphia: University of Pennsylvania Press, 1966), 17; Steven Wright, "Franz Ferdinand, Archduke," in *The United States in the First World War: An Encyclopedia*, ed. Anne Cipriano Venzon, 245 (New York: Garland, 1995).
61. Friedrich Oppenheimer, *Sarajevo—Das Schicksal Europas* (Wien: Phaidon, 1931); Milo Dor, *Der letzte Sonntag: Bericht über das Attentat in Sarajewo* (München: Amalthea, 1982); Boris Previšić, "Ideologisierung historischer Rekonstruktion," in *"Long Shots of Sarajevo" 1914*, ed. Preljević and Ruthner, 305—15（以及这部文集中的其他文章）。本书的重点在于对萨拉热窝暗杀事件的历史（包括新闻）解释，而不是文学解释。

第一章

1. John H. Morrow Jr., *The Great War: An Imperial History* (London: Routledge, 2005), 55; Paul Kennedy, *The Rise and Fall of the Great Powers* (London: Fontana, 1989), 290.
2. Paul Valéry, "La Crise de l'esprit," *Nouvelle Revue Française*, August 1, 1919.
3. John Merriman, *A History of Modern Europe* (New York: W. W. Norton, 2004), 831; David Stevenson, *1914—1918: The History of the First World War* (London: Allen Lane, 2004), 5—6; Carl Strikwerda, "The Troubled Origins of European Economic Integration: International Iron and Steel and Labor Migration in the Era of World War I," *American*

Historical Review 98, no. 4 (October 1993): 1111 (1106—1129); Tertius Chandler, *Four Thousand Years of Urban Growth* (Lewiston, NY: St. David's University Press, 1987), 504.

4. Charles Emmerson, *In Search of the World Before the Great War* (New York: Public Affairs, 2013), 43.
5. Stevenson, *1914—1918*, 6—7; Carter Vaughn Findley and John Alexander Murray Rothney, *Twentieth-Century World* (Belmont, CA: Wadsworth, 2011), 37—38.
6. Ferguson, *War of the World*, xli.
7. Kurt Riezler, *Tagebücher, Aufsätze, Dokumente*, ed. Karl Dietrich Erdmann (Göttingen: Vandenhoeck & Ruprecht, 1972), 185（1914 年 7 月 14 日的日记）。
8. Grey, *Twenty-Five Years*, 20; Michael S. Neiberg, *Dance of the Furies: Europe and the Outbreak of World War I* (Cambridge, MA: Harvard University Press, 2011), 180; Ferguson, *Pity of War*, 177—211.
9. Stevenson, *1914—1918*, 3.
10. Marilyn Shevin-Coetzee and Frans Coetzee, *World War I and European Society* (Lexington, MA: DC Heath, 1995), 55; Norman Stone, *World War One: A Short History* (London: Penguin, 2007), 36.
11. Jean-Jacques Becker, *1914: Comment les français sont entrés dans la guerre* (Paris: Presses de la Fondation nationale des sciences politiques, 1977); Jeffrey Verhey, *The Spirit of 1914: Militarism, Myth and Mobilization in Germany* (Cambridge: Cambridge University Press, 2000); Adrian Gregory, *The Last Great War: British Society and the First World War* (Cambridge: Cambridge University Press, 2008).
12. Ferguson, *Pity of War*, 172—211.
13. Orlando Figes, *A People's Tragedy: The Russian Revolution 1891—1924* (London: Pimlico, 1996), 258.
14. Ferguson, *Pity of War*, 202—4, 180.
15. Annika Mombauer, "The First World War: Inevitable, Avoidable, Improbable or Desirable? Recent Interpretations on War Guilt and the War's Origins," *German History* 25, no. 1 (2007): 78—95. 另有 Jack Beatty, *The Lost History of 1914: How the Great War Was not Inevitable* (London: Bloomsbury, 2012), 1—7; Geoffrey Blainey, *The Causes of War* (New York: Free Press, 1973), 136; Karl Max Lichnowsky, *Heading for the Abyss: Reminiscences* (London: Constable, 1928), xxvi; The Earl Loreburn, *How the War Came* (London: Methuen, 1919), ch. 10; Pierre Renouvin, *The Immediate Origins of the War* (New Haven, CT: Yale University Press, 1928), 11。
16. Emmerson, *In Search of the World*, 7.
17. Robert Gerwarth, *The Vanquished: Why the First World War Failed to End* (New York: Farrar, Straus and Giroux, 2016).
18. Hew Strachan, *The First World War: To Arms* (Oxford: Oxford University Press, 2001), 1114—15; Annika Mombauer, *Helmuth von Moltke and the Origins of the First World War* (Cambridge: Cambridge University Press, 2001), 173.
19. Ferguson, *Pity of War*, 435; Alan Sked, *The Decline and Fall of the Habsburg Empire, 1815—1918* (London: Longman, 2001), 1.

20. Gordon Brook-Shepherd, *Archduke of Sarajevo: The Romance and Tragedy of Franz Ferdinand of Austria* (Boston: Little, Brown, 1984), 6.
21. 哈布斯堡帝国的其他民族包括犹太人、吉卜赛人、斯拉夫穆斯林和弗拉赫人。君主国总共有 12 个民族亚组和 16 种宗教。Lisa Silverman, *Becoming Austrians: Jews and Culture Between the World Wars* (New York: Oxford University Press, 2015), 183—84.
22. Günther Kronenbitter, "Austria-Hungary," in *War Planning 1914*, ed. Richard F. Hamilton and Holger H. Herwig, 24 (24—47) (Cambridge: Cambridge University Press, 2010).
23. Emmerson, *In Search of the World*, 67.
24. Bernard Wasserstein, *Barbarism and Civilization: A History of Europe in Our Time* (Oxford: Oxford University Press, 2007), 7.
25. T. G. Otte, "'Six Powers Appalled by War': The July Crisis and the Limits of Crisis Management," in *Sarajevo 1914*, ed. Cornwall, 170—71 (163—83).
26. Ferguson, *Pity of War*, 43—44; Merriman, *History of Modern Europe*, 821—24.
27. Eugen Weber, *Peasants into Frenchmen* (Stanford, CA: Stanford University Press, 1976), 68.
28. Arno Mayer, *The Persistence of the Old Regime: Europe to the Great War* (New York: Pantheon, 1981); Richard Vinen, *A History in Fragments* (Cambridge: Da Capo Press, 2002), 15.
29. Leonard Dinnerstein and David M. Reimers, *Ethnic Americans: A History of Immigration* (New York: Columbia University Press, 2009), 24.
30. Vinen, *History in Fragments*, 15.
31. Zweig, *Welt von Gestern*, 14; Leonard Woolf, *Beginning Again: An Autobiography of the Years 1911 to 1918* (London: Hogarth Press, 1964), 54.
32. Eric Hobsbawm, *The Age of Empire, 1875—1914* (London: Abacus, 1987), 6, 8, 11.
33. "黑暗撒旦磨坊"这种表述出自威廉·布莱克（William Blake）的诗歌《耶路撒冷》(*Jerusalem*, 1808)。
34. Tony Judt and Timothy Snyder, *Thinking the Twentieth Century* (New York: Penguin, 2012), 304.
35. J. W. Burrow, *Evolution and Society: A Study in Victorian Social Theory* (Cambridge: Cambridge University Press, 1966), 248. 引语出自文化进化论者 E. B. 泰勒（E. B. Tylor）19 世纪 60 年代的作品。
36. Gay, *Education of the Senses*, 57.
37. Robert O. Paxton, *The Anatomy of Fascism* (London: Penguin, 2004), 33; Georges Sorel, *Reflexions sur la violence* (1908).
38. Raoul Girardet, *Société militaire dans la France contemporaine, 1815—1939* (Paris: Plon, 1953).
39. Carl Schorske, *Fin-de-siècle Vienna: Politics and Culture* (New York: Knopf, 1979); John Boyer, *Political Radicalism in Late Imperial Vienna: Origins of the Christian Social Movement, 1848—1897* (Chicago: University of Chicago Press, 1981).
40. Paxton, *Anatomy of Fascism*, 46, 48; Zeev Sternhell, Mario Sznajder, and Maia Ashéri,

Naissance de l'idéologie fasciste (Paris: Gallimard, 1989), 31—32; Daniel Gasman, *The Scientific Origins of National Socialism* (New Jersey: Transaction, 2004); Zeev Sternhell, *Maurice Barrès et le nationalisme français* (Paris: Colin, 1972).

41. Paxton, *Anatomy of Fascism*, 48. Karl Marx and Friedrich Engels, *The Communist Manifesto* (1848).
42. Merriman, *History of Modern Europe*, 831—33.
43. Eduard Bernstein, *Evolutionary Socialism* (London: Independent Labour Party, 1909).
44. Merriman, *History of Modern Europe*, 704, 1079.
45. Philipp Blom, *The Vertigo Years: Change and Culture in the West, 1900—1914* (London: Weidenfeld & Nicolson, 2008), 330; Julie Wosk, *Women and the Machine: Representations from the Spinning Wheel to the Electronic Age* (Baltimore: Johns Hopkins University Press, 2001), 9—114; Wasserstein, *Barbarism and Civilization*, 33.
46. Gay, *Education of the Senses*, 68.
47. E. M. Forster, *Howard's End* (New York: Penguin Twentieth Century Classics, 2000 [1910]); Fyodor Dostoevsky, *Notes from Underground* (New York: Everyman's Library, 2004 [1864]).
48. Blom, *Vertigo Years*, 398; Gustave Le Bon, *Psychologie des foules* (Paris: Alcan, 1895).
49. Francis Haskell, "Art & the Apocalypse," *New York Review of Books*, July 15, 1993; Strachan, *First World War: To Arms*, 135—36.
50. Gay, *Education of the Senses*, 67, 52.
51. Merriman, *History of Modern Europe*, 890; Robert Wohl, *The Generation of 1914* (London: Weidenfeld and Nicolson, 1980), 43—44; George Mosse, *The Crisis of German Ideology* (New York: Grosset and Dunlap, 1964).
52. Blom, *Vertigo Years*, 395, 406, 2.
53. James Joll and Gordon Martel, *The Origins of the First World War* (Harlow: Pearson/Longman, 2007), 290.
54. Pieter M. Judson, "'Where Our Commonality Is Necessary ...': Rethinking the End of the Habsburg Monarchy," *Austrian History Yearbook* 48 (2017): 1—21.
55. Remak, "Third Balkan War," 356.
56. Gordon Brook-Shepherd, *The Austrians: A Thousand-Year Odyssey* (New York: Carroll & Graf, 1996), 150; Merriman, *History of Modern Europe*, 943—44.
57. Mombauer, *Moltke*, 15—16, 135, 140—43; Eugen Weber, *The Nationalist Revival in France, 1905—1914* (Berkeley: University of California Press, 1959), 31.
58. Filippo Tommaso Marinetti, *Futurist Manifesto* (London: Sackville Gallery, 1909).
59. Roland N. Stromberg, *Redemption by War: The Intellectuals and 1914* (Lawrence: Regents Press of Kansas, c. 1982).
60. Friedrich von Bernhardi, *Germany and the Next War* (London: Edward Arnold, 1912), 6. *Deutschland und der nächste Krieg* 首次出版于 1912 年。
61. Norman Stone, *Europe Transformed, 1878—1919* (London: Wiley-Blackwell, 1999), 109.
62. David G. Herrmann, *The Arming of Europe and the Making of the First World War* (Princeton, NJ: Princeton University Press, 1996), 226.

63. Ruth Henig, *The Origins of the First World War* (London: Routledge, 1993), 1.
64. David Wilson (artist), "The Vortex—Will the Powers Be Drawn In?" (1912). Credit: Mansell/The LIFE Picture Collection, via Getty Images.
65. Edward Mandell House and Charles Seymour, *The Intimate Papers of Colonel House*, vol. 1 (Boston: Houghton Mifflin, 1926), 235, 249.
66. Ivan (Jean de) Bloch, *La guerre future, aux points de vue technique, économique et politique* (Paris: Guillaumin, 1898—1900); *Is War Now Impossible? Being an abridgment of "The War of the Future in Its Technical, Economic & Political Relations"* (London: Richards, 1899); Michael Howard, "Men Against Fire: Expectations of War in 1914," *International Security* 9, no. 1 (1984): 41—57; Grant Dawson, "Preventing 'a Great Moral Evil': Jean de Bloch's *The Future of War* as Anti-revolutionary Pacifism," *Journal of Contemporary History* 37, no. 1 (January 2002): 5—19.
67. David Paul Crook, *Darwinism, War, and History* (Cambridge: Cambridge University Press, 1994).
68. Kevin H. O'Rourke and Jeffrey G. Williamson, *Globalization and History: The Evolution of a Nineteenth-Century Atlantic Economy* (Cambridge, MA: MIT Press, 1999), 2.
69. Strikwerda, "Troubled Origins," 1110—1111, 1124.
70. Norman Angell, *The Great Illusion: A Study of the Relation of Military Power to National Advantage* (London: William Heinemann, 1914), 13, vii—ix.
71. Keegan, *First World War*, 11.
72. John A. Hobson, *Imperialism, a Study* (New York: J. Pott, 1902).
73. Hobsbawm, *Age of Empire*, 315—17; Ferguson, *Pity of War*, 31—39, 190—97.
74. Julien Benda, *La Jeunesse d'un clerc* (Paris: Gallimard, 1968), 119.
75. G. P. (George Peabody) Gooch, *A History of Our Time, 1885—1913* (London: Thornton Butterworth, 1913), 248—49.
76. Jack L. Snyder, *The Ideology of the Offensive: Military Decision Making and the Disasters of 1914* (Ithaca, NY: Cornell University Press, 1984); Strachan, *First World War: To Arms*, 1005—14.
77. Ferguson, *Pity of War*, 10; L. C. F. Turner, "The Russian Mobilization in 1914," *Journal of Contemporary History* 3, no. 1 (January 1968): 65—88.
78. *The Avalon Project*, Yale Law School, 访问于 2021 年 2 月 8 日，http://avalon.law.yale.edu/19th_century/hag99-01.asp; Dan L. Morrill, "Nicholas II and the Call for the First Hague Conference," *Journal of Modern History* 46, no. 2 (June 1974): 296—313。
79. Barbara Tuchman, *The Proud Tower: A Portrait of the World Before the War, 1890—1914* (London: Folio Society, 1995), 212—14, 227—28; Neiberg, *Dance of the Furies*, 41—42.
80. Tuchman, *Proud Tower*, 239—40, 249; Lyra D. Trueblood, "How the Eighteenth of May Came to Be Observed as Peace Day," *Advocate of Peace* 77, no. 4 (April 1915): 88—90.
81. Arthur Eyffinger, *The 1899 Hague Peace Conference: "The Parliament of Man, the Federation of the World"* (The Hague: Kluwer Law International, 1999), 204.
82. Patrick J. Kelly, *Tirpitz and the Imperial German Navy* (Bloomington: Indiana University

Press, 2011), 189—91.

83. *The Nobel Prize*, 访问于 2021 年 2 月 8 日，https://www.nobelprize.org/prizes/peace/1905/suttner/lecture/。
84. Tuchman, *Proud Tower*, 255—64.
85. Tuchman, *Proud Tower*, 259—70; Joseph Hodges Choate, *The Two Hague Conferences* (Princeton, NJ: Princeton University Press, 1913), 22.
86. Paul B. Miller, *From Revolutionaries to Citizens* (Durham, NC: Duke University Press, 2002), 113—14; James Joll, *The Second International, 1889—1914* (Oxford: Alden and Mowbray, 1974), 206—8, 140—42.
87. James Joll, *Europe Since 1870: An International History* (New York: Penguin, 1990), 76.
88. Jean-Jacques Becker, *Le carnet B; les pouvoirs publics et l'antimilitarisme avant la guerre de 1914* (Paris: Klincksieck, 1973).
89. William Mulligan, *The Origins of the First World War* (Cambridge: Cambridge University Press, 2010), 159.
90. MacMillan, *War That Ended Peace*, 466, 515.
91. Neiberg, *Dance of the Furies*, 1.
92. Graham Wallas, *The Great Society: A Psychological Analysis* (London: Macmillan, 1914), 46; I. F. Clarke, ed., *The Great War with Germany, 1890—1914: Fictions and Fantasies of the War-to-Come* (Liverpool: Liverpool University Press, 1997).
93. Max Jähns, *Ueber Krieg, Frieden und Kultur* (Berlin: Allgemeiner Verein für Deutsche Litteratur, 1893), 31, 430.
94. Ferguson, *Pity of War*, 8.
95. Manfred F. Boemeke, Roger Chickering, Stig Förster, eds., *Anticipating Total War: The German and American Experiences, 1871—1914* (Cambridge: Cambridge University Press, 1999), 347.
96. Sabine Rutar, "The Future Enemy's Soldiers-to-Be," in *The Wars of Yesterday: The Balkan Wars and the Emergence of Modern Military Conflict*, ed. Katrin Boeckh and Sabine Rutar (New York: Berghahn Books, 2018), 285—86 (285—311).
97. Viscount Esher, *To-day and To-morrow and Other Essays* (London: John Murray, 1910), 18.
98. Norman Davies, *Europe: A History* (London: Pimlico, 1997), 851.
99. 1901 年 6 月 18 日，德皇威廉二世在汉堡发表了"阳光下的地盘"演讲。Christian Gauss, *The German Emperor as Shown in His Public Utterances* (New York: Charles Scribner's Sons, 1915), 180—83.
100. Thomas Pakenham, *The Scramble for Africa, 1876—1912* (London: Abacus, 1992), xxvii, 22.
101. Paul M. Kennedy, *The Rise of the Anglo-German Antagonism, 1860—1914* (Boston: Allen & Unwin, 1980).
102. Neiberg, *Dance of the Furies*, 45; Matthias Schulz, "Did Norms Matter in Nineteenth-Century International Relations? Progress and Decline in the 'Culture of Peace' before World War I," in *An Improbable War: The Outbreak of World War I and European Political Culture Before 1914*, ed. Holger Afflerbach and David Stevenson, 53 (New

York: Berghahn Books, 2007).

103. Mombauer, *Moltke*, 126—27; Mulligan, *Origins*, 22.

104. Neiberg, *Dance of the Furies*, 43—51; Mulligan, *Origins*; Paul W. Schroeder, *Systems, Stability, and Statecraft: Essays on the International History of Modern Europe* (New York: Palgrave Macmillan, 2004); Mombauer, *Moltke*, 129.

105. Gerd Krumeich, "Kriegsschuldfrage," in *Enzyklopädie Erster Weltkrieg*, ed. Gerhard Hirschfeld, Gerd Krumeich, and Irina Renz, 662 (Paderborn: Ferdinand Schöningh, 2009). 这里值得一提的是历史学家弗里茨・费舍尔（Fritz Fischer）在 20 世纪 60 年代提出的重要论点，即关于对社会主义心存恐惧的德国精英在促成世界大战一事上的所谓作用。关于费舍尔争议，见 Annika Mombauer, *The Origins of the First World War: Controversies and Consensus* (London: Pearson, 2002)。

106. Herrmann, *Arming of Europe*, 225—27.

107. Mombauer, "First World War," 78—95.

108. "山雨欲来"（The Approaching Storm）是历史学家杰伊・温特和布莱恩・巴格特（Blaine Baggett）制作的公共广播电视公司（PBS）纪录片《大战与 20 世纪的塑造》(*The Great War and the Shaping of the 20th Century*）其中一集的标题，该片由 KCET/Los Angeles 和 BBC 共同制作（1996 年）。

109. Martin Pappenheim, *Gavrilo Princips Bekenntnisse: Zwei Manuskripte Princips* (Wien: Im Kommissionsverlage bei Rudolf Lechner & Sohn, 1926), 12, 14; in English: Hamilton Fish Armstrong, "Confessions of the Assassin Whose Deed Led to the World War," *Current History* (New York) 26, no. 5 (August 1927): 699—707; Vojislav Bogićević, *Sarajevski Atentat: Stenogram Glavne rasprave protiv Gavrila Principa i drugova* (Sarajevo: Izdanje Državni Arhiv NR BiH, 1954), 90.

第二章

1. Dedijer, *Road to Sarajevo*, 186—88.
2. Regina Höfer, ed., *Imperial Sightseeing: Die Indienreise von Erzherzog Franz Ferdinand von Österreich-Este* (Wien: Museum für Völkerkunde, 2010), 51; Justin Stagl, ed., *Ein Erzherzog reist: Beiträge zur Weltreise Franz Ferdinands* (Salzburg: Eigenverl. d. Ges. für Kultursoziologie der Univ. Salzburg, 2001).
3. Brook-Shepherd, *Archduke of Sarajevo*, 36—37, 42, 45; King and Woolmans, *Romance That Changed the World* (Kindle), Location 1167, 1172, 1178.
4. Edmund von Glaise-Horstenau, *Franz Josephs Weggefährte: Das Leben des Generalstabschefs Grafen Beck* (Zürich: Amalthea, 1930), 425.
5. Friedrich Weissensteiner, *Franz Ferdinand: Der verhinderte Herrscher* (Wien: Kremayr & Scheriau, 2007), 95—96.
6. Fürstin Nora Fugger, *Im Glanz der Kaiserzeit* (Wien: Amalthea, 1932, 1980), 311—12.
7. Victor Eisenmenger, *Archduke Francis Ferdinand* (London: Selwyn & Blount, 1928), 45—50; Brook-Shepherd, *Archduke of Sarajevo*, 51, 292.
8. Lavender Cassels, *The Archduke and the Assassin* (New York: Stein and Day, 1984), 34.

9. Erika Bestenreiner, *Franz Ferdinand und Sophie von Hohenberg: Verbotene Liebe am Kaiserhof* (Munich: Piper, 2018), 62; Weissensteiner, *Franz Ferdinand*, 111—12.
10. Bestenreiner, *Franz Ferdinand*, 55—57; Gerd Holler, *Franz Ferdinand von Österreich-Este* (Wien: Carl Ueberreuter, 1982), 2.
11. Norman Stone, "Archduke Franz Ferdinand Survives Sarajevo," in *What Might Have Been*, ed. Andrew Roberts, 105—18 (London: Weidenfeld & Nicolson, 2004); Richard Ned Lebow, *Archduke Franz Ferdinand Lives! A World Without World War I* (New York: Palgrave Macmillan, 2014); Péter Marton, "Reflections on the Analysis of Counterfactual Propositions and Alternative History Speculative Fiction about WWI," *Corvinus Journal of International Affairs* 4, nos. 2—4 (2019): 120—34; E. L. Doctorow, *Ragtime* (New York: Random House, 1974); R. Wright Campbell, *Circus Couronne* (New York: G. P. Putnam's Sons, 1977); Robert Tyler Stevens, *My Enemy, My Love* (New York: Doubleday, 1979); Johnny O'Brien, *Day of the Assassins: A Jack Christie Adventure* (Somerville, MA: Templar Books, 2009); Hannes Stein, *Der Komet* (Berlin: Galiani, 2013). On Stein's novel, see Marta Wimmer, "Das Geschehene ungeschehen machen," in *"Long Shots of Sarajevo" 1914*, ed. Preljević and Ruthner, 527—36.
12. Marie-Janine Calic, *A History of Yugoslavia* (West Lafayette, IN: Purdue University Press, 2019), 27—30; Sean Krummerich, "Nationalitaetenrecht: The South Slav Policies of the Habsburg Monarchy," *Graduate Theses and Dissertations* (2012), 1—21, 访问于2021 年 2 月 8 日，http://scholarcommons.usf.edu/etd/4111。
13. Mark Cornwall, "Introduction," in *Sarajevo 1914*, ed. Cornwall, 3—5 (1—13).
14. Ivo Banac, "The Contrasting Legacies of the South Slav Question," in *Balkan Legacies of the Great War: The Past Is Never Dead*, ed. O. Anastasakis, D. Madden, and E. Roberts, 44 (43—49) (London: Palgrave Macmillan, 2016).
15. Cornwall, "Introduction," 2.
16. Pieter M. Judson, *The Habsburg Empire: A New History* (Cambridge, MA: Harvard University Press, 2016); John Connelly, *From Peoples into Nations: A History of Eastern Europe* (Princeton, NJ: Princeton University Press, 2020).
17. Dedijer, *Road to Sarajevo*, 31—32, 45, 57—59; William Flavelle Monypenny and George Earle Buckle, *The Life of Benjamin Disraeli: Earl of Beaconsfield*, vol. 2, 1860—1881 (London: John Murray, 1929), 885.
18. Jennifer Siegel, *Endgame: Britain, Russia and the Final Struggle for Central Asia* (New York: I. B. Tauris, 2002).
19. Misha Glenny, *The Balkans 1804—1999* (London: Granta, 1999), 122, 60—61, 64, 101.
20. Glenny, *Balkans*, 74.
21. Barbara Jelavich, *History of the Balkans: Eighteenth and Nineteenth Centuries* (Cambridge: Cambridge University Press, 1994), 347.
22. Glenny, *Balkans*, 108—10.
23. Glenny, *Balkans*, 73, 105; Dedijer, *Road to Sarajevo*, 42.
24. Glenny, *Balkans*, 133, 143—44.
25. Marko Attila Hoare, *The History of Bosnia* (London: Saqi, 2007), 72. 根据 1879 年的人口普查，波斯尼亚—黑塞哥维那的人口为 1 158 440 人。

26. Glenny, *Balkans*, 144, 134, 149.
27. Glenny, *Balkans*, 67—69.
28. Robert A. Kann, "Trends Toward Colonialism in the Habsburg Empire, 1878—1918: The Case of Bosnia-Herzegovina," in *Russian and Slavic History*, ed. Don Karl Rowney and G. Edward Orchard, 168 (164—80) (Columbus, OH: Slavica, 1977); Barbara Jelavich, *Modern Austria: Empire and Republic, 1815—1986* (Cambridge: Cambridge University Press, 1987), 94; Sean McMeekin, *The Berlin-Baghdad Express: The Ottoman Empire and Germany's Bid for World Power, 1898—1918* (New York: Penguin Press, 2010).
29. Zametica, *Folly and Malice*, 98, 101—2.
30. 关于如何称呼波斯尼亚人共同语言的争议，见 Tamara Scheer, "Bosnian-Croatian-Serbian-Serbo-Croatian: Friction over Language Terminology in Pre-War Bosnia-Herzegovina," in *Sarajevo 1914*, ed. Cornwall, 82—101。
31. Robin Okey, *The Habsburg Monarchy, c. 1765—1918* (London: Macmillan, 2001), 374—75; Silverman, *Becoming Austrians*, 183.
32. David MacKenzie, "Serbia as Piedmont and the Yugoslav Idea, 1804—1914," *East European Quarterly* 28, no. 2 (Summer 1994): 153—82. 根据 1879 年的人口普查，波斯尼亚和黑塞哥维那的人口组成为：东正教徒 42.88%；天主教徒 18.08%；穆斯林 38.75%（Zametica, *Folly and Malice*, 106）。
33. Barbara Jelavich, *History of the Balkans: Twentieth Century* (Cambridge: Cambridge University Press, 1983), 59; Kann, "Trends Toward Colonialism," 169.
34. Barbara Jelavich, "Clouded Image: Critical Perceptions of the Habsburg Empire in 1914," *Austrian History Yearbook* 23 (1992): 23—35.
35. Luigi Albertini, *The Origins of the War of 1914*, vol. 2 (New York: Enigma, 2005), 4.
36. Ratko Parežanin, *Attentäter: Das Junge Bosnien im Freiheitskampf; Ideologie des Terrors und 'Verschwörung für die Freiheit'* (München: L. Jevtić, 1976), 183; Pappenheim, *Bekenntnisse*, 13.
37. Pierre Albin, *D'Agadir à Sarajevo: La guerre allemande* (Paris: Librairie Félix Alcan, 1915), 153.
38. Arthur John Evans, *Through Bosnia and Herzegovina on Foot* (London: Longmans, Green, 1876), 331—32. 在波斯尼亚—黑塞哥维那，kmets 有义务向当地的地主交付租税，但不像农奴那样依附土地。波斯尼亚农民约有一半是 kmets。
39. Evans, *Through Bosnia and Herzegovina*, 332, 336; Hoare, *History of Bosnia*, 62—66.
40. Hoare, *History of Bosnia*, 62—63.
41. Arthur J. Evans, *Illyrian Letters* (London: Longmans, Green, 1878), 15.
42. Dedijer, *Road to Sarajevo*, 34—41.
43. Dinko Tomašić, *Personality and Culture in Eastern European Politics* (New York: George W. Stewart, 1948).
44. Bogićević, *Stenogram*, 58, 60, 72. 刺客们受审时，查布里诺维奇也提到了复仇——"人类的道德义务"（Bogićević, *Stenogram*, 41, 52）。
45. Dedijer, *Road to Sarajevo*, 67.
46. Pappenheim, *Bekenntnisse*, 12.
47. Dobroslav Jevđević, *Sarajevski Atentatori* (Zagreb: Binoza, 1934), 63.

48. Dedijer, *Road to Sarajevo*, 194.
49. Dedijer, *Road to Sarajevo*, 195.
50. Dedijer, *Road to Sarajevo*, 211—12.
51. Dedijer, *Road to Sarajevo*, 194—95.
52. Pappenheim, *Bekenntnisse*, 13.
53. Lynn Patyk, "Modern Terrorism and the Sensitive Heart," 该论文提交到下述讨论会：*Terrorism and Modernity: Global Perspectives on Nineteenth-Century Political Violence*, Tulane University (October 2008)。
54. Jevđević, *Sarajevski Atentatori*, 33.
55. Jevđević, *Sarajevski Atentatori*, 30.
56. Grigorije Božović, "Rodni prag Gavrila Principa," *Politika* (July 21—22, 1939); Dedijer, *Road to Sarajevo*, 190.
57. Božidar Tomić, "Poreklo i detinjstvo Gavrila Principa," *Nova Evropa* 32, no. 10 (October 26, 1939): 328—36; Dedijer, *Road to Sarajevo*, 189.
58. Dragoslav Ljubibratić, *Gavrilo Princip* (Beograd: Nolit, 1959), 42—43; Dedijer, *Road to Sarajevo*, 191—92.
59. Leo Pfeffer, *Istraga u Sarajevskom Atentatu* (Zagreb: Nova Evropa, 1938), 27.
60. Jevđević, *Sarajevski Atentatori*, 23.
61. Österreichisches Staatsarchiv (ÖSta, Vienna) B/964: 345.
62. Durham, *Serajevo Crime*, 75—76.
63. R. W. Seton-Watson, "The Murder at Sarajevo," *Foreign Affairs* 3, no. 3 (April 1925): 502, 505—6 (489—509); Edward R. Kantowicz, *The Rage of Nations: The World in the Twentieth Century*, vol. I (Grand Rapids, MI: Wm. B. Eerdmans, 1999), 96; Ferguson, *Pity of War*, 146; Ferguson, *War of the World*, 72; Oliver Janz, *Der Große Krieg* (Frankfurt am Main: Campus, 2013), 60; Jean-Jacques Becker, *L'année 14* (Paris: Armand Colin, 2004, 2013), 40; G. J. Meyer, *A World Undone: The Story of the Great War 1914 to 1918* (New York: Delacorte, 2006), 6; King and Woolmans, *Romance That Changed the World*, 177; Albert Mousset, "Un Nouveau témoignage sur l'attentat de Sarajevo," *Affaires étrangères* 8, no. 3 (March 1938): 186 (181—86); Martel, *Month That Changed the World*, 52; Cathie Carmichael, *A Concise History of Bosnia* (New York: Cambridge University Press, 2015), 53, 55; Alan Axelrod, *Profiles in Folly* (New York: Sterling, 2008), 175; Gilfond, *Black Hand at Sarajevo*, 77—78; Michèle Savary, *Sarajevo 1914: Vie et Mort de Gavrilo Princip* (Paris: L'Age d'Homme, 2004), 113, 123, 125.
64. Albertini, *Origins*, vol. 2, 47; Robert A. Cole, "Day of the Blackbirds: Sarajevo, 1914," *New England Journal of History* 49, no. 1 (Spring 1992): 24 (20—41); John S. Craig, *Peculiar Liaisons: In War, Espionage, and Terrorism in the Twentieth Century* (New York: Algora, 2005), 3—4; S. L. A. Marshall, *The American Heritage History of World War I* (New York: Bonanza, 1982), 18.
65. Pappenheim, *Bekenntnisse*, 11.
66. Smith, *One Morning*, 16—17, 71.
67. William Henry Chamberlin, "A Vivid Pageant of Empires' Fall, Dictators' Rise," *Chicago Daily Tribune*, January 20, 1963, D1; Zametica, *Folly and Malice*, 360.

68. Smith, *One Morning*, 1, 95—105.
69. Durham, *Serajevo Crime*, 78.
70. Dedijer, *Road to Sarajevo*, 197.
71. José Almira Et Giv. Stoyan, *Le déclic de Sarajevo* (Paris: Radot, 1927), 47.
72. Dedijer, *Road to Sarajevo*, 196.
73. Vojislav Bogićević, ed., *Mlada Bosna: Pisma i Prilozi* (Sarajevo: Svjetlost, 1954), 138.
74. Nikola Đ. Trišić, *Sarajevski atentat u svjetlju bibliografskih podataka* (Sarajevo: Muzej Grada Sarajeva, 1964), 378—79.
75. Dedijer, *Road to Sarajevo*, 197; Pappenheim, *Bekenntnisse*, 12.
76. Ljubibratić, *Gavrilo Princip*, 59; Cvetko Đ. Popović, *Oko sarajevskog atentata: Kritiki osvrti i napomene* (Sarajevo: Svjetlost, 1969), 52, 84, 93, 115.
77. Pappenheim, *Bekenntnisse*, 11.
78. Pappenheim, *Bekenntnisse*, 11, 12, 15, 16.
79. Arhiv Grada Sarajeva, Zbirka Poklona i Otkupa, Inv. br. V-539: Rajko Žemva, "Moje Poznanstvo sa Sarajevskim Atentatorima: Prilog historiji radničkog pokreta Bosne i Hercegovine," 5.
80. Dedijer, *Road to Sarajevo*, 196; Pappenheim, *Bekenntnisse*, 12.
81. Dedijer, *Road to Sarajevo*, 211.
82. Popović, *Oko sarajevskog atentata*, 52—53, 85; Smith, *One Morning*, 15—16, 36, 39, 71.
83. Pappenheim, *Bekenntnisse*, 12; Petar Jevremović, "Sigmund Freud and Martin Pappenheim," *History of Psychiatry* 31, no. 1 (2020): 88 (83—92).
84. Vuk Jelovac, "Prva I Poslednja Ljubav Gavrila Principa," *Politika*, January 22, 1939; Dragoljub Bakić: "Mlada Bosna I Sarajevski Atentat," *Novi život* (Belgrade), nos. 8—9 (May 9/16, 1925): 225—32, 257—70.
85. Guido van Hengel, "'Up in Flames'—Gavrilo Princip and the City," in *Prilozi*, ed. Kamberović, 89—97.
86. Jevđević, *Sarajevski Atentatori*, 33.
87. André Gerolymatos, *The Balkan Wars* (New York: Basic Books, 2002), 39. 聚焦加夫里洛·普林西普从穷学生到大城市激进分子的个人成长经历的传记，见 Guido van Hengel, *De dagen van Gavrilo Princip: Hoe een jonge rebel de Eerste Wereldoorlog ontketende* (Amsterdam: Ambo, 2014)。
88. Dedijer, *Road to Sarajevo*, 190—91.
89. Robert J. Donia, *Sarajevo: A Biography* (London: C. Hurst, 2006), 64.
90. Dedijer, *Road to Sarajevo*, 184—85; Jelena Milojković-Djurić, "Benjamin von Kállay's Role in Bosnia-Herzegovina, 1882—1903: Habsburg's Policies in an Occupied Territory," *Journal of the North American Society for Serbian Studies* 14, no. 2 (2000): 214 (211—20).
91. Adam Müller-Guttenbrunn, *Franz Ferdinands Lebensroman: Ein Dokument unserer Zeit* (Stuttgart: Robert Lutz, 1919), 18; Rudolph Binion, "From Mayerling to Sarajevo," *Journal of Modern History* 47, no. 2 (June 1975): 311 (280—316).
92. William Johnston, *The Austrian Mind* (Berkeley: University of California Press, 1972),

42; Brook-Shepherd, *Archduke of Sarajevo*, 55.

93. Wilhelm M. Carlgren, "Die Renaissance des Dreikaiserbundes: Ein großpolitischer Plan Aehrenthals im Jahre 1906," *Historiskt arkiv 2* (Stockholm: Kungl. Vitterhets Historie och Antikvitets Akademien, 1954): 22 (1—26).
94. Weissensteiner, *Franz Ferdinand*, 77—78, 104, 107—8.
95. Holler, *Franz Ferdinand*, 142.
96. Brook-Shepherd, *Archduke of Sarajevo*, 55—57; Ottokar Czernin, *Im Weltkriege* (Wien: Ullstein, 1919), 48.
97. Weissensteiner, *Franz Ferdinand*, 59—62.
98. Norbert Nemec, *Marie Therese von Braganza (1855—1944): Der gute Geist im Hause Habsburg* (Wien: Praesens, 2000); Weissensteiner, *Franz Ferdinand*, 60—62, 109.
99. Brook-Shepherd, *Archduke of Sarajevo*, 9—10.
100. Weissensteiner, *Franz Ferdinand*, 63, 194—95; Jean-Louis Thiériot, *François-Ferdinand d'Autriche* (Paris: Perrin, 2005), 40; Robert Kann, "Die Italienpolitik des Thronfolgers Erzherzog Franz Ferdinand," *Mitteilungen des Österreichischen Staatsarchivs* 31 (1978): 363—71.
101. Brook-Shepherd, *Archduke of Sarajevo*, 9—10; Czernin, *Im Weltkriege*, 46; Weissensteiner, *Franz Ferdinand*, 58.
102. Thiériot, *François-Ferdinand*, 376; Robert A. Kann, *The Multinational Empire*, vol. 2 (New York: Columbia University Press, 1950), 188; Eugene S. Bagger, *Francis Joseph, Emperor of Austria—King of Hungary* (New York: G. P. Putnam's Sons, 1927), 524—26.
103. Czernin, *Im Weltkriege*, 46; Thiériot, *François-Ferdinand*, 376.
104. Lucia Curta, "Painter and King: Gustav Klimt's Early Decorative Work at Peleş Castle, Romania, 1883—1884," *Studies in the Decorative Arts* 12, no. 1 (Fall-Winter 2004—2005): 120 (98—129).
105. Franz Ferdinand von Österreich-Este, *"Die Eingeborenen machten keinen besonders günstigen Eindruck": Tagebuch meiner Reise um die Erde 1892—1893*, ed. Frank Gerbert (Wien: Kremayr & Scheriau, 2013), 20. Thiériot, *François-Ferdinand*, 94—95.
106. Brigitta Mader, *Die Sphinx vom Belvedere* (Koper-Capodistria: Knjižnica Annales Majora, 2000), 15, 12.
107. Theodor von Sosnosky, *Franz Ferdinand: Der Erzherzog-Thronfolger: Ein Lebensbild* (München: R. Oldenbourg, 1929), xv. Leopold von Chlumecky, *Erzherzog Franz Ferdinands Wirken und Wollen* (Berlin: Verlag für Kulturpolitik, 1929), 63; Hannig, "Franz Ferdinand: Power and Image," in *Sarajevo 1914*, ed. Cornwall, 30—32 (17—38).
108. Weissensteiner, *Franz Ferdinand*, 59; Brook-Shepherd, *Austrians*, 125; Brook-Shepherd, *Archduke of Sarajevo*, 8—9.
109. Victor Eisenmenger, *Erzherzog Franz Ferdinand* (Zürich: Amalthea, 1930), 140.
110. Thiériot, *François-Ferdinand*, 42—43.
111. Günther Kronenbitter, "Haus ohne Macht? Erzherzog Franz Ferdinand (1863—1914) und die Krise der Habsburgmonarchie," in *Der Fürst: Ideen und Wirklichkeiten in der*

europäischen Geschichte, ed. Wolfgang Weber 187—88 (169—208) (Wien: Böhlau, 1998).

112. Binion, "From Mayerling to Sarajevo," 309—13.
113. Kronenbitter, "Haus ohne Macht?," 190; Weissensteiner, *Franz Ferdinand*, 80; Holler, *Franz Ferdinand*, 32—33.
114. István Deák, *Beyond Nationalism: A Social and Political History of the Habsburg Officer Corps, 1848—1918* (New York: Oxford University Press, 1990).
115. Rudolf Kiszling, *Erzherzog Franz Ferdinand von Österreich-Este* (Graz: Hermann Böhlaus Nachfolger Ges., 1953), 19.
116. Holler, *Franz Ferdinand*, 36—37; Weissensteiner, *Franz Ferdinand*, 80—83; Thiériot, *François-Ferdinand*, 78—79.
117. Franz Conrad von Hötzendorf, *Aus meiner Dienstzeit, 1906—1918: Die Zeit der Annexionskrise, 1906—1909* (Wien: Rikola, 1921), 328.
118. Dedijer, *Road to Sarajevo*, 105—12; Thiériot, *François-Ferdinand*, 231—41; Kiszling, *Erzherzog*, 114.
119. Kann, *Erzherzog Franz Ferdinand Studien* (Wien: Verlag für Geschichte und Politik, 1976), 34; Kann, *Multinational Empire*, 188.
120. Czernin, *Im Weltkriege*, 47—49.
121. Holler, *Franz Ferdinand*, 73—74, 363. 这封信标注的日期是 1895 年 10 月 25 日。
122. Eisenmenger, *Archduke Francis Ferdinand*, 31.
123. Brook-Shepherd, *Archduke of Sarajevo*, 43—44.
124. Bestenreiner, *Franz Ferdinand*, 67.
125. Bestenreiner, *Franz Ferdinand*, 36—37.
126. Albert von Margutti, *Vom alten Kaiser* (Wien: Leonhardt, 1921), 138—42.
127. Brook-Shepherd, *Archduke of Sarajevo*, 48, 64.
128. Brook-Shepherd, *Archduke of Sarajevo*, 64.
129. Brook-Shepherd, *Archduke of Sarajevo*, 74.
130. Claudio Magris, *The Danube* (New York: Farrar, Straus and Giroux, 1989), 151.
131. Georg Franz-Willing, *Erzherzog Franz Ferdinand und die Pläne zur Reform der Habsburger Monarchie* (Brünn: Rudolf M. Rohrer, 1943), 12; Alexander Engel, "Erzherzog Franz Ferdinand und die Minister," *Neues Wiener Tagblatt*, June 28, 1924.
132. Joachim Remak, *Sarajevo: The Story of a Political Murder* (London: Weidenfeld and Nicolson, 1959), 23—24; Czernin, *Im Weltkriege*, 57—58; Hertha Pauli, *The Secret of Sarajevo* (New York: Appleton-Century, 1965).
133. Winston Churchill, "The Victim of Serajevo," *Saturday Review* 152, no. 3961 (September 26, 1931): 388—89.
134. Weissensteiner, *Franz Ferdinand*, 11; Sigrid-Maria Größing, *Amor im Hause Habsburg* (Wien: Kremayr & Scheriau, 1990), 291.
135. Imanuel Geiss, ed., *July 1914: The Outbreak of the First World War* (New York: W. W. Norton, 1967), 55.
136. 引用在 Beate Hammond, *Habsburgs grosste Liebesgeschichte: Franz Ferdinand und Sophie* (Wien: Carl Ueberreuter, 2001), 148。

137. Kann, *Studien*, 23.
138. "Kaiser Franz Joseph und Familie," in *Ein Leben für Kunst und Volksbildung; Eduard Leisching (1858—1938): Erinnerungen*, ed. Robert A. Kann and Peter Leisching, 162, 167—68, 175 (Wien: Österreichischen Akademie der Wissenschaften, 1978).
139. Wladimir Aichelburg, *Erzherzog Franz Ferdinand und Artstetten* (Wien: Orac, 1986), 33.
140. Friedrich Funder, *From Empire to Republic* (New York: Albert Unger, 1963), 155—57.
141. Kann, *Studien*, 24.
142. Mader, *Die Sphinx vom Belvedere*, 9.
143. Smith, *One Morning*, 171—72.

第三章

1. Edith M. Durham, *Twenty Years of Balkan Tangle* (London: George Allen & Unwin, 1920), 159—60; Paul W. Schroeder, "Stealing Horses to Great Applause: Austria-Hungary's Decision in 1914 in Systemic Perspective," in *An Improbable War?*, ed. Afflerbach and Stevenson, 35 (17—42).
2. Clark, *Sleepwalkers*, 83; Schroeder, "Stealing Horses," 38.
3. Solomon Wank, "The Archduke and Aehrenthal: The Origins of a Hatred," *Austrian History Yearbook* 33 (2002): 80 (77—104).
4. Dominic Lieven, *Nicholas II: Emperor of all the Russias* (London: John Murray, 1993), 192.
5. Clark, *Sleepwalkers*, 34—35.
6. Barbara Jelavich, *Russia's Balkan Entanglements, 1806—1914* (Cambridge: Cambridge University Press, 1991), 217—18; Strachan, *First World War: To Arms*, 43—45; Albertini, *Origins*, vol. 1, 210; Lieven, *Nicholas II*, 193.
7. Okey, *Habsburg Monarchy*, 363; Hoare, *History of Bosnia*, 79, 82.
8. Glenny, *Balkans*, 212—19.
9. Herrmann, *Arming of Europe*, 113; F. R. Bridge, *From Sadowa to Sarajevo: The Foreign Policy of Austria-Hungary, 1866—1914* (London: Routledge & Kegan Paul, 1972), 302.
10. Glenny, *Balkans*, 286—87; Solomon Wank, ed., *Aus dem Nachlaß Aehrenthal: Briefe und Dokumente zur österreichisch-ungarischen Innen- und Außenpolitik 1885—1912*, vol. 2 (Graz: Wolfgang Neugebauer, 1994): Document no. 335, I. Mémoire Aehrenthals vom 5. Februar 1907 (PA I K. 487), 452 (448—52); Solomon Wank, "Aehrenthal's Programme for the Constitutional Transformation of the Habsburg Monarchy: Three Secret *Mémoires*," *Slavonic and East European Review* 41, no. 97 (June 1963): 520—21 (513—36).
11. Aleksa Djilas, *The Contested Country: Yugoslav Unity and Communist Revolution, 1919—1953* (Cambridge, MA: Harvard University Press, 1991), 33—35, 45—48.
12. Samuel R. Williamson, "Preparing to Save the Habsburg Monarchy: Aehrenthal Before 1906," review of *In the Twilight of Empire: Count Alois Lexa von Aehrenthal (1854—*

1912), Imperial Habsburg Patriot and Statesman, vol. 1, *The Making of an Imperial Habsburg Statesman*, by Solomon Wank, HABSBURG, H-Net Reviews, December 2009.

13. Samuel R. Williamson Jr. and Ernest R. May, "An Identity of Opinion: Historians and July 1914," *Journal of Modern History* 79, no. 2 (June 2007): 353—59 (335—87); Mombauer, "First World War," 82—85.
14. Schroeder, "Stealing Horses," 39, 34—40.
15. Leo Tolstoy, "On Austria's Annexation of Bosnia and Hercegovina," in *Three Stories About Bosnia (1908, 1946, 1992)* (Belgrade: Association of Yugoslav Publishers and Booksellers, 1995), 13 (11—22).
16. Lieven, *Nicholas II*, 193.
17. Herrmann, *Arming of Europe*, 117—22, 127—28; Edda Binder-Iijima, "Der Russisch-Japanische Krieg und die Orientalische Frage," in *Der Russisch-Japanische Krieg 1904/05: Anbruch einer neuen Zeit?*, ed. Maik Hendrik Sprotte, 1—22 (Wiesbaden: Harrassowitz, 2007).
18. Clark, *Sleepwalkers*, 87; Bridge, *From Sadowa to Sarajevo*, 305; Richard Pipes, *Struve: Liberal on the Right, 1905—1944* (Cambridge, MA: Harvard University Press, 1980), 182. 伊兹沃尔斯基在 1907 年提出了这个问题。见 Bruce W. Menning, "The Russian Threat Calculation, 1910—1914," in *Wars Before the Great War*, ed. Geppert et al., 152 (151—75)。
19. "Kriegerische Stimmung in Serbien: Die Erregung in Belgrad," *Neue Freie Presse*, October 8, 1908, 5.
20. Glenny, *Balkans*, 290—91; John R. Lampe, *Yugoslavia as History: Twice There Was a Country* (Cambridge: Cambridge University Press, 1996), 82.
21. Glenny, *Balkans*, 291; Clark, *Sleepwalkers*, 35—37; Bridge, *From Sadowa to Sarajevo*, 316—18. 贝尔格莱德"断然拒绝"了埃伦塔尔提出的关于通过波斯尼亚—黑塞哥维那的铁路的协议。
22. Bridge, "Document 33. Note verbale of the Serbian legation, 31 March 1909," *From Sadowa to Sarajevo*, 438.
23. Herrmann, *Arming of Europe*, 119—20, 124, 126; Clark, *Sleepwalkers*, 85; Strachan, *First World War: To Arms*, 45; Bridge, *From Sadowa to Sarajevo*, 320.
24. Lieven, *Nicholas II*, 194. 1891 年，尼古拉二世的父亲、沙皇亚历山大三世向一个塞尔维亚政治代表团保证，吞并"永远不会发生……这种企图会要了君主国的命！" (Zametica, *Folly and Malice*, 138)
25. Glenny, *Balkans*, 292, 298—99; Clark, *Sleepwalkers*, 35; David MacKenzie, *Apis: The Congenial Conspirator: The Life of Colonel Dragutin T. Dimitrijević* (Boulder, CO: East European Monographs, 1989), 65.
26. Bridge, *From Sadowa to Sarajevo*, 323, 329—30; Alma Hannig, "Die Balkanpolitik Österreich-Ungarns vor 1914," in *Der Erste Weltkrieg auf dem Balkan: Perspektiven der Forschung*, ed. Jürgen Angelow 36 (35—56) (Berlin-Brandenburg: Wissenschaft Verlag, 2011).
27. *Dreikaiserbündnis*, 1873/1881—87, The Avalon Project (Yale Law School), 访问于 2021

年 2 月 8 日，http://avalon.law.yale.edu/19th_century/empleagu.asp; Clark, *Sleepwalkers*, 79, 110—12。

28. Bridge, *From Sadowa to Sarajevo*, 323—24.
29. Miloš Vojinović, "Political Ideas of Young Bosnia: Between Anarchism, Socialism, and Nationalism," *Südosteuropa-Jahrbuch* 42 (2018): 174, 180 (162—96).
30. Albertini, *Origins*, vol. 1, 233—42; Herrmann, *Arming of Europe*, 130, 137—38.
31. Herrmann, *Arming of Europe*, 130—37; David Stevenson, *Armaments and the Coming of War* (Oxford: Oxford University Press, 1996), 146—47; David Alan Rich, "Russia," in *The Origins of World War I*, ed. Richard F. Hamilton and Holger H. Herwig, 212—13 (Cambridge: Cambridge University Press, 2003).
32. Tim Judah, *The Serbs: History, Myth and the Destruction of Yugoslavia* (New Haven, CT: Yale University Press, 2009), 67; Dedijer, *Road to Sarajevo*, 82—83; Clark, *Sleepwalkers*, 28—29; Zametica, *Folly and Malice*, 134—35, 139, 636. 米兰国王在 1889 年退位之前延长了 1881 年的协定。协定于 1895 年年底过期，没有再续订。
33. Glenny, *Balkans*, 163—65.
34. Zametica, *Folly and Malice*, 135.
35. Merriman, *History of Modern Europe*, 709.
36. Marie-Janine Calic, *Sozialgeschichte Serbiens 1815—1941: Der aufhaltsame Fortschritt während der Industrialisierung* (München: R. Oldenbourg, 1994); Lampe, *Yugoslavia as History*, 56, 85.
37. Glenny, *Balkans*, 164—65; Dedijer, *Road to Sarajevo*, 83. Andrei Simić, *The Peasant Urbanites: A Study of Rural-Urban Mobility in Serbia* (New York: Seminar, 1973).
38. Lampe, *Yugoslavia as History*, 85; Danilo Šarenac, "Why Did Nobody Control Apis? Serbian Military Intelligence and the Sarajevo Assassination," in *Sarajevo 1914*, ed. Cornwall, 127—28 (125—48). 关于塞尔维亚在 1912 年之前的军事发展，见 John Paul Newman, *Yugoslavia in the Shadow of War: Veterans and the Limits of State Building, 1903—45* (Cambridge: Cambridge University Press, 2015), 32。
39. Lampe, *Yugoslavia as History*, 54; Clark, *Sleepwalkers*, 29—32.
40. Judah, *Serbs*, 9, 18; Glenny, *Balkans*, 10.
41. Jelavich, *History of the Balkans*, 19, 26—27; John V. A. Fine Jr., *The Late Medieval Balkans: A Critical Survey from the Late Twelfth Century to the Ottoman Conquest* (Ann Arbor: University of Michigan Press, 1987).
42. Judah, *Serbs*, 30—34; Tim Judah, *Kosovo: War and Revenge* (New Haven, CT: Yale University Press, 2002), 15—16, 30. Branimir Anzulovic, *Heavenly Serbia: From Myth to Genocide* (New York: New York University Press, 1999), 1.
43. Anzulovic, *Heavenly Serbia*, 11—13; Judah, *Serbs*, 34—37.
44. Zametica, *Folly and Malice*, 334, 568—69.
45. Peter Levi, *Marko the Prince: Serbo-Croat Heroic Songs* (London: Gerald Duckworth, 1984), xiv.
46. Leopold Ranke, *The History of Servia, and the Servian Revolution. With a Sketch of the Insurrection in Bosnia* (London: Henry G. Bohn, 1853), 48—49.
47. Evans, *Through Bosnia and Herzegovina*, 139; Evans, *Illyrian Letters*, 42, 116, 224—25.

48. Michael Boro Petrovich, *A History of Modern Serbia, 1804—1918* (New York: Harcourt Brace Jovanovich, 1976), 16, xv.
49. Andrew Wachtel, *Making a Nation, Breaking a Nation: Literature and Cultural Politics in Yugoslavia* (Stanford, CA: Stanford University Press, 1998), 32; Anzulovic, *Heavenly Serbia*, 76.
50. Glenny, *Balkans*, 18—22.
51. Anzulovic, *Heavenly Serbia*, 51—67.
52. Dedijer, *Road to Sarajevo*, 254.
53. Petrovich, *History of Modern Serbia*, 234; Dedijer, *Road to Sarajevo*, 259—60; Jovan Deretić, *Kratka Istorija Srpske Književnosti* (Novi Sad: Svetovi, 2001), 128; Tim Judah, "The Serbs: The Sweet and Rotten Smell of History," *Daedalus* 126, no. 3 (1997): 10—11.
54. Wachtel, *Making a Nation*, 25—26; Judah, *Serbs*, 61—62. 主要的例外是萨格勒布城内及周边的克罗地亚人，他们讲的是所谓卡伊方言（Zametica, *Folly and Malice*, 76）。
55. Anzulovic, *Heavenly Serbia*, 90; Clark, *Sleepwalkers*, 28. 关于"草案"及其假定的相关性，见 Zametica, *Folly and Malice*, 186—91。
56. Judah, *Serbs*, 56—61; Petrovich, *History of Modern Serbia*, 230—35; Dedijer, *Road to Sarajevo*, 46—47; David MacKenzie, *Ilija Garašanin, Balkan Bismarck* (Boulder, CO: East European Monographs, 1985); Zametica, *Folly and Malice*, 188, 191.
57. Glenny, *Balkans*, 132, 163—68, 175—78; Clark, *Sleepwalkers*, 7, 35.
58. Zametica, *Folly and Malice*, 112.
59. Clark, *Sleepwalkers*, 7—9.
60. John Paul Newman, "Civil and Military Relations in Serbia During 1903—1914," in *Wars Before the Great War*, ed. Geppert et al., 120 (114—28).
61. Clark, *Sleepwalkers*, 8—10; Bridge, *From Sadowa to Sarajevo*, 262; Petrovich, *History of Modern Serbia*, 505; Katrin Boeckh, *Serbien, Montenegro: Geschichte und Gegenwart* (Regensburg: Friedrich Pustet, 2009), 72—73.
62. Newman, "Civil and Military Relations," in *Wars Before the Great War*, ed. Geppert et al., 121. 在塞尔维亚 1903 年的新宪法中，这些弑君者被定义为"国家的救星"。
63. Clark, *Sleepwalkers*, 13—16; Petrovich, *History of Modern Serbia*, 537—41; Boeckh, *Serbien, Montenegro*, 73; Olga Popović-Obradović, *Parlamentarizam u Srbiji od 1903. do 1914. godine* (Beograd: Službeni List SRJ, 1998), 434; Šarenac, "Serbian Military Intelligence," in *Sarajevo 1914*, ed. Cornwall, 128.
64. Petrovich, *History of Modern Serbia*, 534—36; Šarenac, "Serbian Military Intelligence," in *Sarajevo 1914*, ed. Cornwall, 127—31. 关于塞尔维亚的所谓"黄金时代"，见 Dimitrije Djordjević, "Serbian Society, 1903—1914," in *East Central European Society in the Balkan Wars*, ed. Béla K. Király and Dimitrije Djordjević, 227—39 (New York: Columbia University Press, 1987)。从 1906 年起，陆军部一直由弑君者或其支持者领导。到 1912 年，塞尔维亚的人口已经接近 300 万（Newman, "Civil and Military Relations," in *Wars Before the Great War*, ed. Geppert et al., 115, 122）。
65. Bridge, *From Sadowa to Sarajevo*, 262—63.

66. Clark, *Sleepwalkers*, 29; Petrovich, *History of Modern Serbia*, 536—39, 545; Zametica, *Folly and Malice*, 201.
67. Zametica, *Folly and Malice*, 132—39, 209—10; Wayne S. Vucinich, *Serbia Between East and West: The Events of 1903—1908* (Stanford, CA: Stanford University Press, 1954), 189—90; Glenny, *Balkans*, 281—82.
68. Vucinich, *Serbia Between East and West*, 183—85, 192.
69. Vucinich, *Serbia Between East and West*, 182, 194; Clark, *Sleepwalkers*, 30, 80—81.
70. Zametica, *Folly and Malice*, 214; Clark, *Sleepwalkers*, 87—89. 在这些“叛国罪”公审中，53 名塞族知名人士被判刑。见 Vojinović, “Political Ideas,” 174。
71. Bridge, *From Sadowa to Sarajevo*, 280; Glenny, *Balkans*, 282—83; Zametica, *Folly and Malice*, 215,《米尔茨施泰格协定》见第 200—201 页。
72. Clark, *Sleepwalkers*, 82—83.
73. Kann, “Trends Toward Colonialism,” 164—80; Robin Okey, *Taming Balkan Nationalism: The Habsburg ‘Civilizing Mission’ in Bosnia 1878—1914* (Oxford: Oxford University Press, 2007). 关于殖民的争论，见 Ruthner, “Sleeping Beauty’s Awakening”。
74. Dedijer, *Road to Sarajevo*, 78. 仅大约 44 个穆斯林家族，就控制了波斯尼亚和黑塞哥维那的大部分土地。见 Emily Greble, *Muslims and the Making of Modern Europe* (New York: Oxford University Press, 2021), 40。
75. Noel Malcolm, *Bosnia: A Short History* (London: Macmillan, 1994), 140—41; Zametica, *Folly and Malice*, 107—11.
76. Hoare, *History of Bosnia*, 73—74, 77—78; Glenny, *Balkans*, 268; Malcolm, *Bosnia*, 145—48; Greble, *Muslims*, 42.
77. Hoare, *History of Bosnia*, 73; Donia, *Sarajevo*, 94. 此外，在奥匈帝国占领之后，有相当多的波斯尼亚穆斯林移民出去（Scheer, “Bosnian-Croatian-Serbian-Serbo-Croatian,” in *Sarajevo 1914*, ed. Cornwall, 85—86）。波斯尼亚步兵团（Bosniaken）“从未被完全并入奥匈帝国陆军”，尽管是由后者的军官领导 (Ruthner, “Sleeping Beauty’s Awakening,” 85)。
78. Peter F. Sugar, *Industrialization of Bosnia-Hercegovina, 1878—1918* (Seattle: University of Washington Press, 1963), 219.
79. Kurt Wessely, “Die Wirtschaftliche Entwicklung von Bosnien-Herzegowina,” in *Die Habsburgermonarchie 1848—1918*, Band I, ed. Alois Brusatti, 528 (528—66) (Wien: Der Österreichischen Akademie der Wissenschaften, 1973); William Miller, *Travels and Politics in the Near East* (London: T. Fisher Unwin, 1898), 107—10; Donia, *Sarajevo*, 35.
80. Dedijer, *Road to Sarajevo*, 78; Glenny, *Balkans*, 273; Durham, *Twenty Years*, 159—60.
81. Georges Castellan, *Histoire des Balkans (XIVè—XXè siècle)* (Paris: Fayard, 1991), 349; Malcolm, *Bosnia*, 142—44; Donia, *Sarajevo*, 65—73, 88—.
82. Sugar, *Industrialization*, 43—44, 216—17, 223—24.
83. Milojković-Djurić, “Benjamin von Kállay’s Role,” 218—19; Ludwig von Thallóczy, “Einleitung, Lebensbild und Persönlichkeit Benjamin von Kállays,” in *Benjamin von Kállay, Geschichte des Serbischen Aufstandes 1807—1810* (Vienna: Holzhausen, 1910),

xxxiii.

84. Milojković-Djurić, "Benjamin von Kállay's Role," 215, 219; Tamás Goreczky, "Benjamin Kállay und die ungarische Delegation in den 1880er Jahren," *Öt Kontinens* (Budapest: Eötvös Loránd Tudományegyetem, 2007), 75, 81.
85. Milojković-Djurić, "Benjamin von Kállay's Role," 213—14; Sugar, *Industrialization*, 201.
86. Malcolm, *Bosnia*, 140—41; Miller, *Travels and Politics*, 104—7; Dedijer, *Road to Sarajevo*, 185—86, 203—4; and Vladimir Dedijer, Ivan Božić, Sima Ćirković, and Milorad Ekmečić, *History of Yugoslavia* (New York: McGraw-Hill, 1974), 499—500; Zametica, *Folly and Malice*, 131. 根据 1910 年的人口普查，波斯尼亚塞族人占总人口的 43.5%，却只控制着 6% 的土地；而穆斯林只占总人口的 32%，仍然控制着 91.1% 的土地。见 Vojinović, "Political Ideas," 169。
87. Sugar, *Industrialization*, 219.
88. Clark, *Sleepwalkers*, 75; Miller, *Travels and Politics*, 107.
89. Hoare, *History of Bosnia*, 72.
90. Donia, *Sarajevo*, 82; Dedijer, *Road to Sarajevo*, 176—77.
91. Hoare, *History of Bosnia*, 77—78; Dedijer, *Road to Sarajevo*, 176—77; Kann, *History of the Habsburg Empire*, 318—26; Donia, *Sarajevo*, 62, 364.
92. Milojković-Djurić, "Benjamin von Kállay's Role," 214—15.
93. Clark, *Sleepwalkers*, 75—76.
94. Clark, *Sleepwalkers*, 75—76; Donia, *Sarajevo*, 84—85; Robin Okey, "Mlada Bosna: The Educational and Cultural Context," in *Sarajevo 1914*, ed. Cornwall, 104—7 (102—21); Miloš Vojinović, review of *The Sleepwalkers*, by Christopher Clark, *Balcanica* 44 (2013): 427 (422—32).
95. Dedijer, *Road to Sarajevo*, 176, 202; Sugar, *Industrialization*, 202; Donia, *Sarajevo*, 87; Zametica, *Folly and Malice*, 336.
96. Hoare, *History of Bosnia*, 74; Donia, *Sarajevo*, 73.
97. Hoare, *History of Bosnia*, 74—80; Robin Okey, "Austria and the South Slavs," in *The Habsburg Legacy: National Identity in Historical Perspective*, ed. Ritchie Robertson and Edward Timms, 49 (46—57) (Edinburgh: Edinburgh University Press, 1994).
98. Hoare, *History of Bosnia*, 80—82; Sutter Fichtner, *Habsburgs*, 265—70.
99. Okey, *Taming Balkan Nationalism*, 162.
100. Hoare, *History of Bosnia*, 85.
101. Donia, *Sarajevo*, 108.
102. Glenny, *Balkans*, 296; Kann, "Trends Toward Colonialism," 170.
103. Hoare, *History of Bosnia*, 82—87; Dedijer, *Road to Sarajevo*, 206; Okey, "Austria and the South Slavs," 50.
104. Hoare, *History of Bosnia*, 82. On the limitations of the parliament's freedoms, see Vojinović, "Political Ideas," 175—76.
105. Borivoje Jevtić, *Sarajevski atentat: sećanja i utisci* (Sarajevo: Štamparija i izd. Petra N. Gakovića, 1924), 20; Okey, "*Mlada Bosna*," in *Sarajevo 1914*, ed. Cornwall, 109.
106. Dedijer, *Road to Sarajevo*, 249.

107. Dedijer, *Road to Sarajevo*, 249—50; Zametica, *Folly and Malice*, 343—44.
108. "Bogdan Žerajić," *Politika*, August 5/18, 1910, 2. Österreichisches Staatsarchiv (ÖStA), Friedrich Würthle Nachlass, B/964: 292. Graf Forgáth an Grafen Aehrenthal, Nr. 30 D, vertraulich (Belgrad, 17 Juni 1910).
109. Paul Jackson, "'Union or Death!': Gavrilo Princip, Young Bosnia and the Role of 'Sacred Time' in the Dynamics of Nationalist Terrorism," *Totalitarian Movements and Political Religions* 7, no. 1 (March 2006): 45—65; Vladimir Gaćinović, "Krik Očajnika," in *Vladimir Gaćinović: Ogledi I Pisma*, ed. Todor Kruševac, 76 (73—76) (Sarajevo: Svjetlost, 1956); Zametica, *Folly and Malice*, 343—46.
110. Vladimir Gaćinović, "Onima Koji Dolaze," in *Vladimir Gaćinović*, ed. Kruševac, 67 (65—69).
111. Vladimir Gaćinović, "Krik Očajnika," in *Vladimir Gaćinović*, ed. Kruševac, 76 (73—76).
112. Okey, *Taming Balkan Nationalism*, 205; Zametica, *Folly and Malice*, 344; "Bogdan Žerajić," in *Vladimir Gaćinović*, ed. Kruševac, 120.
113. Vladimir Gaćinović, *Smrt jednog heroja* (Beograd: NIP "Radnička štampa," 2014). 另见 "Bogdan Žerajić," in *Vladimir Gaćinović*, ed. Kruševac, 117—32; Zametica, *Folly and Malice*, 344。
114. Dedijer, *Road to Sarajevo*, 271.
115. Gaćinović, *Smrt jednog heroja*, 2, 14; Kruševac, *Vladimir Gaćinović*, 119, 132.
116. On the reception of "Death of a Hero," see Preljević, "Helden, Apokalypse, Opferkult," in *"Long Shots of Sarajevo" 1914*, ed. Preljević and Ruthner, 41—44.
117. Edin Hajdarpasic, *Whose Bosnia? Nationalism and Political Imagination in the Balkans, 1840—1918* (Ithaca, NY: Cornell University Press, 2015), 153 (Kindle).
118. Dedijer, *Road to Sarajevo*, 262—65, 270; Zametica, *Folly and Malice*, 338—42.
119. Newman, *Yugoslavia*, 35—36.
120. Zametica, *Folly and Malice*, 342, 346—51. 丁・乌耶维奇因其南斯拉夫主义小册子《我们正在学习西里尔字母》被判入狱 4 个月，普林西普的朋友米洛什・皮亚尼奇也因传播米特里诺维奇的纲领被判刑。米特里诺维奇 1908 年就已经在为《波斯尼亚精灵》撰写亲南斯拉夫的文章了（Vojinović, "Political Ideas," 177, 181）。
121. Dragoslav Ljubibratić, *Mlada Bosna I Sarajevski Atentat* (Sarajevo: Muzej Grada Sarajeva, 1964), 97; Dedijer, *Road to Sarajevo*, 261, 271—72.
122. Dedijer, *Road to Sarajevo*, 272—77, 311; Zametica, *Folly and Malice*, 333—35, 460; Bogićević, *Stenogram*, 334, 431—32; Frederic Morton, *Thunder at Twilight: Vienna 1912/1914* (Boston: Da Capo, 2001), 91—92.
123. Mark Cornwall, "Between Budapest and Belgrade: The Road to Pragmatism and Treason in 1914 Croatia," in *Sarajevo 1914*, ed. Cornwall, 208, 220 (207—31).
124. Dedijer, *Road to Sarajevo*, 236; Okey, *Taming Balkan Nationalism*, 195, 211—16.
125. Okey, *Taming Balkan Nationalism*, 203, 209; Wayne S. Vucinich, "Mlada Bosna and the First World War," in *The Habsburg Empire in World War I*, ed. Robert A. Kann, Béla K. Király, and Paula S. Fichtner, 46—47 (45—70) (New York: Columbia University Press, 1977); Dedijer, *Road to Sarajevo*, 230; Donia, *Sarajevo*, 112; Roberta Strauss

Feuerlicht, *The Desperate Act: The Assassination of Franz Ferdinand at Sarajevo* (New York: McGraw-Hill, 1968), 48; Glenny, *Balkans*, 294; Predrag Palavestra, *Književnost Mlade Bosne* (Sarajevo: Svjetlost, 1965); Okey, "*Mlada Bosna*," 107—12. 关于青年波斯尼亚政治思想的新研究，见 Miloš Vojinović, *Političke ideje Mlade Bosne* (Beograd: "Filip Višnjić," 2015)。关于青年波斯尼亚的史料，见 Miloš Ković, *Gavrilo Princip: Dokumenti i sećanja* (Novi Sad: Prometej, 2014)。

126. Zametica, *Folly and Malice*, 330—31.
127. Okey, *Taming Balkan Nationalism*, 203.
128. Dedijer, *Road to Sarajevo*, 207; Veselin Masleša, *Mlada Bosna* (Sarajevo: Veselin Masleša, 1990).
129. Dennison Rusinow, "The Yugoslav Idea Before Yugoslavia," in *Yugoslavism: Histories of a Failed Idea, 1918—1992*, ed. Dejan Djokić, 12 (11—26) (London: Hurst, 2003); Djilas, *Contested Country*, 22—27.
130. Zametica, *Folly and Malice*, 76—77, 329—35, 342.
131. Dedijer, *Road to Sarajevo*, 288—94; Zametica, *Folly and Malice*, 358—59.
132. Okey, *Taming Balkan Nationalism*, 204; Hoare, *History of Bosnia*, 89; Zametica, *Folly and Malice*, 335.
133. 身份认同为塞族或克族的穆斯林，往往成了极其坚定的民族主义活动家。穆罕默德·穆罕默德巴希奇（Muhamed Mehmedbašić）就是一个很好的例子，自我认同为波斯尼亚塞族人的他参与了萨拉热窝的阴谋（Donia, *Sarajevo*, 114）。Zametica, *Folly and Malice*, 336—37.
134. Dedijer, *Road to Sarajevo*, 213.
135. Bogićević, *Stenogram*, 90.
136. Vojinović, "Political Ideas," 182.
137. 例如，Konrad H. Jarausch, *Out of Ashes: A New History of Europe in the Twentieth Century* (Princeton, NJ: Princeton University Press, 2015), 47; MacMillan, "Great War's Ominous Echoes"; Otto Bepler, *Sarajewo—1914 und heute* (Kulturring Heuchelheim: Emil Winter, 2002), 5; Subotić, "Terrorists Are Other People," 369; Winter and Baggett, *Great War and the Shaping of the 20th Century*, Episode 1: "Explosion"（第 33 分钟处）。更通俗的例子，见 Annette McDermott, "Did Franz Ferdinand's Assassination Cause World War I?," *History. com* (August 31, 2018), 访问于 2021 年 3 月 4 日，https://www.history.com/news/did-franz-ferdinands-assassination-cause-world-war-i。更常见的（即便如历史学家达尼洛·沙雷纳茨［Danilo Šarenac］所言，是"完全错误的"）情况是，这些波斯尼亚刺客的目的明明是建立一个南斯拉夫国家，却仅仅被视为"塞尔维亚民族主义者"（Šarenac, "Serbian Military Intelligence," in *Sarajevo 1914*, ed. Cornwall, 141）。至于理解哈布斯堡治下的波斯尼亚反帝国抵抗运动的性质时，这种（错误）认识为何会成问题，见 Siniša Malešević, "Forging the Nation-centric World: Imperial Rule and the Homogenisation of Discontent in Bosnia and Herzegovina (1878—1918)," *Journal of Historical Sociology* 34, no. 4 (December 2021): 665—87。
138. Albertini, *Origins*, vol. 2, 49; Dedijer, *Road to Sarajevo*, 343; Bogićević, *Stenogram*, 32, 62, 333—43. Bojan Aleksov, "Forgotten Yugoslavism and Anti-clericalism of

Young Bosnians," in *Prilozi*, ed. Kamberović, 84 (79—87). 在监狱里与马丁·帕彭海姆的面谈中，普林西普重申了他对一个自由、统一的南斯拉夫国家的追求（*Bekenntnisse*, 13）。

139. Dedijer, *Road to Sarajevo*, 216—17, 265, 270; Zametica, *Folly and Malice*, 341—42.
140. Albertini, *Origins*, vol. 2, 24.
141. Vucinich, "Mlada Bosna," 48—51; Vojislav Bogićević, *Sarajevski Atentat: Pisma I Saopštenja* (Sarajevo: Svjetlost, 1965), 75; Zametica, *Folly and Malice*, 337—38.
142. Vice Zaninović, "Mlada Hrvatska uoči I. Svjetskog rata," *Historijski Zbornik* (1958—59): 94 (65—104); Dedijer, *Road to Sarajevo*, 270.
143. Wohl, *Generation of 1914*; Hajdarpasic, *Whose Bosnia?*, chapter 4: "Year X, or 1914"; Vojinović, "Political Ideas," 178—82. 普林西普也与维也纳精神科医生马丁·帕彭海姆谈到过这个代际差异（*Bekenntnisse*, 14）。
144. Hoare, *History of Bosnia*, 87.
145. Eric J. Hobsbawm, *Primitive Rebels: Studies of Archaic Forms of Social Movement in the 19th and 20th Centuries* (Manchester: Manchester University Press, 1959).
146. Ferguson, *Pity of War*, 146; MacMillan, *War That Ended Peace*, 546—47; Samuel R. Williamson, Jr., "July 1914 Revisited and Revised: The Erosion of the German Paradigm," in *The Outbreak of the First World War: Structure, Politics, and Decision-Making*, ed. Jack S. Levy and John A. Vasquez, 40—41, 58 (30—64) (New York: Cambridge University Press, 2014).
147. Dedijer, *Road to Sarajevo*, 447; Okey, *Taming Balkan Nationalism*, 204.
148. Dedijer, *Road to Sarajevo*, 176—81; Hajdarpasic, *Whose Bosnia?*, 155—56.
149. Dedijer, *Road to Sarajevo*, 180—84, 215—16; Gaćinović, "Sarajevski Atentat," in *Vladimir Gaćinović*, ed. Kruševac, 81.
150. DABiH. Pokloni i Otkupi, Box 27, doc. no. 749：弗拉迪米尔·加契诺维奇（马赛）写给罗莎·梅尔切普（Rosa Merčep）（比莱恰）的信，1914 年 10 月 20 日。另有 Vojislav Bogićević, "Tri Pisma Vladimira Gaćinovića iz 1914. Godine," *Pregled* 6, no. 5 (June 1953): 469—72; Okey, "*Mlada Bosna*," 115。
151. Friedrich Funder, *Vom Gestern ins Heute* (Wien: Herold, 1971), 383; Czernin, *Im Weltkriege*, 58.
152. Sosnosky, *Franz Ferdinand*, 117.
153. Egon Caesar Conte Corti and Hans Sokol, *Der Alte Kaiser: Franz Joseph I. vom Berliner Kongreß bis zu seinem Tode* (Graz: Styria, 1955), 271.
154. 弗朗茨·斐迪南的"改朝换代方案"公布在 1926 年 3 月 28 日的《帝国邮报》上。Franz-Willing, *Erzherzog*, 123—49.
155. Kann, *Multinational Empire*, 188—92; Kann, *Studien*, 45; Günther Kronenbitter, "Verhinderter Retter? Erzherzog Franz Ferdinand und die Erhaltung der Habsburgermonarchie," in *Konservative Profile: Ideen & Praxis in der Politik zwischen FM Radetzky, Karl Kraus und Alois Mock*, ed. Ulrich E. Zellenberg, 267—83 (Graz: Leopold Stocker, 2003).
156. Stanley B. Winters, ed., *Robert A. Kann. Dynasty, Politics, and Culture* (Boulder, CO: Social Science Monographs, 1991), 122—23; Holler, *Franz Ferdinand*, 127; Andrej

Rahten, "Great Expectations: The Habsburg Heir Apparent and the Southern Slavs," in *Sarajevo 1914*, ed. Cornwall, 39—55.

157. Aurel C. Popovici, *Die Vereinigten Staaten von Groß-Österreich: Politische Studien zur Lösung der nationalen Fragen und staatsrechtlichen Krisen in Österreich-Ungarn* (Leipzig: B. Elischer Nachfolger, 1906); Victor Neumann, "Federalism and Nationalism in the Austro-Hungarian Monarchy: Aurel C. Popovici's Theory," *East European Politics and Societies* 16, no. 3 (Fall 2002): 864—97.
158. Glenny, *Balkans*, 283; Czernin, *Im Weltkriege*, 49; Wank, "Archduke and Aehrenthal," 89.
159. Dedijer, *Road to Sarajevo*, 120—21; Wank, "Archduke and Aehrenthal," 89.
160. Kann, *Multinational Empire*, 194—95; Kann, *Dynasty*, 151—52, 189; Wank, "Archduke and Aehrenthal," 101—4.
161. Jean-Paul Bled, *François-Joseph* (Paris: Fayard, 1987), 651.
162. Kann, *Multinational Empire*, 195.
163. Péter László, "The Army Question in Hungarian Politics, 1867—1918," *Central Europe* 4, no. 2 (November 2006): 101 (83—110); Funder, *Vom Gestern*, 392—93; József Kristóffy, "Die Persönlichkeit Franz Ferdinand," *Neues Wiener Journal*, November 14, 1926.
164. Franz-Willing, *Erzherzog*, 116; Czernin, *Im Weltkriege*, 54—55.
165. Karl Kraus, "Franz Ferdinand und die Talente," *Die Fackel* 400—403 (July 10, 1914): 1—4.
166. Hannig, "Franz Ferdinand," in *Sarajevo 1914*, ed. Cornwall, 24—25, 31.
167. Aichelburg, *Erzherzog Franz Ferdinand und Artstetten*, 26. 另见 Leisching, "Kaiser Franz Joseph und Familie," in *Ein Leben für Kunst und Volksbildung; Eduard Leisching (1858—1938): Erinnerungen*, ed. Robert A. Kann and Peter Leisching, 182; Czernin, *Im Weltkriege*, 47, 59—60; Kann, *Studien*, 31—32。
168. Alma Hannig, *Franz Ferdinand: Die Biografie* (Wien: Amalthea, 2013); Hannig, "Franz Ferdinand," in *Sarajevo 1914*, ed. Cornwall, 33.
169. Samuel R. Williamson, "Influence, Power, and the Policy Process: The Case of Franz Ferdinand, 1906—1914," *Historical Journal* 17, no. 2 (1974): 420 (417—34).
170. Clark, *Sleepwalkers*, 107—8.
171. Czernin, *Im Weltkriege*, 54. 美泉宫是皇帝位于维也纳郊区的皇宫。
172. Maurice Muret, *L'Archiduc François-Ferdinand* (Paris: Grasset, 1932), 172.
173. Angelika Hager, "Der letzte Hausknecht in Schönbrunn!," *Profil* 37 (September 9, 2013): 73 (70—76); Hannig, "Franz Ferdinand," in *Sarajevo 1914*, ed. Cornwall, 30.
174. Kann, *Dynasty*, 122—23; Stephan Verosta, *Theorie und Realität von Bündnissen: Heinrich Lammasch, Karl Renner und der Zweibund, 1897—1914* (Wien: Europa, 1971), 420—21.
175. Kann, *Dynasty*, 122—23; Hannig, "Die Balkanpolitik Österreich-Ungarns vor 1914," 50—51; Wank, "Archduke and Aehrenthal," 86; Verosta, *Theorie und Realität*, 419—32.
176. Johann-Christoph Allmayer-Beck, *Ministerpräsident Baron Beck: Ein Staatsmann des*

alten Österreich (Wien: Verlag für Geschichte und Politik, 1956), 101; Chlumecky, *Erzherzog*, 359; Brook-Shepherd, *Austrians*, 151; Wank, "Archduke and Aehrenthal," 101.

177. Allmayer-Beck, *Ministerpräsident*, 101—2; Dedijer, *Road to Sarajevo*, 146.
178. Dedijer, *Road to Sarajevo*, 44, 55, 114, 146—47; Albertini, *Origins*, vol. 2, 11, 183.
179. Kronenbitter, "Haus ohne Macht?," 206—7; Hannig, "Franz Ferdinand," in *Sarajevo 1914*, ed. Cornwall, 29.
180. Michael Behnen, *Rüstung—Bündnis—Sicherheit: Dreibund und informeller Imperialismus 1900—1908* (Tübingen: Max Niemeyer, 1985), 468.
181. Wank, "Archduke and Aehrenthal," 79—80.
182. Wank, "Archduke and Aehrenthal," 80—95; Wank, "Aehrenthal's Programme," 516—19.
183. Wank, "Archduke and Aehrenthal," 92, 95, 97—100.
184. Chlumecky, *Erzherzog*, 98—99.
185. Wank, *Aus dem Nachlaß Aehrenthal*, no. 467, Franz Ferdinand an Aehrenthal, 11 Oktober 1908 (NL/Sz K. 1): 624.
186. Wank, "Archduke and Aehrenthal," 86, 97—100.
187. Günther Kronenbitter, "A Game of Hazard: Austria-Hungary and the Crisis of July 1914," in *La crise de juillet 1914 et l'Europe*, ed. Jean-Paul Bled and Jean-Pierre Deschodt (Paris: SPM, 2016), 86 (85—92).
188. Glenny, *Balkans*, 290; Herrmann, *Arming of Europe*, 122—30; Zametica, *Folly and Malice*, 244; Mombauer, *Moltke*, 112—13.
189. Herrmann, *Arming of Europe*, 128.
190. Mulligan, *Origins*, 69; Mombauer, *Moltke*, 120—21; André Tardieu, *La France et les alliances: La Lutte pour l'équilibre, 1871—1910* (Paris: Félix Alcan, 1910), 415.
191. Mulligan, *Origins*, 66.
192. Albertini, *Origins*, vol. 1, 256.
193. Mulligan, *Origins*, 63—65.
194. Wank, "Aehrenthal's Programme" .
195. McMeekin, *July 1914*, 55—56.

第四章

1. Jevtić, *Sećanja i utisci*; Cvetko Đ. Popović, "Zaboravljeni Inicijatori Sarajevskog Atentata," *Oslobođenje*, June 13, 1970; Vojislav Bogićević, "Poreklo Isečka iz novina," *Pregled*, nos. 143—44 (November—December 1935): 626—28; Bogićević, *Stenogram*, 33 (和脚注 no. 68); Zametica, *Folly and Malice*, 361. 剪报极有可能来自 *Hrvatski Dnevnik* (March 17, 1914)。
2. Nikola Belić, "'Zlatna Moruna' —od svedoka istorije do kladionice i kineske radnje," *Politika*, August 6, 2013.
3. Bogićević, *Stenogram*, 29, 41.

4. Bogićević, *Pisma i saopštenja*, 134.
5. Sidney Bradshaw Fay, *The Origins of the World War*, vol. 2 (New York: Macmillan, 1930), 91; Zametica, *Folly and Malice*, 386.
6. MacKenzie, "Serbia as Piedmont," 153—82; James Lyon, *Serbia and the Balkan Front, 1914* (London: Bloomsbury, 2015), 53, 63; Thomas Otte, *July Crisis: The World's Descent into War, Summer 1914* (Cambridge: Cambridge University Press, 2014), 14; Zametica, *Folly and Malice*, 387.
7. Friedrich, *14/18*, 28. BBC Worldwide Americas Inc., *World War: The Deaths of Franz Ferdinand and Adolf Hitler* (Princeton, NJ: Films for the Humanities and Sciences, 2003); Connelly, *From Peoples into Nations*, Kindle, p. 318 of 956. 另见 Clark, *Sleepwalkers*, 56。
8. MacKenzie, *Apis*, 44; Richard Bassett, *For God and Kaiser: The Imperial Austrian Army, 1619—1918* (New Haven, CT: Yale University Press, 2015), 423; Zametica, *Folly and Malice*, 178, 388. 阿皮斯出生于 1876 年。
9. Clark, *Sleepwalkers*, 56—59, 407, 466—67（克拉克在这里暗示帕希奇和萨拉热窝阴谋有联系，很有误导性）；Zametica, *Folly and Malice*, 384—421。
10. Joll and Martel, *Origins of the First World War*, 114—15; Lyon, *Serbia and the Balkan Front*, 3—4; Mark Cornwall, "Serbia," in *Decisions for War, 1914*, ed. Keith Wilson and F. H. Hinsley, 58—59 (55—96) (New York: St. Martin's, 1995).
11. Clark, *Sleepwalkers*, 411—12; Virginia Cowles, *The Russian Dagger: Cold War in the Days of the Tsars* (London: Collins, 1969), 302—4.
12. Dedijer, *Road to Sarajevo*, 366—443; MacKenzie, *Apis*, 123—24; Albertini, *Origins*, vol. 2, 39—88; Hannig, *Franz Ferdinand*, 200. 对黑手会的作用完全不予考虑的一种解释，见 Zametica, *Folly and Malice*, chapter 12（"Black Hand—Red Herring"）。
13. Max Hastings, *Catastrophe: Europe Goes to War 1914* (London: William Collins, 2013), xxx.
14. Albertini, *Origins*, vol. 2, 39; Dedijer, *Road to Sarajevo*, 366; Fromkin, *Europe's Last Summer*, 123.
15. Mombauer, "First World War," 78—95, 83; Günther Kronenbitter, *'Krieg im Frieden': Die Führung der k. u. k. Armee und die Großmachtpolitik Österreich-Ungarns 1906—1914* (Munich: Oldenbourg Wissenschaftsverlag, 2003); Williamson, *Austria-Hungary*; Williamson, "Austria and the Origins of the Great War: A Selective Historiographical Survey," in *1914: Austria-Hungary, the Origins, and the First Year of World War I*, ed. Günter Bischof, Ferdinand Karlhofer, and Samuel R. Williamson Jr., *Contemporary Austrian Studies* 23 (New Orleans: University of New Orleans Press, 2014), 21—34; Manfried Rauchensteiner, *Der Erste Weltkrieg und das Ende der Habsburgermonarchie 1914—1918* (Wien: Böhlau, 2013); Williamson and May, "Identity of Opinion," 335—87, 353—59; Manfried Rauchensteiner, "Entfesselung in Wien? Österreich-Ungarns Beitrag zum Ausbruch des Erstens Weltkrieges," in *Ungleiche Partner? Österreich und Deutschland in ihrer gegenseitigen Wahrnehmung. Historische Analysen und Vergleiche aus dem 19. und 20. Jahrhundert*, ed. Michael Gehler, Rainer F. Schmidt, Harm-Hinrich Brandt, and Rolf Steininger, 355—73 (Innsbruck: Studien, 2009); Alexander

Watson, *Ring of Steel: Germany and Austria-Hungary in World War I* (New York: Basic Books, 2014), 7—8; John Leslie, "Osterreich-Ungarn vor dem Kriegsausbruch. Der Ballhausplatz in Wien im Juli 1914 aus der Sicht eines österreichisch-ungarischen Diplomaten," in *Deutschland und Europa in der Neuzeit. Festschrift für Karl Otmar Freiherr von Aretin zum 65. Geburtstag. 2. Halbband*, ed. Ralph Melville, Claus Scharf, Martin Vogt, and Ulrich Wengenroth, 661—84 (Stuttgart: F. Steiner, 1988). Deutsches Literaturarchiv Marbach. Nachlaß Leopold von Andrian-Werberg Nr. 88: Notizen Dezember 1918, November 1919—Juni 1920, 6—29 (Alt-Aussee, 4ten Dezember 1918): "Wir haben den Krieg angefangen, nicht die Deutschen und noch weniger die Entente—das weiß ich ..."［这场战争是我们发动的，不是德国人，更不是协约国……］, 675—84。

16. Zametica, *Folly and Malice*, 556.
17. Williamson, *Austria-Hungary*, 215—16; Kronenbitter, *'Krieg im Frieden'*, 429, 465—69, 485; Lothar Höbelt, "Der Zweibund. Bündnis mit paradoxen Folgen," in *Ungleiche Partner?*, ed. Gehler et al., 306—7 (295—314); Mombauer, "First World War," 82—85.
18. Feuerlicht, *Desperate Act*; Richard West, "Martyr Princip," *New Statesman and Nation* 47, no. 1216 (June 26, 1954): 824; Jevtić, *Sećanja i utisci*, 3—4; Butcher, *Trigger*; Smith, *One Morning*; Michèle Savary, *Sarajevo 1914: Vie et Mort de Gavrilo Princip* (Paris: L'Age d'Homme, 2004), 58.
19. Hastings, *Catastrophe 1914*, xxx; MacMillan, *War That Ended Peace*, 546.
20. Zametica, *Folly and Malice*, 73—74, 634.
21. Stanoje Stanojević, *Die Ermordung des Erzherzogs Franz Ferdinand* (Frankfurt a. M. : Frankfurter Societäts-Druckerei, 1923), 55, 35, 23, 29.
22. Dedijer, *Road to Sarajevo*, 446; Clark, *Sleepwalkers*, xxv—xxvi.
23. Christopher Clark, "How Powerful Was the Kaiser?" *London Review of Books* 37, no. 8 (April 23, 2015): 23—24.
24. Clark, "How Powerful Was the Kaiser?" ; MacMillan, *War That Ended Peace*, 69, 60.
25. MacMillan, *War That Ended Peace*, 92, 95, 126.
26. Clark, *Sleepwalkers*, 179—85.
27. MacMillan, *War That Ended Peace*, 135—38; Neiberg, *Dance of the Furies*, 38. 格雷的这些话写于 1908 年。
28. Clark, "How Powerful Was the Kaiser?" ; Clark, *Sleepwalkers*, 158—59, 183.
29. Neiberg, *Dance of the Furies*, xx; Clark, *Sleepwalkers*, 207; MacMillan, *War That Ended Peace*, 510; Mombauer, *Moltke*, 122.
30. Clark, *Sleepwalkers*, 204—14, 183.
31. MacMillan, *War That Ended Peace*, 510.
32. Neiberg, *Dance of the Furies*, 38—41.
33. MacMillan, *War That Ended Peace*, 461; Holger Afflerbach, "Wilhelm II as Supreme Warlord in the First World War," *War in History* 5, no. 4 (1998): 427 (427—49); R. J. B. Bosworth, *Italy, the Least of the Great Powers: Italian Foreign Policy Before the First World War* (London: Cambridge University Press, 1979).
34. Remak, "Third Balkan War."

35. Clark, *Sleepwalkers*, 248—52.
36. Clark, *Sleepwalkers*, 244, 609; Holger Afflerbach, *Der Dreibund: Europäische Großmacht- und Allianzpolitik vor dem Ersten Weltkrieg* (Wien: Böhlau, 2002), 691.
37. Francesco Caccamo, "Italy, Libya and the Balkans," in *Wars Before the Great War*, ed. Geppert et al., 21—40.
38. Geppert, Mulligan, and Rose, "Introduction," in *Wars Before the Great War*, ed. Geppert et al., 2 (1—17).
39. Alma Hannig, "Austria-Hungary, Germany and the Balkan Wars," in *The Wars of Yesterday*, ed. Boeckh and Rutar, 114—15 (113—36).
40. E. R. Hooton, *Prelude to the First World War: The Balkan Wars 1912—1913* (Stroud, UK: Fonthill, 2014); Richard C. Hall, *The Balkan Wars 1912—1913: Prelude to the First World War* (London: Routledge, 2000); Geppert, Mulligan, and Rose, "Introduction," in *Wars Before the Great War*, ed. Geppert et al., 16.
41. Konrad Canis, *Der Weg in den Abgrund. Deutsche Außenpolitik 1902—1914* (Paterborn: Schöningh, 2011), 487; Glenny, *Balkans*, 237.
42. Glenny, *Balkans*, 225—26; MacMillan, *War That Ended Peace*, 470—71.
43. Clark, *Sleepwalkers*, 258—63; MacMillan, *War That Ended Peace*, 472.
44. G. P. Gooch and Harold Temperley, *British Documents on the Origins of the War, 1898—1914*, vol. 9, *The Balkan Wars*, Part II, The League and Turkey (London: Foreign Office, 1926—); Clark, *Sleepwalkers*, 260.
45. Clark, *Sleepwalkers*, 259—63; MacMillan, *War That Ended Peace*, 437, 472—73, 481—82; Cornwall, "Serbia," in *Decisions for War, 1914*, ed. Keith Wilson and F. H. Hinsley, 60.
46. Zametica, *Folly and Malice*, 249.
47. Alma Hannig, "Austro-Hungarian Foreign Policy and the Balkan Wars," in *Wars Before the Great War*, ed. Geppert et al., 235—36 (233—48).
48. Glenny, *Balkans*, 242.
49. MacMillan, *War That Ended Peace*, 486—89; Clark, *Sleepwalkers*, 289—91; Hannig, "Austro-Hungarian Foreign Policy," in *Wars Before the Great War*, ed. Geppert et al., 236.
50. MacMillan, *War That Ended Peace*, 492—93; Clark, *Sleepwalkers*, 284—85.
51. Clark, *Sleepwalkers*, 257—58; Zametica, *Folly and Malice*, 251.
52. Dušan T. Bataković, "Serbian War Aims and Military Strategy, 1914—1918," in *The Purpose of the First World War: War Aims and Military Strategies*, ed. Holger Afflerbach, 79 (79—94) (Berlin: Walter de Gruyter, 2015).
53. Clark, *Sleepwalkers*, 43; MacMillan, *War That Ended Peace*, 494.
54. Newman, "Civil and Military Relations," in *Wars Before the Great War*, ed. Geppert et al., 115.
55. Bataković, "Serbian War Aims," in *The Purpose of the First World War: War Aims and Military Strategies*, ed. Holger Afflerbach, 79.
56. MacMillan, *War That Ended Peace*, 496—97; Clark, *Sleepwalkers*, 286—87; Šarenac, "Serbian Military Intelligence," in *Sarajevo 1914*, ed. Cornwall, 134.

57. Clark, *Sleepwalkers*, 272—81.
58. Hannig, "Austro-Hungarian Foreign Policy," in *Wars Before the Great War*, ed. Geppert et al., 236—37.
59. 弗朗茨·斐迪南的倡议及其更大范围的衍生后果，包括为 1912 年 12 月 8 日所谓的德国军事会议（Kriegsrat）创造条件，见 Hannig, "Austria-Hungary, Germany and the Balkan Wars," in *The Wars of Yesterday*, ed. Boeckh and Rutar, 116—18。
60. Rudolf Jeřábek, *Potiorek: General im Schatten von Sarajevo* (Graz: Styrica, 1991), 52. 一种截然不同的观点，见 Zametica, *Folly and Malice*, 265。
61. Hannig, "Austria-Hungary, Germany and the Balkan Wars," in *The Wars of Yesterday*, ed. Boeckh and Rutar; Hannig, "Austro-Hungarian Foreign Policy," 241, 243, 245.
62. Williamson, *Austria-Hungary*, 21, 36—38, 85.
63. Henry Wickham Steed, "The Pact of Konopischt," *Nineteenth Century and After* 79 (1916): 253—73; Jules Chopin [pseudonym for Jules-Eugène Pichon], *Le Complot de Sarajevo* (Paris: Éditions Bossard, 1918), 81—106; Dedijer, *Road to Sarajevo*, 412—13.
64. Zametica, *Folly and Malice*, 422—50; Williamson, *Austria-Hungary*, 164; Hannig, *Franz Ferdinand*, 189—90.
65. Dedijer, *Road to Sarajevo*, 400—5; Zametica, *Folly and Malice*, 460.
66. Dedijer, *Road to Sarajevo*, 405—6; 扎梅蒂卡（Zametica）认为警告全都是一般意义上的，而非特指（*Folly and Malice*, 453—56）。
67. 引用在 Dedijer, *Road to Sarajevo*, 407。
68. Taylor, *First World War*, 13. 泰勒进一步渲染了这个故事，误把（1900 年）6 月 28 日当作弗朗茨·斐迪南和索菲的结婚纪念日，自那以后，这个谎言便充斥在学术和通俗著作中（例如，Clark, *Sleepwalkers*, 370; Strachan, *First World War: To Arms*, 65）。事实上，这是大公宣誓放弃子女继承权的日期，他可能是在之后的 7 月 1 日结的婚。另见 Albert von Margutti, *The Emperor Francis Joseph and His Times* (London: Hutchinson, 1921), 126—27; Gilfond, *Black Hand at Sarajevo*, 8。
69. Eisenmenger, *Archduke Francis Ferdinand*, 264; Zametica, *Folly and Malice*, 455; Hannig, *Franz Ferdinand*, 197; Hannig, "Franz Ferdinand," in *Sarajevo 1914*, ed. Cornwall, 28—29; Dedijer, *Road to Sarajevo*, 286; King and Woolmans, *Romance That Changed the World* (Kindle), 3361, 3368, 3376. 尽管这本书的书名很唬人，但金（King）和沃尔曼斯（Woolmans）摒弃了公众对索菲的拥戴驱使大公前往波斯尼亚的说法。
70. Hannig, *Franz Ferdinand*, 197—98; Brook-Shepherd, *Archduke of Sarajevo*, 234—35; 弗朗茨·斐迪南虔诚的行前祷告，见 Zametica, *Folly and Malice*, 456—57。
71. Aichelburg, *Erzherzog Franz Ferdinand von Österreich-Este 1863—1914*, 1015.
72. Dedijer, *Road to Sarajevo*, 408—10, 313—14; Jevtić, *Sarajevski Atentat*, 20.
73. Seton-Watson, "The Murder at Sarajevo," 494; Zametica, *Folly and Malice*, 460—62, 476—77; Dedijer, *Road to Sarajevo*, 401—19.
74. Zametica, *Folly and Malice*, 458; Dedijer, *Road to Sarajevo*, 409, 411—12; Jeřábek, *Potiorek*, 87—88; Fay, *Origins*, 48—49.
75. Dedijer, *Road to Sarajevo*, 14, 408—12; Zametica, *Folly and Malice*, 458—63.
76. Hannig, *Franz Ferdinand*, 196—97; Georges Imann-Gigandet, "La Balle qu'on me

destine est déja fondue," *Revue de Paris* 74, no. 6 (1967): 83—91; Zametica, *Folly and Malice*, 456.

77. Dedijer, *Road to Sarajevo*, 301.
78. Zametica, *Folly and Malice*, 464—71; Hannig, *Franz Ferdinand*, 197.
79. Jules Isaac, *Un Débat Historique: 1914, Le Problème des origines de la guerre* (Paris: Rieder, 1933), 260 (259—62). 除了巴尔干地区，在加利西亚（1908 年）和匈牙利的罗马尼亚人居住区（1914 年），也有针对哈布斯堡官员的行刺。
80. Jeřábek, *Potiorek*, 87.
81. Dedijer, *Road to Sarajevo*, 278—79. 与大多数青年波斯尼亚成员不同，普林西普在萨拉热窝行刺之前从未被逮捕过，不过他很可能是因为担心被开除，才在 1912 年前往贝尔格莱德继续学业的（Vojinović, "Political Ideas," 177, 关于青年波斯尼亚成员对暗杀的痴迷，见 192—95）。
82. Dedijer, *Road to Sarajevo*, 278—79; Heiner Grunert, "The Inner Enemy in Wartime: The Habsburg State and the Serb Citizens of Bosnia-Herzegovina, 1913—18," in *Sarajevo 1914*, ed. Cornwall, 254 (253—73).
83. Dedijer, *Road to Sarajevo*, 280; Božidar Čerović, *Bosanski omladinci i sarajevski atentat* (Sarajevo: Trgovacka, 1930), 103—6.
84. Dragoslav Ljubibratić, *Vladimir Gaćinović* (Beograd: Nolit, 1961), 112.
85. Pappenheim, *Bekenntnisse*, 15.
86. Dedijer, *Road to Sarajevo*, 281—83; Fay, *Origins*, 105—6; Zametica, *Folly and Malice*, 381—83.
87. Bogićević, *Stenogram*, 33—34.
88. Bogićević, *Stenogram*, 33—35.
89. Bogićević, *Stenogram*, 37—38; Albertini, *Origins*, vol. 2, 49—50; Zametica, *Folly and Malice*, 364—66.
90. Bogićević, *Stenogram*, 399, 122, 90, 72; Dedijer, *Road to Sarajevo*, 326.
91. Bogićević, *Stenogram*, 58—60, 62, 72, 189—90, 386. 克拉尼切维奇"一再声称，弗朗茨·斐迪南是'克罗地亚人之友'和'全体斯拉夫人之友'"，见 *Sarajevo 1914*, ed. Cornwall, 52。
92. Bogićević, *Stenogram*, 63, 90—92; Albertini, vol. 2, *Origins*, 53—54; Dedijer, *Road to Sarajevo*, 288—90. 格拉贝日还被判了 15 天监禁。
93. Pfeffer, *Istraga*, 27—28.
94. Dedijer, *Road to Sarajevo*, 277, 284, 288—89.
95. Dedijer, *Road to Sarajevo*, 277; Albertini, *Origins*, vol. 2, 50; Bogićević, *Stenogram*, 85; Bogićević, *Pisma I Saopštenja*, 122.
96. Bogićević, *Pisma I Saopštenja*, 134; Zametica, *Folly and Malice*, 371.
97. Becker, *L'année 1914*, 49: "最常提出的假设是，暗杀是黑手会所为。然而，没有任何因素能证实这一点。共谋是有的，组织是没有的。"
98. Sean McMeekin, *The Russian Origins of the First World War* (Cambridge, MA: Harvard University Press, 2011), 42; Gerd Krumeich, *Juli 1914: Eine Bilanz* (Paderborn: Ferdinand Schöningh, 2014), 61; Peter Hart, *The Great War: A Combat History of the First World War* (New York: Oxford University Press, 2013), 23; Friedrich, *14/18*, 11—

13; Christopher Clark, "The First Calamity," *London Review of Books* 35, no. 16 (August 29, 2013); Ian Kershaw, *To Hell and Back: Europe, 1914—1949* (New York: Penguin Press, 2015), 28—29; Meyer, *World Undone*, 6; Hoare, *History of Bosnia*, 89. 通俗的记述，见 Gilfond, *Black Hand at Sarajevo*, x。关于这个问题，见 Zametica, *Folly and Malice*, 354—55。

99. Clark, *Sleepwalkers*, 56; Winter and Baggett, "Explosion," *The Great War and the Shaping of the 20th Century*（40 分 30 秒处）。关于 Clark 这份声明的背景，见 Zametica, *Folly and Malice*, 353—55。历史学家克莱夫·庞廷（Clive Ponting）写道："几乎可以确定，这三名（贝尔格莱德）阴谋者全都是'统一或死亡'的成员。" (*Thirteen Days*, 48)；而金和沃尔曼斯明确反对关于普林西普、查布里诺维奇和格拉贝日在 1914 年 5 月 27 日宣誓加入黑手会的一切证据（*Romance That Changed the World*, 179）。并非专门研究萨拉热窝暗杀事件的学术著作也提出了这一主张，例如 Julian Reiss, *Causation, Evidence, and Inference* (New York: Routledge, 2015), 154。有意思的是，维也纳市的官方网站也认定普林西普是黑手会成员：访问于 2021 年 1 月 29 日，https://www.wien.gv.at/english/history/commemoration/sarajevo.html。
100. Okey, *Taming Balkan Nationalism*, 214—15.
101. Bogićević, *Stenogram*, 34, 50, 399.
102. Albertini, *Origins*, vol. 2, 81—82, 86—87; MacKenzie, *Apis*, 125—28.
103. Fay, *Origins*, 105—6.
104. Vucinich, *Serbia Between East and West*, 104; Nicolas Moll, "Die Mutter aller Attentate?," in *"Long Shots of Sarajevo" 1914*, ed. Preljević and Ruthner, 617—34; Nicolas Moll, "'Will Marseille Become Another Sarajevo': The Memory of Sarajevo 1914 and Its Impact on the European Crisis After the Assassination of King Alexander in 1934," *Südost Forschungen* 75 (2016): 136—52.
105. Clark, *Sleepwalkers*, xxv; MacMillan, *War That Ended Peace*, 546—47, 259.
106. Geoffrey Wawro, *A Mad Catastrophe: The Outbreak of World War I and the Collapse of the Habsburg Empire* (New York: Basic Books, 2014), 99—100; Klaus Wiegrefe, "Der March in die Barbarei," in *Der Erste Weltkrieg: Die Urkatastrophe des 20. Jahrhunderts*, ed. Stephan Burgdorff and Klaus Wiegrefe, 17 (München: Deutsche Verlags-Anstalt, 2004).
107. Michael Gehler and René Ortner, eds., *Von Sarajevo zum 11. September. Einzelattentate und Massenterrorismus* (Innsbruck: Studien, 2007); Péter Ákos Ferwagner, Krisztián Komár, and Balázs Szélinger, *Terrorista szervezetek lexikona: Gavrilo Principtol, Oszama bin Ladenig* (Szeged: Maxim Könyvkiadó, 2003); John Lewis-Stempel, "The Killing of Franz Ferdinand: A Single Shot That Unleashed Hell on Earth," *Express* (London), March 16, 2014.
108. R. R. Palmer, Joel Colton, Lloyd Kramer, *A History of Europe in the Modern World*, 11th ed. (New York: McGraw-Hill, 2014), 696; Thomas H. Greer and Gavin Lewis, *A Brief History of the Western World*, 8th ed. (Fort Worth, TX: Wadsworth, 2002), 618.
109. Šarenac, "Serbian Military Intelligence," in *Sarajevo 1914*, ed. Cornwall, 140—41.
110. Dobroslav Jevđević, *Sarajevski Zaverenici: Vidovdan 1914*. (Belgrade: Familet, 2002),

58; Bogićević, *Stenogram*, 173—74; Dedijer, *Road to Sarajevo*, 318—19.

111. Bogićević, *Stenogram*, 50, 399.
112. Feuerlicht, *Desperate Act*, 168; Bogićević, *Stenogram*, 37, 50, 84, 90; Vucinich, "Mlada Bosna," 55—56.
113. Otte, *July Crisis*, 13; Jörn Leonhard, *Die Büchse der Pandora: Geschichte des Ersten Weltkriegs* (München: C. H. Beck, 2014), 85. 关于 19 世纪的恐怖主义，见 Claudia Verhoeven, *The Odd Man Karakozov: Imperial Russia, Modernity, and the Birth of Terrorism* (Ithaca, NY: Cornell University Press, 2009); Richard Bach Jensen, *The Battle Against Anarchist Terrorism: An International History, 1878—1934* (Cambridge: Cambridge University Press, 2014); Heinz-Gerhard Haupt, *Den Staat Herausfordern. Attentate in Europa im späten 19. Jahrhundert* (Frankfurt: Campus, 2019); John Merriman, *The Dynamite Club: How a Bombing in Fin-de-Siècle Paris Ignited the Age of Modern Terror* (New York: Houghton Mifflin Harcourt, 2009, 2016)。
114. Bogićević, *Stenogram*, 58, 62, 34, 38, 74, 329; Vucinich, "Mlada Bosna," 52—57; Zametica, *Folly and Malice*, 352.
115. Zametica, *Folly and Malice*, 352—55, 368, 379.
116. MacKenzie, *Apis*, 4—5.
117. MacKenzie, *Apis*, 310—11, 58—59.
118. MacKenzie, *Apis*, 68—72; Zametica, *Folly and Malice*, 388.
119. Čedomir A. Popović, "Organizacija 'Ujedinjenje ili smrt' ('Crna ruka'). Uzroci i način postanka," *Nova Evropa* 15 (1927); Clark, *Sleepwalkers*, 38—39; Zametica, *Folly and Malice*, 388.
120. Ponting, *Thirteen Days*, 41.
121. Clark, *Sleepwalkers*, 69—75; Dušan T. Bataković, "Storm over Serbia: The Rivalry Between Civilian and Military Authorities (1911—1914)," *Balcanica* 44 (2013): 328 (307—56); Dušan T. Bataković, "Nikola Pašić: The Radicals and the 'Black Hand' Challenges to Parliamentary Democracy in Serbia, 1903—1917," *Balcanica* 37 (January 2006): 156 (143—69); Bataković, "Serbian War Aims," in *The Purpose of the First World War: War Aims and Military Strategies*, ed. Holger Afflerbach, 80; Lyon, *Serbia and the Balkan Front*, 54—55; Zametica, *Folly and Malice*, 388.
122. Bataković, "Serbian War Aims," in *The Purpose of the First World War: War Aims and Military Strategies*, ed. Holger Afflerbach, 80; Cornwall, "Serbia," in *Decisions for War, 1914*, ed. Keith Wilson and F. H. Hinsley, 57.
123. Bataković, "Storm over Serbia," 330—33; MacKenzie, *Apis*, 87—96; Zametica, *Folly and Malice*, 389; Šarenac, "Serbian Military Intelligence," in *Sarajevo 1914*, ed. Cornwall, 134—38.
124. Bataković, "Storm over Serbia," 333—36; MacKenzie, *Apis*, 105—9; Zametica, *Folly and Malice*, 390—91.
125. MacKenzie, *Apis*, 109—22; Bataković, "Storm over Serbia," 336—45; Zametica, *Folly and Malice*, 392—94.
126. Zametica, *Folly and Malice*, 394—95; Šarenac, "Serbian Military Intelligence," in *Sarajevo 1914*, ed. Cornwall, 139—40.

127. Isaac, *Un Débat Historique*, 256; Bataković, "Storm over Serbia," 349; Imanuel Geiss, *Der Lange Weg in die Katastrophe: Die Vorgeschichte des Ersten Weltkriegs, 1815—1914* (München: Piper, 1990), 286—87.
128. D. C. B. Lieven, *Russia and the Origins of the First World War* (London: Macmillan, 1983), 139—40; Herfried Münkler, *Der Große Krieg: Die Welt 1914 bis 1918* (Berlin: Rowohlt, 2013), 799 (note no. 16).
129. Barbara Jelavich, "What the Habsburg Government Knew About the Black Hand," *Austrian History Yearbook* 22 (January 1991): 131—50, 133—34, 137.
130. MacKenzie, *Apis*, 124; Čedomir A. Popović, "Das Sarajewoer Attentat und die Organisation 'Vereinigung oder Tod,' " *Berlin Monatshefte* 11 (November 1932): 1097—1121, 1113.
131. Stanojević, *Die Ermordung*, 55. Würthle, *Die Spur führt nach Belgrad*; Zametica, *Folly and Malice*, 467—68, 396—98.
132. 关于将弗朗茨·斐迪南视为维也纳反斯拉夫"主战派领袖"的错误刻板印象，见 Hannig, "Franz Ferdinand," in *Sarajevo 1914*, ed. Cornwall, 32; Rahten, "Great Expectations," in *Sarajevo 1914*, ed. Cornwall; Andrej Mitrović, *Serbia's Great War, 1914—1918* (West Lafayette, IN: Purdue University Press, 2007), 9。
133. Clark, *Sleepwalkers*, 57—59; Cornwall, "Serbia," in *Decisions for War, 1914*, ed. Keith Wilson and F. H. Hinsley, 56—59; Cornwall, "Introduction," in *Sarajevo 1914*, ed. Cornwall, 2.
134. MacKenzie, *Apis*, 124—25, xiii; Svetozar Pribitchévitch, *La Dictature du Roi Alexandre* (Paris: P. Bossuet, 1933), 281; Zametica, *Folly and Malice*, 405. On Serbia's need for "a substantial period of peace and stability" following the Balkan Wars, see Bataković, "Serbian War Aims," in *The Purpose of the First World War: War Aims and Military Strategies*, ed. Holger Afflerbach, 79—80; Martel, *Month That Changed the World*, 84; Cornwall, "Serbia," in *Decisions for War, 1914*, ed. Keith Wilson and F. H. Hinsley, 58—59.
135. Becker, *L'année 1914*, 14, 49.
136. Hastings, *Catastrophe*, xxxv.
137. Bataković, "Storm over Serbia," 348—49, 32—36; Dušan T. Bataković, "The Young Bosnia and the 'Black Hand,' " in *The Serbs and the First World War, 1914—1918*, ed. Dragoljub R. Živojinović, 150 (139—52) (Belgrade: Serbian Academy of Sciences and Arts, 2015).
138. Popović, "Das Sarajewoer Attentat," 1097—1121, 1114—1115; Albertini, *Origins*, vol. 2, 72; Zametica, *Folly and Malice*, 397—98.
139. Radovan M. Drašković, *Pretorijanske težnje u Srbiji (Apis i Crna Ruka)* (Beograd: Žagor, 2006), 193.
140. Watson, *Ring of Steel*, 8; Williamson, "July 1914 Revisited and Revised," 30—62, 40—41; Paul Ham, *1914: The Assassination of Franz Ferdinand* (North Sydney, New South Wales: Random House Australia, 2014).
141. Otte, *July Crisis*, 17.
142. Albertini, *Origins*, vol. 2, 72.

143. 历史学家克里斯托弗·克拉克认为，塞尔维亚首相尼古拉·帕希奇很可能通过他明面上的“私人特工”米兰·齐加诺维奇，对萨拉热窝阴谋及其幕后人士有着“详细而及时的了解”。齐加诺维奇和帕希奇之间的这种关系从未被证实（*Sleepwalkers*, 56）。

144. Zametica, *Folly and Malice*, 366—75. 扎梅蒂卡对这些事件最初的解释是，久罗·沙拉茨是“暗杀真正的组织者”，而亡命徒坦科西奇从未与阿皮斯接触过。对于这种解释，他依靠的是杜尚·斯拉维奇（Dušan Slavić）对萨拉热窝阴谋鲜为人知的描述。塞尔维亚历史学家达尼洛·沙雷纳茨批评扎梅蒂卡，认为阿皮斯的权力很大，不至于连他的亲密伙伴坦科西奇都管不住（Šarenac, “Serbian Military Intelligence,” in *Sarajevo 1914*, ed. Cornwall, 142）。

145. Ratko Parežanin, *Mlada Bosna i Prvi svetski rat* (Munich: Iskra, 1974). 在 Slobodan G. Markovich, “Anglo-American Views of Gavrilo Princip,” *Balcanica* 46 (2015): 300 (273—314) 中引用，无页码；Zametica, *Folly and Malice*, 373—75。

146. Guntram Schulze-Wegener, *Der Erste Weltkrieg im Bild: Deutschland und Österreich an den Fronten 1914—1918* (Graz: Ares Verlag, 2014), 17.

147. Šarenac, “Serbian Military Intelligence,” in *Sarajevo 1914*, ed. Cornwall, 136; Dedijer, *Road to Sarajevo*, 294.

148. Dedijer, *Road to Sarajevo*, 296—97; Zametica, *Folly and Malice*, 376.

149. Clark, *Sleepwalkers*, 54—55.

150. Stephen Graham, *St. Vitus Day* (New York: D. Appleton, 1931), 239.

151. Dedijer, *Road to Sarajevo*, 300—5.

152. Dedijer, *Road to Sarajevo*, 305—11; Zametica, *Folly and Malice*, 401—8.

153. Dedijer, *Road to Sarajevo*, 305.

154. Dedijer, *Road to Sarajevo*, 305; Zametica, *Folly and Malice*, 406—8.

第五章

1. Dedijer, *Road to Sarajevo*, 315—17; *Narod* (Sarajevo), year 5, no. 404, June 14 (27), 1914. 德迪耶尔没有提供能看到查布里诺维奇口袋里那张报纸的原尺寸照片，我在别处也没能找到。

2. Dedijer, *Road to Sarajevo*, 319—20, 327, 333—34; Ivan Čolović, “Das Attenat von Sarajevo und der Kosovomythos,” in *“Long Shots of Sarajevo” 1914*, ed. Preljević and Ruthner, 64—65 (59—76).

3. Malcolm, *Bosnia*, 155; Remak, *Sarajevo*, 114; Jeřábek, *Potiorek*, 75—76; Fred Singleton, *A Short History of the Yugoslav Peoples* (Cambridge: Cambridge University Press, 1985), 115.

4. Dedijer, *Road to Sarajevo*, 410—11.

5. A. J. P. Taylor, *History of World War I* (London: Octopus Books, 1974), 22.

6. Zametica, *Folly and Malice*, 568—71.

7. Mario Schettini, *Estate 1914: Dal dramma di Sarajevo alla guerra* (Milan: Feltrinelli, 1966); Cornelius Zimka, *Das Drama von Sarajevo—Die Ursache des Weltkrieges* (Leipzig:

Vogel & Vogel, 1914).

8. James L. Stokesbury, *A Short History of World War I* (London: Robert Hale, 1982), 11; Romain Rolland, “Clerambault,” in *Armageddon: The World War in Literature*, ed. Eugene Löhrke (New York: Cape and Smith, 1930).
9. Edmond Taylor, *The Fall of the Dynasties: The Collapse of the Old Order, 1905—1922* (New York: Doubleday, 1963), 19. 另见 O. Treyvaud, *La tragédie de Sarayévo* (Lausanne: Librairie Payot & Cie., 1934), 9—10; Weissensteiner, *Franz Ferdinand*, 21; Fronius, *Das Attentat von Sarajevo*, 16。
10. Gourdiat, *Le casus belli*, 24; Gerhard Jelinek, *Schöne Tage. 1914: Vom Neujahrstag bis zum Ausbruch des Ersten Weltkrieges* (Wien: Amalthea, 2013).
11. André Louchet, “Le climat européen à la veille de la Guerre,” in *La crise de juillet 1914 et l'Europe*, 22—23, 27 (19—28).
12. McMeekin, *July 1914*, 23; Zweig, *Welt von Gestern*, 246—47.
13. Jeřábek, *Potiorek*, 82; Zametica, *Folly and Malice*, 469—74.
14. Zametica, *Folly and Malice*, 475—77; Jeřábek, *Potiorek*, 82—83.
15. Zametica, *Folly and Malice*, 485—87. Vojinović, “Political Ideas,” 177.
16. Albertini, *Origins*, vol. 2, 46—47; Dominique Moisi, “An Infamy in History,” *New York Times*, September 7, 2011; Mark Mazower, *Dark Continent: Europe's Twentieth Century* (London: Allen Lane, the Penguin Press, 1998).
17. Zametica, *Folly and Malice*, 486—92; Jeřábek, *Potiorek*, 83.
18. Dedijer, *Road to Sarajevo*, 318; Zametica, *Folly and Malice*, 491—95. 对于 1914 年 6 月 28 日事件的确切顺序及其他方面，这里使用的作品是有出入的。迄今为止最优秀的叙述，见 John Zametica, *Folly and Malice* (2017)。
19. 茨韦特科・波波维奇活到了 84 岁高龄，瓦索・丘布里洛维奇在 1990 年去世，享年 93 岁。此为刺客们并非全部患有不治之症肺结核的进一步证据。
20. Zametica, *Folly and Malice*, 492—95, 514.
21. Nicholas Rankin, *A Genius for Deception: How Cunning Helped the British Win Two World Wars* (New York: Oxford University Press, 2009), 3; Merriman, *History of Modern Europe*, 964—65; Zametica, *Folly and Malice*, 524.
22. Mike Dash, “Gavrilo Princip's Sandwich” (Past Imperfect Blog), *Smithsonian. com*（2011 年 9 月 15 日），访问于 2021 年 1 月 22 日，http://blogs. smithsonianmag.com/history/2011/09/gavrilo-princips-sandwich。Lion TV 与 BBC（英国）和 History Channel（美国）联合制作的电影《震惊世界的那一日》(*Days That Shook the World*)，访问于 2021 年 1 月 22 日，http://www.imdb.com/title/tt0389604/。例子包括 Keith Suter, *All About Terrorism* (North Sydney, New South Wales, Australia: Random House, 2008), 97—98; Justin Pollard, *Charge! The Interesting Bits of Military History* (London: Hodder & Stoughton, 2008), 143; Trevor A. Harley, *Talking the Talk: Language, Psychology and Science* (New York: Psychology Press, 2010), 112; Michael Farquhar, *Bad Days in History* (Washington, DC: National Geographic Society, 2015), 234—35。
23. Brian A. Pavlac, *A Concise History of Western Civilization*, vol. 2, *1500 to the Present* (Plymouth, UK: Rowman & Littlefield, 2011), 290.
24. “How Bad Directions (And a Sandwich?) Started World War I,” *National Public Radio*,

March 6, 2014.

25. Hew Strachan, *The First World War: A New Illustrated History* (London: Simon & Schuster, 2003, 2006), 9; Connelly, *From Peoples into Nations*, p. 318 of 956 (Kindle); John Deak, "The Great War and the Forgotten Realm: The Habsburg Monarchy and the First World War," *Journal of Modern History* 86, no. 2 (June 2014): 336 (336—80); Ekkehart Krippendorff, *Staat und Krieg: Die historische Logik politischer Unvernunft* (Frankfurt am Main: Suhrkamp, 1985), 178; John Simpson, *Unreliable Sources: How the Twentieth Century Was Reported* (London: Macmillan, 2010); Hannes Swoboda and Christophe Solioz, eds., *Conflict and Renewal: Europe Transformed: Essays in Honour of Wolfgang Petritsch* (Baden-Baden: Nomos Verlagsgesellschaft, 2007), 246; Olivier Delorme, *La Guerre de 14 commence à Sarajevo: L'attentat, les enjeux, les débats* (Collection *Récits d'historien*) (Paris: Hatier, 2014), 8; Mike Dash, "Curses! Archduke Franz Ferdinand and His Astounding Death Car," *Smithsonian Magazine*, April 22, 2013. See too Paul Miller-Melamed, "'Warn the Duke': The Sarajevo Assassination in History, Memory, and Myth," *Historical Reflections* 45, no. 1 (Spring 2019): 93—112.
26. Dedijer, *Road to Sarajevo*, 318—19. 按照扎梅蒂卡的说法，无论如何，格拉贝日都已经"被达尼洛·伊利奇的反暗杀言论俘获了"(*Folly and Malice*, 407, 496, 518)。
27. Dedijer, *Road to Sarajevo*, 13—14; Zametica, *Folly and Malice*, 495—97.
28. Zametica, *Folly and Malice*, 498—502.
29. Zametica, *Folly and Malice*, 500—15; Jeřábek, *Potiorek*, 84.
30. Zametica, *Folly and Malice*, 506, 509—15.
31. Zametica, *Folly and Malice*, 512, 518—19.
32. Zametica, *Folly and Malice*, 516—23. 洛伊卡的一部传记也考虑了这种情况，见 Jiří Skoupý, *Šofér, který změnil dějiny: Za volantem vstříc atentátu na arcivévodu Františka Ferdinanda d'Este* (Prague: Mladá fronta, 2017)。
33. Bogićević, *Stenogram*, 34, 50, 54, 58, 100, 127—28; Leo Ashley Nicoll Jr., S. J., *Anton Puntigam S. J. : Leben und Wirken Eines Jesuiten in Bosnien*. Dissertation Zur Erlangung des Doktorgrades an der Philosophischen Fakultät der Universität Wien (Wien, 1970), 188—89.
34. Dedijer, *Road to Sarajevo*, 321, 326—27; Jeřábek, *Potiorek*, 85; Zametica, *Folly and Malice*, 524—26.
35. Friedrich, *14/18*, 12; MacMillan, *War That Ended Peace*, 513.
36. Sosnosky, *Franz Ferdinand*, 219—21; Zametica, *Folly and Malice*, 530.
37. Zametica, *Folly and Malice*, 530.
38. Manfred Schneider, *Das Attentat: Kritik der paranoischen Vernunft* (Berlin: Matthes & Seitz, 2010), 374.
39. "All for you, Sophia" [*sic*], by *Franz Ferdinand*, 访问于 2021 年 2 月 11 日, https://www.youtube.com/watch?v=HMfprvLp-t8。
40. "Bertha von Suttner—Biographical." *NobelPrize. org*. Nobel Media AB 2021, 访问于 2021 年 2 月 11 日, https://www.nobelprize.org/prizes/peace/1905/suttner/biographical/。
41. Julius Braunthal, *History of the International*, vol. 1: *1864—1914* (New York: Frederick A. Praeger, 1967), 347—48.

42. Jean Jaurès, "Violences déchaînées," *l'Humanité*, June 30, 1914, 1; Georges Haupt, *Socialism and the Great War: The Collapse of the Second International* (Oxford: Oxford University Press, 1972), 183—84.
43. Clark, *Sleepwalkers*, 376—79. 另见 Kronenbitter, "Schock und Erwartung," in *"Long Shots of Sarajevo" 1914*, ed. Preljević and Ruthner, 570; 以及 Ferguson, *War of the World*, 73。
44. Roger Chickering, *The Great War and Urban Life in Germany: Freiburg, 1914—1918* (Cambridge: Cambridge University Press, 2007), 59; Dagmar Hájková, "Remembering Franz Ferdinand and Sarajevo in Interwar Czechoslovakia," in *Sarajevo 1914*, ed. Cornwall, 276 (274—91); Vera Brittain, *Testament of Youth* (New York: Penguin, 1989), 93; Maya Jasanoff, *The Dawn Watch: Joseph Conrad in a Global World* (New York: Penguin Press, 2018), 290—91.
45. Charles Seymour, ed., *The Intimate Papers of Colonel House: Behind the Political Curtain, 1912—1915* (New York: Houghton Mifflin, 1926), 269; Donald Cameron Watt, "The British Reactions to the Assassination at Sarajevo," *European Studies Review* 1, no. 3 (July 1971): 239 (233—47); Neiberg, *Dance of the Furies*, 19—20.
46. Seymour, ed., *Intimate Papers*, 269.
47. 引用在 Neiberg, *Dance of the Furies*, 20; Anne Dzamba Sessa, *Richard Wagner and the English* (Vancouver, BC: Farleigh Dickinson University Press, 1979), 140。
48. Alan Clark, ed., *'A Good Innings': The Private Papers of Viscount Lee of Fareham* (London: John Murray, 1974), 132.
49. F. R. Bridge, "The British Elite and the Sarajevo Assassinations," in *Sarajevo 1914*, ed. Cornwall, 188, 198 (184—204).
50. Bernadotte E. Schmitt, *The Coming of the War: 1914*, vol. 1 (New York: Charles Scribner's Sons, 1930), 415; Hannig, *Franz Ferdinand*, 209; Clark, *Sleepwalkers*, 404.
51. Geiss, *July 1914*, 54.
52. General A. A. Brusilov, *A Soldier's Note-book, 1914—1918* (London: Macmillan, 1930), 4.
53. Chickering, *Great War and Urban Life*, 59.
54. Franz Schoenberner, *Confessions of a European Intellectual* (New York: Macmillan, 1946, 1965), 71.
55. Frederic William Wile, *The Assault: Germany Before the Outbreak and England in War-time* (Indianapolis: Bobbs-Merrill, 1916), 14.
56. Wile, *Assault*, 22, 19.
57. 引用在 Neiberg, *Dance of the Furies*, 23。
58. Wile, *Assault*, 21.
59. James W. Gerard, *My Four Years in Germany* (New York: George H. Doran, 1917), 106—07.
60. Gerard, *My Four Years in Germany*, 129—30.
61. "Ambassador Gerard to Colonel House" (Berlin, July 7, 1914), in Seymour, ed., *Intimate Papers*, 270.
62. 引用在 Neiberg, *Dance of the Furies*, 23。
63. Walther Zimmermann, *Die englische Presse zum Ausbruch des Weltkrieges* (Charlottenburg: Hochschule & Ausland, 1928), 27.

64. Claire de Pratz, *A Frenchwoman's Notes on the War* (London: Constable, 1916), 1—4.
65. Compton Mackenzie, *My Life and Times, Octave Four, 1907—1915* (London: Chatto & Windus, 1965), 219—20.
66. R. D. Blumenfeld, *R. D. B. 's Diary, 1887—1914* (London: William Heinemann, 1930), 244.
67. V. I. Gurko, *Features and Figures of the Past* (Palo Alto, CA: Stanford University Press, 1939), 537.
68. Kronenbitter, "Schock und Erwartung," 571（另见 573—74）。
69. Kann, *Studien*, 31.
70. Remak, *Sarajevo*, 152; Mombauer, *Julikrise*, 34.
71. Schmitt, *Coming of the War*, 414—16; Cornwall, "Serbia," in *Decisions for War, 1914*, ed. Keith Wilson and F. H. Hinsley, 61.
72. Cornwall, "Serbia," in *Decisions for War, 1914*, ed. Keith Wilson and F. H. Hinsley, 61.
73. Nicoll, *Anton Puntigam*, 158.
74. Walter Lord, *The Good Years: From 1900 to the First World War* (New York: Harper & Brothers, 1960), 333; John M. Kelchner, "The Assassination of Franz Ferdinand: An Analysis of Secondary Sources and Contemporary Newspapers," M. A. thesis, The University of Toledo (June 1970), 76 (68—84).
75. Fritz Fellner, ed., *Schicksalsjahre Österreichs 1908—1919: Das politische Tagebuch Josef Redlich*, I. Band, 1908—1914 (Graz: Hermann Böhlaus Nachf., 1953), 233—36; Pierre Albin, *D'Agadir à Sarajewo* (Paris: Bibliothèque d'histoire contemporaine, 1915), 155.
76. *Neue Freie Presse*, June 29, 1914, 4.
77. Miloš Crnjanski, *Kommentare zu "Ithaka"* (Frankfurt am Main: Suhrkamp, 1967), 41.
78. Alfred Dumaine, *La Dernière Ambassade de France en Autriche* (Paris: Librairie Plon, 1921), 135.
79. "The Vienna Diary of Berta de Bunsen, 28 June—17 August 1914," *Bulletin of the Institute of Historical Research* 51, no. 124 (November 1978), entry on June 28, 1914, 212 (209—25). 她确实提到当晚"乐队没有演奏"。
80. Fellner, ed., *Das politische Tagebuch Josef Redlich*, 235.
81. Clark, *Sleepwalkers*, 381; Hannig, *Franz Ferdinand*, 209.
82. 引用在 Clark, *Sleepwalkers*, 381, 636。
83. Cornwall, "Introduction," in *Sarajevo 1914*, ed. Cornwall, 1; Cornwall, "Between Budapest and Belgrade," in *Sarajevo 1914*, ed. Cornwall, 208; 引用在 Jevremović, "Freud and Pappenheim," 89。
84. Hannig, *Franz Ferdinand*, 206.
85. Ludwig Freiherr von Pastor, *Tagebücher, Briefe, Erinnerungen* (Heidelberg: F. H. Kerle, 1950), 601—2.
86. Hannig, *Franz Ferdinand*, 208.
87. Kronenbitter, "Verhinderter Retter?" ; Hannig, "Franz Ferdinand," 33; Max Polatschek, *Franz Ferdinand: Europas verlorene Hoffnung* (Wien: Amalthea, 1989).
88. Hannig, *Franz Ferdinand*, 206.

89. Adela Fofiu, “René Girard’s Modern Apocalypse,” in *“Long Shots of Sarajevo” 1914*, ed. Preljević and Ruthner, 222—23 (217—26).
90. Seton-Watson to Madame Gruić (July 21, 1914), in May, *Passing of the Habsburg Monarchy*, 27—28; Cornwall, “Introduction,” in *Sarajevo 1914*, ed. Cornwall, 6.
91. Kraus, “Franz Ferdinand und die Talent.”
92. Albert von Margutti, *The Emperor Franz Joseph and His Times* (London: Hutchinson, 1921), 138—39; Czernin, *Im Weltkriege*, 63; Hannig, *Franz Ferdinand*, 332 (endnote no. 893).
93. Hannig, *Franz Ferdinand*, 208. 匈牙利人的反应，见 Edit Király, “Die langen Schüsse und ihr verkürzter Widerhall,” in *“Long Shots of Sarajevo” 1914*, ed. Preljević and Ruthner, 492—96 (491—504)。
94. Gina Gräfin Conrad von Hötzendorf, *Mein Leben mit Conrad von Hötzendorf* (Leipzig: Grethlein, 1935), 113—14; Lawrence Sondhaus, *Franz Conrad von Hötzendorf: Architect of the Apocalypse* (Boston: Humanities Press, 2000), 140; MacMillan, *War That Ended Peace*, 554.
95. Clark, *Sleepwalkers*, 386—87.
96. Zametica, *Folly and Malice*, 139.
97. Vedad Smailagić, “Das Attentat vom 28. Juni 1914—am Tag danach,” in *“Long Shots of Sarajevo” 1914*, ed. Preljević and Ruthner, 213 (205—16).
98. Zametica, *Folly and Malice*, 556.
99. Pfeffer, *Istraga*.
100. Remak, *Sarajevo*, 194, 196; Clark, *Sleepwalkers*, 385.
101. Mitrović, *Serbia’s Great War*, 8; Clark, *Sleepwalkers*, 387; Jonathan French Scott, *Five Weeks: The Surge of Public Opinion on the Eve of the Great War* (New York: John Day, 1927), 52; Zametica, *Folly and Malice*, 572—73.
102. Cornwall, “Serbia,” in *Decisions for War, 1914*, ed. Keith Wilson and F. H. Hinsley, 55—56; Mitrović, *Serbia’s Great War*, 8; Remak, *Sarajevo*, 154—55; Zametica, *Folly and Malice*, 573—74.
103. Cornwall, “Serbia,” in *Decisions for War, 1914*, ed. Keith Wilson and F. H. Hinsley, 62; Scott, *Five Weeks*, 52—53.
104. Scott, *Five Weeks*, 20—21.
105. Smailagić, “Das Attentat vom 28. Juni 1914,” in *“Long Shots of Sarajevo” 1914*, ed. Preljević and Ruthner, 212—15.
106. Smailagić, “Das Attentat vom 28. Juni 1914,” 53, 35—40, 24—26; Scott, *Five Weeks*, 53, 35—40, 24—26; Mitrović, *Serbia’s Great War*.
107. Donia, *Sarajevo*, 123—26; Dedijer, *Road to Sarajevo*, 328—29; Mitrović, *Serbia’s Great War*, 18—19; Rahten, “Great Expectations,” 50—51.
108. Donia, *Sarajevo*, 123—26; *Reichspost*, June 30, 1914 (afternoon edition), 1.
109. Dedijer, *Road to Sarajevo*, 329; Iskra Iveljić, “Noblesse Oblige: The Outlook of the Croatian Aristocracy on the Eve of the First World War,” in *Sarajevo 1914*, ed. Cornwall, 72 (56—81); Borut Klabjan, “The Outbreak of War in Habsburg Trieste,” in *Sarajevo 1914*, ed. Cornwall, 233—52; Grunert, “Inner Enemy,” in *Sarajevo 1914*, ed.

Cornwall, 255.

110. Mitrović, *Serbia's Great War*, 19—21.
111. Scott, *Five Weeks*; Donia, *Sarajevo*, 125; Mitrović, *Serbia's Great War*, 19. Vladimir Ćorović, *Crna knjiga: patnje Srba Bosne i Hercegovine za vreme svetskog rata 1914—1918* (Beograd: Jugoslovenski dosije, 1989).
112. Clark, *Sleepwalkers*, 387—88.
113. Clark, *Sleepwalkers*, 387—88; Dedijer, *Road to Sarajevo*, 506 (note no. 99); Zametica, *Folly and Malice*, 413—21.
114. Cornwall, "Serbia," in *Decisions for War, 1914*, ed. Keith Wilson and F. H. Hinsley, 58; Zametica, *Folly and Malice*, 419.
115. Albertini, *Origins*, vol. 2, 102—03; Zametica, *Folly and Malice*, 413—21.
116. Cornwall, "Serbia," in *Decisions for War, 1914*, ed. Keith Wilson and F. H. Hinsley, 56—59; Šarenac, "Serbian Military Intelligence," in *Sarajevo 1914*, ed. Cornwall, 142—43.
117. Cornwall, "Serbia," in *Decisions for War, 1914*, ed. Keith Wilson and F. H. Hinsley, 63.
118. Zametica, *Folly and Malice*, 408—13.
119. Clark, *Sleepwalkers*, 60, 391, 467; Cornwall, "Serbia," in *Decisions for War, 1914*, ed. Keith Wilson and F. H. Hinsley, 70.
120. Felix Gilbert and David Clay Large, *The End of the European Era, 1890 to the Present*, sixth edition (New York: W. W. Norton, 2009), 98.
121. Clark, *Sleepwalkers*, 390.
122. Martel, *Month That Changed the World*, 88; Zametica, *Folly and Malice*, 577—79.
123. Clark, *Sleepwalkers*, 388—89, 407—09; Zametica, *Folly and Malice*, 596; Rahten, "Great Expectations," 51.
124. Cornwall, "Serbia," in *Decisions for War, 1914*, ed. Keith Wilson and F. H. Hinsley, 60; Clark, *Sleepwalkers*, 430—32; MacMillan, *War That Ended Peace*, 568—69.
125. James Joll, *1914: The Unspoken Assumptions*, London 1968: London School of Economics and Political Science (London: Weidenfeld & Nicolson, 1968).
126. Annika Mombauer, ed., *The Origins of the First World War: Diplomatic and Military Documents* (Manchester: Manchester University Press, 2013), Document 140（来自外交部处长福尔加奇·亚诺什伯爵［Count János Forgách］1914 年 7 月 8 日的私人通信），224。
127. Hannig, *Franz Ferdinand*, 221.
128. Lothar Höbelt, "Why Fight a Third Balkan? The Habsburg Mindset in 1914," in *Sarajevo 1914*, ed. Cornwall, 154 (149—62).
129. Otte, *July Crisis*, 508.
130. Mombauer, *Diplomatic and Military Documents* (Document 140), 224.
131. Otte, "'Six Powers Appalled by War,' " in *Sarajevo 1914*, ed. Cornwall, 170.
132. Otte, *July Crisis*, 516, 519.
133. Clark, *Sleepwalkers*, 114—15; Hannig, *Franz Ferdinand*, 223—24; Mombauer, *Julikrise*, 45—46. 对于该备忘录含义的别样解释，见 Zametica, *Folly and Malice*, 441—50。

134. Hannig, "Austro-Hungarian Foreign Policy," 245—47.
135. Otte, "'Six Powers Appalled by War,' " 176.
136. McMeekin, *July 1914*, 84—86; Hannig, *Franz Ferdinand*, 222; Martel, *Month That Changed the World*, 102—03; Mombauer, *Julikrise*, 38; Clark, *Sleepwalkers*, 412.
137. Martel, *Month That Changed the World*, 105—06.
138. Zametica, *Folly and Malice*, 551—52.
139. Clark, *Sleepwalkers*, 399; MacMillan, *War That Ended Peace*, 564.
140. Zametica, *Folly and Malice*, 561.
141. Hannig, *Franz Ferdinand*, 224; Zametica, *Folly and Malice*, 441—50.
142. Cassels, *Archduke*, 182; Brook-Shepherd, *Archduke of Sarajevo*, 262—63; Friedrich Weissensteiner, *Schicksalstage Österreichs* (Wien: Ueberreuter, 1989), 126 (117—128).
143. Hannig, *Franz Ferdinand*, 215.
144. Zametica, *Folly and Malice*, 538—39.
145. Theodor Wolff, *The Eve of 1914* (London: Victor Gollancz, 1935), 403. 历史学家伊曼纽尔·盖斯（Imanuel Geiss）指出，"三流葬礼"的说法是卡尔·克劳斯在其剧作《人类的末日》(*Die letzten Tage der Menschheit*）中创造出来的（Geiss, *July 1914*, 56f）。这种表述也被克罗地亚总督伊万·什凯尔莱茨用来形容自己在葬礼上的感受（Cornwall, "Between Budapest and Belgrade," in *Sarajevo 1914*, ed. Cornwall, 208）。
146. Hannig, *Franz Ferdinand*, 225; Clark, *Sleepwalkers*, 400—02; Mombauer, *Julikrise*, 41; MacMillan, *War That Ended Peace*, 556.
147. Hannig, *Franz Ferdinand*, 225—26; Mombauer, *Julikrise*, 42; MacMillan, *War That Ended Peace*, 559—62; Zametica, *Folly and Malice*, 548—49.
148. Patrick Bormann, "German Foreign Policy and the Balkan Wars, 1912—1914," in *Wars Before the Great War*, ed. Geppert et al., 249—63. 正如博尔曼指出的，德国的"种族主义政策"与盟友奥匈帝国截然相反，后者拥有大量斯拉夫人口（261）。
149. Riezler, *Tagebücher*, 185.
150. Mombauer, *Julikrise*, 43—45; Hannig, *Franz Ferdinand*, 226—28; MacMillan, *War That Ended Peace*, 565.
151. Mombauer, *Julikrise*, 60.
152. Zametica, *Folly and Malice*, 555—58.
153. Mombauer, *Julikrise*, 50—51.
154. Mombauer, *Julikrise*, 50—51; Merriman, *History of Modern Europe*, 967.
155. Stefan Zweig, *Tagebücher* (Frankfurt am Main: S. Fischer, 1984), 82 (August 2, 1914).
156. Mombauer, *Moltke*, 202.
157. Zametica, *Folly and Malice*, 585, 622—24. 塞尔维亚是在奥匈帝国与之断交之后才下令动员的。

结 语

1. Blaise Cendrars, "Serajevo," *Films sans images* (Paris: Éditions Denoël, 1959), 11—81 (October 27, 1954).

2. Cendrars, “Serajevo,” 15—19, 21.
3. Cendrars, “Serajevo,” 13, 22—33, 40, 62.
4. Cendrars, “Serajevo,” 80—81.
5. Friedrich, *14/18*, 13—14.
6. Gourdiat, *Le casus belli*, 24. 关于“1914年”这个年份的重要性，见 Wolfgang Müller-Funk, “Über die Bedeutsamkeit des Datums 1914,” in *“Long Shots of Sarajevo” 1914*, ed. Preljević and Ruthner, 77—95。
7. Dedijer, *Road to Sarajevo*, 438—43, 398—99; Zametica, *Folly and Malice*, 395—97.
8. Christine Punz and Florian Haderer, “Sarajevo 2014: Arena des Gedenkens,” in *“Long Shots of Sarajevo” 1914*, ed. Preljević and Ruthner, 693—702.
9. Marina Antić, “‘Bosnian Spring’: A *Young Bosnia* Movement 2.0?,” in *“Long Shots of Sarajevo” 1914*, ed. Preljević and Ruthner, 286 (285—301). 关于2014年的庆典和行刺地点上方巨大的英语“街角”横幅，见 Selma Harrington, “A Girl Called Bosnia, the Prince and the Villain,” in *“Long Shots of Sarajevo” 1914*, ed. Preljević and Ruthner, 663—81。关于不断变化的暗杀记忆，见 Paul Miller, “Yugoslav Eulogies: The Footprints of Gavrilo Princip,” *The Carl Beck Papers in Russian and East European Studies* 2304 (2014): 1—82; 以及 Paul Miller, “Forgetting Franz Ferdinand: The Archduke in Austrian Memory,” *Austrian History Yearbook* 46 (2015): 228—60。
10. 强调弗朗茨·约瑟夫责任的叙述，见“Sarajevo 1914 oder das Ende des Alten Europa,” in Allmayer-Beck, *Militär*, 115—39。
11. Rebecca West, *Black Lamb and Grey Falcon: A Journey Through Yugoslavia* (New York: Penguin Press, 1994), 381—82.

部分参考文献

Afflerbach, Holger. *Der Dreibund: Europäische Großmacht- und Allianzpolitik vor dem Ersten Weltkrieg*. Wien: Böhlau, 2002.

Afflerbach, Holger. "Wilhelm II as Supreme Warlord in the First World War." *War in History* 5, no. 4 (1998): 427–49.

Afflerbach, Holger, and David Stevenson, eds. *An Improbable War? The Outbreak of World War I and European Political Culture Before 1914*. New York: Berghahn Books, 2007.

Aichelburg, Wladimir. *Erzherzog Franz Ferdinand und Artstetten*. Wien: Orac, 1986.

Aichelburg, Wladimir. *Erzherzog Franz Ferdinand von Österreich-Este 1863–1914: Notizen zu einem ungewöhnlichen Tagebuch eines außergewöhnlichen Lebens*. Wien: Berger Horn, 2014.

Albertini, Luigi. *The Origins of the War of 1914*. Vols. 1 and 2. New York: Enigma, 2005.

Albin, Pierre. *D'Agadir à Sarajewo*. Paris: Bibliothèque d'histoire contemporaine, 1915.

Allmayer-Beck, Johann-Christoph. *Ministerpräsident Baron Beck: Ein Staatsmann des alten Österreich*. Wien: Verlag für Geschichte und Politik, 1956.

Allmayer-Beck, Johann Christoph. "Sarajevo 1914 oder das Ende des Alten Europa." In *Militär, Geschichte und Politische Bildung: Aus Anlaß des 85. Geburtstages des Autors*, edited by Johann Christoph Allmayer-Beck and Peter Broucek, 115–39. Wien: Böhlau, 2003.

Almira, José Et Giv. Stoyan, *Le déclic de Sarajevo*. Paris: Radot, 1927.

Angell, Norman. *The Great Illusion: A Study of the Relation of Military Power to National Advantage*. London: William Heinemann, 1914.

Anzulovic, Branimir. *Heavenly Serbia: From Myth to Genocide*. New York: New York University Press, 1999.

Armstrong, Hamilton Fish. "Confessions of the Assassin Whose Deed Led to the World War." *Current History* 26, no. 5 (August 1927): 699–707.

Bagger, Eugene S. *Francis Joseph, Emperor of Austria—King of Hungary*. New York: G. P. Putnam's Sons, 1927.

Banac, Ivo. "The Contrasting Legacies of the South Slav Question." In *Balkan Legacies of the Great War: The Past Is Never Dead*, edited by O. Anastasakis, D. Madden, and E. Roberts, 43–49. London: Palgrave Macmillan, 2016.

Bardolff, Carl Freiherr von. *Soldat im alten Österreich: Erinnerungen aus meinem Leben.* Jena: Eugen Diederichs, 1938.

Barker, Andrew. "Austria: Nationality and the Borders of Identity." In *The Frontiers of Europe*, edited by Malcolm Anderson and Eberhard Bort, 68–74. London: Pinter, 1998.

Barnes, Harry Elmer. *The Genesis of the World War: An Introduction to the Problem of War Guilt.* New York: Knopf, 1929.

Barthes, Roland. *Mythologies.* Paris: Seuil, 1957.

Bassett, Richard. *For God and Kaiser: The Imperial Austrian Army, 1619–1918.* New Haven, CT: Yale University Press, 2015.

Bataković, Dušan T. "Nikola Pašić: The Radicals and the 'Black Hand' Challenges to Parliamentary Democracy in Serbia, 1903–1917." *Balcanica* 37 (January 2006): 143–69.

Bataković, Dušan T. "Serbian War Aims and Military Strategy, 1914–1918." In *The Purpose of the First World War: War Aims and Military Strategies*, edited by Holger Afflerbach, 79–94. Berlin: De Gruyter, 2015.

Bataković, Dušan T. "Storm over Serbia: The Rivalry Between Civilian and Military Authorities (1911–1914)." *Balcanica* 44 (2013): 307–56.

Bataković, Dušan T. "The Young Bosnia and the 'Black Hand'." In *The Serbs and the First World War, 1914–1918*, edited by Dragoljub R. Živoijinović, 139–52. Belgrade: Serbian Academy of Sciences and Arts, 2015.

Beatty, Jack. *The Lost History of 1914: How the Great War Was not Inevitable.* London: Bloomsbury, 2012.

Becker, Jean-Jacques. *L'année 14.* Paris: Armand Colin, 2004, 2013.

Becker, Jean-Jacques. *Le carnet B; les pouvoirs publics et l'antimilitarisme avant la guerre de 1914.* Paris: Klincksieck, 1973.

Becker, Jean-Jacques. *1914: Comment les français sont entrés dans la guerre.* Paris: Presses de la Fondation nationale des sciences politiques, 1977.

Behnen, Michael. *Rüstung – Bündnis – Sicherheit: Dreibund und informeller Imperialismus 1900–1908.* Tübingen: Max Niemeyer, 1985.

Benda, Julien. *La Jeunesse d'un clerc.* Paris: Gallimard, 1968.

Bepler, Otto. *Sarajewo—1914 und heute.* Kulturring Heuchelheim: Emil Winter, 2002.

Bernhardi, Friedrich von. *Germany and the Next War.* London: Edward Arnold, 1912.

Bestenreiner, Erika. *Franz Ferdinand und Sophie von Hohenberg: Verbotene Liebe am Kaiserhof.* Munich: Piper, 2018.

Binion, Rudolph. "From Mayerling to Sarajevo." *Journal of Modern History* 47, no. 2 (June 1975): 280–316.

Blainey, Geoffrey. *The Causes of War.* New York: Free Press, 1973.

Bled, Jean-Paul, and Jean-Pierre Deschodt. *La crise de juillet 1914 et l'Europe.* Paris: SPM, 2016.

Bled, Jean-Paul. *François-Joseph.* Paris: Fayard, 1987.

Bloch, Ivan (Jean de). *La guerre future, aux points de vue technique, économique et politique.* Paris: Guillaumin, 1898–1900.

Blom, Philipp. *The Vertigo Years: Change and Culture in the West, 1900–1914.* London: Weidenfeld & Nicolson, 2008.

Blumenfeld, R. D. *R. D. B.'s Diary, 1887–1914.* London: William Heinemann, 1930.

Boeckh, Katrin. *Serbien, Montenegro: Geschichte und Gegenwart.* Regensburg: Friedrich Pustet, 2009.

Boeckh, Katrin, and Sabine Rutar, eds. *The Wars of Yesterday: The Balkan Wars and the Emergence of Modern Military Conflict.* New York: Berghahn Books, 2018.

"Bogdan Žerajić." *Politika.* August 5/18, 1910, 2.

Bogićević, Vojislav, ed. *Mlada Bosna: Pisma i Prilozi.* Sarajevo: Svjetlost, 1954.

Bogićević, Vojislav. "Poreklo Isečka iz novina." *Pregled,* nos. 143–44 (November–December 1935): 626–28.

Bogićević, Vojislav. *Sarajevski Atentat: Pisma I Saopštenja.* Sarajevo: Svjetlost, 1965.

Bogićević, Vojislav. *Sarajevski Atentat: Stenogram Glavne rasprave protiv Gavrila Principa i drugova.* Sarajevo: Izdanje Državni Arhiv NR BiH, 1954.

Bogićević, Vojislav. "Tri Pisma Vladimira Gaćinovića iz 1914. Godine." *Pregled* 6, no. 5 (June 1953): 469–72.

Bosworth, R. J. B. *Italy, the Least of the Great Powers: Italian Foreign Policy Before the First World War.* London: Cambridge University Press, 1979.

Boyer, John. *Political Radicalism in Late Imperial Vienna: Origins of the Christian Social Movement, 1848–1897.* Chicago: University of Chicago Press, 1981.

Braunthal, Julius. *History of the International,* vol. 1, *1864–1914.* New York: Frederick A. Praeger, 1967.

Bridge, F. R. *From Sadowa to Sarajevo: The Foreign Policy of Austria-Hungary, 1866–1914.* London: Routledge & Kegan Paul, 1972.

Brittain, Vera. *Testament of Youth.* New York: Penguin, 1989.

Brook-Shepherd, Gordon. *Archduke of Sarajevo: The Romance and Tragedy of Franz Ferdinand of Austria.* Boston: Little, Brown, 1984.

Brook-Shepherd, Gordon. *The Austrians: A Thousand-Year Odyssey.* New York: Carroll & Graf, 1996.

Brusilov, General A. A. *A Soldier's Note-book, 1914–1918.* London: Macmillan, 1930.

Burgdorff Stephan, and Klaus Wiegrefe, eds. *Der Erste Weltkrieg: Die Urkatastrophe des 20 Jahrhunderts.* München: Deutsche Verlags-Anstalt, 2004.

Burrow, J. W. *Evolution and Society: A Study in Victorian Social Theory.* Cambridge: Cambridge University Press, 1966.

Butcher, Tim. *The Trigger: Hunting the Assassin Who Brought the World to War.* London: Chatto & Windus, 2014.

Calic, Marie-Janine. *The Great Cauldron: A History of Southeastern Europe.* Cambridge, MA: Harvard University Press, 2019.

Calic, Marie-Janine. *A History of Yugoslavia*. West Lafayette, IN: Purdue University Press, 2019.

Calic, Marie-Janine. *Sozialgeschichte Serbiens 1815–1941: Der aufhaltsame Fortschritt während der Industrialisierung*. München: R. Oldenbourg, 1994.

Canis, Konrad. *Der Weg in den Abgrund. Deutsche Außenpolitik 1902–1914*. Paterborn: Schöningh, 2011.

Carlgren, Wilhelm M. "Die Renaissance des Dreikaiserbundes: Ein großpolitischer Plan Aehrenthals im Jahre 1906." *Historiskt arkiv 2* (Stockholm: Kungl. Vitterhets Historie och Antikvitets Akademien, 1954): 1–26.

Carmichael, Cathie. *A Concise History of Bosnia*. New York: Cambridge University Press, 2015.

Cassels, Lavender. *The Archduke and the Assassin*. New York: Stein and Day, 1984.

Castellan, Georges. *Histoire des Balkans (XIVe–XXe siècle)*. Paris: Fayard, 1991.

Cendrars, Blaise. "Serajevo," *Films sans images.*. Paris: Éditions Denoël, 1959.

Chickering, Roger. *The Great War and Urban Life in Germany: Freiburg, 1914–1918*. Cambridge: Cambridge University Press, 2007.

Chlumecky, Leopold von. *Erzherzog Franz Ferdinands Wirken und Wollen*. Berlin: Verlag für Kulturpolitik, 1929.

Choate, Joseph Hodges. *The Two Hague Conferences*. Princeton, NJ: Princeton University Press, 1913.

Chopin, Jules [pseudonym for Jules-Eugène Pichon]. *Le Complot de Sarajevo*. Paris: Éditions Bossard, 1918.

Churchill, Winston. "The Victim of Serajevo." *Saturday Review* 152, no. 3961 (September 26, 1931): 388–89.

Clark, Alan, ed. *'A Good Innings': The Private Papers of Viscount Lee of Fareham*. London: John Murray, 1974.

Clark, Christopher. "The First Calamity." *London Review of Books* 35, no. 16 (August 29, 2013).

Clark, Christopher. "How Powerful Was the Kaiser?" *London Review of Books* 37, no. 8 (April 23, 2015): 23–24.

Clark, Christopher. *The Sleepwalkers: How Europe Went to War in 1914*. London: Allen Lane, 2012.

Clarke, I. F., ed. *The Great War with Germany, 1890–1914: Fictions and Fantasies of the War-to-come*. Liverpool: Liverpool University Press, 1997.

Cole, Robert A. "Day of the Blackbirds: Sarajevo, 1914." *New England Journal of History* 49, no. 1 (Spring 1992): 20–41.

Connelly, John. *From Peoples into Nations: A History of Eastern Europe*. Princeton, NJ: Princeton University Press, 2020.

Conrad von Hötzendorf, Gina Gräfin. *Mein Leben mit Conrad von Hötzendorf*. Leipzig: Grethlein, 1935.

Cornwall, Mark. "Serbia." In *Decisions for War, 1914*, edited by Keith Wilson, and F. H. Hinsley, 55–96. New York: St. Martin's, 1995.

Cornwall, Mark, ed. *Sarajevo 1914: Sparking the First World War*. London: Bloomsbury, 2020.

Corti, Egon Caesar Conte, and Hans Sokol. *Der Alte Kaiser: Franz Joseph I. vom Berliner Kongreß bis zu seinem Tode*. Graz: Styria, 1955.

Cowles, Virginia. *The Russian Dagger: Cold War in the Days of the Tsars*. London: Collins, 1969.

Crnjanski, Miloš. *Kommentare zu "Ithaka."* Frankfurt am Main: Suhrkamp, 1967.

Czernin, Ottokar. *Im Weltkriege*. Wien: Ullstein, 1919.

Čerović, Božidar. *Bosanski omladinci i sarajevski atentat*. Sarajevo: Trgovacka, 1930.

Ćorović, Vladimir. *Crna knjiga: patnje Srba Bosne i Hercegovine za vreme svetskog rata 1914–1918*. Beograd: Jugoslovenski dosije, 1989.

Dash, Mike. "Curses! Archduke Franz Ferdinand and His Astounding Death Car." *Smithsonian Magazine* (April 22, 2013).

Dash, Mike. "Gavrilo Princip's Sandwich" (Past Imperfect Blog). *Smithsonian.com* (September 15, 2011). http://blogs.smithsonianmag.com/history/2011/09/gavrilo-princips-sandwich.

Davies, Norman. *Europe: A History*. London: Pimlico, 1997.

Deak, John. "The Great War and the Forgotten Realm: The Habsburg Monarchy and the First World War." *Journal of Modern History* 86, no. 2 (June 2014): 336–80.

Deák, István. *Beyond Nationalism: A Social and Political History of the Habsburg Officer Corps, 1848–1918*. New York: Oxford University Press, 1990.

Dedijer, Vladimir, and Ivan Božić, Sima Ćirković, and Milorad Ekmečić. *History of Yugoslavia*. New York: McGraw-Hill, 1974.

Dedijer, Vladimir. *The Road to Sarajevo*. New York: Simon and Schuster, 1966.

Dedijer, Vladimir. *Sarajevo 1914*. Beograd: Prosveta, 1978.

Delorme, Olivier. *La Guerre de 14 commence à Sarajevo: L'attentat, les enjeux, les débats* (Collection *Récits d'historien*, edited by Martine Allaire). Paris: Hatier, 2014.

Deretić, Jovan. *Kratka Istorija Srpske Književnosti*. Novi Sad: Svetovi, 2001.

Djilas, Aleksa. *The Contested Country: Yugoslav Unity and Communist Revolution, 1919–1953*. Cambridge, MA: Harvard University Press, 1991.

Djordjević, Dimitrije. "Serbian Society, 1903–1914." In *East Central European Society in the Balkan Wars*, edited by Béla K. Király, and Dimitrije Djordjević, 227–39. New York: Columbia University Press, 1987.

Donia, Robert J. *Sarajevo: A Biography*. London: C. Hurst, 2006.

Dor, Milo. *Der letzte Sonntag: Bericht über das Attentat in Sarajewo*. München: Amalthea, 1982.

Drašković, Radovan M. *Pretorijanske težnje u Srbiji (Apis i Crna Ruka)*. Beograd: Žagor, 2006.

Dumaine, Alfred. *La Dernière Ambassade de France en Autriche*. Paris: Librairie Plon, 1921.

Durham, Edith M. *The Serajevo Crime*. London: George Allen & Unwin, 1925.

Durham, Edith M. *Twenty Years of Balkan Tangle*. London: George Allen & Unwin, 1920.
Eisenmenger, Victor. *Archduke Francis Ferdinand*. London: Selwyn & Blount, 1928.
Eisenmenger, Victor. *Erzherzog Franz Ferdinand*. Zürich: Amalthea, 1930.
Emmerson, Charles. *In Search of the World Before the Great War*. New York: Public Affairs, 2013.
Evans, Arthur J. *Illyrian Letters*. London: Longmans, Green, 1878.
Evans, Arthur John. *Through Bosnia and Herzegovina on Foot*. London: Longmans, Green, 1876.
Evans, R. J. W., and Hartmut Pogge von Strandmann, eds. *The Coming of the First World War*. New York: Oxford University Press, 1988.
Eyffinger, Arthur. *The 1899 Hague Peace Conference: The Parliament of Man, the Federation of the World*. The Hague: Kluwer Law International, 1999.
Fabijančić, Tony. *Bosnia: In the Footsteps of Gavrilo Princip*. Edmonton: University of Alberta Press, 2010.
Fay, Sidney Bradshaw. *The Origins of the World War*, vol. 2. New York: Macmillan, 1930.
Fellner, Fritz, ed. *Schicksalsjahre Österreichs 1908–1919: Das politische Tagebuch Josef Redlich*, I. Band, 1908–1914. Graz: Hermann Böhlaus Nachf., 1953.
Ferguson, Niall. *The Pity of War: Explaining World War I*. London: Penguin Press, 1998.
Ferguson, Niall. *The War of the World*. New York: Penguin, 2006.
Feuerlicht, Roberta Strauss. *The Desperate Act: The Assassination of Franz Ferdinand at Sarajevo*. New York: McGraw-Hill, 1968.
Figes, Orlando. *A People's Tragedy: The Russian Revolution 1891–1924*. London: Pimlico, 1996.
Fine, John V. A. Jr. *The Late Medieval Balkans: A Critical Survey from the Late Twelfth Century to the Ottoman Conquest*. Ann Arbor: University of Michigan Press, 1987.
Fisher, H. A. L. *A History of Europe*, vol. 2. London: Eyre & Spottiswoode, 1935.
Franz-Willing, Georg. *Erzherzog Franz Ferdinand und die Pläne zur Reform der Habsburger Monarchie*. Brünn: Rudolf M. Rohrer, 1943.
Friedrich, Jörg. *14/18: Der Weg nach Versailles*. Berlin: Propyläen, 2014.
Fromkin, David. *Europe's Last Summer*. New York: Vintage, 2004.
Fronius, Hans. *Das Attentat von Sarajevo*. Graz: Styria, 1988.
Fugger, Fürstin Nora. *Im Glanz der Kaiserzeit*. Wien: Amalthea, 1932, 1980.
Funder, Friedrich. *From Empire to Republic*. New York: Albert Unger, 1963.
Funder, Friedrich. *Vom Gestern ins Heute*. Wien: Herold, 1971.
Fussell, Paul. *The Great War and Modern Memory*. New York: Oxford University Press, 1975.
Gaćinović, Vladimir. *Smrt jednog heroja*. Beograd: NIP "Radnička štampa," 2014.
Gardner, Hall. *The Failure to Prevent World War I: The Unexpected Armageddon*. Farnham, Surrey: Ashgate, 2015.
Gasman, Daniel. *The Scientific Origins of National Socialism*. New Brunswick, NJ: Transaction, 2004.

Gatterer, Claus. "Das Attentat von Sarajewo." In *Attentate, die Österreicher erschütterten*, edited by Leopold Spira, 47–49. Wien: Löcker, 1981.

Gay, Peter. *Education of the Senses: The Bourgeois Experience, Victoria to Freud*. New York: Oxford University Press, 1984.

Gehler, Michael, and René Ortner, eds. *Von Sarajevo zum 11. September. Einzelattentate und Massenterrorismus*. Innsbruck: Studien, 2007.

Geiss, Imanuel, ed. *July 1914: The Outbreak of the First World War*. New York: W. W. Norton, 1967.

Geiss, Imanuel. *Der Lange Weg in die Katastrophe: Die Vorgeschichte des Ersten Weltkriegs, 1815–1914*. München: Piper, 1990.

Geppert, Dominik, and William Mulligan, Andreas Rose, eds. *The Wars Before the Great War: Conflict and International Politics Before the Outbreak of the First World War*. Cambridge: Cambridge University Press, 2015.

Gerard, James W. *My Four Years in Germany*. New York: George H. Doran, 1917.

Gerolymatos, André. *The Balkan Wars*. New York: Basic Books, 2002.

Gerwarth, Robert. *The Vanquished: Why the First World War Failed to End*. New York: Farrar, Straus and Giroux, 2016.

Gilfond, Henry. *Black Hand at Sarajevo: The Conspiracy That Plunged the World into War!* Indianapolis, IN: Bobbs-Merrill, 1975.

Girardet, Raoul. *Société militaire dans la France contemporaine, 1815–1939*. Paris: Plon, 1953.

Glaise-Horstenau, Edmund von. *Franz Josephs Weggefährte: Das Leben des Generalstabschefs Grafen Beck*. Zürich: Amalthea, 1930.

Glenny, Misha. *The Balkans: Nationalism, War and the Great Powers, 1804–1999*. London: Granta, 1999.

Gooch, G. P. (George Peabody). *A History of Our Time, 1885–1913*. London: Thornton Butterworth, 1913.

Gooch, G. P., and Harold Temperley. *British Documents on the Origins of the War, 1898–1914*, vol. 9, *The Balkan Wars*, Part II, The League and Turkey. London: Foreign Office, 1926–.

Goreczky, Tamás. "Benjámin Kállay und die ungarische Delegation in den 1880er Jahren." In *Öt Kontinens*. Budapest: Eötvös Loránd Tudományegyetem, 2007.

Gourdiat, René. *Le casus belli: Sarajevo 28 Juin 1914*. Thionville: Thionvillois, 1920.

Grabar, Henry. "Ghosts of an Assassination: The Chaotic History of Franz Ferdinand's Demise." *Salon* (June 29, 2014).

Graham, Stephen. *St. Vitus Day*. New York: D. Appleton, 1931.

Greble, Emily. *Muslims and the Making of Modern Europe*. New York: Oxford University Press, 2021.

Gregory, Adrian. *The Last Great War: British Society and the First World War*. Cambridge: Cambridge University Press, 2008.

Grey, Edward. *Twenty-Five Years, 1892–1916*. New York: Frederick A. Stokes, 1937.

Groot, Gerard J. de. *The First World War*. New York: Palgrave, 2001.

Größing, Sigrid-Maria. *Amor im Hause Habsburg*. Wien: Kremayr & Scheriau, 1990.

Gunther, John. *Inside Europe*. London: Hamish Hamilton, 1936.

Gurko, V. I. *Features and Figures of the Past*. Palo Alto, CA: Stanford University Press, 1939.

Hager, Angelika. "Der letzte Hausknecht in Schönbrunn!" *Profil* 37 (September 9, 2013): 70–76.

Hajdarpasic, Edin. *Whose Bosnia? Nationalism and Political Imagination in the Balkans, 1840–1918*. Ithaca, NY: Cornell University Press, 2015.

Hall, Richard C. *The Balkan Wars 1912–1913: Prelude to the First World War*. London: Routledge, 2000.

Ham, Paul. *1914: The Assassination of Franz Ferdinand*. North Sydney, NSW, Australia: Random House Australia, 2014.

Hamilton, Richard F., and Holger H. Herwig. *Decisions for War, 1914–1917*. Cambridge: Cambridge University Press, 2004.

Hamilton, Richard F., and Holger H. Herwig, eds. *The Origins of World War I*. Cambridge: Cambridge University Press, 2003.

Hamilton Richard F., and Holger H. Herwig, eds. *War Planning 1914*. Cambridge: Cambridge University Press, 2010.

Hammond, Beate. *Habsburgs grosste Liebesgeschichte: Franz Ferdinand und Sophie*. Wien: Carl Ueberreuter, 2001.

Hannig, Alma. "Die Balkanpolitik Österreich-Ungarns vor 1914." In *Der Erste Weltkrieg auf dem Balkan: Perspektiven der Forschung*, edited by Jürgen Angelow, 35–56. Berlin-Brandenburg: Wissenschaft Verlag, 2011.

Hannig, Alma. *Franz Ferdinand: Die Biografie*. Wien: Amalthea, 2013.

Hart, Peter. *The Great War: A Combat History of the First World War*. New York: Oxford University Press, 2013.

Haskell, Francis. "Art & the Apocalypse." *New York Review of Books* (July 15, 1993).

Hastings, Max. *Catastrophe 1914: Europe Goes to War*. New York: Knopf, 2013.

Haupt, Georges. *Socialism and the Great War: The Collapse of the Second International*. Oxford: Oxford University Press, 1972.

Haupt, Heinz-Gerhard. *Den Staat Herausfordern. Attentate in Europa im späten 19. Jahrhundert*. Frankfurt: Campus, 2019.

Hengel, Guido van. *De dagen van Gavrilo Princip: Hoe een jonge rebel de Eerste Wereldoorlog ontketende*. Amsterdam: Ambo, 2014.

Henig, Ruth. *The Origins of the First World War*. London: Routledge, 1993.

Herm, Gerhard. *Der Balkan: Das Pulverfaß Europas*. Düsseldorf: ECON, 1995.

Herrmann, David G. *The Arming of Europe and the Making of the First World War*. Princeton, NJ: Princeton University Press, 1996.

Hirschfeld, Gerhard, and Gerd Krumeich, Irina Renz, eds. *Enzyklopädie Erster Weltkrieg* (Paderborn: Ferdinand Schöningh, 2009).

Hoare, Marko Attila. *The History of Bosnia*. London: Saqi, 2007.

Hobsbawm, Eric J. *The Age of Empire, 1875–1914*. London: Abacus, 1987.

Hobsbawm, Eric J. *Primitive Rebels: Studies of Archaic Forms of Social Movement in the 19th and 20th Centuries*. Manchester: Manchester University Press, 1959.

Hobson, John A. *Imperialism, a Study*. New York: J. Pott, 1902.

Höbelt, Lothar. “Der Zweibund. Bündnis mit paradoxen Folgen.” In *Ungleiche Partner? Österreich und Deutschland in ihrer gegenseitigen Wahrnehmung. Historische Analysen und Vergleiche aus dem 19. und 20. Jahrhundert*, edited by Michael Gehler, Rainer F. Schmidt, Harm-Hinrich Brandt, and Rolf Steininger, 295–314 (Innsbruck: Studien, 2009).

Höfer, Regina, ed. *Imperial Sightseeing: Die Indienreise von Erzherzog Franz Ferdinand von Österreich-Este*. Wien: Museum für Völkerkunde, 2010.

Hötzendorf, Franz Conrad von. *Aus meiner Dienstzeit, 1906–1918: Die Zeit der Annexionskrise, 1906–1909*. Wien: Rikola, 1921.

Hoffman, Bruce. “Terrorism in History.” *Journal of Conflict Studies* 27, no. 2 (2007): 8–28.

Holler, Gerd. *Franz Ferdinand von Österreich-Este*. Wien: Carl Ueberreuter, 1982.

Hooton, E. R. *Prelude to the First World War: The Balkan Wars 1912–1913*. Stroud, UK: Fonthill, 2014.

Howard, Michael. *The First World War: A Very Short Introduction*. Oxford: Oxford University Press, 2002.

Howard, Michael. “Men Against Fire: Expectations of War in 1914.” *International Security* 9, no. 1 (1984): 41–57.

Imann-Gigandet, Georges. “La Balle qu'on me destine est déja fondue.” *Revue de Paris* 74, no. 6 (1967): 83–91.

Isaac, Jules. *Un Débat Historique: 1914, Le Problème des origines de la guerre.* Paris: Rieder, 1933.

Jackson, Paul. “‘Union or Death!’: Gavrilo Princip, Young Bosnia and the Role of ‘Sacred Time’ in the Dynamics of Nationalist Terrorism.” *Totalitarian Movements and Political Religions* 7, no. 1 (March 2006): 45–65.

Janz, Oliver. *Der Große Krieg*. Frankfurt am Main: Campus, 2013.

Jarausch, Konrad H. *Out of Ashes: A New History of Europe in the Twentieth Century.* Princeton, NJ: Princeton University Press, 2015.

Jasanoff, Maya. *The Dawn Watch: Joseph Conrad in a Global World*. New York: Penguin Press, 2018.

Jaurès, Jean. “Violences déchaînées.” *L'Humanité*, June 30, 1914.

Jelavich, Barbara. “Clouded Image: Critical Perceptions of the Habsburg Empire in 1914.” *Austrian History Yearbook* 23 (1992): 23–35.

Jelavich, Barbara. *History of the Balkans: Eighteenth and Nineteenth Centuries.* Cambridge: Cambridge University Press, 1994.

Jelavich, Barbara. *History of the Balkans: Twentieth Century*. Cambridge: Cambridge University Press, 1983.

Jelavich, Barbara. *Modern Austria: Empire and Republic, 1815–1986*. Cambridge: Cambridge University Press, 1987.

Jelavich, Barbara. *Russia's Balkan Entanglements, 1806–1914*. Cambridge: Cambridge University Press, 1991.

Jelavich, Barbara. "What the Habsburg Government Knew About the Black Hand." *Austrian History Yearbook* 22 (January 1991): 131–50.

Jelinek, Gerhard. *Schöne Tage. 1914: Vom Neujahrstag bis zum Ausbruch des Ersten Weltkrieges* Wien: Amalthea, 2013.

Jensen, Richard Bach. *The Battle Against Anarchist Terrorism: An International History, 1878–1934*. Cambridge: Cambridge University Press, 2014.

Jeřábek, Rudolf. *Potiorek: General im Schatten von Sarajevo*. Graz: Styria, 1991.

Jevđević, Dobroslav. *Sarajevski Atentatori*. Zagreb: Binoza, 1934.

Jevđević, Dobroslav. *Sarajevski Zaverenici: Vidovdan 1914*. Belgrade: Familet, 2002.

Jevremović, Petar. "Sigmund Freud and Martin Pappenheim." *History of Psychiatry* 31, no. 1 (2020): 83–92.

Jevtić, Borivoje. *Sarajevski atentat: sećanja i utisci*. Sarajevo: Štamparija i izd. Petra N. Gakovića, 1924.

Johnston, William. *The Austrian Mind*. Berkeley: University of California Press, 1972.

Joll, James. *Europe Since 1870: An International History*. New York: Penguin Press, 1990.

Joll, James. *The Second International, 1889–1914*. Oxford: Alden and Mowbray, 1974.

Joll, James. *1914: The Unspoken Assumptions*. London School of Economics and Political Science. London: Weidenfeld & Nicolson, 1968.

Joll, James, and Gordon Martel. *The Origins of the First World War*. Harlow: Pearson/Longman, 2007.

Judah, Tim. *Kosovo: War and Revenge*. New Haven, CT: Yale University Press, 2002.

Judah, Tim. *The Serbs: History, Myth and the Destruction of Yugoslavia*. New Haven, CT: Yale University Press, 2009.

Judah, Tim. "The Serbs: The Sweet and Rotten Smell of History." *Daedalus* 126, no. 3 (1997): 10–11.

Judson, Pieter M. *The Habsburg Empire: A New History*. Cambridge, MA: Harvard University Press, 2016.

Judson, Pieter M. "'Where our commonality is necessary ...': Rethinking the End of the Habsburg Monarchy." *Austrian History Yearbook* 48 (2017): 1–21.

Judt, Tony, and Timothy Snyder. *Thinking the Twentieth Century*. New York: Penguin, 2012.

Kamberović, Husnija, ed. *Prilozi/Contributions* 43, 2014.

Kann, Robert A. *Erzherzog Franz Ferdinand Studien*. Wien: Verlag für Geschichte und Politik, 1976.

Kann, Robert A. *A History of the Habsburg Empire, 1526–1918*. Berkeley: University of California Press, 1974.

Kann, Robert A. *The Multinational Empire*, vol. 2. New York: Columbia University Press, 1950.

Kann, Robert A. "Trends Toward Colonialism in the Habsburg Empire, 1878–1918: The Case of Bosnia-Herzegovina." In *Russian and Slavic History*, edited by Don Karl Rowney and G. Edward Orchard, 164–80. Columbus, OH: Slavica, 1977.

Kann, Robert A., and Peter Leisching, eds. *Ein Leben für Kunst und Volksbildung; Eduard Leisching (1858–1938): Erinnerungen*. Wien: Österreichischen Akademie der Wissenschaften, 1978.

Kantowicz, Edward R. *The Rage of Nations: The World in the Twentieth Century*, vol. I. Grand Rapids, MI: Wm. B. Eerdmans, 1999.

Kaplan, Robert D. *Balkan Ghosts: A Journey Through History*. New York: St. Martin's Press, 1993.

Keegan, John. *The First World War*. New York: Knopf, 1999.

Kelly, Patrick J. *Tirpitz and the Imperial German Navy*. Bloomington: Indiana University Press, 2011.

Kennan, George F. *The Decline of Bismarck's European Order*. Princeton, NJ: Princeton University Press, 1979.

Kennedy, Paul M. *The Rise and Fall of the Great Powers*. London: Fontana, 1989.

Kennedy, Paul M. *The Rise of the Anglo-German Antagonism, 1860–1914*. Boston: Allen & Unwin, 1980.

Kern, Edward. "The Vials of Wrath Were Ready to Break." *Life* 56, no.1 (January 3, 1964): 46–61.

Kershaw, Ian. *To Hell and Back: Europe, 1914–1949*. New York: Penguin Press, 2015.

King, Greg, and Sue Woolmans. *The Assassination of the Archduke: Sarajevo 1914 and the Romance That Changed the World*. New York: St. Martin's Press, 2013.

Kiszling, Rudolf. *Erzherzog Franz Ferdinand von Österreich-Este*. Graz: Hermann Böhlaus Nachfolger Ges., 1953.

Koch, H. W., ed. *The Origins of the First World War: Great Power Rivalry and German War Aims*. London: Macmillan, 1984.

Ković, Miloš. *Gavrilo Princip: Dokumenti i sećanja*. Novi Sad: Prometej, 2014.

Kraus, Karl. "Franz Ferdinand und die Talente." *Die Fackel* 400–403 (July 10, 1914): 1–4.

Krippendorff, Ekkehart. *Staat und Krieg: Die historische Logik politischer Unvernunft*. Frankfurt am Main: Suhrkamp, 1985.

Kristóffy, József. "Die Persönlichkeit Franz Ferdinand." *Neues Wiener Journal* (November 14, 1926).

Kronenbitter, Günther. "Haus ohne Macht? Erzherzog Franz Ferdinand (1863–1914) und die Krise der Habsburgmonarchie." In *Der Fürst: Ideen und Wirklichkeiten in der europäischen Geschichte*, edited by Wolfgang Weber, 169–208. Wien: Böhlau, 1998.

Kronenbitter, Günther. *'Krieg im Frieden': Die Führung der k.u.k. Armee und die Großmachtpolitik Österreich-Ungarns 1906–1914*. Munich: Oldenbourg Wissenschaftsverlag, 2003.

Kronenbitter, Günther. "Verhinderter Retter? Erzherzog Franz Ferdinand und die Erhaltung der Habsburgermonarchie." In *Konservative Profile: Ideen & Praxis in der Politik zwischen FM Radetzky, Karl Kraus und Alois Mock*, edited by Ulrich E. Zellenberg, 267–83. Graz: Leopold Stocker, 2003.

Krumeich, Gerd. *Juli 1914: Eine Bilanz*. Paderborn: Ferdinand Schöningh, 2014.

Krumeich, Gerd. "Kriegsschuldfrage." In *Enzyklopädie Erster Weltkrieg*, edited by Gerhard Hirschfeld, Gerd Krumeich, and Irina Renz. Paderborn: Ferdinand Schöningh, 2009.

Krummerich, Sean. "Nationalitaetenrecht: The South Slav Policies of the Habsburg Monarchy." *Graduate Theses and Dissertations* (2012). http://scholarcommons.usf.edu/etd/4111.

Kruševac, Todor, ed. *Vladimir Gaćinović: Ogledi I Pisma*. Sarajevo: Svjetlost, 1956.

Lafore, Laurence. *The Long Fuse: An Interpretation of the Origins of World War I.* Philadelphia: J. B. Lippincott, 1971.

Lampe, John R. *Yugoslavia as History: Twice There was a Country*. Cambridge: Cambridge University Press, 1996.

László, Péter. "The Army Question in Hungarian Politics, 1867–1918." *Central Europe* 4, no. 2 (November 2006): 83–110.

Le Bon, Gustave. *Psychologie des foules*. Paris: Alcan, 1895.

Lebow, Richard Ned. *Archduke Franz Ferdinand Lives! A World Without World War I.* New York: Palgrave Macmillan, 2014.

Leonhard, Jörn. *Die Büchse der Pandora: Geschichte des Ersten Weltkriegs*. München: C. H. Beck, 2014.

Leslie, John. "Osterreich-Ungarn vor dem Kriegsausbruch. Der Ballhausplatz in Wien im Juli 1914 aus der Sicht eines österreichisch-ungarischen Diplomaten." In *Deutschland und Europa in der Neuzeit. Festschrift für Karl Otmar Freiherr von Aretin zum 65. Geburtstag. 2. Halbband*, edited by Ralph Melville, Claus Scharf, Martin Vogt, and Ulrich Wengenroth, 661–84 (Stuttgart: F. Steiner, 1988).

Levi, Peter. *Marko the Prince: Serbo-Croat Heroic Songs*. London: Gerald Duckworth, 1984.

Lichnowsky, Karl Max. *Heading for the Abyss: Reminiscences*. London: Constable & Co., 1928.

Lieven, Dominic. *Nicholas II: Emperor of All the Russias*. London: John Murray, 1993.

Lieven, D. C. B. *Russia and the Origins of the First World War*. London: Macmillan, 1983.

Ljubibratić, Dragoslav. *Gavrilo Princip*. Beograd: Nolit, 1959.

Ljubibratić, Dragoslav. *Mlada Bosna I Sarajevski Atentat*. Sarajevo: Muzej Grada Sarajeva, 1964.

Ljubibratić, Dragoslav. *Vladimir Gaćinović*. Beograd: Nolit, 1961.

Lord, Walter. *The Good Years: From 1900 to the First World War*. New York: Harper & Brothers, 1960.

Loreburn, The Earl. *How the War Came*. London: Methuen, 1919.

Lyon, James. *Serbia and the Balkan Front, 1914*. London: Bloomsbury, 2015.

Mackenzie, Compton. *My Life and Times, Octave Four, 1907–1915*. London: Chatto & Windus, 1965.

MacKenzie, David. *Apis: The Congenial Conspirator: The Life of Colonel Dragutin T. Dimitrijević*. Boulder, CO: East European Monographs, 1989.

MacKenzie, David. *Ilija Garašanin, Balkan Bismarck*. Boulder, CO: East European Monographs, 1985.

MacKenzie, David. "Serbia as Piedmont and the Yugoslav Idea, 1804–1914." *East European Quarterly* 28, no. 2 (Summer 1994): 153–82.

MacMillan, Margaret. *The War That Ended Peace: The Road to 1914*. New York: Random House, 2013.

MacMillan, Margaret. "The Great War's Ominous Echoes," *New York Times*, December 14, 2013.

Mader, Brigitta. *Die Sphinx vom Belvedere*. Koper-Capodistria: Knjižnica Annales Majora, 2000.

Magris, Claudio. *The Danube*. New York: Farrar, Straus and Giroux, 1989.

Malcolm, Noel. *Bosnia: A Short History*. London: Macmillan, 1994.

Malešević, Siniša. "Forging the Nation-centric World: Imperial Rule and the Homogenisation of Discontent in Bosnia and Herzegovina (1878–1918)." *Journal of Historical Sociology* 34, no. 4 (December 2021): 665–87.

Margutti, Albert von. *The Emperor Francis Joseph and His Times*. London: Hutchinson, 1921.

Margutti, Albert von. *Vom alten Kaiser*. Wien: Leonhardt, 1921.

Markovich, Slobodan G. "Anglo-American Views of Gavrilo Princip." *Balcanica* 46 (2015): 273–315.

Marshall, S. L. A. *The American Heritage History of World War I*. New York: Bonanza, 1982.

Martel, Gordon. *The Month That Changed the World: July 1914*. New York: Oxford University Press, 2014.

Marton, Péter. "Reflections on the Analysis of Counterfactual Propositions and Alternative History Speculative Fiction about WWI." *Corvinus Journal of International Affairs* 4, nos. 2–4 (2019): 120–34.

Masleša, Veselin. *Mlada Bosna*. Sarajevo: Veselin Masleša, 1990.

May, Arthur J. *The Passing of the Habsburg Monarchy, 1914–1918*. Philadelphia: University of Pennsylvania Press, 1966.

Mayer, Arno. *The Persistence of the Old Regime: Europe to the Great War*. New York: Pantheon, 1981.

McMeekin, Sean. *The Berlin-Baghdad Express: The Ottoman Empire and Germany's Bid for World Power, 1898–1918*. New York: Penguin Press, 2010.

McMeekin, Sean. *July 1914: Countdown to War*. New York: Basic Books, 2013.

McMeekin, Sean. *The Russian Origins of the First World War*. Cambridge, MA: Harvard University Press, 2011.

Merriman, John. *The Dynamite Club: How a Bombing in Fin-de-Siècle Paris Ignited the Age of Modern Terror*. New York: Houghton Mifflin Harcourt, 2009, 2016.

Merriman, John. *A History of Modern Europe*. New York: W. W. Norton, 2004.

Meyer, G. J. *A World Undone: The Story of the Great War 1914 to 1918*. New York: Delacorte, 2006.

Micklethwait, John, and Adrian Wooldridge. "From Sarajevo to September 11: The Future of Globalization." *Policy Review* 117 (February–March 2003): 49–63.

Milenković, Dragan. *Pucanj u srce imperije. Sarajevo 1914: atentat Gavrila Principa na austrijskog nadvojvodu Franju Ferdinanda*. Beograd: IP Princip, 2014.

Miller, Paul. "'The First Shots of the First World War': The Sarajevo Assassination in History and Memory." *Central Europe* 14, no. 2 (November 2016): 141–56.

Miller, Paul. "Forgetting Franz Ferdinand: The Archduke in Austrian Memory." *Austrian History Yearbook* 46 (2015): 228–60.

Miller, Paul. "Yugoslav Eulogies: The Footprints of Gavrilo Princip." *Carl Beck Papers in Russian and East European Studies* 2304 (2014): 1–82.

Miller, Paul B. *From Revolutionaries to Citizens*. Durham, NC: Duke University Press, 2002.

Miller-Melamed, Paul. "'Warn the Duke': The Sarajevo Assassination in History, Memory, and Myth." *Historical Reflections/Refléxions Historiques* 45, no. 1 (Spring 2019): 93–112.

Miller, William. *Travels and Politics in the Near East*. London: T. Fisher Unwin, 1898.

Milojković-Djurić, Jelena. "Benjamin von Kállay's Role in Bosnia-Herzegovina, 1882–1903: Habsburg's Policies in an Occupied Territory." *Journal of the North American Society for Serbian Studies* 14, no. 2 (2000): 211–20.

Mitrović, Andrej. *Serbia's Great War, 1914–1918*. West Lafayette, IN: Purdue University Press, 2007.

Mombauer, Annika. "The First World War: Inevitable, Avoidable, Improbable Or Desirable? Recent Interpretations on War Guilt and the War's Origins." *German History* 25, no. 1 (2007): 78–95.

Mombauer, Annika. *Helmuth von Moltke and the Origins of the First World War*. Cambridge: Cambridge University Press, 2001.

Mombauer, Annika. *Die Julikrise: Europas Weg in den Ersten Weltkrieg*. München: C. H. Beck, 2013.

Mombauer, Annika. *The Origins of the First World War: Controversies and Consensus*. London: Pearson, 2002.

Mombauer, Annika, ed. *The Origins of the First World War: Diplomatic and Military Documents*. Manchester: Manchester University Press, 2013.

Monypenny, William Flavelle, and George Earle Buckle. *The Life of Benjamin Disraeli: Earl of Beaconsfield*, vol. 2, 1860–1881. London: John Murray, 1929.

Morrill, Dan L. "Nicholas II and the Call for the First Hague Conference." *Journal of Modern History* 46, no. 2 (June 1974): 296–313.

Morrow, John H. Jr. *The Great War: An Imperial History*. London: Routledge, 2005.

Morton, Frederic. *Thunder at Twilight: Vienna 1912/1914*. Boston: Da Capo, 2001.

Mosse, George. *The Crisis of German Ideology*. New York: Grosset and Dunlap, 1964.

Mousset, Albert. "Un Nouveau témoignage sur l'attentat de Sarajevo." *Affaires étrangères* 8, no. 3 (March 1938): 181–86.

Müller-Guttenbrunn, Adam. *Franz Ferdinands Lebensroman: Ein Dokument unserer Zeit*. Stuttgart: Robert Lutz, 1919.

Mulligan, William. *The Origins of the First World War*. Cambridge: Cambridge University Press, 2010.

Münkler, Herfried. *Der Große Krieg: Die Welt 1914 bis 1918*. Berlin: Rowohlt, 2013.

Muret, Maurice. *L'Archiduc François-Ferdinand*. Paris: Grasset, 1932.

Neiberg, Michael S. *Dance of the Furies: Europe and the Outbreak of World War I*. Cambridge, MA: Harvard University Press, 2011.

Nemec, Norbert. *Marie Therese von Braganza (1855–1944): Der gute Geist im Hause Habsburg*. Wien: Praesens, 2000.

Neumann, Victor. "Federalism and Nationalism in the Austro-Hungarian Monarchy: Aurel C. Popovici's Theory." *East European Politics and Societies* 16, no. 3 (Fall 2002): 864–97.

Newman, John Paul. *Yugoslavia in the Shadow of War: Veterans and the Limits of State Building, 1903–45*. Cambridge: Cambridge University Press, 2015.

Nicoll, Leo Ashley, S. J. Jr. *Anton Puntigam S. J.: Leben und Wirken Eines Jesuiten in Bosnien*. Dissertation Zur Erlangung des Doktorgrades an der Philosophischen Fakultät der Universität Wien (Wien, 1970).

Okey, Robin. "Austria and the South Slavs." In *The Habsburg Legacy: National Identity in Historical Perspective*, edited by Ritchie Robertson, and Edward Timms, 46–57. Edinburgh: Edinburgh University Press, 1994.

Okey, Robin. *The Habsburg Monarchy, c. 1765–1918*. London: Macmillan, 2001.

Okey, Robin. *Taming Balkan Nationalism: The Habsburg 'Civilizing Mission' in Bosnia 1878–1914*. Oxford: Oxford University Press, 2007.

Oppenheimer, Friedrich. *Sarajevo—Das Schicksal Europas*. Wien: Phaidon, 1931.

Österreich-Este, Franz Ferdinand von. In *"Die Eingeborenen machten keinen besonders günstigen Eindruck": Tagebuch meiner Reise um die Erde 1892–1893*, edited by Frank Gerbert. Wien: Kremayr & Scheriau, 2013.

O'Rourke, Kevin H., and Jeffrey G. Williamson. *Globalization and History: The Evolution of a Nineteenth-Century Atlantic Economy*. Cambridge, MA: MIT Press, 1999.

Otte, Thomas. *July Crisis: The World's Descent into War, Summer 1914*. Cambridge: Cambridge University Press, 2014.

Pakenham, Thomas. *The Scramble for Africa, 1876–1912*. London: Abacus, 1992.

Palavestra, Predrag. *Književnost Mlade Bosne*. Sarajevo: Svjetlost, 1965.

Pappenheim, Martin. *Gavrilo Princips Bekenntnisse: Zwei Manuskripte Princips*. Wien: Im Kommissionsverlage bei Rudolf Lechner & Sohn, 1926.

Parežanin, Ratko. *Attentäter: Das Junge Bosnien im Freiheitskampf; Ideologie des Terrors und 'Verschwörung für die Freiheit'*. München: L. Jevtić, 1976.

Parežanin, Ratko. *Gavrilo Princip u Beogradu*. Beograd: Catena mundi, 2013.

Parežanin, Ratko. *Mlada Bosna i Prvi svetski rat*. Munich: Iskra, 1974.

Pastor, Ludwig Freiherr von. *Tagebücher, Briefe, Erinnerungen*. Heidelberg: F. H. Kerle, 1950.

Pauli, Hertha. *The Secret of Sarajevo*. New York: Appleton-Century, 1965.

Pavlac, Brian A. *A Concise History of Western Civilization*, vol. 2, *1500 to the Present*. Plymouth: Rowman & Littlefield, 2011.

Paxton, Robert O. *The Anatomy of Fascism*. London: Penguin Press, 2004.

Petrovich, Michael Boro. *A History of Modern Serbia, 1804–1918*. New York: Harcourt Brace Jovanovich, 1976.

Pfeffer, Leo. *Istraga u Sarajevskom Atentatu*. Zagreb: Nova Evropa, 1938.

Pinker, Steven. *The Better Angels of Our Nature: Why Violence Has Declined*. New York: Penguin, 2011.

Pipes, Richard. *Struve: Liberal on the Right, 1905–1944*. Cambridge, MA: Harvard University Press, 1980.

Polatschek, Max. *Franz Ferdinand: Europas verlorene Hoffnung*. Wien: Amalthea, 1989.

Ponting, Clive. *Thirteen Days*. London: Pimlico, 2003.

Popović, Cvetko Đ. *Oko sarajevskog atentata: Kritiki osvrti i napomene*. Sarajevo: Svjetlost, 1969.

Popović, Cvetko Đ. "Zaboravljeni Inicijatori Sarajevskog Atentata." *Oslobođenje*, June 13, 1970.

Popović, Čedomir A. "Organizacija 'Ujedinjenje ili smrt' ('Crna ruka'). Uzroci i način postanka." *Nova Evropa* 15 (1927).

Popović, Čedomir A. "Das Sarajewoer Attentat und die Organisation 'Vereinigung oder Tod.'" *Berlin Monatshefte* 11 (November 1932): 1097–1121.

Popović-Obradović, Olga. *Parlamentarizam u Srbiji od 1903. do 1914. godine*. Beograd: Službeni List SRJ, 1998.

Popovici, Aurel C. *Die Vereinigten Staaten von Groß-Österreich: Politische Studien zur Lösung der nationalen Fragen und staatsrechtlichen Krisen in Österreich-Ungarn*. Leipzig: B. Elischer Nachfolger, 1906.

Pratz, Claire de. *A Frenchwoman's Notes on the War*. London: Constable, 1916.

Preljević, Vahidin, and Clemens Ruthner, eds. *"The Long Shots of Sarajevo" 1914: Ereignis, Narrativ, Gedächtnis*, Band 22. Tübingen: Narr Francke Attempto, 2016.

Pribitchévitch, Svetozar. *La Dictature du Roi Alexandre*. Paris: P. Bossuet, 1933.

Ranke, Leopold. *The History of Servia, and the Servian Revolution. With a Sketch of the Insurrection in Bosnia*. London: Henry G. Bohn, 1853.

Rankin, Nicholas. *A Genius for Deception: How Cunning Helped the British Win Two World Wars*. New York: Oxford University Press, 2009.

Rauchensteiner, Manfried. "Entfesselung in Wien? Österreich-Ungarns Beitrag zum Ausbruch des Erstens Weltkrieges." In *Ungleiche Partner? Österreich und Deutschland in ihrer gegenseitigen Wahrnehmung. Historische Analysen und Vergleiche aus dem 19. und 20. Jahrhundert*, edited by Michael Gehler, Rainer F. Schmidt, Harm-Hinrich Brandt, and Rolf Steininger, 355–73 (Innsbruck: Studien, 2009).

Rauchensteiner, Manfried. *Der Erste Weltkrieg und das Ende der Habsburgermonarchie 1914–1918*. Wien: Böhlau, 2013.

Remak, Joachim. *Sarajevo: The Story of a Political Murder*. London: Weidenfeld and Nicolson, 1959.

Remak, Joachim. "1914—The Third Balkan War: Origins Reconsidered." *Journal of Modern History* 43, no. 3 (September 1971): 353–66.

Renouvin, Pierre. *The Immediate Origins of the War*. New Haven, CT: Yale University Press, 1928.

Riezler, Kurt. *Tagebücher, Aufsätze, Dokumente*, edited by Karl Dietrich Erdmann. Göttingen: Vandenhoeck & Ruprecht, 1972.

Rolland, Romain. "Clerambault." In *Armageddon: The World War in Literature*, edited by Eugene Löhrke. New York: Cape and Smith, 1930.

Ross, Stewart. *Assassination in Sarajevo: The Trigger for World War I*. Chicago: Heinemann Library, 2000.

Roth, Joseph. "Where the World War Began." In *Joseph Roth Werke 2: Das journalistische Werk, 1924–1928*, edited by Klaus Westermann, 731–33. Köln: Kiepenheuer & Witsch, 1990.

Rusinow, Dennison. "The Yugoslav Idea Before Yugoslavia." In *Yugoslavism: Histories of a Failed Idea, 1918–1992*, edited by Dejan Djokić, 11–26. London: Hurst, 2003.

Ruthner, Clemens. "Sleeping Beauty's Awakening: Habsburg Colonialism in Bosnia and Herzegovina, 1878–1918." In *Imagining Bosnian Muslims in Central Europe: Representations, Transfers and Exchanges*, edited by František Šístek, 76–91. New York: Berghahn Books, 2021.

Saler, Michael, ed. *The Fin-de-Siècle World*. New York: Routledge, 2015.

Savary, Michèle, *Sarajevo 1914: Vie et Mort de Gavrilo Princip*. Paris: L'Age d'Homme, 2004.

Schettini, Mario. *Estate 1914: Dal dramma di Sarajevo alla guerra*. Milan: Feltrinelli, 1966.

Schmitt, Bernadotte E. *The Coming of the War: 1914*, vol. 1. New York: Charles Scribner's Sons, 1930.

Schneider, Manfred. *Das Attentat: Kritik der paranoischen Vernunft*. Berlin: Matthes & Seitz, 2010.

Schoenberner, Franz. *Confessions of a European Intellectual*. New York: Macmillan, 1946, 1965.

Schorske, Carl. *Fin-de-siècle Vienna: Politics and Culture*. New York: Knopf, 1979.

Schroeder, Paul W. "Stealing Horses to Great Applause: Austria-Hungary's Decision in 1914 in Systemic Perspective." In *An Improbable War? The Outbreak of World War I and European Political Culture Before 1914*, edited by Holger Afflerbach, and David Stevenson, 17–42. New York: Berghahn Books, 2007.

Schroeder, Paul W. *Systems, Stability, and Statecraft: Essays on the International History of Modern Europe*. New York: Palgrave Macmillan, 2004.

Schulze-Wegener, Guntram. *Der Erste Weltkrieg im Bild: Deutschland und Österreich an den Fronten 1914–1918*. Graz: Ares Verlag, 2014.

Scott, Jonathan French. *Five Weeks: The Surge of Public Opinion on the Eve of the Great War*. New York: John Day, 1927.

Seton-Watson, R. W. "The Murder at Sarajevo." *Foreign Affairs* 3, no. 3 (April 1925): 489–509.

Seton-Watson, R. W. *Sarajevo: A Study in the Origins of the Great War*. London: Hutchinson, 1926.

Seymour, Charles, ed. *The Intimate Papers of Colonel House: Behind the Political Curtain, 1912–1915*. New York: Houghton Mifflin, 1926.
Shevin-Coetzee, Marilyn, and Frans Coetzee. *World War I and European Society*. Lexington: D. C. Heath, 1995.
Silverman, Lisa. *Becoming Austrians: Jews and Culture Between the World Wars*. New York: Oxford University Press, 2015.
Simić, Andrei. *The Peasant Urbanites: A Study of Rural-Urban Mobility in Serbia*. New York: Seminar, 1973.
Singleton, Fred. *A Short History of the Yugoslav Peoples*. Cambridge: Cambridge University Press, 1985.
Sked, Alan. *The Decline and Fall of the Habsburg Empire, 1815–1918*. London: Longman, 2001.
Skoupý, Jiří. *Šofér, který změnil dějiny: Za volantem vstříc atentátu na arcivévodu Františka Ferdinanda d'Este*. Prague: Mladá fronta, 2017.
Smith, David James. *One Morning in Sarajevo: 28 June 1914*. London: Weidenfeld & Nicolson, 2008.
Snyder, Jack L. *The Ideology of the Offensive: Military Decision Making and the Disasters of 1914*. Ithaca, NY: Cornell University Press, 1984.
Sondhaus, Lawrence. *Franz Conrad von Hötzendorf: Architect of the Apocalypse*. Boston: Humanities Press, 2000.
Sondhaus, Lawrence. *World War One: The Global Revolution*. Cambridge: Cambridge University Press, 2011.
Sosnosky, Theodor von. *Franz Ferdinand: Der Erzherzog-Thronfolger: Ein Lebensbild*. München: R. Oldenbourg, 1929.
Stagl, Justin, ed. *Ein Erzherzog reist: Beiträge zur Weltreise Franz Ferdinands*. Salzburg: Eigenverl. d. Ges. für Kultursoziologie der Univ. Salzburg, 2001.
Stanojević, Stanoje. *Die Ermordung des Erzherzogs Franz Ferdinand*. Frankfurt a. M.: Frankfurter Societäts-Druckerei, 1923.
Steed, Henry Wickham. "The Pact of Konopischt." *Nineteenth Century and After* 79 (1916): 253–73.
Sternhell, Zeev. *Maurice Barrès et le nationalisme français*. Paris: Colin, 1972.
Sternhell, Zeev, Mario Sznajder, and Maia Ashéri. *Naissance de l'idéologie fasciste*. Paris: Gallimard, 1989.
Stevenson, David. *1914–1918: The History of the First World War*. London: Allen Lane, 2004.
Stevenson, David. *Armaments and the Coming of War*. Oxford: Oxford University Press, 1996.
Stillman, Edmund. "The End of Innocence." *Horizon* 6, no. 3 (1964): 5–13.
Stokesbury, James L. *A Short History of World War I*. London: Robert Hale, 1982.
Stone, Norman. "Archduke Franz Ferdinand Survives Sarajevo." In *What Might Have Been*, edited by Andrew Roberts, 105–18. London: Weidenfeld & Nicolson, 2004.
Stone, Norman. *Europe Transformed, 1878–1919*. London: Wiley-Blackwell, 1999.
Stone, Norman. *World War One: A Short History*. London: Penguin, 2007.

Strachan, Hew. *The First World War: A New Illustrated History*. London: Simon & Schuster, 2003, 2006.

Strachan, Hew. *The First World War: To Arms*. Oxford: Oxford University Press, 2001.

Strikwerda, Carl. "The Troubled Origins of European Economic Integration: International Iron and Steel and Labor Migration in the Era of World War I." *American Historical Review* 98, no. 4 (October 1993): 1106–29.

Stromberg, Roland N. *Redemption by War: The Intellectuals and 1914*. Lawrence: Regents Press of Kansas, c. 1982.

Subotić, Jelena. "Terrorists Are Other People: Contested Memory of the 1914 Sarajevo Assassination." *Australian Journal of Politics and History* 63, no. 3 (2017): 369–81.

Sugar, Peter F. *Industrialization of Bosnia-Hercegovina, 1878–1918*. Seattle: University of Washington Press, 1963.

Sundhaussen, Holm. *Sarajevo: Die Geschichte einer Stadt*. Wien: Böhlau, 2014.

Sutter Fichtner, Paula. *The Habsburgs: Dynasty, Culture and Politics*. London: Reaktion Books, 2014.

Tardieu, André. *La France et les alliances: La Lutte pour l'équilibre, 1871–1910*. Paris: Félix Alcan, 1910.

Taylor, A. J. P. *The First World War: An Illustrated History*. London: Hamish Hamilton, 1963.

Taylor, A. J. P. *History of World War I*. London: Octopus Books, 1974.

Taylor, Edmond. *The Fall of the Dynasties: The Collapse of the Old Order, 1905–1922*. New York: Doubleday, 1963.

Thallóczy, Ludwig von. "Einleitung, Lebensbild und Persönlichkeit Benjamin von Kállays." In *Benjamin von Kállay, Geschichte des Serbischen Aufstandes 1807–1810*. Vienna: Holzhausen, 1910.

Thiériot, Jean-Louis. *François-Ferdinand d'Autriche*. Paris: Perrin, 2005.

Thomson, Basil. *Queer People*. London: Hodder and Stoughton, 1922.

Todorova, Maria. *Imagining the Balkans*. New York: Oxford University Press, 1997, 2009.

Tolstoy, Leo. "On Austria's Annexation of Bosnia and Hercegovina." In *Three Stories About Bosnia (1908, 1946, 1992)*. Belgrade: Association of Yugoslav Publishers and Booksellers, 1995.

Tomašić, Dinko. *Personality and Culture in Eastern European Politics*. New York: George W. Stewart, 1948.

Tomić, Božidar. "Poreklo i detinjstvo Gavrila Principa." *Nova Evropa* 32, no. 10 (October 26, 1939): 328–36.

Treyvaud, O. *La tragédie de Sarayévo*. Lausanne: Librairie Payot & Cie., 1934.

Trišić, Nikola Đ. *Sarajevski atentat u svjetlju bibliografskih podataka*. Sarajevo: Muzej Grada Sarajeva, 1964.

Tuchman, Barbara. *The Proud Tower: A Portrait of the World Before the War, 1890–1914*. London: Folio Society, 1995.

Turner, L. C. F. "The Russian Mobilization in 1914." *Journal of Contemporary History* 3, no. 1 (January 1968): 65–88.

Ullman, Harlan K. *A Handful of Bullets: How the Murder of Archduke Franz Ferdinand Still Menaces the Peace*. Annapolis, MD: Naval Institute Press, 2014.

Verhey, Jeffrey. *The Spirit of 1914: Militarism, Myth and Mobilization in Germany*. Cambridge: Cambridge University Press, 2000.

Verhoeven, Claudia. *The Odd Man Karakozov: Imperial Russia, Modernity, and the Birth of Terrorism*. Ithaca, NY: Cornell University Press, 2009.

Verosta, Stephan. *Theorie und Realität von Bündnissen: Heinrich Lammasch, Karl Renner und der Zweibund, 1897–1914*. Wien: Europa, 1971.

"The Vienna Diary of Berta de Bunsen, 28 June –17 August 1914." *Bulletin of the Institute of Historical Research* 51, no. 124 (November 1978): 209–25.

Vinen, Richard. *A History in Fragments*. Cambridge, MA: Da Capo Press, 2002.

Vojinović, Miloš. *Političke ideje Mlade Bosne*. Beograd: "Filip Višnjić", 2015.

Vojinović, Miloš. "Political Ideas of Young Bosnia: Between Anarchism, Socialism, and Nationalism." *Südosteuropa-Jahrbuch* 42 (2018): 162–96.

Vojinović, Miloš. Review of *The Sleepwalkers*, by Christopher Clark. *Balcanica* 64 (2013): 422–32.

Vucinich, Wayne S. "Mlada Bosna and the First World War." In *The Habsburg Empire in World War I*, edited by Robert A. Kann, Béla K. Király, and Paula S. Fichtner, 45–70. New York: Columbia University Press, 1977.

Vucinich, Wayne S. *Serbia Between East and West: The Events of 1903–1908*. Stanford, CA: Stanford University Press, 1954.

Wachtel, Andrew. *Making a Nation, Breaking a Nation: Literature and Cultural Politics in Yugoslavia*. Stanford, CA: Stanford University Press, 1998.

Wank, Solomon. "Aehrenthal's Programme for the Constitutional Transformation of the Habsburg Monarchy: Three Secret *Mémoires*." *Slavonic and East European Review* 41, no. 97 (June 1963): 513–36.

Wank, Solomon. "The Archduke and Aehrenthal: The Origins of a Hatred." *Austrian History Yearbook* 33 (2002): 77–104.

Wank, Solomon, ed. *Aus dem Nachlaß Aehrenthal: Briefe und Dokumente zur österreichisch-ungarischen Innen- und Außenpolitik 1885–1912*, vol. 2. Graz: Wolfgang Neugebauer, 1994.

Wasserstein, Bernard. *Barbarism and Civilization: A History of Europe in Our Time*. Oxford: Oxford University Press, 2007.

Watson, Alexander. *Ring of Steel: Germany and Austria-Hungary in World War I*. New York: Basic Books, 2014.

Watt, Donald Cameron. "The British Reactions to the Assassination at Sarajevo." *European Studies Review* 1, no. 3 (July 1971): 233–47.

Wawro, Geoffrey. *A Mad Catastrophe: The Outbreak of World War I and the Collapse of the Habsburg Empire*. New York: Basic Books, 2014.

Weber, Eugen. *The Nationalist Revival in France, 1905–1914*. Berkeley: University of California Press, 1959.

Weber, Eugen. *Peasants into Frenchmen*. Stanford, CA: Stanford University Press, 1976.

Weissensteiner, Friedrich. *Franz Ferdinand: Der verhinderte Herrscher*. Wien: Kremayr & Scheriau, 2007.

Weissensteiner, Friedrich. *Schicksalstage Österreichs*. Wien: Ueberreuter, 1989.

Wendel, Hermann. *Die Habsburger und die Südslawenfrage*. Leipzig: G. Kohn, 1924.

Wessely, Kurt. "Die Wirtschaftliche Entwicklung von Bosnien-Herzegowina." In *Die Habsburgermonarchie 1848–1918*, Band I, edited by Alois Brusatti, 528–66. Wien: Der Österreichischen Akademie der Wissenschaften, 1973.

West, Rebecca. *Black Lamb and Grey Falcon: A Journey Through Yugoslavia*. New York: Penguin Press, 1994.

West, Richard. "Martyr Princip," *New Statesman and Nation* 47, no. 1216 (June 26, 1954).

White, Matthew. *The Great Big Book of Horrible Things: The Definitive Chronicle of History's 100 Worst Atrocities*. New York: W. W. Norton, 2011.

Wile, Frederic William. *The Assault: Germany Before the Outbreak and England in War-time*. Indianapolis: Bobbs-Merrill, 1916.

Williamson, Samuel R. *Austria-Hungary and the Origins of the First World War*. New York: Macmillan, 1991.

Williamson, Samuel R. "Austria and the Origins of the Great War: A Selective Historiographical Survey." In *1914: Austria-Hungary, the Origins, and the First Year of World War I*, edited by Günter Bischof, Ferdinand Karlhofer, and Samuel R. Williamson Jr., 21–34. *Contemporary Austrian Studies* 23 (New Orleans: University of New Orleans Press, 2014).

Williamson Jr., Samuel R., and Ernest R. May. "An Identity of Opinion: Historians and July 1914." *Journal of Modern History* 79, no. 2 (June 2007): 335–87.

Williamson, Samuel R. "Influence, Power, and the Policy Process: The Case of Franz Ferdinand, 1906–1914." *Historical Journal* 17, no. 2 (1974): 417–34.

Williamson Jr., Samuel R. "July 1914 Revisited and Revised: The Erosion of the German Paradigm." In *The Outbreak of the First World War: Structure, Politics, and Decision-Making*, edited by Jack S. Levy and John A. Vasquez, 30–64. New York: Cambridge University Press, 2014.

Wilson, Keith. "Hamlet—With and Without the Prince: Terrorism at the Outbreak of the First World War." *Journal of Conflict Studies* 27, no. 2 (2007).

Winter, Jay, and Antoine Prost. *The Great War in History: Debates and Controversies, 1914 to the Present*. Cambridge: Cambridge University Press, 2005.

Winter, Jay, and Blaine Baggett, *The Great War and the Shaping of the 20th Century*. KCET/Los Angeles and the BBC, 1996.

Winters, Stanley B., ed. *Robert A. Kann. Dynasty, Politics, and Culture*. Boulder, CO: Social Science Monographs, 1991.

Wohl, Robert. *The Generation of 1914*. London: Weidenfeld and Nicolson, 1980.

Wolff, Theodor. *The Eve of 1914*. London: Victor Gollancz, 1935.

Wolff, Theodor. *Der Krieg des Pontius Pilatus*. Zürich: Oprecht & Helbling, 1934.

Woolf, Leonard. *Beginning Again: An Autobiography of the Years 1911 to 1918*. London: Hogarth Press, 1964.

Wosk, Julie. *Women and the Machine: Representations from the Spinning Wheel to the Electronic Age*. Baltimore: Johns Hopkins University Press, 2001.

Wright, Steven. "Franz Ferdinand, Archduke." In *The United States in the First World War: An Encyclopedia*, edited by Anne Cipriano Venzon. New York: Garland, 1995.

Würthle, Friedrich. *Die Spur führt nach Belgrad: Sarajevo 1914*. Wien: Fritz Molden, 1975.

Zametica, John. "The Elusive Balkan Spark: 28 June 1914, Again and Always." *Currents of History* 3 (2021): 297–331.

Zametica, John. *Folly and Malice: The Habsburg Empire, the Balkans, and the Start of World War One*. London: Shepheard-Walwyn, 2017.

Zaninović, Vice. "Mlada Hrvatska uoči I. Svjetskog rata." *Historijski Zbornik* (1958–59): 65–104.

Zimka, Cornelius. *Das Drama von Sarajevo—Die Ursache des Weltkrieges*. Leipzig: Vogel & Vogel, 1914.

Zimmermann, Walther. *Die englische Presse zum Ausbruch des Weltkrieges*. Charlottenburg: Hochschule & Ausland, 1928.

Zweig, Stefan. *Tagebücher*. Frankfurt am Main: S. Fischer, 1984.

Zweig, Stefan. *Die Welt von Gestern: Erinnerungen eines Europäers*. Stockholm: Bermann-Fischer, 1942.

图书在版编目(CIP)数据

走火 ：萨拉热窝事件与通往第一次世界大战的曲折道路 /（美）保罗·米勒-梅拉梅德（Paul Miller-Melamed）著 ；杨楠译. -- 上海 ：上海人民出版社，2025. -- ISBN 978-7-208-19377-2

Ⅰ. K143

中国国家版本馆 CIP 数据核字第 2025T9Z352 号

责任编辑 史桢菁

封面设计 人马艺术设计·储平

走火：萨拉热窝事件与通往第一次世界大战的曲折道路

[美]保罗·米勒-梅拉梅德 著

杨 楠 译

出 版 上海人民出版社

（201101 上海市闵行区号景路159弄C座）

发 行 上海人民出版社发行中心

印 刷 上海景条印刷有限公司

开 本 720×1000 1/16

印 张 20

插 页 2

字 数 267,000

版 次 2025年5月第1版

印 次 2025年5月第1次印刷

ISBN 978-7-208-19377-2/K·3460

定 价 88.00元